THE HOLOCAUST

Selected Documents in Eighteen Volumes

John Mendelsohn
EDITOR

Donald S. Detwiler
ADVISORY EDITOR

THE LAWBOOK EXCHANGE, LTD.
Clark, New Jersey

CONTENTS OF THE SERIES

THE HOLOCAUST

4. Propaganda and Aryanization 1938–1944

Introduction by
John Mendelsohn

THE LAWBOOK EXCHANGE, LTD.
Clark, New Jersey

ISBN-13: 9781616190040
SET: ISBN-13: 9781616190002

The quality of this reprint is equivalent to the quality of the original work.

Lawbook Exchange edition 2010

THE LAWBOOK EXCHANGE, LTD.
33 Terminal Avenue
Clark, New Jersey 07066-1321

Please see our website for a selection of our other publications and fine facsimile reprints of classic works of legal history:
www.lawbookexchange.com

Library of Congress Cataloging-in-Publication Data

Propaganda and aryanization, 1938-1944 / John Mendelsohn, editor ; Donald S. Detwiler, advisory editor ; introduction by John Mendelsohn.
p. cm.
Originally published: New York : Garland Pub., 1982, as v. 4 of series: The Holocaust : selected documents in eighteen volumes.
Includes bibliographical references.
ISBN-13: 978-1-61619-004-0 (hardcover : alk. paper)
ISBN-10: 1-61619-004-3 (hardcover : alk. paper)
1. Antisemitism--Germany--History--20th century--Sources. 2. Nazi propaganda--History--Sources. 3. Aryanization--History--Sources. 4. Jewish property--Germany--History--20th century--Sources. 5. Confiscations--Germany--History--20th century--Sources. 6. Antisemitism--Europe--History--20th century--Sources. 7. Jewish property--Europe--History--20th century--Sources.
8. Confiscations--Europe--History--20th century--Sources.
DS146.G4P755 2009
940.53'18--dc22
2009039390

Printed in the United States of America on acid-free paper

THE HOLOCAUST

4. Propaganda and Aryanization
1938–1944

Introduction by
John Mendelsohn

GARLAND PUBLISHING, INC.
NEW YORK • LONDON
1982

These documents have been reproduced from copies in the National Archives. Dr. Mendelsohn's work was carried out entirely on his own time and without endorsement or official participation by the National Archives as an agency.

Library of Congress Cataloging in Publication Data
Main entry under title:

Propaganda and Aryanization, 1938–1944.

(The Holocaust ; 4)
1. Antisemitism—Germany—History—Sources.
2. Jewish question—Sources.
3. Jewish property—Europe—History—Sources.
4. Confiscations—Europe—History—Sources.
I. Mendelsohn, John, 1928– . II. Series.
D810.J4H655 vol. 4 940.53'15'03924 81-80312
[DS146.G4] AACR2
ISBN 0-8240-4878-4

Design by Jonathan Billing

The volumes in this series have been printed on acid-free, 250-year-life paper.

Printed in the United States of America

ACKNOWLEDGMENTS

I owe a debt of gratitude to many people who aided me during various stages of preparing these eighteen volumes. Of these I would like to mention by name a few without whose generous efforts this publication would have been impossible. I would like to thank Donald B. Schewe of the Franklin D. Roosevelt Library in Hyde Park, New York, for his speedy and effective help. Sally Marcks and Richard Gould of the Diplomatic Branch of the National Archives in Washington, D.C., extended help beyond their normal archival duties, as did Timothy Mulligan and George Wagner from the Modern Military Branch. Edward J. McCarter in the Still Picture Branch helped a great deal. I would also like to thank my wife, Tish, for letting me spend my evenings during the past few years with these volumes rather than with her and our children, Michael and Lisa.

J. M.

INTRODUCTION

Propaganda was an instrument used by the Nazis to obtain the acquiescence and cooperation of the German people in restrictive and punitive measures against the Jews. Although Nazi anti-Semitic propaganda was often base and mired in primitive instincts, it was effective. Much of this propaganda was prepared and distributed by the Ministry of Popular Enlightenment and Propaganda, headed by Joseph Goebbels. The ministry controlled the media and subjected readers, viewers, and listeners to an unending barrage of propaganda. A recurring theme was the responsibility of the Jews, the perennial scapegoats, for every problem or crisis occurring nationally or internationally. The SS, the armed forces, and agencies such as Alfred Rosenberg's Department of Foreign Policy and Ideology also created or used anti-Semitic propaganda in training exercises or other programs. Although propaganda was not addressed to any specific group, but to the population at large, saturation was particularly strong among the Hitler Youth, the Nazi party, and military and paramilitary organizations.

Julius Streicher's scandal sheet, *Der Stürmer*, disseminated propaganda that ranks among the basest, appealing to man's lowest instincts, often depicting Jews as defilers of German womanhood and ritual murderers of German children. Other publications by Streicher such as *Der Giftpilz* (The Poisonous Toadstool) perpetuated this type of propaganda. The SS and the armed forces tended to characterize Jews as enemies of the state who should be confined and eventually destroyed. Nazi propaganda presented the Jews as parasites endangering the world economy or as political commissars or agents of Bolshevism. Alfred Rosenberg's ministry prepared exhibits and other materials of propaganda portraying Jews as members of a mysterious organization of international Jewry.

Propaganda also laid the groundwork for the acceptance of outright or thinly veiled confiscation of Jewish property—a process called Aryanization—as well as the looting of works of art. The Nazi authorities, particularly *Einsatzstab* Rosenberg, also looted furniture and art objects owned by Jews in the occupied territories. In western Europe alone they managed to amass over twenty-five thousand railroad cars of furniture and twenty thousand art objects between 1941 and 1944. The French Rothschilds were singled out as victims of such looting.

Jewish companies were taken over by German firms either by outright confiscation or by purchase at much less than their actual value. This was first done with Jewish firms in Germany and after the outbreak of World War II increasingly with non-

An exhibit entitled *Der Ewige Jude* (The Eternal Jew), which opened in Munich on November 8, 1937
National Archives and Records Service, 306-NT-648C-4

German Jewish businesses. One of the largest Aryanizations was the sale of the holdings of the Petschek group in Germany and Czechoslovakia to the German Flick concern. This included the lignite mines of Ignaz Petschek, which were first expropriated by the Nazi government and then sold advantageously to Flick.

Most of the records chosen for reproduction in this volume were selected from the Nuernberg Trials prosecution document series. Others come from the records of the German foreign ministry and those of the Reich leader of the SS and chief of the German police, Heinrich Himmler, both part of the captured German record series, as well as from the central decimal file of the records of the US Department of State.

The reproductions in this volume include a pamphlet entitled "The Jew as World Parasite," which was used for propaganda and training purposes by the political officers of the German armed forces. Also reproduced are the "Ritual Murder Issue" of *Der Stürmer* and the transcripts of the interrogation of Alfred Rosenberg by Nuernberg Trials authorities, along with some supporting documents. Other facsimiles pertain to the Aryanization of the Petschek group by the Flick concern and to the sequestration of other Jewish properties and art objects of individuals in France and Germany, particularly the Rothschilds.

John Mendelsohn

SOURCE ABBREVIATIONS
AND DESCRIPTIONS

Nuernberg Document	Records from five of the twenty-five Nuernberg Trials prosecution document series: the NG (Nuernberg Government) series, the NI (Nuernberg Industrialist) series, the NO (Nuernberg Organizations) series, the NOKW (Nuernberg Armed Forces High Command) series, and the PS (Paris-Storey) series. Also included are such Nuernberg Trials prosecution records as interviews, interrogations, and affidavits, excerpts from the transcripts of the proceedings, briefs, judgments, and sentences. These records were used by the prosecution staff of the International Military Tribunal at Nuernberg or the twelve United States military tribunals there, and they are part of National Archives Record Group 238, National Archives Collection of World War II War Crimes Records.
OSS	Reports by the Office of Strategic Services in National Archives Record Group 226.
SEA	Staff Evidence Analysis: a description of documents used by the Nuernberg prosecution staff. Although the SEA's tended to describe only the evidentiary parts of the documents in the summaries, they describe the document title, date, and sources quite accurately.
State CDF	Central Decimal File: records of the Department of State in National Archives Record Group 59, General Records of the Department of State.
T 120	Microfilm Publication T 120: records of the German foreign office received from the Department of State in Record Group 242, National Archives Collection of Foreign Records Seized, 1941– . The following citation system is used for National Archives

Microfilm Publications: The Microfilm Publication number followed by a slash, the roll number followed by a slash, and the frame number(s). For example, Document 1 in Volume I: T 120/4638/K325518—K325538.

T 175

Microfilm Publication T 175: records of the Reich leader of the SS and of the chief of the German police in Record Group 242.

U.S. Army and U.S. Air Force

Records relating to the attempts to cause the U.S. Army Air Force to bomb the extermination facilities at Auschwitz and the railroad center at Kaschau leading to Auschwitz, which are part of a variety of records groups and collections in the National Archives. Included are records of the United States Strategic Bombing Survey (Record Group 243), records of the War Refugee Board (Record Group 220), records of the Joint Chiefs of Staff, and other Army record collections.

War Refugee Board

Records of the War Refugee Board, located at the Franklin D. Roosevelt Library in Hyde Park, New York. They are part of National Archives Record Group 220, Records of Temporary Committees, Commissions and Boards. Included in this category are the papers of Myron C. Taylor and Ira Hirschmann.

CONTENTS

Notes

1. *Document 3.* The report for the secretary of state is signed by the American consul general in Berlin, Douglas Jenkins.

2. *Document 4.* The letter of transmittal to the secretary of state is signed by the American consul general in Dresden, A. T. Haeberle.

3. *Document 5.* Alfred Rosenberg was minister for the occupied eastern territories and chief of *Einsatzstab* Rosenberg, the organization largely responsible for Nazi art and furniture looting. He was sentenced to death by the International Military Tribunal at Nuernberg and hanged there.

4. *Document 19.* The report is signed by Joel C. Hudson of the American consulate general in Berlin.

OFFICE OF ~~CHIEF OF COUNSEL FOR WAR CRIMES~~
~~APO 696-A~~ U.S. ARMY

STAFF EVIDENCE ANALYSIS

By : Anne Daus
Date: 12 December 1947

Doc. No.	NO – 5722
Title and/or general nature	Pamphlet, published by the NS Fuehrungsstab OKW (REINECKE), title: "The Jew as World Parasit".
Date	1944
SOURCE (Location of original, etc)	~~OCCWC Library~~ Doc Room Bln - Krg Jan 6 45
PERSONS, FIRMS OR ORGANIZATIONS IMPLICATED	OKW/AWA NS-Fuehrungsstab NSDAP HERMANN REINECKE (Chief of NS Fuehrungsstab / OKW) LEIBBRANDT, Dr. Georg (East Ministry official)
TO BE FILED UNDER THESE REFERENCE HEADINGS	NO – Names and Organizations as above NC – Persecution of Jews NG – Delegate for Ideological Training NOKW Propaganda

Doc. 1

1

SUMMARY (Indicate page nos. of original or translation)

1.) This is a pamphlet of about 80 pages: "The Jew as World Parasit", published by the NS Fuehrungsstag of the Armed Forces as No. 7 of a series of so-called Guide Books (Richthefte) of the OKW, in 1944. The original edition had been published by the NSDAP, editor: The Delegate for Ideological Training, the copy at hand is "Armed Forces Edition, not for Sale ". The Guide Books are to be distributed thrugh official channels only.

2.) In a pseudo-scientific manner the most exorbitant lies are distributed historial facts are presented to remind the German people that the Jews are responsible for the present war (page 1).

The pamphlet is divided in 6 main chapters, viz:

I (page 3) : The Concept of the Term "Parasit"
II (page 5) : The Concept of the Jew. (Racial origin, Outward Appearance, Mental Attitude, Jewish Law).
III (page 16) : The Jews among the nations.
IV (page 22) : The Jewish World Parasit in the Blood and Organs of the Nations.
V (page 39) : The Idea of a Jewish Empire of the World.
VI (page 45) : The National Socialistic Battle against the Jewish World Parasit.

Follow about 30 pages quotations from Hitler speeches, "Mein Kampf", famous antisemitic writers like Houslon Stewart Chamberlain and even men like Martin Luther, Goethe and Frederik the Great.

SUMMARY (Cont'd.)

In the list of books used appears the name of LEIBBRANDT, the author of various articlex on the Jewish question.

Listed below are some quotations from the text and the appendices:

Page 5 : "The Parasit among all mankind is the Jew. He can infest the individual parasit, whole nations as a social parasit, and mankind as a world papasit."

Page 5 : "Jewry...represents the most complete racial mixture in world history."

Page 15 : "One of the most important facts to be devived from the doctrines of the Talmud is that that religous law was actually able to secure for Jewry a surprisingly high degree of parity of its blood."

Page 22 : "Title of a chapter : The slow prison.

Page 26 : "......Thus the Jew achieved, besides the consolidation of his power in the most varied fields, to pollute for all eternity the blood of many German families".

Page 32 : "(Quotation of Moltke, a German general in the 19th century): "At all times the Jews did not consider an oath as binding if it involved an obligation towards a Christian"

Page 35 : "U.S.A. and Russia are the two groups of countries which have most completely succumbed to the influence of Jewry; in both cases the Jew was able to totally denationalize those countries."

2

Page 54 : "From a Hitler Speech : "The Jew is a parasit. Being a creature of the kind that exists on the labor of other, he has also attempted to distort our conception of labor. Every German knows a popular saying: "It is the German way of life that will, in the end, redeem manking." Thus, the German considers it his duty to achieve something, not only for himself, but also for the others. The Jew bible, in contrast, speaks only of "God's "prophecy to the effect that they, the Jews, would devour all nations and that each Jew (according to "Shulchan Aruch") must be the master of 2800 non-jewish servants. His god is the gold.

E n d

RICHTHEFTE DES OBERKOMMANDOS DER WEHRMACHT

Der Jude als Weltparasit

HEFT 7 1944

HERAUSGEGEBEN

VOM NS-FÜHRUNGSSTAB DER WEHRMACHT

Der Jude als Weltparasit

Der Jude siegt mit der Lüge
und stirbt mit der Wahrheit.
Adolf Hitler

Einführung

In diesem Krieg, der um Sein oder Nichtsein des deutschen Volkes geht, müssen wir uns täglich daran erinnern, daß es das Judentum war, das diesen Krieg gegen uns entfesselt hat. Ob uns der Jude dabei als Bolschewist oder als Plutokrat, als Freimaurer oder in sonst irgendeiner Tarnung, oder auch ganz ohne Maske gegenübertritt, ist gleich: er bleibt immer derselbe. Er ist es, der die verschiedenen Völker, die heute gegen uns stehen, so verhetzt und geistig so beeinflußt hat, daß sie mehr oder weniger willenlose Werkzeuge des internationalen Judentums gegen uns geworden sind.

Anlage 1 und 2

In welcher Form der Jude sich große Völkergruppen und Staaten dienstbar macht, ist bereits in den beiden Richtheften „Der Schicksalskampf im Osten" und „Europa und Amerika" für diese beiden Staaten nachgewiesen worden. Beide Hefte sind damit in dieser Hinsicht gedankliche Vorläufer dieses Richtheftes „Der Jude als Weltparasit". Gerade zu Beginn des sechsten Kriegsjahres dürfen wir uns nicht gestatten, die Judenfrage irgendwie zu verkennen. Als erstes muß daher immer wieder den mancherlei noch verbliebenen Resten früherer Erziehungseinwirkungen und allgemein üblicher Ansichten entgegengewirkt werden, nach denen das Judentum nur als eine Konfession anzusehen sei. Vielmehr muß grundsätzlich die Tatsache des Rassengemisches, wie es das Judentum darstellt, herausgehoben werden. Es ist also von der Frage des jeweiligen Glaubensbekenntnisses der Juden völlig abzusehen und dafür allein die blutlich rassische Grundlage zu setzen.

Die Nationalsozialistische Deutsche Arbeiterpartei hat von Anbeginn ihres Bestehens das deutsche Volk immer wieder über diese Grundtatsachen aufzuklären versucht. Schon 1922 sagte der Führer: „Wir waren endlich ja auch diejenigen, die zum ersten Male im großen Zuge das Volk hinwiesen auf eine Gefahr, die sich bei uns einschlich, die die Millionen von Menschen nicht mehr erkannten und die uns noch alle dem Untergang entgegenführen wird, die Judengefahr." Oder in seinem Buch „Mein Kampf" sagt er (S. 335): „Sein Leben innerhalb anderer Völker kann auf die Dauer nur währen, wenn es ihm gelingt, die Meinung zu erwecken, als handle es sich bei ihm um kein Volk, sondern um eine wenn auch besondere ‚Religionsgemeinschaft'."

Auf dieser ersten und größten Lüge, das Judentum sei nicht eine rassische Frage, sondern eine Religion, bauen sich dann in zwangsläufiger Folge immer weitere Lügen auf. Zu ihnen gehört auch die Lüge hinsichtlich der Sprache des Juden. Sie ist ihm nicht das Mittel, seine Gedanken auszudrücken, sondern das Mittel, sie zu verbergen. Indem er beispielsweise deutsch, französisch oder sonst eine Sprache redet, denkt er jüdisch, und während er deutschsprachige Verse drechselt, lebt er in ihnen nur das Wesen seines Volkstums aus. Das bekannteste Beispiel dafür ist Heinrich Heine.

Wie notwendig die ganze Aufklärungsarbeit, der sich auch schon vor dem Bestehen der NSDAP. manche aufrechte Deutsche gewidmet hatten, war und ist, können wir am besten an der jüngsten Geschichte unseres Volkes erkennen. Es galt noch in der vergangenen Generation als unfein, die Judenfrage überhaupt anzuschneiden. Man verschloß sich mit Absicht all diesen Fragen, wenn
Anlage 3 auch instinktiv der einzelne Jude meist als Fremdkörper empfunden wurde.

Warum bekämpfen dennoch gerade wir Deutschen und fast nur wir allein so energisch das Judentum? Warum finden wir in unserer deutschen Geschichte immer wieder Zeiten, in denen gerade das deutsche Element sich gegen das Judentum wendet? Hier gibt Alfred Rosenberg in seiner Schrift „Die Spur des Juden im Wandel der Zeiten" die Antwort: „Nun gibt es in Europa wohl keine Nation, welche dem inneren Mechanismus des Menschen so nachgegangen ist und ihn auch erklärt hat, wie die deutsche. Sie bildet darum in ihrem tiefsten Wesen den geistigen Gegenpol der Juden..."

Trotz alledem war auch im deutschen Volke die Macht des Judentums und seiner Anhänger so groß geworden, daß es zu dem Zusammenbruch von 1918 kam. Der Grund dazu liegt vorwiegend in der Tatsache, daß im Zusammenhang mit der großen zahlenmäßigen Vermehrung unseres Volkes und den gleichzeitig einsetzenden liberalistischen Strömungen immer mehr Deutsche
6 die ausschlaggebende Tatsache des Rassenproblems verkannten und damit auch der jüdischen Gefahr gegenüber gleichgültig wurden.

Durch die nationalsozialistische Weltanschauung wurden in den vergangenen Jahren dem größten Teil unseres Volkes die Augen über diese Probleme geöffnet. Das deutsche Volk erkannte dabei, daß der Jude sich wie ein Parasit in das Leben nicht nur unseres Volkes, sondern aller Völker dieser Erde eingeschlichen hatte und durch die innere Aushöhlung der urtümlich rassischen Eigenkräfte der Völker sie in ihrer volklichen und staatlichen Existenz zerstören und sich dann zum Herrn über sie aufschwingen wollte.

Es ist jedoch falsch, wenn der eine oder andere Deutsche aus der Tatsache heraus, daß der Jude in Deutschland politisch ausgeschaltet ist, glaubt, daß damit auch der jüdische Einfluß in unserem Denken und Handeln schon völlig ausgeschaltet sei. Man gibt sich sogar hier und da oft der oberflächlichen Meinung hin, daß das auch bei den anderen Völkern der Welt so sei, weil sie vielleicht unserem Beispiel gefolgt wären. Das ist aber zunächst nur bei wenigen der Fall. Wir müssen vielmehr bedenken, daß auf der ganzen Welt nach vorsichtigen Schätzungen rund 16 Millionen Glaubensjuden leben, daß davon allein in Europa gut 10 Millionen, also fast drei Fünftel aller Juden, ansässig sind, in Amerika 4,5 Millionen, gleich einem knappen Drittel, dann in Asien 800000, in Afrika 530000 und in Australien 25000 Glaubensjuden. Allein aus dieser Zahlenübersicht ist verständlich, warum die Judengefahr besonders Europa in einem so außerordentlichen Maße bedroht. Es ist uns aber gleicherweise verständlich, daß das sprunghafte Anwachsen des Judentums in Amerika für uns eine besondere Gefahr bedeutet. Der Jude verlagert gerade jetzt seine Hauptkräfte in die westliche Hemisphäre, um von dort aus in sicherer Position, wie er glaubt, den Krieg gegen uns führen zu können.

Aber trotzdem er sich, wenigstens im Augenblick, so sicher fühlt, macht der Jude sich doch sehr viel Gedanken, warum die erwachten Völker Europas eine so starke Abwehrstellung gegen ihn bezogen haben. Nichts kennzeichnet mehr seine Unsicherheit auf dem ihm von seinem Gesetz vorgeschriebenen Weg zur Weltherrschaft, als Überlegungen solcher Art, wie wir sie bei jüdischen Schriftstellern öfter finden. Anlage 4

Es ist zum Teil diese Unsicherheit, die den Juden dazu zwingt, noch schneller und konsequenter seine Ziele zur Erringung der Weltherrschaft durchsetzen zu wollen. Wenn schon Goethe zu seiner Zeit sagte: „Der Jude wird uns nicht verschonen", so können wir sicher sein, daß der Jude diesem Grundsatz heute mehr denn je treu bleibt. In dem Buch der Juden Zangwill und Roth „Now and forever" wird in einem Gespräch enthüllt, wie sich der jüdische Weltparasit die Durchsetzung seines letzten Zieles: die Erringung der Weltherrschaft, vorstellt. Mit aller dem Judentum zur Verfügung stehenden Glaubensinbrunst wird hierin das Erscheinen des Rächers geschildert, der, von Land zu Land wandernd, seine Mannschaft sammelt, an deren Spitze er mit sadistischer Grausamkeit und Zerstörungslust Europa vernichtet, dieses Europa, das sich dem Juden nicht beugen wollte, sondern sich seinem Weg zur Weltherrschaft entgegenstemmte. (Anlage 5, Anlage 6)

Wir Nationalsozialisten glauben dem Führer, wenn er sagt, daß am Ende dieses vom jüdischen Weltparasiten gegen uns als seinem stärksten Gegner entfesselten Kampfes die Vernichtung des Judentums in Europa stehen wird. Bis aber diese Vernichtung vollzogen ist, müssen wir immer daran denken, daß der Jude unser absoluter und vor nichts zurückschrekkender Gegner ist, der uns gegenüber nur das eine Ziel kennt: unsere restlose Vernichtung.

7

I. Hauptteil

Das Wesen des Parasiten

1. Was ist ein Parasit?

Das Wort Parasit stammt aus dem Griechischen und heißt ins Deutsche übersetzt „Mitesser" oder, allgemein gesagt, „Schmarotzer". Zunächst tritt uns der Begriff des Parasiten in der Natur entgegen. „In der Wirtschaft der Natur holen fast alle Pflanzen ihre Kraft aus dem Nährstoff des Bodens, die sie durch ihre Leistung umwandeln in Elemente ihres Eigenlebens und Wachstums und organischen Aufbaues. Daneben finden wir Parasiten. Sie saugen die durch die Leistung fremder Pflanzen bereits fertig geschaffenen Lebenssäfte aus. Ihre Lebensbedingung ist demnach die Vernichtung der fremden Pflanzen, von deren Aussaugung sie leben und von deren fortschreitender Zerstörung sie selbst sich zu immer größerer Üppigkeit entwickeln, bis der Tod ihres Wirtes ihnen freilich auch die eigene Lebensgrundlage raubt." *)

„Arno Schickedanz hat in seinem Buch ‚Sozialparasitismus im Völkerleben' zum ersten Male darauf hingewiesen, daß eines der eindruckvollsten

*) Ottokar Lorenz in „Wirtschaft und Rasse" (NS.-Monatshefte 19, S. 107 ff.).

Beispiele eines Parasiten im Tierleben der Sackkrebs ist, der sich durch den After des Taschenkrebses einbohrt, nach und nach in ihn hineinwächst und so ihm die letzten Lebenskräfte aussaugt." *)

Die Forschung unserer Tage hat in der Natur solche Parasiten und Schmarotzer erkannt, die nur auf Kosten der Mitwelt leben können. Weiter ist uns durch die Forschung bekannt geworden, wie Tiere in sehr langen Prozessen sich von eigenkräftigen Subjekten zu Schmarotzern entwickelt haben, die nur noch mit einem fremden Wirtskörper zusammen lebensfähig sind. Ein solches Beispiel bildet eine Fliegengattung, die heute nur noch im Fell des Schafes schmarotzend zu leben vermag.

Der Mensch hat den parasitären Erscheinungen in der Natur von jeher eine instinktive Abneigung entgegengebracht. Wir können das an der allgemeinen Abneigung gegen Hyänen, Schakale, Aasgeier und dergleichen Tiere erkennen, wobei diese Tiere noch nicht einmal die absoluten Voraussetzungen eines echten Parasiten erfüllen.

Die Natur steht im ständigen Kampf gegen die Parasiten. Pflanzen und Tiere wehren sich mit allen ihnen zur Verfügung stehenden Mitteln gegen das Eindringen dieser Fremdkörper. Auch im Körper des Menschen werden ständig Abwehrstoffe gebildet. Es ist eine Frage der biologischen Mächtigkeit im einzelnen Menschen, ob ihm diese Abwehrstoffe in genügender Zahl zur Verfügung stehen. Die Wissenschaft kommt heute sowohl der Natur im allgemeinen als auch dem Menschen im besonderen zu Hilfe in der Erfindung künstlicher Abwehrstoffe.

8 Aus der Eigenart der früheren bürgerlichen Denkweise ergab sich, daß man auf die wissenschaftliche Ergründung vom Wesen des Parasiten und die darauf aufbauenden Erfindungen bestimmter Abwehrstoffe sehr stolz war, daß man aber nicht geneigt war, die Konsequenzen für das, was im Bereich der Wissenschaft klar war, nun auch für das Leben des Menschen selbst zu ziehen.

2. Der Parasit unter den Menschen ist der Jude

Als die NSDAP. vom Beginn ihres Kampfes ab und insbesondere durch den Mund des Führers immer wieder darauf hinwies, daß der Jude ein Parasit sei, war zuerst, besonders unter den sogenannten gebildeten Ständen, Hohn und Spott die Antwort. Wenn der Führer darauf hinwies, daß unter dem parasitären Wesen des Judentums heute die ganze ehrliche Menschheit zu leiden hätte, so wurde das abgelehnt; man lächelte höchstens über einen solchen „Eiferer". Man wußte zwar oft aus eigenster bitterer Erfahrung dies und jenes von den Geschäftspraktiken des einzelnen Juden, aber da das Judentum sich überall als Religionsgemeinschaft tarnte, vermochte man auch schon aus der eigenen konfessionellen Gesinnung heraus nicht die innere Konsequenz aufzubringen, das wahre Wesen dieser sogenannten Religionsgemeinschaft erkennen zu wollen. Anlage 7

Wenn der Führer weiter sagte: „Wenn der Mensch glaubt, mit Parasiten vertragliche Bindungen eingehen zu können, so ähnelt dies dem Versuch eines Baumes, zum eigenen Vorteil mit einer Mispel ein Abkommen zu schließen",

*) Rosenberg, „Mythus"., S. 461.

so wurde dieser Satz als unbequem empfunden. Man war eben schon zu viele Bindungen mit dem Judentum eingegangen, um sich aus ihnen wieder befreien zu können. Man ließ den Juden mehr oder weniger gewähren, wie es der Führer im gleichen Zusammenhang sagt: „Er geht seinen Weg, den Weg des Einschleichens in die Völker und des inneren Aushöhlens derselben, und er kämpft mit seinen Waffen, mit Lüge und Verleumdung, Vergiftung und Zersetzung, den Kampf steigernd bis zur blutigen Ausrottung der ihm verhaßten Gegner." Anlage 8

Es kommt also auch heute noch darauf an, den Juden als Weltparasiten aus seiner anonymen Verborgenheit heraus sichtbar zu machen und dadurch richtig erkennen zu können.

Wir stellen daher fest:

Der Parasit unter den Menschen ist der Jude. Er kann den einzelnen Menschen als Einzelparasit, ganze Völker als Sozialparasit und die Menschheit als Weltparasit befallen.

Um ihn in seiner ganzen Gestalt erkennen zu können, müssen wir uns mit seinem Wesen beschäftigen, das heißt im einzelnen mit seinem Charakter, seiner Auffassung von den Werten des Lebens, seinem Weltherrschaftsanspruch, seiner Assimilationsfähigkeit.

II. Hauptteil

Das Wesen des jüdischen Menschen

II a. Die rassische Herkunft der Juden

3. Das Judentum — eine Gegenrasse

9

Wenn wir die rassische Zusammensetzung der Juden einer eingehenden Betrachtung unterziehen, so kommen wir zu dem Ergebnis, daß das Judentum keine Rasse im landläufigen Sinne des Wortes darstellt, sondern geradezu als Gegenrasse, wie sie Houston Steward Chamberlain bezeichnet hat, betrachtet werden muß, wobei der Begriff „Gegenrasse" allerdings nicht im biologischen Sinne aufgefaßt werden kann. Biologisch gesehen stellt das Judentum eine durch Inzucht stabil gewordene Mischung extremer Rassen und Rassentrümmer dar. Der Begriff „Gegenrasse" bezieht sich deshalb in erster Linie auf die zerstörende und zersetzende Wirksamkeit des Judentums innerhalb der natürlich gewachsenen Rassen. Die Sonderstellung des Judentums innerhalb der menschlichen Rassen liegt einmal in der Art der rassischen Zusammensetzung der seit Jahrtausenden in der Zerstreuung lebenden Juden und zum anderen in dem starren Festhalten der Juden an ihren auf krassestem Materialismus aufgebauten sogenannten Religionsgesetzen.

Das Judentum ist aus einem Gemisch aller möglichen Rassen entstanden. Es stellt den umfassendsten Rassenmischmasch der Weltgeschichte dar. Dieser Rassenmischmasch ist deshalb für alle Völker so gefährlich, weil er sich vorwiegend aus dem Bodensatz aller aufgenommenen Rassen zusammensetzt Die schlechten Eigenschaften dieser Rassen haben sich durch viele Generationen hindurch im Judentum in immer verstärkterem negativem Sinne vererbt und aus diesem

künstlichen, wurzellosen, lediglich auf krassestem Materialismus abgestellten Rassengemisch die parasitäre Gegenrasse unter den Völkern erstehen lassen.

Die Keimzelle des Judentums bildet der Zusammenfluß von wurzellosen, ausgestoßenen, asozialen, kranken und entarteten Elementen verschiedener Rassen, vorwiegend vorderasiatisch-orientalischen Ursprungs. Es sei hier an die Tatsache erinnert, daß im Altertum zum Beispiel die Leprakranken ebenso aus ihrer Rassegemeinschaft ausgestoßen wurden wie verbrecherische asoziale Elemente.

4. Das jüdische Rassengemisch ergänzt sich ständig durch asoziale Elemente

Außerdem hat sich das Judentum auf Grund seiner mehrtausendjährigen Zerstreuung unter den Völkern in parasitärer Weise in fast alle Rassen der Erde eingefressen. Es befiel als Sozialparasit in erster Linie die untersten Volksschichten, die Sklaven, die Proletarier, den Pöbel usw., da diese dem jüdischen Völkerparasiten den geringsten Widerstand entgegensetzten. Diese Volksschichten, die zum größten Teil ihren artsicheren Instinkt gegen das rassisch Fremde verloren hatten, bildeten die blutsmäßige Einbruchsstelle der Juden.

Schon im alten Testament lesen wir im 2. Buch Mose, Kapitel 12, Vers 38 über den Auszug der Kinder Israels aus Ägypten:

„Und es zog auch mit ihnen viel Pöbelvolk."

Da diese niederen Volksschichten auch einen starken Hang zum Verbrecherischen, Asozialen hatten und zu politischen Umstürzen neigten, so nahm das jüdische Rassengemisch diese negativen Eigenschaften dieser Rassen
10 mit in sich auf, vergrößerte sie von Generation zu Generation durch die blutsmäßige Vermischung mit den untersten Schichten anderer Rassen und vererbte und verstärkte sie von Generation zu Generation, so daß sich die jüdische Gegenrasse immer mehr nach der negativen Seite hin vervollkommnete. Zusammengehalten wurde dieser künstliche jüdische Rassenmischmasch durch den Zwang eines materialistischen, auf das Diesseits eingestellten sogenannten Religionsgesetzes, das seinen Anhängern ein Wohlleben auf Erden versprach und die Herrschaft über alle Völker und Länder. Von den Einflüssen fremder Gottheiten wurde dieses jüdische Rassegemisch mit äußerster Strenge ferngehalten.

Durch die mehrhundertjährige babylonische Gefangenschaft wurde der Zusammenschluß dieses jüdischen Rassenmischmasches durch Inzucht gefördert. Die Aufnahme fremder Elemente wurde von diesem Zeitpunkt ab so gut wie unterbunden, so daß uns hier zum erstenmal in der Geschichte ein einigermaßen fest umrissener und abgegrenzter Typ der in sich gefestigten jüdischen Gegenrasse entgegentritt.

Das Judentum schloß sich mit seiner zunehmenden zahlenmäßigen Stärke immer mehr nach außen hin ab und bildete einen Staat im Staate. Blutsmäßige Vermischungen mit anderen Völkern wurden im allgemeinen nur dann noch vorgenommen und von den Rabbinern erlaubt, wenn für den einzelnen Juden sowie für die jüdische Allgemeinheit in einem Lande ein wirtschaftlicher oder politischer Vorteil damit verbunden war.

Diese jüdische Gegenrasse hat die schlechten Eigenschaften fast aller Rassen in negativer Auslese all die Jahrhunderte hindurch als Erbgut weitergetragen und aufs höchste vervollkommnet. Das jüdische Rassengemisch trägt vorwiegend die Züge der vorderasiatischen und orientalischen Rassen, aber auch Einflüsse der ostischen, westischen und nordischen Rassen lassen sich feststellen. Auch mongolische und negroide Züge treten vielfach auf.

5. Die Hauptgruppen im jüdischen Rassengemisch

Sogar das „Jüdische Lexikon" kann nicht umhin, acht verschiedene Hauptgruppen festzustellen, die am Aufbau des Judentums maßgebend beteiligt waren, und muß auf diese Weise zugeben, daß dieses aus einem heillosen Rassenmischmasch entstanden ist. Aber auch die Forschung unterscheidet heute ganz allgemein folgende Gruppen und Bestandteile:

Die Erzväter, die aus Südbabylonien stammen und um etwa 2200 v. u. Zr. über Nordbabylonien nach Kanaan wanderten;

Die Hetiter, die sich durch Mischehen mit den Patriarchen in Kanaan verschwägerten;

Die Kanaaniter, eine Mischbevölkerung von arabischen Semiten mit späteren durch Kolonisation und Fremdherrschaft eingewanderten babylonischen, ägyptischen und hetitischen Volksteilen, die von den in Kanaan einfallenden Juda-Israel-Stämmen durch kriegerische Unternehmungen (Versklavung und Proselytismus der Kriegsgefangenen, Verkebsung mit Beutesklavinnen), später durch friedliche Assimilation und Mischehe allmählich aufgenommen wurden (1000 bis 800 v. u. Zr.);

Die große Gruppe der aus der Zeit der „ägyptischen Knechtschaft" (um 1200 v. u. Zr.) und durch die in zahlreichen Stellen der Bibel verbürgten Verschwägerungen, Sklavenkäufe und -bekehrungen, durch die den Juden neben den arabischen auch negroide Rassenelemente zuflossen. Ferner:

Indogermanische Elemente durch mehrhundertjährige erst kriegerische (Sklaverei), dann assimilatorische Mischung mit den Philistern, die vermutlich nordischer Herkunft waren (900—400 v. u. Zr.);

Griechen und Römer durch Mischehe und Sklavenaufnahme in den Jahrhunderten des Hellenismus und der Römerherrschaft in Judäa (300 bis 70 v. u. Zr.);

Proselyten aus sämtlichen Völkern in den Jahrhunderten des Zerfalls der Antike, der Heidenbekehrung und der Aufhebung der Sklaverei (von 1—1000 u. Zr.), wie Araber, Ägypter, Babylonier, Syrer, Perser, Armenier, Griechen, Römer, Mauretanier, Kelten, Slawen, Ungarn usw.

Man sieht also, daß das Judentum, rassisch gesehen, ein Phänomen darstellt, das aus den Rassen, Mischrassen und Rassentrümmern vieler Völker hervorgegangen ist und nach seiner Zusammenfügung nur durch seine starren materialistischen Religionsgesetze und das Verbot der Vermischung mit Angehörigen fremder Völker zusammengehalten wurde.

6. Die Aschkenasim und die Sephardim

Wenn wir die rassische Herkunft der Juden behandeln, so gehört dazu auch eine Erklärung der Entstehung des aschkenasischen und des sephardischen Judentypus.

Nach der Zerstörung Jerusalems wurde das Judentum durch die Zerstreuung in zwei Gruppen aufgeteilt, von denen die eine sich über die Türkei, die

Balkanländer, Ungarn, Norditalien, Deutschland, Österreich, Galizien, Polen und Süd- und Westrußland ausbreitete, während die andere das Gebiet des großarabischen Kulturkreises, Nordafrika und die Mittelmeerländer bis Spanien überzog.

Durch die völlige Verschiedenheit der Völker- und Kultursphären, in die diese beiden Judengruppen gelangten, durch die Verschiedenheit der klimatischen Bedingungen, unter denen sie von nun an lebten, entwickelten sich im Laufe der Zeit diese beiden Gruppen zu zwei verschiedenen Typen, dem Ostjuden oder aschkenasischen und dem spanischen oder sephardischen Judentyp. Bei dem ersteren Judentyp finden wir einen stärkeren Einschlag von slawischem und turanischem Blut, während bei den Sephardim der Bluteinschlag der mediterranen Rasse festzustellen ist.

7. Nichtjüdische Proselyten in der jüdischen Glaubensgemeinschaft

Außer diesem rassisch zum Judentum gehörigen Personenkreis gibt es jedoch noch einige nich jüdische Volkssplitter, die sich Juden nennen, weil sie den jüdischen Glauben angenommen, rassisch aber nichts mit dem Judentum zu tun haben. Solche Volkssplitter jüdischen Glaubens sind zum Beispiel die jemenitischen Juden in Arabien, die um 450 n. Zw. zum Judentum übergetreten sind, die Falascha in Abessinien, die Kaukasusjuden am Kaspischen Meer, georgische (grusinische) Stämme iranischer Rasse, die sich später mit Kirgisen (Mongolen der Wolgaebene) vermischten und wahr-
12 scheinlich durch Juden aus Persien zum Judentum bekehrt worden sind, die schwarzen Juden von Bombay, Hindostaner, die vermutlich von spanischen Juden bekehrt wurden, die chinesischen Juden in der Provinz Honan, die nach jüdischem Ritual lebenden Marambuneger der Loangoküste und die Chasaren.

Diese durch Proselytismus, das heißt durch religiöse Bekehrung zum Judentum, diesem, aber nicht dem jüdischen Rassenmischmasch zugeführten Fremdstämme gehören heute zwar der jüdischen Glaubensgemeinschaft an, sind aber kein Teil des Judentums im engeren Sinne, das auch durch diese Tatsache seine strenge Abgeschlossenheit dokumentiert.

8. Judentum und Inzucht

Diese kurze Übersicht über die rassische Herkunft der Juden zeigt uns die Einzigartigkeit der Entstehung und Zusammensetzung des Judentums, die in einem genauen Gegensatz zur Entstehung und Entwicklung aller anderen Rassen steht. Das Judentum ist, wie wir gesehen haben, nicht wie andere Rassen auf einer bestimmten Grundlage organisch gewachsen im Verlaufe einer völkischen Geschichte, in Berührung und Auseinandersetzungen mit anderen Völkern, durch Handel und Krieg. Es hat auch nicht versucht, wie andere Rassen, durch Fleiß und Arbeit seine Angehörigen höher zu entwickeln.

Das Judentum ist weder eine Rasse noch eine Mischrasse. Es ist ein unentwirrbares Gemisch aus Rassen, Rassenmischungen und Rassentrümmern, das von seinen Rabbinern künstlich zusammengehalten wird. Es ist in seiner Wirksamkeit eine Art Gegenrasse, die nur zerstörend, aber nicht aufbauend wirken kann. Das Judentum ist der durch Inzucht künstlich herbeigeführte Zusammenschluß von asozialen, verbrecherischen, kranken, entarteten und ausgestoßenen Elementen aller möglichen Rassen der antiken Welt. Das Judentum ist weder Rasse noch Volk noch Religion in unserem Sinne. Es besitzt auch kein Heimatland, sondern führt ein wurzelloses parasitäres Dasein auf Kosten seiner Wirtsvölker. Seine heutige Heimat sind in erster Linie die Verbrecherquartiere der internationalen Großstädte, sein Gott ist das Geld, seine Politik der revolutionäre Umsturz, die Zerstörung und Vernichtung der Kulturgüter der Menschheit.

II b. Körperliche Erscheinung

9. Äußerer Glanz soll die Wirklichkeit überdecken

Jedes Volk, das sich seinen Rasseinstinkt auch nur einigermaßen erhalten hat, wird instinktiv den Juden an seinem Wesen, Gebaren und insbesondere auch an seiner körperlichen Erscheinung erkennen. Der fast allgemein übliche Weg, den Juden in Deutschland zu erkennen, ging wohl meistens über den berühmten Viehjuden, den Trödelhändler und den Winkelbankier. Lange Zeit galt daher das uns in Fleisch und Blut übergegangene Bild von der Physiognomie dieser Juden als die typische Erscheinungsform. Besonders die Ostjuden machten ja vor unseren Augen die erste Entwicklung ihrer Angleichung an europäische Verhältnisse durch: sie kamen noch im langen Kaftan mit Ringellöckchen an den Backen und mit dem schwarzen Käppchen auf dem Kopf über die Grenze, gingen in dieser Kleidung auch zuerst ihrem Gewerbe nach und entwickelten sich dann langsam zu einem, wie sie meinten, „Europäer". Aber auch in dieser ersten Stufe ihrer Assimilation blieb ihr Erscheinungsbild uns als fremdartig geläufig. Sie hatten jene leichtgekrümmten Beine, sie mauschelten, sie machten auf uns einen stets ungewaschenen Eindruck und sie rochen nach Knoblauch oder Moschus. Den Beginn ihres sozialen Aufstiegs kündigten sie uns in einem übersteigerten Protzentum an, indem sie vorwiegend ihre Frauen, aber auch sich selbst mit Schmuck jeglicher Art übermäßig behängten. Die meisten jüdischen Systemgrößen in der deutschen Verfallszeit vermochten vor sich selbst in ihrer schnell erhöhten Stellung nur zu bestehen, wenn sie von dem Glanz der von ihnen so ersehnten großen führenden Welt möglichst frühzeitig wenigstens äußerlich schon vieles für sich selbst übernahmen. Wie oft haben wir gespottet, daß die Juden mit der glänzenden Schale noch nicht den Inhalt übernommen hatten, und viele Deutsche mögen sich vielleicht auch heute noch fragen, warum der Kampf gegen das Judentum eine so harte und anstrengende Sache war, wo doch der einzelne Jude sich durch sein körperliches Aussehen und durch sein zum Teil recht plumpes Gebaren ständig selbst verriet. Wir können in diesem Zusammenhange nicht umhin zu sagen, daß es mit der Zeit doch auch recht viele Juden gab, die aus diesen Anfangsstadien der jüdischen Entwicklung völlig herausgekommen waren und es bis zu einer gewissen Virtuosität gebracht hatten, die absolute körperliche Mangellage zu verdecken: sie versuchten, ihre körperlichen Fehler und rassischen Eigentümlichkeiten durch gewählte Kleidung und anpassendes Benehmen zu überbrücken und wurden uns damit um so gefährlicher. Denn nunmehr sagte der harmlose Bürger, daß ein so anständiger Jude, dessen Äußeres so gepflegt sei, der sich sogar elegant zu kleiden und zu benehmen wußte, ein durchaus passabler Zeitgenosse sei. Und je höher die Kunst des Schneiders gedieh, um so öfter wurde dieser oberflächliche, für uns so gefährliche Standpunkt vertreten. In dieser selbstgewählten Mimikry wurden vom Judentum noch besondere Täuschungsmittel zum Ansatz gebracht. Eines davon war die Herausstellung bestimmter Judentypen als Sportler. Unter den Sportgrößen der vergangenen Jahrzehnte befanden sich bereits einige Juden; aus der Verfallszeit sind uns noch die Sportvereine „Bar kochba" in Erinnerung. Die Juden legten Wert darauf, daß in diesen Vereinen als Wettkämpfer im wesentlichen nur solche Juden auftraten, die durch ihre körperliche Erscheinung ungefähr gleichen Schritt mit dem Durchschnitt ihres Wirtsvolkes halten konnten. Auch hiervon hat sich die unpolitische Welt der damaligen Zeit durchaus bestechen lassen.

Daß die große Masse des Judentums sich trotzdem in ihrer körperlichen Erscheinung nicht, und zwar durchaus nicht gewandelt hatte, wurde jedem Deutschen, der nur sehen wollte, klar, als er die Juden nach 1933 mit einem politisch geschulteren Blick betrachtete. Ganz besonders wurde derjenige belehrt, der einen Blick in die Konzentrations- und Arbeitslager tun konnte.

Welch ein Unterschied der Haltung und des Benehmens im Vergleich zu uns: Wenn ein Deutscher einmal längere Zeit, vielleicht sogar als Kriegsgefangener, in einem Lager leben muß, und dazu noch unter primitiveren Umständen, als er sonst zu leben pflegt, so wird ihn als Mitglied der germanischen Völkerfamilie eine bestimmte Würde im Benehmen und Sichverhalten nicht verlassen. Ganz besonders verliert er nicht das Gefühl für die Notwendigkeit der körperlichen und geistigen Frisch- und Reinerhaltung.

14

10. Lästiger Zwang

Beim Juden ist es umgekehrt. Solange er als Parasit und mit Hilfe der Lüge die volle Gleichberechtigung mit seinen Wirtsvölkern anstrebt, um ihnen damit Sand über sein Streben zur absoluten Herrschaft in die Augen zu streuen, vermag er mit äußerster Willensanstrengung gegen seine eigenen Gefühle die ihm damit erwachsenen Pflichten des Verhaltens zu tragen. Im gleichen Augenblick, wo aus ganz allgemeinen Gründen dieser Zwang wegfällt, versinkt auch der sich vielleicht seit Jahrzehnten als hochkultiviert gebende Jude sofort wieder in den Schmutz, in eine uns unheimlich anmutende Gleichgültigkeit gegen Körperpflege und körperliche Haltung und bietet oft schon nach wenigen Tagen, sicher aber nach wenigen Wochen, wieder jenes urtümliche Erscheinungsbild seiner Rasse: den krummen, kleinen, schmutzigen und schmierigen Juden. Es war Fassade gewesen, was er sich zugelegt hatte. Seine eigene Substanz vermochte er auch in den voraufgegangenen Jahrzehnten nicht zu ändern — er wollte das ja auch gar nicht. Nie hat ein Jude, wenn er ehrlich war, wirklich Wert darauf gelegt, etwas von seinen Wirtsvölkern anzunehmen, da er im letzten ja doch felsenfest davon überzeugt war, daß er eines Tages Herr seiner Wirtsvölker sein würde und dann ihnen sein Gesetz auch
Anlage 9 vom Körperlichen her aufzwingen könne.

11. Minderbewertung körperlicher Arbeit

Eine besondere Eigenart des Judentums kommt in der Minderbewertung körperlicher Arbeit zum Ausdruck. Selbst vom körperlichen Erscheinungsbild her wenig zur Arbeit im handwerklichen Sinne prädestiniert, erhob der Jude diese Folge generationenlanger Inzucht und seines an sich schon vorhandenen Rassengemisches zum Zweck. Er handelte lieber und überließ die Arbeit anderen. Seine Talmudlehren kamen ihm dabei zu Hilfe. So konnten wir in Deutschland unter den Bergleuten, dem Landvolk, den Stein-, und Erdarbeitern und ähnlichen Schwerarbeiterberufen kaum jemals einen Juden sehen. Wo aber ein Jude arbeitete, war sicher ein großes „Geschäft" in Erwartung. Dann allerdings konnte er sich für eine ganze Zeitlang anstrengen. Entscheidend ist aber: der Jude hat kein ethisches Verhältnis zur Arbeit wie wir. Für ihn ist die Arbeit eine der verschiedenen Möglichkeiten zur Ausbeutung. Nicht Werte schaffen, sondern Werte raffen, das ist jüdisches Ziel. Anlage 10

II c. Geistige Erscheinung

12. Die Auseinandersetzung des deutschen Genius mit dem jüdischen Dämon

Wir Deutschen kennen das alte Wort in unserer Sprache vom „hochgemuten" Menschen. Wir stellen uns unter einem solchen Menschen eine Erscheinung vor, die, mit den besten Kräften des Charakters und des Willens ausgerüstet, von hohen Idealen geleitet, nun alles tut, was der Gesamtheit zum Nutzen sein könne. Vom Juden sagt Alfred Rosenberg im „Mythus des 20. Jahrhunderts" (S. 460): „Wenn irgendwo die Kraft eines nordischen Geistesfluges zu erlahmen beginnt, so saugt sich das erdenschwere Wesen Ahasvers an die erlahmenden Muskeln; wo irgend eine Wunde aufgerissen wird am Körper einer Nation, stets frißt sich der jüdische Dämon in die kranke Stelle ein und nutzt als Schmarotzer die schwachen Stunden der Großen dieser Welt. Nicht als Held sich Herrschaft erkämpfen ist sein Sinnen, sondern sich die Welt ‚zinsbar' zu machen, leitet den traumhaft starken Parasiten. Nicht streiten, sondern erschleichen; nicht Werten dienen, sondern Entwertung ausnutzen, lautet sein Gesetz, nach dem er angetreten und dem er nie entgehen kann — solange er besteht."

In dieser großen, vielleicht endgültigen Auseinandersetzung zwischen zwei Welten stehen wir heute, und diese Auseinandersetzung des deutschen Genius mit dem jüdischen Dämon hat ein Halbjude (Schmitz) ungewollt in seinem Wesen gekennzeichnet*). Er schreibt: „Der böse Dämon des Juden ist . . . das Pharisäertum. Wohl ist es der Träger der Messiashoffnung, zugleich auch der Wächter darüber, daß ja kein Messias aufkomme . . . Das ist die spezifische, höchst gefährliche Form der jüdischen Weltverneinung. Der Pharisäer verneint die Welt aktiv, er sorgt dafür, daß möglichst nichts Gestalt annehme, und dabei treibt ihn ein dämonischer Affekt. Diese scheinbare Verneinung ist also eigentlich eine ganz besonders heftige Art der Weltbejahung, aber mit negativem Vorzeichen. Der Buddhist wäre glücklich, wenn um ihn

*) Oskar Schmitz in „Der Jude", 1926, Sonderheft.

die Welt einschliefe, der Pharisäer wäre erledigt, wenn nicht um ihn immer wieder Leben Gestalt annehmen wollte, denn dann hätte seine verneinende Lebensfunktion keine Bestätigung mehr. Sie (die Verneiner) sind der Geist, der stets verneint, und verbergen unter ekstatischer Bejahung eines utopischen Seins, das nie werden kann, die Ankunft des Messias. Sie müßten sich wie Judas erhängen, wenn er wirklich käme, da sie des Jasagens völlig unfähig sind.“

13. Der Jude fälscht das Gedankengut seiner Wirtsvölker

Diesen Worten ist eigentlich nichts hinzuzufügen. Doch sollen noch weitere Verdeutlichungen der geistigen Erscheinungsform des Judentums folgen.

Durch Jahrhunderte gewohnt, die talmudischen Lehren gedächtnismäßig zu überliefern und in großen Religionsbesprechungen das Für und Wider der eigenen Gesetze sich vorzustellen, Lücken zu finden, wie man die Gesetze umgehen oder mittels deren man bestimmte Punkte dieser Gesetze besonders gut erfüllen könne, haben die Juden im Laufe dieser Zeit eine Beweglichkeit ihres Geistes erlangt, die auf den unbefangenen Beobachter oft starken Eindruck zu machen pflegt. Besonders unsere Vorfahren haben sich der Beeindruckung durch den jüdischen Geist oft nicht erwehren können, zumal die Juden mit behender Geschäftigkeit jede, aber auch jede geistige Regung des deutschen und der anderen Völker dieser Welt nicht nur nicht zu begreifen schienen, sondern sich ihrer meisterlich zu bedienen wußten. Es mochte der

Deutsche beispielsweise einen Gedanken haben — der Jude verlieh ihm Form. Es mochten große Deutsche oder Denker dieser Welt überhaupt zu kühnen Gedankenschlüssen gekommen sein — der Jude versuchte in geschicktester Form der Erklärer zu sein. Es wurde übersehen, wie das Judentum den einzelnen Gedankengängen der europäischen Völker auf das peinlichste nachzustreben sich bemühte. Wenn es doch erkannt wurde, dann staunte die unpolitische Menschheit darüber, wie geistesverwandt das Judentum doch zu sein schien, um die innersten Beweggründe geistiger Handlungen so klarlegen zu können.

Wir heutigen Menschen müssen erkennen, daß es dem Juden nicht darauf ankam, mit den großen Erscheinungen und Persönlichkeiten unserer Gedankenwelt irgendwie zu konkurrieren, sondern daß auch die aufgewendete geistige Arbeit für ihn nichts anderes bedeutete als ein politisches Mittel, sich in das Wesen der von ihm künftig zu beherrschenden Völker so hineinzuleben, daß er den Hebel zu ihrer geistigen Vernichtung um so besser ansetzen konnte. Als Musterbeispiel sei Spinoza genannt. Wie benutzt er das Gedankengut von Descartes und Giordano Bruno, um es für sich in einer Form in Anspruch zu nehmen, die den ursprünglichen Sinn völlig verändert hat. Was haben andere führende Juden aus dem Gedankengut anderer großer Europäer gemacht: sie gaben vor, die ersten wirklichen Erklärer dieser Gedanken zu sein, und waren trotzdem die größten Fälscher. Denken wir daran, in welcher Weise Karl Marx die im germanischen Blutserbe liegende deutsche Auffassung eines echten Sozialismus als einer uns gemäßen natürlichen Lebensordnung verfälscht hat in sein Phantom einer Diktatur des Proletariats. Diese Lehre trug so sehr die Züge seines jüdischen Erfinders, daß die Welt sie auch nur mit seinem Namen in Verbindung zu bringen wußte: als „Marxismus".

14. Die „größten" Juden sind die größten Zersetzer

Wie haben sich die Menschen von der geistigen Erscheinung des Juden blenden lassen, wie sehr lassen sie sich heute noch von ihr blenden. Welches Aufheben wurde in Deutschland von der Kunst jüdischer Rechtsanwälte gemacht. Wir brauchen nur an den „großen Verteidiger Dr. Alsberg" zu erinnern. Welches Aufheben wurde von dem „großen" Philosophen Einstein als „dem Newton unserer Zeit", von den „großen" Medizinern Freud und Hirschfeld gemacht, wieviel Ruhm suchte man auf die vielen jüdischen Universitätsprofessoren, überhaupt auf die sogenannte „geistige Welt" zu häufen. Allein schon die Betrachtung des Einflusses der Juden oder des Judentums im deutschen Schrifttum gibt Gelegenheit, an wenigen allgemein bekannten Beispielen, etwa des Maximilian Harden, Arthur Schnitzler oder Emil Ludwig, nachzuweisen, daß gerade hier die gepriesene jüdische Geistigkeit nichts anderes war als der bitterste und peinlichste Ausdruck der jüdischen Zersetzungsarbeit am Wirtsvolk.

15. Vom Fehlen des Ehrbegriffes

Gerade in diesem Zusammenhang muß darauf hingewiesen werden, daß sich das Fehlen des Ehrbegriffes auch auf dem Gebiet des Geistigen so befremdend bemerkbar macht. Alfred Rosenberg („Mythus" S. 686/7) sagt darüber: „Die Tatsache, daß ihr der wirkliche Gehalt des Ehrbegriffes fernliegt, zieht den religionsgesetzlich oft sogar befohlenen Betrug nach sich, wie das im Talmud und im Schulchan Aruch in geradezu monumentaler Art niedergelegt ist. ‚Große Meister im Lügen' nannte sie der brutale Wahrheitssucher Schopenhauer. ‚Eine Nation von Kaufleuten und Betrügern', betont Kant." Im gleichen Zusammenhang weist Rosenberg noch einmal eindringlich darauf hin, daß dem Judentum eine große Schau des Lebens in der uns gemäßen Form nicht gegeben ist. Von einer Moral im europäischen Sinne kann demnach keine Rede sein. Ausgehend von der uns anwidernden Selbstlobhudelei -- „Wie das Lamm, so sind auch die Juden vollkommen heilig" (Schir hasch-schirum suta 6, 6) —, enthalten die Talmudtraktate eine Fülle von Lehren, die uns einen Begriff davon zu geben vermögen, wie der Jude über die Nichtjuden denkt: 17

Der Jude ist dein Genosse, der Nichtjude ist kein Genosse. (Talmudtraktat Sanhedrin 72 b, Tosafot.)

Solange die Juden den Willen Jahves erfüllen, wird ihre Arbeit durch die Hände anderer verrichtet. (Talmudtraktat Terakot 35 b.)

Es ist erlaubt, die Frevler (die Nichtjuden) auf dieser Welt in einen Krieg hineinzuhetzen. (Talmudtraktat Berakot 7 b, Megilla 6 b.)

Den Besten der Nichtbesten töte! (Talmudtraktat Aboda zara 26 b, Tosafot.)

Die Güter der Nichtjuden gleichen der Wüste, und wer zuerst von ihnen Besitz nimmt, erwirbt sie. (Talmudtraktat Baba batra 54 b.)

Bei den Nichtjuden gibt es keine Ehe. (Talmudtraktat Sanhedrin 74 b, Tosafot.)

Geben schon diese wenigen Auszüge eine gewisse Vorstellung von der sogenannten Moral, so lassen sich noch weit mehr und noch eindeutigere Beispiele bringen. Doch sei hier auf die entsprechenden Schriften von Alfred Rosenberg und Dr. Johann Pohl verwiesen.

Wir können diese Betrachtung mit einem Wort des Führers schließen, das er am 12. April 1922 in seiner Rede „Die ‚Hetzer' der Wahrheit" gesprochen hat und womit er das Wesen des Judentums ganz besonders kennzeichnet: „In dieser Gemeinschaft europäischer Kulturnationen ist der jüdische Weltbolschewismus ein absoluter Fremdkörper, der nicht den geringsten Beitrag zu unserer Wirtschaft oder unserer Kultur stiftet, sondern nur Verwirrung anrichtet, der nicht mit einer einzigen positiven Leistung auf einer internationalen Schau des europäischen und Weltlebens aufwarten kann, sondern nur mit propagandistischen Tabellen verlogener Ziffern und hetzerischen Plakaten."

II d. Das Gesetz des Judentums

16. Der Talmud

Das Wesen des jüdischen Menschen, wie es in kurzen Streiflichtern bisher gekennzeichnet wurde, ist dennoch nicht völlig zu verstehen, wenn man sich nicht mit dem Gesetz des Judentums auseinandersetzt. Von ihrem Gesetz, ihrer Thora, behaupten die Juden, daß es ihr ‚tragbares Vaterland' sei (Heinrich Heine). Mit solchen politisch weittragenden Äußerungen wird zugleich der metaphysische Wert gekennzeichnet, den das Judentum seinem Gesetz in
18 jeder Weise, materialistisch oder idealistisch, beimißt. Von der Auswirkung des Gesetzes sagt Alfred Rosenberg: „Die Rassenzucht Esras, der Talmud der Rabbiner haben eine Gesinnungs- und Blutsgemeinschaft von unglaublicher Zähigkeit geschaffen. Der Charakter der Juden in ihrer zwischenhändlerischen Tätigkeit und Zersetzung fremder Typen ist sich stets gleichgeblieben, von Joseph in Ägypten bis Rothschild und Rathenau, von Philo über David bis Salomo. Züchtend wirkte bis 1800 in erster Linie der skrupellose Moralkodex; ohne Talmud und Schulchan Aruch ist das Judentum als Gesamtheit nicht denkbar." Wenn wir also vom Gesetz des Judentums sprechen, so muß außer Talmud und Schulchan Aruch als den folgerichtigen Ausprägungen jüdischen Wesens immer wieder insgesamt einbegriffen werden das blutliche Gesetz, nach dem die Juden angetreten sind. Die dem jüdischen Gesetz innewohnende Idee wird schon von Dostojewskij als die Idee der Auswucherung bezeichnet.

Einer der besten Talmudkenner Deutschlands, Dr. Johann Pohl, hat in mehreren Schriften das jüdische Gesetzbuch des Talmuds nach Form und Inhalt gekennzeichnet. Wir folgen ihm in einem kurzen Aufriß vom Werdegang des Talmuds: „Die Grundlage des Talmuds befindet sich in den in der Thora (auf deutsch: Lehre, Gesetz) festgelegten mosaischen Gesetzen. Das sind im wesentlichen die fünf Bücher Moses' des Alten Testaments, die nach der Überlieferung Moses nach einem übernatürlichen Diktat Jahves im 12. Jahrhundert vor der Zeitrechnung verfaßt hat. Im weiteren Sinne umfaßt die Thora die schriftliche und mündliche Gesetzeslehre, die später schriftlich im Talmud und anderen religionsgesetzlichen Vorläufern und Fortführungen niedergelegt bis auf den heutigen Tag Gültigkeit hat. Die Thora selbst gliedert sich in die Mischna (zu deutsch: Auswendiglernen) und in die Gemara (zu deutsch: Vollendung der Grundlage des Talmuds).

Die Mischna gliedert sich in sechs Ordnungen, die, ganz allgemein gesprochen, den Anbau der Felder, die Feste, die Ehe- und Familienfragen, Sachfragen, heilige Sachen und die Reinheitsgesetze umfassen. Es gibt zu diesen sechs Ordnungen noch 63 Traktate*)."

17. Schulchan Aruch

Bei der Scheu des Juden, den Gesamttalmud, wie er bei ihnen gebräuchlich ist, zu veröffentlichen, ferner aus der Tatsache, daß früher Teilübersetzungen auch den Landesherren und den Kirchenregierungen der einzelnen Länder nicht genehm waren, entstand zwangsläufig die Notwendigkeit, die vielfältigen Fragen des Talmuds in einer Art Kodex für den Handgebrauch des Judentums zurechtzuschreiben. Aus mehreren Versuchen dieser Art ging der Talmudkodex, den Jos. Karo (1488—1575) in den Jahren 1564/65 in Venedig schrieb, hervor. Karo gab seinem Kodex die Bezeichnung: Schulchan Aruch, zu deutsch: Gedeckter Tisch. Es handelt sich also hier um einen der vielen Versuche, das talmudische Religionsgesetz in handgreifliche Form zu bringen. Dieser Versuch hat sich durchgesetzt und ist bis auf den heutigen Tag das gültige Handbuch geblieben, das von den verschiedensten Judenkongressen immer wieder anerkannt und als allgemeine Unterlage des jüdischen Lebens in hohem Ansehen ist.

Was sagen nun der Talmud in seinen verschiedenen Traktaten und Schulchan Aruch aus? Die jüdischen Gesetze legen ein für allemal fest, daß die Juden das auserwählte Volk sind, daß die Juden die Führenden dieser Welt wären und sind, wenn auch die allgemeinen Umstände das noch nicht deutlich in Erscheinung treten lassen, daß überhaupt nur der Juden wegen das Weltall besteht. Da der jüdische Gott Jahve dem auserwählten Volke der Juden dies alles verspricht, verlangt er von ihnen, daß sie sich der Tatsache ihrer heiligen Gemeinde jederzeit bewußt sind. Jahve gibt den Juden alle Nichtjuden in die Hand. Das Gesetz predigt Haß und Verachtung gegenüber dem Nichtjuden. Der Jude darf die Nichtjuden verachten, töten, schänden, verunreinigen — es ist alles das im Sinne Jahves, des rächenden Gottes. Der Jude darf das Blut der Nichtjuden verunreinigen — er tut es zum Lobe Jahves. Es wird vom Judentum verlangt, daß es sich stets seiner ihm von Jahve gestellten Aufgabe, Herrscher der ganzen Welt zu sein, bewußt ist. Es soll deswegen Unruhestifter und Kriegshetzer sein, es soll einen Staat im Staate bilden, es soll das nichtjüdische Leben verjüden, er soll aber selbst vor allem Jude bleiben. Es ist ihm der Mord, der Diebstahl, die Lüge, der Wucher, die bewußte Irreführung, die Bestechung, der Schmuggel erlaubt, wenn er nur der Reinerhaltung seines eigenen Blutes treu bleibt.

18. Das jüdische Religionsgesetz dient der Erhaltung des jüdischen Blutes

Es ist für uns eine der wesentlichsten Erkenntnisse aus den Lehren des Talmuds, daß dieses Religionsgesetz es tatsächlich vermocht hat, dem Judentum eine erstaunlich hohe Reinerhaltung seines Blutgemisches zu gewähr-

*) Siehe Aufsatz von Dr. Joh. Pohl in den NS.-Monatsheften 1939, S. 226—237.

leisten. Adolf Hitler sagt in „Mein Kampf": „Die jüdische Religionslehre ist in erster Linie eine Anweisung zur Reinerhaltung des Blutes des Judentums sowie zur Regelung des Verkehrs der Juden untereinander, mehr aber noch mit der übrigen Welt, mit dem Nichtjuden also." Es muß zugegeben werden, daß keine andere europäische Religion in ihrer Lehre in dieser Form, für die Frage der Reinerhaltung des Blutes eingetreten ist und es nach Art und Anlage
Anlage 11 auch gar nicht konnte.

III. Hauptteil

Das Judentum unter den Völkern

19. Die ersten jüdischen Wanderungen

Mit diesem Gesetz ihres Gottes Jahve im Herzen verstreuten sich die Juden etwa von der Zeitenwende ab in jahrhundertelangen Wanderungen unter die Völker der Welt. Den Wanderungsbewegungen im vorderasiatischen Raum folgte der Einbruch nach Europa während der römischen Kaiserzeit. Schon im 2. Jahrhundert vor unserer Zeitrechnung gelangten die Juden auf die Krim und in das Gebiet der Chasaren. Wenn nun die Juden immer behaupten, ihre große Wanderung sei letztlich veranlaßt durch die Zerstörung der Stadt Jerusalem im Jahre 70, so stimmt das nicht. Denn zu der gleichen Zeit war Alexandria eine fast schon zur Hälfte jüdische Stadt. Durch sie und andere Hafenstädte zogen die Juden zu Tausenden nach Griechenland, nach Italien und in die westlichen römischen Provinzen. Es macht das Wesen der
20 jüdischen Wanderungsgründe aus, daß sie — nach Professor Seraphim — neben der Vertreibung aus Palästina doch sehr stark bedingt waren durch die Verlagerung der Welthandelsstraßen, durch ihren blutsmäßig nomadischen Trieb und durch die immer festzustellende Fremdheit in ihrer Umwelt. Oder anders ausgedrückt: durch das grundsätzliche Fehlen innerer Bindungen zu den von ihnen jeweils bewohnten Räumen.

20. Das erste Auftauchen der Juden in Deutschland

Zu Beginn unserer Zeitrechnung schätzte man die Zahl der in Palästina noch wohnenden Juden auf 700 000, während man die in der Diaspora, das heißt also in der Zerstreuung lebenden Juden bereits auf 3,5 Millionen Seelen schätzte. Die Ausbreitung des Römischen Reiches gab den Juden Gelegenheit, bis in das „südliche Spanien, nach Gallien an die germanische Grenze, ja, bis zum Niederrhein und nach Britannien" vorzudringen. In „Trier sind sie um 275 nachgewiesen, in Köln gab es 321 und 331 eine fest organisierte Judengemeinde". Schon zur Zeit Sullas heißt es, daß man nicht leicht einen Ort findet, der nicht dieses Volk aufgenommen hat und von ihm nicht eingenommen wird. Während es ein halbes Jahrtausend vorher höchstens eine halbe Million Juden gab, war ihre Zahl bis zur Kaiserzeit auf fünf Millionen angewachsen: etwa 7 v. H. der Gesamtbevölkerung des Imperiums. (Zum Vergleich: in Frankfurt am Main betrug der Anteil der Juden 1925 4,71 v. H. der Bevölkerung*).)

---

*) Nach „Europa und der Osten", herausgegeben von Hans Hagemeyer und Dr. Georg Leibbrandt, München, Eher-Verlag.

21. Die Zerstörung der griechisch-römischen Kulturwelt durch die Juden

Wären die Juden schon in die griechische Kulturwelt eingedrungen, so war ihr Einbruch in das römische Kaiserreich doch der bedeutendste. Gegen die in der Glanzzeit der römischen Kaiser festgefügte, nach gesunden blutlichen und rassischen Anschauungen aufgebaute Kaiserherrschaft hatten die Juden einen unbändigen Haß. Wir sehen bereits an diesem Beispiel aus früherer Zeit, daß alles Hohe und Edle stets einen instinktiven Gegner hat, den Juden. Selbst ein grauenhaftes Rassengemisch, sucht er mit künstlichen Gesetzen die vorhandene blutliche Substanz zu wahren. Vielleicht ist dabei die tiefste Erkenntnis die, daß nur die Erhaltung seiner jetzigen Blutmischung ihm die charakteristischen Züge seines Wesens erhält: der Selbstbehauptungswille des Verbrechers also.

Zurück zu den Juden Roms. Sie vermochten ihrer Art gemäß als Winkel- oder auch als Großbankiers sich durchzusetzen. Aus dem Jahre 41 ist ein Papyrus erhalten, in dem ein alexandrinischer Großkaufmann seinem verschuldeten Geschäftsfreund den Rat gibt: „Hüte dich vor dem Juden." Die Juden wußten sich aber so unentbehrlich zu machen, daß sie in die führenden Staatsstellen des römischen Kaiserreiches mehr und mehr eindrangen und ihren Einfluß geltend machten. Die Gattin Neros, Poppäa, war eine Anhängerin des Judentums. Unter Trajan (98—112) ist die Klage erhalten: „Es ist uns ein Schmerz, daß dein Staatsrat voller Juden sitzt!" Die Edikte, die sich die Juden von den spätrömischen Kaisern zu ihrem Schutz und zu ihrer Privilegierung haben ausstellen lassen, sind zum großen Teil noch erhalten. Unter Kaiser Caracalla (212) erhielten sämtliche Juden das römische Bürgerrecht. Ein früher Dichter Roms des 1. Jahrhunderts beklagt sich schon, das Rom seiner Tage sei nicht von den eigenen Bürgern belebt, sondern von der Hefe des Erdballs. Oder ein anderer sagt: „Römer sein bedeutet nichts mehr; nur noch diejenigen leben in Rom in Purpurgewändern und auf Polstern, die erst vor kurzem mit dem syrischen Schiff zugewandert sind." 21

Erst einmal im Besitz einflußreicher Stellungen, benutzten die Juden die damit gewonnene Macht sogleich zur inneren Zersetzung und Verseuchung der römischen Staatsidee mit ihrem orientalisch-asiatischen Gedankengut. Absolutismus, Universalismus und asiatische Theokratie wurden durch sie die neuen Vorbilder für das römische Imperium. Unter diesem Einfluß entstand allmählich ein Menschheitsbrei mit internationaler Kultur- und Religionsgemeinschaft, die schließlich — mit Ausnahme des sich bewußt daraus heraushaltenden Judentums — jede völkische Eigenart erstickte und den Untergang des römischen Weltreiches von innen heraus herbeiführte. Kein Geringerer als Theodor Mommsen nennt die Juden daher schon für das Altertum: „. . . ein wirksames Ferment der nationalen Dekomposition*)." — Mit am auffälligsten war ihr Verhalten in der ehemals römischen Provinz Spanien, die im 5. Jahrhundert von den Germanen, hauptsächlich den Westgoten, erobert wurde. Ihren Vorteil, nämlich gute Geschäfte witternd, schlugen sich die Juden sofort auf die Seite der neuen Herren, um sie später ebenso unbedenklich wieder zu verraten. Bekanntlich leisteten sie den von Nord-

*) Vgl. hierzu Th. Fritsch, Handbuch der Judenfrage, 48. Auflage 1943, S. 64.

afrika über die Straße von Gibraltar gegen das Westgotenreich vorstoßenden Arabern jede nur denkbare Hilfe*).

22. Privilegien festigen die Stellung der Juden in den germanischen Ländern

Nach Germanien selbst wanderten die Juden vorwiegend im Gefolge der römischen Legionen ein. Nicht nur aus Erziehungsgründen des damals vordringenden Christentums erhielten die Juden schon recht frühzeitig von Karl dem Großen und seinen Nachfolgern besondere Privilegien, sondern auch aus Nützlichkeitserwägungen, die aus der Beherrschung des damaligen Geldmarktes durch die Juden bei diesen deutschen Kaisern entstanden. Wir sehen, daß es immer wieder das typische Bild ist, wie die Juden sich unter Ausnutzung aller Tarnungen im Reichtum der Völker festsaugen: sie sind bestrebt, sich nützlich zu machen, sie weisen darauf hin, daß sie ja überall ihre Verbindungen hätten, und sie lassen dann den von ihnen gesammelten Reichtum spielen; nach Meinung der Wirtsvölker zu deren Nutzen, in Wirklichkeit aber zur ungeheuren Bereicherung des Judentums am Vermögen des Wirtsvolkes bis zu dessen völliger Aussaugung.

23. Neue Handelswege fördern die weitere Ausbreitung des Judentums

Zeitlich gesehen, breitete sich das Judentum in schneller Folge nun nach Nordafrika und Spanien, nach Portugal, nach Holland und endlich auch nach England und Frankreich**) aus, zu gleicher Zeit aber auch den südosteuropäischen Raum durchdringend.

22

Während des 12. bis 16. Jahrhunderts tritt eine große Westostverschiebung des Judentums ein, veranlaßt durch die verschiedensten Momente, wie erneute Austreibung, Empörung der geschädigten Völker, aber auch durch die Erkenntnis, daß die Handelswege des südosteuropäischen Raumes reichen Gewinn und endlich die Natur der südosteuropäischen, besonders der slawischen Völker, ihnen ein weit hemmungsloseres Sichausleben gestatteten, als es im Westen und in der Mitte Europas möglich war. Das Ostjudentum wird so mit der Zeit die stärkste Gruppe des Weltjudentums, die immer wieder
Anlage 12 frisches Blut an die jüdische Welt abgeben kann.

24. Die Judenaustreibungen

Wir treten nun in die große Geschichte der Judenaustreibungen ein und wir wollen nur einige dieser Tatsachen erwähnen. Die Juden wurden u. a. vertrieben***):

855 aus den italienischen Städten,
1096 aus Trier, Speyer, Mainz und Köln,
1181 aus Frankreich,
1290 aus England,
1306 wiederum aus Frankreich,
1492 aus Spanien.

*) Näheres bei Th. Fritsch, a. a. O., S. 68, und „Weltkampf" 1941, Heft 1/2, S. 8.
**) Siehe auch Rosenberg: „Die Spur des Juden im Wandel der Zeiten."
***) Nach Seraphim: „Wanderungsbewegungen des jüdischen Volkes."

Im späteren Mittelalter wurden die Juden auch aus den deutschen Landen oft vertrieben. Das Fehlen einer ausreichenden Zentralgewalt mußte es den Städten und Ländern überlassen, diese notwendigen Maßnahmen zu beschließen und durchzuführen. Köln begann damit im Jahre 1424, Mainz und Straßburg 1438, Augsburg 1439, Bayern 1450, Schlesien 1455, Erfurt 1458, Tirol 1499, Regensburg 1519. Neben diesen wesentlichsten Austreibungen hat es noch sehr viel mehr gegeben, die nicht alle aufgezählt werden können*). Erwähnenswert ist hier, daß oft auch die Kirche führend oder unterstützend an den Judenaustreibungen beteiligt war. Vorwiegend waren es kirchliche Auffassungen von der Schuld der Juden am Tode Christi, die der Kirche Veranlassung zu ihren Schritten gab, oft aber auch die Tatsache, daß sie sich zum Wortführer der allgemeinen Ablehnung der als andersartig empfundenen Juden machte.

25. Der Jude dringt in England ein

Besonders interessant ist das erneute Eindringen des Judentums nach England. Ganz bewußt wurde die Einwanderung erst einzelner, dann zahlreicher Juden nach England betrieben, als die spanische, portugiesische und holländische Kolonialmacht von der englischen verdrängt wurde und England mit dem Aufbau seines Empire begann. Der Widerstand der englischen Bevölkerung wurde von der Regierung nicht beachtet, und besonders Cromwell war es, der aus seiner puritanischen, auf den Lehren des Alten Testaments aufbauenden Auffassung glaubte, die Juden wieder nach England hereinlassen zu müssen. Ganz zweifellos dachte Cromwell auch daran, die weltweiten Handelsbeziehungen der Juden in den Dienst der englischen Kolonialmacht stellen zu sollen. Von dieser Zeit an ist England dem Judentum mitsamt seinen ganzen Kolonien ausgeliefert gewesen, denn es bot über lange Zeiträume hinweg dem parasitären Charakter des Juden den besten Nährboden aus der weltanschaulichen Haltung seiner Bewohner und den daraus bedingten Gegebenheiten seiner Wirtschaft, seines Handels und seiner politischen Herrschaftsidee heraus.

26. Haben die Juden ein Vaterland?

Gibt es denn, so wird man fragen, kein eigentliches Vaterland der Juden! Das kurze Bild der jüdischen Zerstreuung, das hier entworfen wurde, beantwortet diese entscheidende Frage noch nicht. Es sei hier Ferdinand Fried aus seinem Buch „Der Aufstieg der Juden" als Antwort zitiert: „Sie wurzeln in keinem Land, aber sie wuchern darauf, und auf diese Weise wirken sie wie die parasitären Spaltpilze zersetzend in jedem Wirtsvolk. Diese zersetzende Kraft ist aber entscheidend erst wirksam geworden, als sich die händlerische wucherische Anlage verband mit einer Religion, die darauf zugeschnitten war. Das Wesen des jüdischen Glaubens liegt — von diesem Gesichtspunkt aus betrachtet — darin, daß ihre Anhänger keine Heimat, kein Vaterland zu haben brauchen, sondern sich mit dem mehr begrifflich aufgefaßten

*) Nach Seifert: „Der Jude an der Ostgrenze." Diese Schrift gibt über das Wesen des Ostjudentums einen außerordentlich interessanten Aufschluß.

‚Jerusalem' (‚da droben im Licht') begnügen: das entspricht also ihrer Wurzellosigkeit. Ferner stellt das Gesetz (die Thora) das geistige Band, das alle Rassen- und Glaubensverwandten dennoch fest aneinanderkettet, auch wenn sie heimatlos über die ganze Welt verstreut sind. (Siehe Seite 18.) Schließlich begünstigt die diesem Glauben innewohnende ausbreitende Kraft gegenüber den Rassenverwandten und unerbittliche Härte und der leidenschaftliche Haß gegen alles Fremde (die fremden Gastvölker, die Gojim) die Ausbreitung und Zerstreuung ihrer Anhänger über die Erde, ihren dennoch festen Zusammenhalt und vor sich selbst die sittliche Forderung, das verächtliche Fremde zu untergraben."

27. Das Ghetto

Mit der Erklärung der Menschenrechte im amerikanischen Repräsentantenhaus und in der französischen Nationalversammlung wurden die letzten Schranken, die der erstrebten jüdischen Gleichberechtigung entgegenstanden, niedergerissen. Die Französische Revolution, in die die Völker des ganzen europäischen Kontinents mit hineingezogen wurden, schaffte die Voraussetzung für die vollständige Emanzipation der Juden Europas im Verlaufe des 19. Jahrhunderts. Mit dieser Emanzipation war allenthalben das Aufheben der Ghettos verbunden. Ursprünglich waren die Ghettos eine selbstgewählte Einrichtung des Judentums, um einen Lebensbezirk zu haben, in dem sie völlig ihren Eigengewohnheiten nachgehen konnten. Mehr und mehr waren die Ghettos im Verlaufe der Zeit allerdings auch eine Vorschrift des Wirtsvolkes geworden; sie stellten damit eine instinktive Abwehr der Völker gegen die Assimilierungsversuche des Juden dar. Die Aufhebung der Ghettos half in der Folgezeit das äußere Erscheinungsbild der Juden zu verwischen. Zuletzt waren nur noch im Osten Europas natürliche Ghettos, wie man allerdings auch die Verbrecherviertel der Großstädte der ganzen Welt als natürliche Ghettos bezeichnen kann. Denn wir können politisch durchaus den Standpunkt vertreten, daß sich das Judentum der ganzen Welt auch heute noch aus den asozialen Elementen aller Völker rekrutiert.

Wie sehr die Emanzipation der Juden der Kurzsichtigkeit der Wirtsvölker, aber dem Wunsche der Juden entsprach, schildert eine Stelle aus dem Roman „Endymion", dessen Verfasser Benjamin Disraeli, der spätere Earl of Beaconsfield, schreibt: „Niemand darf das Rassenprinzip, die Rassenfrage gleichgültig behandeln. Sie ist der Schlüssel zur Weltgeschichte; und nur deshalb ist die Geschichte häufig so konfus, weil sie von Leuten geschrieben worden ist, die die Rassenfrage nicht kannten und ebensowenig die dazugehörenden Momente. Aber die Semiten üben augenblicklich durch ihre kleinste, aber eigentümliche Familie, die Juden, einen außerordentlich großen Einfluß in allen Geschäften aus. Es gibt keine Rasse, die mit einem solchen Grade von Hartnäckigkeit und Organisationstalent ausgestattet ist. Diese Eigenschaften haben ihnen einen noch nie dagewesenen Besitz und unermeßlichen Kredit gesichert. Was verstehen sie unter lateinischer Rasse? Sprache und Religion machen keine Rasse — das Blut macht sie*)."

*) Benjamin Disraeli, Earl of Beaconsfield: „Endymion", Roman, 3. Band, London 1881. — Tauchnitz, Leipzig 1881, Band III, S. 18—21.

24

Der Liberalismus wollte das alles nicht sehen, und erst der Führer wies (siehe besonders seine Rede auf dem Parteitag der Arbeit 1937) zu dem Thema des Judentums unter den Völkern in aller Klarheit darauf hin, daß der Jude und der von ihnen eingeschaltete Weltbolschewismus ein absoluter Fremdkörper sei.

28. Die Überseeauswanderung der Juden

Die Entdeckung Amerikas für ihre Zwecke durch die Juden um 1830, ganz besonders aber von 1870 an, leitete die Überseeauswanderung der Juden ein*). Die Juden schätzten, daß in dem Jahrhundert 1830 bis 1930 4,2 Millionen Juden nach Übersee ausgewandert sind, davon allein 2,9 Millionen Juden nach den Vereinigten Staaten von Nordamerika. Es ist für uns ungeheuer interessant zu wissen, daß unter dieser Zahl sich allein 1,7 Millionen Juden befinden, die aus Rußland stammen. Es ist nicht schwer einzusehen, daß diese Elemente in den amerikanischen Völkerbrei mit Leichtigkeit nicht nur eine allgemeine Entseelung und rassische Entwesung, sondern auch jenes jüdisch-bolschewistische Wesen hineintragen konnten, dessen sich die heutige amerikanische Staatsführung in einem so hohen Maße unter dem Beifall ihrer Anhänger erfreut.

Wie stark die Wanderungsbewegung des Judentums auch in unserer heutigen Zeit noch anhält, können wir daraus ersehen, daß unter den 1933 in Deutschland lebenden Juden noch 15 v. H. im Ausland geboren waren. Die Vorsicht, sich nicht allzu fest zu setzen und sich die Beweglichkeit zu erhalten, veranlaßte immerhin 23 v. H. aller damals in Deutschland lebenden 25
Juden, sich einer ausländischen Staatsangehörigkeit zu bedienen oder sie sich sicherheitshalber neben der deutschen Staatsangehörigkeit auf jeden Fall zu beschaffen.

29. Palästina als Judenstaat

Trotz aller dieser Wanderungsbewegungen, diesem Hinundherwogen von Geschäft zu Geschäft, gibt ein Teil der Juden doch den Gedanken einer auch bodenmäßig darstellbaren Judenheimat nicht auf. Der 1875 geborene Chaim Weizmann war zusammen mit dem Juden Nachum Sokolow der Erwirker der Balfour-Deklaration vom 2. November 1917, wonach Palästina als jüdisches Nationalheim ausgerufen wurde. Man darf sich über die sogenannte zionistische Richtung nicht täuschen. Sie ist eine führende Richtung unter dem Judentum, und wenn nach den bisherigen Erfahrungen auch weniger damit zu rechnen ist, daß Palästina außer einem selbstgefälligen pathetischen Gedankenspiel eine zentral wirkende Kraft für das gesamte Judentum bedeuten wird, so sind doch die zionistischen Juden die Tonangebenden des Weltjudentums.

30. Die sowjetische Judenrepublik Birobidschan

Für die Unfähigkeit der Juden, sich ein „Vaterland" in unserem Sinne zu gestalten, sind auch die Erfahrungen geltend zu machen, die mit der jüdischen quasiautonomen Sowjetrepublik Birobidschan gemacht worden sind. Schon 1918 den Juden zugewiesen, erwies sich dieser an Naturschätzen außer-

*) Nach Seraphim a. a. O.

ordentlich reiche, vorwiegend von Wald bedeckte Bezirk im Süden Sibiriens. als nicht lebensfähig, obwohl er 1934 zu der genannten Staatsform innerhalb der UdSSR. proklamiert wurde. Hier hätten die Juden in einem viel ertragreicheren Gelände, als es Palästina überhaupt jemals sein kann, beweisen können, daß es ihnen mit der Schaffung eines Nationalstaates Ernst sei. Die Sowjets hatten den Juden in Birobidschan alle Rechte eingeräumt, die überhaupt nur in der UdSSR. einzuräumen waren. Und obgleich große Förderungsmaßnahmen für einreise- und siedlungswillige Juden verkündet wurden, zogen nur wenige Zehntausend in dieses Land hinein, und die meisten aller jener Juden, die zuerst vor Landbesitzwünschen sich kaum bergen konnten, verließen dieses Land bald wieder. Sinngemäß gilt für sie der Ausspruch eines Juden, der, nach den Gründen seines Wegganges aus Birobidscha befragt, antwortete: „Was soll ich auf dem Lande so hart leben, wo ich in den Städten so viel leichter verdienen kann."

Dennoch wohnt, wie schon erwähnt, der zionistischen Bewegung ein Wesenszug inne, der nicht übersehen werden darf: Wenn sie auch nicht alle Juden von der Notwendigkeit eines eigenen Staates überzeugen konnte, so wurde sie doch der anerkannte Vertreter des Weltjudentums im Sinne der Schaffung einer gedanklichen Heimat auf dem Boden jüdischer Orthodoxie. Die zionistische Bewegung fühlt sich als die Führerin des echten Erbes der Vorväter, und es ist eine Tatsache, daß die meisten führenden Juden aus ihren Reihen hervorgehen. Sie ist bei diesen Zielen zugleich auch die echte Vertreterin des parasitären jüdischen Wesens. Es gibt wohl nur wenige dafür
26 in Frage kommende Staatsoberhäupter dieser Welt, die noch nicht mit einer Ergebenheitsadresse der zionistischen Juden „beehrt" worden sind, eine Ergebenheit, die nur so lange dauerte, bis der Parasit sich festgesaugt hatte. Dann aber schwand die Ergebenheit und machte einer Fülle von Ansprüchen Platz, unter denen die Forderung nach Gleichberechtigung nur der schlecht getarnte Anspruch auf die erstrebte Alleinherrschaft war und ist.

IV. Hauptteil

Der jüdische Weltparasit in den Blutbahnen und Organen der Völker

31. Das schleichende Gift

Der kurze Überblick über die Wanderbewegungen des Judentums bewies, daß die Juden im Laufe der Jahrhunderte, besonders aber während des liberalistisch eingestellten 19. Jahrhunderts sich unter alle wesentlichen Völker dieser Erde gemischt hatten. Es ist nun notwendig, festzustellen, in welcher Form das Judentum sich parasitär in die Blutbahnen und Organe der einzelnen Völker eingenistet hat. Nach außen hin schien das dank der überaus geschickten Ausnutzung der Verhältnisse in den meisten Fällen mehr oder weniger unauffällig vor sich zu gehen, aber schon Houston Stewart Chamberlain sagt in seinen „Grundlagen des 19. Jahrhunderts" (Seite 324): „Von idealen Beweggründen bestimmt, öffneten der Indoeuropäer in Freundschaft die Tore; wie ein Feind stürzte der Jude hinein, stürmte alle Positionen und pflanzte — ich will nicht sagen auf den Trümmern, doch auf den Breschen unserer echten Eigenart — die Fahne seines uns ewig fremden Wesens auf." Anlage 13

In welcher Form der Jude sich in die Blutbahnen der Völker einschlich und zu Macht und Gewalt zu kommen strebte, schildert uns der Führer in „Mein Kampf", Seite 337 ff. (gekürzt): Zuerst kommt der Jude als Händler, dann beginnt er sich in der Wirtschaft nicht als Produzent, sondern als Zwischenglied zu beschäftigen, er verleiht Geld zu Wucherzinsen. Dann wird er seßhaft und Handel und Geldgeschäft faßt er als Privileg auf, das er zum Monopol erweitert. Wo das Volk das parasitäre Wesen des Juden kennengelernt hat und ihn zu bedrängen anfängt, schmeichelt er sich an die Regierungen heran und läßt sich von ihnen Privilegien zur Menschenausbeutung geben. Er führt damit auch die Fürsten in ihr Verderben, indem er ihre Stellung zu ihren Völkern untergräbt, und nun sieht der Jude seine Zeit gekommen, sich nicht mehr als ein fremdes Volk im Rahmen seines Wirtsvolkes zu betrachten, sondern sich zunächst noch zu assimilieren und dann zur Herrschaft zu schreiten. Er preist der Bevölkerung neue Ideen und neue Weltanschauungen an und macht sich durch die ihm eigene Kunst der Lüge zum Wortführer einer neuen Zeit. Anlage 14

War auf die Judenaustreibungen als erste Reaktion der europäischen Völker bereits hingewiesen worden, so wissen wir aus der Geschichte des deutschen Mittelalters, daß der Hohenstaufe Friedrich II. die Juden von allen öffentlichen Ämtern ausschloß und daß er darauf hinwies, daß der Jude überall dort, wo man ihn zur Gewalt zulasse, er sie mißbrauche*).

32. Völkische Wirtschaft — Kampfplatz und Domäne des Judentums

Besonders stark wurde der Einfluß der Juden mit dem Anbruch der sogenannten hochkapitalistischen Zeit. Die durch die Erfindung der Dampfmaschine in Gang kommende technische Entwicklung wurde begleitet von einer materiellen Entwicklung, die an sich in ihren Ansätzen und in ihren Auswirkungen weder der deutschen Volksseele noch dem deutschen Volke überhaupt irgendwie hätte schädlich zu sein brauchen, wenn sie mit unseren eigenen Kräften aufgefangen und gesteuert worden wäre. Aber der Kampfplatz der Wirtschaft wurde in wenigen Jahrzehnten zu einer Domäne des Judentums. Hier konnte er seine jahrhundertelang geübten Praktiken der Geldwirtschaft zum erstenmal in großem Maße ansetzen, zumal die aufkommende liberalistische Anschauung ihm Tür und Tor öffnete.

33. Die Juden erringen die Gleichberechtigung

Die französische Revolution von 1789 und vorher schon der Kongreß der Vereinigten Staaten von Amerika hatten die Gleichberechtigung des Juden proklamiert, indem sie in ihr Gesetz den Grundsatz von der Gleichheit aller Rassen und Völker aufnahmen. Im damaligen Deutschland kam in Preußen wie in Österreich die sogenannte Emanzipationsbewegung ungefähr gleichzeitig in Fluß. In Berlin war es besonders Moses Mendelssohn (Ben Menachem Mendel), der 1729 in Dessau geboren war und 1786 in Berlin starb. Er wird mit Recht als der Vater der jüdischen Emanzipation in Deutschland bezeichnet.

*) H. St. Chamberlain, „Grundlagen", S. 336.

Der Jude Prof. Dr. Grätz schildert ihn als einen Mann, der gewissermaßen das Bild dieses Volksstammes dargestellt hat und von verwachsener Gestalt, blöde und unschön in seinem Äußeren gewesen sei. (Es ist hier das Wort blöde anders zu verstehen, als wir es heute auffassen. Es bezeichnet nach damaliger Sprachsitte einen etwas ungewandten Menschen.) Mendelssohn war aber geistig keineswegs ungewandt, er versuchte vielmehr, in der führenden Berliner Gesellschaft Fuß zu fassen und das gelang ihm auch in erstaunlich hohem Maße. Sein Ziel war, seinen Rassegenossen den Weg zur persönlichen Freiheit in ihrem Wirtsvolk zu bahnen, und von ihm veranlaßt, schrieb der Kriegsrat Christian Dohm (1751—1820) im Jahre 1781 eine Denkschrift „Über die bürgerliche Verbesserung der Juden". War Dohm durch seine Anwesenheit im Elsaß und durch seine eigene judenfreundliche Einstellung an sich schon dazu gekommen, für die Verbesserung der Lage der elsässischen Juden sich einzusetzen, so wurde diese Schrift über die elsässische Frage hinaus zu einer Angelegenheit aller Juden in allen europäischen Ländern. Fürst Carl August von Hardenberg (1750—1820), in entscheidender Zeit Minister des Preußischen Staates, wurde von den Ideen Mendelssohns und auch durch die Schrift Dohms außerordentlich stark in judenfreundlichem Sinne beeinflußt. Zu dieser Haltung drängte ihn sicherlich auch die Tatsache, daß die Braunschweiger Hofjuden Samson und Israel Jacobsohn für den fast dauernd in finanziellen Schwierigkeiten sich befindenden Minister die Hauptgeldgeber waren. Diese Gefälligkeit ihm gegenüber mußte er durch politische Maßnahmen vergelten.

28 Gegen den Widerstand vieler klar denkender Menschen des damaligen preußischen Staates brachte Hardenberg am 11. März 1812 das berühmte Judenedikt durch, wonach die Juden nunmehr in ihren Rechten und Pflichten den preußischen Staatsbürgern gleichgestellt waren. Wenn auch die von ihm 1812 veranlaßte Schrift über die künftigen bürgerlichen Verhältnisse der Juden ein guter Wegbereiter war, wenn auch Aufklärung und Liberalismus ihm viel Wege ebneten, so war doch in Preußen ein großer Rest von Bedenken gegen die Gleichberechtigungserklärung der Juden zurückgeblieben. Immerhin hatten die Juden nach diesem Edikt noch keine Möglichkeit, in den Staatsdienst einzutreten, und sie blieben auch von manchen anderen öffentlichen Ämtern nach wie vor ausgeschlossen. Die letzten Schranken in dieser Hinsicht fielen am 3. Juli 1869, als im preußischen Staatsgesetz auch in diesen Dingen die völlige Gleichberechtigung der Juden verankert wurde. Der einzige Beruf, zu dem die Juden keinen Zutritt erhielten, war der Offiziersberuf. Diese Ausnahme wurde in sämtlichen norddeutschen Bundesstaaten streng eingehalten und auch in den süddeutschen Staaten wurde es nur dem einen oder anderen Juden möglich, Berufsoffizier zu werden.

Was half es nun, daß viele große Deutsche sich zu ihrer Zeit gegen die Juden in strengster Weise geäußert hatten. Wenn Luther in seinen Tischreden
Anlage 15 sagt: „Darum wisse du, lieber Christ, und zweifle nicht daran, daß du nächst dem Teufel keinen bitteren, giftigeren, heftigeren Feind hast, denn einen rechten Juden, der mit Ernst ein Jude sein will . . ." und weiter dem deutschen Volke Ratschläge gibt, wie es sich der Juden erwehren könne, Ratschläge, die an Deutlichkeit nichts zu wünschen übrig lassen, — wenn Friedrich der

Große und Goethe sich gegen die Juden wandten oder wenn Fichte sagt: „Fast durch alle Länder von Europa verbreitet sich ein mächtiger, feindselig gesinnter Staat, der mit allen übrigen im beständigen Krieg steht, und der in manchem fürchterlich schwer auf die Bürger drückt: Es ist das Judentum" („Ein Blick aus der Zeit auf die Zeit", 1814), so mußten diese Stimmen nunmehr verhallen, nachdem der Staat den Juden die Gleichberechtigung eingeräumt hatte.

Die gleiche Entwicklung ergab sich gegen den teilweise recht harten Widerstand der deutschen Bevölkerung in der österreichischen Monarchie als dem anderen großen damaligen Repräsentanten Deutschlands!

34. Der gleichberechtigte Jude als Zerstörer der völkischen Lebensordnung

Wie aber schon die oben erwähnte Auslassung des Führers über die Methode des Eindringens des Juden in die Blutbahn der Völker darlegt, versuchte der Jude nach Gewinnung der Regierungen nun gegen diese die Volksseele einzufangen. Es ist daher kein Wunder, daß die mit der Industrialisierung Hand in Hand gehende zahlenmäßige Vermehrung des sogenannten Arbeiterstandes den Juden geradezu einlud, sich den stärksten Einfluß auf die Arbeiterbewegung zu sichern. Die Kurzsichtigkeit der damaligen Regierungen und des Bürgertums vermochte mit der sozial neuen Schicht des Fabrikarbeiters nichts anzufangen. Dieser modernen Massenbewegung standen sie fremd gegenüber, unfähig zu organisch richtigen und den Blutsgesetzen nach notwendigen Entschlüssen. War die preußische Arbeiterbewegung trotzdem zuerst noch ein Versuch, die sich bildende Masse der Arbeiter in eine „Harmonie" mit dem Volksganzen zu bringen, so setzte das Judentum alles daran, die solche Ideen vertretenden ersten Führer der deutschen Arbeiterbewegung möglichst schnell von ihren Posten zu verdrängen und vor den Arbeitern unmöglich zu machen. In den entscheidenden Jahren um die 1848er-Revolution sehen wir, daß sich der jüdische Einfluß auf die Führung der Arbeiterbewegung schon auf das stärkste durchgesetzt hat.

35. Das Judentum setzt sich an die Spitze der Arbeiterbewegung

Es waren Moses Heß von der „Rheinischen Zeitung" in Köln, Karl Marx, Chefredakteur dieser Zeitung, der sogenannte Dichter der armen Leute, Karl Beck, weiter die Juden Karl Grün, der Arzt Dr. Johann Jacoby, Lazarus Bernays, Heinrich Heine und German Mäurer, deren Namen wir nun begegnen. Die Berliner Arbeiterbewegung wurde geleitet von Stephan Born (Simon Buttermilch), der ursprünglich Berliner Handwerker, später Professor an der Baseler Universität und Redakteur der „Baseler Nachrichten" war. Schließlich darf auch Ferdinand Lassalle (Loslauer, Lasel, Lasal) nicht vergessen werden, der später in einem Duell fiel.

Lazarus Bernays und Heine gaben zusammen mit Marx und Heß in den Vierzigerjahren die „Deutschen Jahrbücher" heraus. Als diese nicht mehr erscheinen durften, waren Heß, Marx, Heine und Mäurer an der Pariser Gründung des „Vorwärts" (1844) beteiligt, eine Gründung, die sich jedoch noch nicht einmal ein Jahr halten konnte. Immerhin entbehrt es nicht eines gewissen Reizes, daß zu den Gründungsmitteln Giacomo Meyerbeer (Jacob

Liebmann Beer) 3000 Francs beisteuerte, der zu dieser Zeit Königlich preußischer Generalmusikdirektor war. Wieviel Anstrengungen muß es Meyerbeer gekostet haben, bis er endlich Königlich preußischer Musikdirektor war; nachdem er es war, hielt er es für richtig, einer gegen seine eigene Regierung hetzenden deutschen Zeitung im Ausland Mittel zu ihrer Gründung vorzustrecken.

36. Das Kommunistische Manifest — eine Kampfansage des Judentums an die Welt

Marx nahm den größten Anteil an der Schaffung einer programmatischen Erklärung über das innere Wesen der Arbeiterbewegung, und ihm, dem Sohne der Trierer Rabbinerfamilie Mardochai, verdanken wir vornehmlich das Kommunistische Manifest, diese Kampfansage gegen die ganze Welt. Der Marxsche Haß gegen sein eigenes Geburtsland war so groß, daß er in diesem Manifest ganz offen sagte, daß Deutschland eines der ersten Länder sein würde, in dem der Kommunismus sich Bahn brechen würde.

Den Juden gelang es, die Arbeiterbewegungen der damaligen Zeit unter dem Banner des Kommunismus zu einigen, sie zu entnationalisieren und ihnen den Haß gegen alle bestehenden Ordnungen einzuimpfen. Das unpolitische Bürgertum der damaligen Zeit gab durch seine Haltung den Kommunisten immer wieder die besten Möglichkeiten, sich gegen die bestehenden Verhältnisse aufzulehnen. Eine Unsumme von Rückständigkeit, mangelnder weltanschaulicher Grundeinstellung und politischer Borniertheit machte die Stellung des Bürgertums immer schwächer und stärkte gleichzeitig die Position der Kommunisten.

30

Wurde der Arbeiter durch den Kommunismus materiell zu Hoffnungen gereizt, die sich nie erfüllen konnten, so sah der jüdische Weltparasit in dieser Arbeiterbewegung ein weiteres geeignetes Mittel, sich mit ihrer Hilfe zum Herrn der Welt zu machen. Er, dessen kosmopolitischem Denken der Gedanke der Weltherrschaft entsprang, will sich in den Besitz des gesamten Vermögens der Menschheit und ihrer ganzen Arbeitskraft setzen. Durch die von ihm verursachte Desorganisation der Wirtschaft, durch die Zersplitterung ihrer einzelnen Gebiete und durch die Verhetzung der einzelnen Volksteile gegeneinander suchte der Jude zu seinem Ziel zu kommen. Die Nationalwirtschaften sollten verschwinden; die Weltplutokratie unter jüdischer Führung begann sich in ihren ersten Umrissen abzuzeichnen.

Diese echt jüdischen Zersetzungspläne wurden mit allen Mitteln und mit der größten Skrupellosigkeit durchgeführt. Die einzelnen Völker wurden von Revolution zu Revolution geführt, sie wurden einer Erschütterung politischer oder wirtschaftlicher Art nach der anderen ausgesetzt. Daß diese planmäßig betriebene Desorganisation der nationalen Kraftströme nicht noch schneller gelang, als es dem Juden immerhin in unserem Jahrhundert bis zu einem gewissen Grade möglich war, liegt an der noch bewahrten Kraft der Völker. Anlage 16

37. „Alles Deutsche wirkt auf mich wie Brechpulver“

Es ist notwendig, bei diesem kurzen Rückblick auf das Werden der deutschen Arbeiterbewegung die wahre Charaktereinstellung des Judentums gegenüber den nationalen Belangen ihrer Wirtsvölker an Hand von einigen jüdischen Selbstzeugnissen noch einmal zu unterstreichen. Heinrich Heine sagte einmal: „Alles Deutsche wirkt auf mich wie Brechpulver.“ In unserer Zeit sagte Bernhard Manasse Baruch, ein Berater Roosevelts: „Ich glaube, nationaler Stolz ist ein Haufen Blödsinn“ (nach Leers a. a. O.). Je mehr das Judentum innerhalb der Arbeiterbewegung zu Wort kam und sich im Verlaufe der Jahrzehnte immer mehr zu Führern dieser Arbeiterbewegung aufschwang, um so offener zeigte sich diese Haltung. So konnte beispielsweise auf dem Essener Parteitag 1907 der jüdisch versippte Karl Liebknecht die oben angeführten Aussprüche um folgenden vermehren und inhaltlich ergänzen: „Wir wollen dem Proletariat den Kasernendrill verekeln, wir freuen uns, wenn die Disziplin innerhalb des Heeres nicht so gut ist wie innerhalb der Sozialdemokratie.“ Der Jude Ernst Heilmann sagte in der Zeitschrift „Das freie Wort“ (nach Leers a. a. O.): „Hinweg mit den Liedern, die die Volksgemeinschaft und den nationalen Staat verherrlichen, hinweg mit dem Deutschlandlied.“ Und endlich sagte der Jude Eckstein schon 1903: „Hinter dem Generalstreik muß stehen der Wille zum Entscheidungskampf.“ Anlage 17

So weit konnte man sich also schon damals hervorwagen, indem man öffentlich vom bevorstehenden entscheidenden Kampf sprach. Um was sollte es denn in diesem Entscheidungskampf gehen? Der irregeführte deutsche Arbeiter glaubte, eine Verbesserung seiner Lohnverhältnisse, im besonderen sogar eine Verbesserung seiner sozialen Stellung zu erhalten — so stellte es jedenfalls der Jude dem Arbeiter als Ziel dar. Für ihn als Jude waren das aber Belanglosigkeiten, für ihn handelte es sich darum, in der Arbeiterschaft die Masse zu haben, die sich für **seine** Ziele schlug: nämlich die Zerstörung jeder Wirtschaft und Gewalt überhaupt, um dafür die jüdische Weltherrschaft zu setzen. 31

38. Das Bürgertum versagt

Es besteht heute kein Zweifel mehr darüber, daß, wie das auch schon erwähnt wurde, die Haltung des Bürgertums und der führenden Schichten dieses Doppelspiel des Juden und der von ihm geführten Arbeiterschaft nur unterstützt haben. H. St. Chamberlain spricht von den Helfershelfern der Juden aus den Reihen der Fürsten und des Adels, „welche die zersetzende Tätigkeit der Juden aus den schnödesten Gründen stets ermutigt, beschützt und gefördert haben“. Ähnliches sagen uns der Führer und Alfred Rosenberg. Das Bürgertum ließ sich, genährt durch die Anschauungen der christlichen Konfessionen, bis auf den heutigen Tag nicht dazu bringen, in dem Judentum einen rassischen Gegner zu sehen, sondern nur eine besondere Form einer Religionsgemeinschaft.

39. Jüdisches Blut dringt in deutsche Familien

Die liberalen Vorstellungen ermöglichten es, verbunden mit den Emanzipationsgesetzen, dem Judentum, in diese bürgerliche Welt auch blutlich einzudringen. Als die Gleichberechtigung der Juden ausgesprochen war, fingen die Einheiraten der Juden in deutsche Familien an, und wir wissen heute, in wie hohem Maße es Juden geglückt ist, nicht nur in älteste Adelsfamilien Deutschlands, sondern auch in den Adel ganz allgemein und in die geistig, wirtschaftlich und verwaltungsmäßig führenden Familien Deutschlands einzudringen. Der Jude hatte damit erreicht, daß er neben der Festigung seiner Macht auf den verschiedensten Gebieten das Blut vieler deutscher Familien für alle Ewigkeit verseuchte.

Das nationalsozialistische deutsche Volk hat auf diesem Gebiete ein bitteres Erbe seiner Väter angetreten. Denn es wird viele Jahrzehnte dauern, bis die Folgen dieses rassischen Einbruches der Juden in unser Blut überwunden sind. Wenn heute noch manche deutsche Staatsangehörige sich mit geheimem Stolz daran erinnern, daß der oder jener der früher einmal „berühmt" gewesenen Juden in ihren Elternhäusern verkehrte, wenn manch anderer heute noch glaubt, sich für die Juden einsetzen zu müssen, da sie doch alle nicht „so" schlecht seien oder zumindest gewesen seien, so beweist das nur zu gut, wie das liberale Bürgertum einer rassisch nicht bewußten Zeit ausgebeutet und verführt worden ist von den rassisch sehr bewußten Juden.

40. Die Freimaurerei als Organ des Judentums

Wo es dem Juden nicht gelang, direkt in eine einzelne deutsche Familie einzudringen, gelang es ihm auf dem Wege über die Vereine und im besonderen über das Freimaurertum. Diese Institution hat sich im Laufe ihrer Geschichte als der beste Mutterboden erwiesen, auf dem jüdischer Einfluß gedieh und zu den höchsten Erfolgen heranreifen konnte. Wie fühlte sich der einzelne deutsche Bürger geschmeichelt, wenn er gebeten wurde, sich doch an den Sitzungen der Logen zu beteiligen, und wenn man ihn merken
32 ließ, daß man ihn aufzunehmen gedachte. Wieviel Sorgen und wieviel Enttäuschung, wieviel Bitterkeit sind aber dann in die Herzen so mancher deutscher Männer eingezogen, wenn sie später als Logenmitglieder entdecken mußten, mit welchen Fesseln sie nunmehr an diese jüdische Freimaurerei gebunden waren. Wieviel dummer Stolz und wieviel Überheblichkeit auf der anderen Seite wurden aber ebenfalls von deutschen Männern entwickelt, die als willige Logenbrüder die Stimme ihres Blutes und ihres Herzens töteten und den Einflüsterungen der jüdisch-freimaurerischen Führung völlig unterlagen.

41. Die jüdische Pressediktatur

Ein besonderes Einflußgebiet der Juden war die Presse. Auch sie wurde von den Juden geschickt dazu benutzt, um die öffentliche Meinung der Wirtsvölker in jüdischem Sinne zu beeinflussen. Es wäre töricht anzunehmen, daß der Jude nur in der sogenannten Hetzpresse zu Wort gekommen wäre. Er war genau so gut an den sogenannten bürgerlichen nationalen Zeitungen interessiert und mit Geld engagiert. Mochte auch die sogenannte Haltung der Blätter nach außen hin verschieden sein wie Feuer und Wasser, so saßen im Hintergrund die jüdischen Ratgeber, Verlagsleiter oder Geldgeber, die schon dafür sorgten, daß trotz allem zur Schau getragenen Kampfes die Interessen des Judentums in allen Lagern beachtet wurden. Mit Hilfe der Diktatur der Presse konnte das Judentum geistig alles niederknüppeln, was sich ihm in den Weg zu stellen schien, und wir haben in Deutschland oft genug erlebt, daß achtbarste, vom lautersten Willen beseelte Deutsche der Öffentlichkeit gegenüber durch die Presse in einer Weise diffamiert wurden, als ob sie die schlimmsten Verbrecher ihres Jahrhunderts seien. Einmal aber der öffentlichen Verachtung anheimgefallen zu sein oder einem öffentlichen Mißtrauen zu begegnen, sei es auch nur durch eine unscheinbare Notiz der Judenpresse hervorgerufen, hieß unmöglich gemacht worden zu sein. Denn keiner Zeitung fiel es ein, eine Rechtfertigung zu drucken, ganz abgesehen davon, daß, wenn es schon einmal geschah, die Folgen der üblen Nachrede damit keineswegs aufgehoben waren.

Mit der Presse hatte das Judentum es auch in der Hand, das Wunschbild des einzelnen Deutschen dem Leben gegenüber zu formen. Der geistigen Zersetzung durch Leitartikel und sonstige Beiträge folgte die materielle. Artikel oder Anzeigen mußten dazu herhalten, um, wie der Jude sagte, die Wirtschaft in Gang zu halten, das heißt die Kauflust zu fördern oder auf ganz bestimmte Artikel hinzuweisen. In Wirklichkeit war es aber so, daß die Kauflust durch die geschickt geführte Anzeigenregie nicht nur auf wirklich notwendige Dinge gelenkt wurde, sondern auch auf alles mögliche, was keineswegs zumindest in einen durchschnittlichen deutschen Haushalt hineinzugehören brauchte.

42. Judentum und Parteien

Ein weiteres Mittel zur Durchsetzung des politischen Willens des Weltjudentums waren die **Parteien**. Wenn das kaiserliche Deutschland schon über eine Reihe von Parteien verfügte und es in der Verfallszeit noch viel mehr, teilweise über dreißig, wurden, so war der Grund dafür nur in den wenigsten
Fällen irgend eine Notwendigkeit, sondern das Ergebnis jüdischer Zersetzungs- 33
arbeit, jüdischer Täuschung und jüdischer Lüge. Was konnte dem Juden angenehmer sein, als eine in viele Parteien aufgespaltene deutsche Nation. Auch hier machte es dem Juden nichts aus, sich selbst möglichst in allen Parteien vertreten zu sehen. Von der Sozialdemokratischen Partei bis zur Konservativen Partei war er vorhanden, und wenn der einzelne Deutsche glaubte, der Jude seiner Partei hätte es sich zur Aufgabe gemacht, die herausgestellten Ziele eben dieser Partei zu verfolgen, dann täuschte er sich gewaltig. Denn auch hier war das Zusammengehörigkeitsgefühl der Juden stärker als sein „Bekenntnis" zum festgelegten Parteiprogramm. Als Jude hatte er nur das eine Interesse, dafür zu sorgen, daß die jüdischen Pläne nicht irgendwie zu kurz kamen.

43. Der Einzug der Juden in die Kultur

Wie hatte sich das Judentum auf allen Gebieten der Kultur eingenistet! Theater, Kino, aber auch alle Zweige der Musik und der darstellenden Kunst wurden von ihm mit Beschlag belegt. Sein behender und nur zum Nachschaffen fähiger Geist ermöglichte es ihm, auch hier auf allen Gebieten zu glänzen. Selbst allerdings etwas wirklich Neues zu schaffen, das war dem Juden versagt. Die Reklame, die er zum Ersatz dafür für die jüdischen Künstler aufzog, verdeckte diesen Mangel. Und unter Ausnutzung aller Möglichkeiten von Politik, Presse und Finanz pries der Jude dem deutschen Volke die jüdischen Künstler als die einzig wahren an, als echte Vorbilder, die ganz zu erreichen wohl sonst keinem Sterblichen dieser Welt gegeben sein würde.

44. Die „große Zeit" des Judentums in der deutschen Verfallszeit

Die große Zeit der Juden schien anzuheben, als es ihnen gelungen war, über die deutsche Sozialdemokratie im Jahre 1918 an die Macht zu kommen. Schon im Jahre 1911 sagte der jüdisch versippte Kommunist Karl Liebknecht: „Wir werden im Kriegsfalle alle Machtmittel anwenden, um der Reichsregierung in die Arme zu fallen." Und es kann auch nicht wundernehmen, daß im März 1915 schon jüdische Mitglieder der damaligen sozialdemokratischen Frak-
Anlage 18 tion gegen die Bewilligung weiterer Kriegskredite stimmten: Bernstein, Davidsohn, Fuchs, Geyer, Haase, Herzfeld, Hoch, Stadthagen, Cohn und der jüdisch versippte Liebknecht. Während des Krieges organisierte der Jude Walter Rathenau die sogenannten Kriegswirtschaftsgesellschaften, die bald eine absolute Desorganisation des Wirtschaftslebens erreichten, die aber zusammen mit dem Waffen- und Munitionsbeschaffungsamt vielen Juden einträgliche Posten hinter der Front in genügender Zahl sicherten. Als die kaiserliche Regierung gestürzt war, wurden am 25. November 1918 die deutschen Bundesstaaten bei der Berliner Regierung durch folgende Juden vertreten: Adler, Bernstein, Cohn, Eisner, Fliedner, Gradnauer, Haase, Haas, Hirsch, Heymann, Herzfeld, Löwengart, Oberländer, Preuß, Rosenfeld und Wurm. Mit ihnen kamen alle die jüdischen Betrüger, von denen das deutsche Volk einen Teil aus den großen Schieber- und Wucherprozessen der 1920er Jahre kennen-
Anlage 19 gelernt hatte: Sklarek, Sklarz, Holzmann, Kutisker, Barmat und Genossen.

Einer der einflußreichsten Juden auf dem wirtschaftspolitischen Gebiet war Jacob Goldschmidt, der es in kurzer Zeit zum leitenden Geschäftsinhaber
34
der Darmstädter- und Nationalbank brachte, der 104 Aufsichtsratsposten in seiner Person neben der bankführenden Tätigkeit vereinen konnte und der 1927 ehrenhalber zum Doktor der Staatswissenschaften ernannt wurde „wegen seiner Verdienste um den Wiederaufbau der deutschen Wirtschaft". Wie groß seine Verdienste um diesen Wiederaufbau in Wirklichkeit waren, konnte man ermessen, als die von ihm geleitete Bank durch seine schlechte Finanzpolitik im Jahre 1931 so weit heruntergewirtschaftet war, daß durch eine besondere Notverordnung vom 13. Juli 1931 die deutsche Reichsregierung die Garantie für diese Bank übernehmen mußte, damit nicht zu viele Menschen in Deutschland dem wirtschaftlichen Ruin verfielen, nachdem ja das ganze deutsche Volk erst acht Jahre vorher durch die vom Judentum verursachte und ausgenutzte Inflation an den Bettelstab gebracht worden war.

Wie sehr sich das Judentum in diesen Jahren auf dem Gebiete der Kunst und der Kultur überschlug, ist uns noch allen geläufig. Wir brauchen nur an die Berliner Rotter-Bühnen zu erinnern, an die Revuen eines James Klein, an Komponisten wie Korngold oder Schreker, an den Geiger Fritz Kreysler, an die Schriftsteller Lion Feuchtwanger, Egon Erwin Kisch, Ernst Toller und andere mehr.

Ein besonderes Kapitel jüdischer Wirksamkeit muß in diesem Zusammenhange noch erwähnt werden, das der Heilkunde. Von etwa 50 000 in Deutschland zugelassenen Ärzten waren 6488 Juden, also 13 v. H.*). Die jüdischen Ärzte machten sich zu Wortführern der freien Liebe und aller geschlecht-

*) Siehe auf Seite 50.

lichen Verirrungen. Sie hatten damit ein besonders wirksames Feld ihrer parasitären Zersetzungsabsichten beschritten, auf dem sie zugegebenermaßen manches erreichten.

Anlage 20

In dieser Zeit aber, als das Judentum in Politik, Wirtschaft und Kunst sich ganz unter sich fühlte und fest davon überzeugt war, daß es auf seinem Wege zur Beherrschung des deutschen Volkes schon sehr weit vorangeschritten sei, als Juden Polizeipräsidenten oder Vizepräsidenten, Minister und alles mögliche waren, erhob sich das deutsche Volk unter der schließlich alleinigen Führerschaft der Nationalsozialistischen Deutschen Arbeiterpartei Adolf Hitlers in einem solchen Maße gegen das Judentum, daß es mitten im Gefühl des Sieges aus der Verteidigung seiner errungenen Position heraus die Maske völlig fallen ließ. Hatte es bis dahin dem deutschen Volke immer wieder eingeredet, daß es nur das Beste für dieses Volk wolle, so zeigte sich nun der abgrundtiefe Haß gegen ein Volk, das sich als immer noch nicht unterworfen erwies; die absolute Vernichtung des deutschen Wesens. Die aus der marxistisch-kommunistischen Lehre entstandene Ideenwelt des Bolschewismus wurde von den Juden planmäßig nach Deutschland übertragen und ihm der Weg zur Wirksamkeit frei gemacht, um durch sie wiederum eine Hilfstruppe zu haben, mit der man in Deutschland siegen könne. Darüber hinaus wurden alle Mittel in Bewegung gesetzt, um die Welt gegen Deutschland aufzuhetzen. Und während das neu erstehende junge Deutschland den besten Willen hatte, mit allen Völkern der Welt im Einvernehmen zu leben, stellte es die jüdische Presse vor und nach 1933 einmütig als den ewigen Störenfried hin, dessen teutonischer Kriegslust keines der außer Deutschland nur friedlich gesonnenen Völker der Welt entgehen könne. Je mehr die Juden erkennen mußten, daß ihre starke Stellung in Deutschland wankte, um so mehr säten sie den Haß gegen Deutschland, versuchten sie, das Vernichtungswerk zu fördern. Der Führer wies in Wort und Schrift immer wieder auf diese jüdische Verhetzung hin und schrieb in seinem Buch „Mein Kampf" folgende Sätze (S. 702 ff.):

„So ist der Jude heute der große Hetzer zur restlosen Zerstörung Deutschlands. Wo immer wir in der Welt Angriffe gegen Deutschland lesen, sind Juden ihre Fabrikanten, gleichwie ja auch im Frieden und während des Krieges die jüdische Börsen- und Marxistenpresse den Haß gegen Deutschland planmäßig schürte, so lange, bis Staat um Staat die Neutralität aufgab und unter Verzicht auf die wahren Interessen der Völker in den Dienst der Weltkriegskoalition eintrat.

Die Gedankengänge des Judentums dabei sind klar. Die Bolschewisierung Deutschlands, das heißt die Ausrottung der nationalen völkischen deutschen Intelligenz und die dadurch ermöglichte Auspressung der deutschen Arbeitskraft im Joche der jüdischen Weltfinanz, ist nur als Vorspiel gedacht für die Weiterverbreitung dieser jüdischen Welteroberungstendenz. Wie so oft in der Geschichte, ist in dem gewaltigen Ringen Deutschland der große Drehpunkt. Werden unser Volk und unser Staat das Opfer dieser blut- und geldgierigen jüdischen Welttyrannen, so sinkt die ganze Erde in die Umstrickung dieses Polypen; befreit sich Deutschland aus dieser Umklammerung, so darf diese größte Völkergefahr als für die gesamte Welt gebrochen gelten."

36

45. Die Rolle des Judentums in anderen Völkern

Genau wie im deutschen Volk setzte sich der Jude auch in anderen Völkern als Parasit fest und versuchte, die nationale Kraft dieser Völker auszusaugen oder seinen Zwecken dienstbar zu machen. Moltke sagte bereits in seiner Darstellung der inneren Verhältnisse in Polen: „Zu allen Zeiten hielten die Juden einen Eidschwur in bezug auf einen Christen nicht für bindend . . . Noch jetzt hat jede Stadt ihren eigenen Richter, jede Provinz ihren Rabbi und alle stehen unter einem ungekannten Oberhaupte . . . Alle Mittel sind ihnen gleich, sobald es darauf ankommt, zu verdienen. Im Feldzug von 1812 waren die Juden die Spione, die von beiden Teilen besoldet wurden und beide Teile verrieten . . . Es ist seltsam, daß die Polizei einen Diebstahl entdeckt, in welchem nicht ein Jude als Mitschuldiger oder als Hehler verwickelt wäre." Schon aus dem Jahre 1618 ist uns eine Kampfschrift aus Krakau bekannt, die sich über den Verfall dieser Stadt durch die Herrschaft der Juden
Anlage 21 und 22 beklagt. Für uns Deutsche ist interessant, daß der polnische Verfasser dieser Schrift sich noch sehr lebhaft der deutschen Vergangenheit Krakaus und der lebendigen kulturellen und wirtschaftlichen Verbindungen Krakaus mit dem Reich erinnert. Auf das beste schildert der gleiche Verfasser auch die Methoden, wie der Jude seine Geschäfte tätigt.

Im Laufe der Jahrhunderte hat sich der Jude immer mehr im polnischen Volkskörper festgefressen. Er beherrschte den Handel im weitesten Umfange, er war in allen Zweigen der Wirtschaft von der einfachsten bis zur führenden Tätigkeit zu finden, er war in Polen ebenso Angehöriger des Proletariats wie der Gesellschaft. Statt nun die ihm hiermit gegebenen Möglichkeiten zu positiver Leistung zu nützen, waren die Juden die Antreiber mit zum Krieg gegen Deutschland, waren sie die willfährigen Werkzeuge in der Hand des Weltjudentums.

Wir haben in der Gegenwart erlebt, wie die Juden es waren, die den polnischen Staat in den Abgrund seiner staatlichen Vernichtung geführt haben.

*

In Frankreich bot sich folgendes Bild: Die Erwirkung der aktiven Bürgerrechte an die Juden war das Werk von Beer-Isaac-Beer aus Nancy, der eine Abordnung in die französische Nationalregierung führte und dort so lange mit ihr verblieb, bis am 14. Oktober 1789 der von ihnen gewünschte Beschluß der Nationalversammlung über die Gleichberechtigung herbeigeführt war. Was machte es den Juden aus, daß eine der Bedingungen, die ihnen für diese Zuerkennung der Bürgerrechte auferlegt wurden, die Kürzung der Schulden der elsässischen Bevölkerung an die Juden um zwei Drittel war. Dergleichen Schuldverkürzungen hatten die Juden zu oft erlebt, um nicht zu wissen, daß die neu gewonnenen Rechte sie viel reicher werden lassen würden, als sie es hätten werden können, wenn sie Staatsbürger zweiter Ordnung geblieben wären. Napoleon äußerte sich wenige Jahrzehnte später aus seiner praktischen Erfahrung mit den Juden folgendermaßen: „Die jüdische Nation geht seit Mosis Zeiten ihrer ganzen Anlage nach auf Wucher und Erpressung aus." „Die Juden befinden sich nicht in derselben Stellung wie die Protestanten und die Katholiken. Man muß über sie staatsrechtlich, nicht nach dem bürgerlichen Rechte richten, da sie keine Bürger sind." „Die Juden haben meine Heere in Polen verproviantiert; ich wollte ihnen dafür ein politisches Dasein geben, ich wollte sie zur Nation und zu Staatsbürgern machen; aber sie sind zu nichts nütze, als mit alten Kleidern zu schachern. Ich war genötigt, die Gesetze gegen ihren Wucher zu erlassen, die Bauern im Elsaß haben mir dafür gedankt."

Ein anderer Franzose Henri de Rochefort 1830—1913 sagte*): „An allen großen Katastrophen meiner Völker sind die Juden schuld. Und das ist immer in allen Ländern so gewesen, und alle Völker sahen sich gezwungen, sich gegen die Juden zu verteidigen und zu schützen. *Im Zuge der liberalistischen Weltanschauung wurde Frankreich von der Mitte des vorigen Jahrhunderts ab einer der hauptsächlichsten Wirkungsplätze der Juden.* Die Kommuneaufstände von 1871, die verschiedenen Putschversuche, das sogenannte Bild des öffentlichen Lebens wurden von ihnen geprägt, veranlaßt oder führend beeinflußt. Die Geringfügigkeit des öffentlichen Widerstandes, ja sogar die aus völliger Verkennung der Dinge herrührende Sympathie und Unterstützung der Juden durch das Bürgertum kamen den Absichten des Judentums entgegen. Es setzte sich schnell in Handel und Wirtschaft fest und korrumpierte von da aus den Staat so lange, bis er entweder vor den Forderungen der Juden kapitulierte oder durch einen Ministerwechsel wenigstens Zeit und äußeres Ansehen zu retten suchte.

Gingen von Polen im Sinne des Weltjudentums mehr wirtschaftlich-händlerische oder panslawistische Fäden aus, so versuchten die Juden Frankreichs lange Zeit, von Paris aus, den Liberalismus ausnutzend, die Vorbereitungen zur Erfüllung des Weltherrschaftstraumes zu treffen.

1923 sagte der Führer: „Wie Berlin gegen Rußland, so hetzte Paris gegen Berlin. Deutsche Bergleute eilten über die Grenze, französischen Kollegen in einer furchtbaren Katastrophe Hilfe zu bringen. Wer kräht die gehässigsten Verleumdungen, wer verunglimpft selbst diese Tat, die echter deutscher Ritterlichkeit entsprungen — „Matin", „Journal" und so weiter — die gesamten Judenblätter Frankreichs. Konflikte zu suchen und auszunutzen, ist hier auch wieder das klar erkennbare Streben des Weltjudentums."

Auch bei Frankreich haben wir erlebt, wie es durch seine jüdischen und freimaurerischen Führer in den vergangenen Jahren fast der völligen Vernichtung anheimfiel. Wir denken nur an die Namen Mandel und Léon Blum. Nachdem nun aber Frankreich ins Unglück gestürzt war, verließen die verantwortlichen Juden, soweit ihnen das noch möglich war, ihr französisches „Vaterland" und versuchten nunmehr zusammen mit den französischen Verrätergeneralen ihr altes Spiel fortzusetzen: nicht für Frankreich, sondern mit Frankreich in ihrem Dienst für das Weltjudentum.

*

Den historischen Einfluß des Judentums in *England* haben wir bereits aufgezeigt**). Einer wechselnden Geschichte des jüdischen Einflusses in Eng-

*) Nach Schwarz-Bostunitsch: „Jüdischer Imperialismus".
**) Siehe S. 23.

land folgte vom 19. Jahrhundert ab eine Zeit, wo der jüdische Einfluß sich mehr und mehr durchsetzt.

Die sozialen Notzustände im Mutterlande des britischen Empire, in wesentlichen Teilen von Juden mit bewirkt — man denke an die Verarmung des englischen Landvolks, die Zustände im Bergbau und in der Industrie, ganz besonders aber auch an das Bank- und Börsenwesen —, nutzten die Juden aus, um planmäßig das englische Volk unter ihre Herrschaft zu bekommen. Der brotlos gewordenen Landbevölkerung wurde geraten, in der Wirtschaft unterzukommen. Den Arbeitern wurde empfohlen, doch mehr zu arbeiten, wenn sie nicht mit dem Lohn auskämen, den Besitzenden wurde durch Bank- und Börsenmanöver das Geld genommen oder sie wurden abhängig gemacht. In England entwickelte sich die Lehre von der freien Wirtschaft, die so sehr frei wurde, daß sie nicht erkennen konnte, wer eigentlich den Weg zu dieser Freiheit regierte. So vollzogen sich in der strengen Folge eines Gesetzes unter Ausnutzung aller Möglichkeiten, die den Juden durch die Mentalität des puritanisch beeinflußten Engländers geboten wurden, im Laufe weniger Generationen alle die Merkmale jüdischer Überfremdung: Vorgehen gegen die Staatsautorität; substanzielle Ausplünderung des Wirtsvolkes durch Vernichtung des Landvolkes; Zersetzung des rassischen Bewußtseins; Beherrschung der arbeitenden Bevölkerung auf indirektem Wege; dauernde Eingriffe in die Staatsführung über die aufgehäufte Kapitalmacht. Der Schwerpunkt der jüdischen Machtbildung verlagerte sich von Frankreich nach England. Den Schlußstein bildete dann das Reifmachen des
38 Wirtsvolkes für die jüdische Weltherrschaft, und wir werden bei Amerika sehen, wie weit auf dem Rücken der Völker die einzelnen Pläne schon gediehen sind.

Hier sei nur eingefügt, daß ein Mitleid mit den von Juden beherrschten Völkern Europas nicht am Platze ist. Wer sich in die Hand der Juden begibt, muß wissen, welche Gefahr damit verbunden ist. Wer das nicht weiß oder nicht wissen will, für den trifft das Wort des Juden Karl Emil Franzos zu: „Jedes Volk hat die Juden, die es verdient."

Von den führenden plutokratisch-jüdischen Häusern Englands ist eines von ganz besonderem Interesse: das Haus Rothschild. Von Deutschland aus geht sein Weg gleichzeitig nach Österreich, Frankreich und England. Es schuf
Anlage 23 sich in kürzester Frist eine europäische Machtstellung, die in kluger Verbindung von Heiratspolitik und Finanzkunst bis 1940 im wesentlichen gehalten werden konnte. Der Weg der englischen Rothschilds ist typisch für den Weg des Empire: Ihr Vorfahr verdiente an der Niederlage Napoleons bei Waterloo, die Enkel verdienten am englischen Königshaus, und die Großenkel waren in der mächtigen jüdischen Schicht, die den Einkreisungspolitiker Eduard VII. umgab, führend vertreten. Die heute lebenden Rothschilds helfen mit, das jüdische Machtzentrum von England nach Amerika zu verlegen.

Nach alledem ist es kein Zufall, daß es heute wieder der Jude ist, der dieses englische Volk gegen uns in den Krieg geführt hat. Der Führer sagt dazu:
Anlage 24 „Damals schon war England unser Feind. Wenn ich ‚England' ausspreche, dann weiß ich ganz genau, daß dort Volk und Führung nicht ein und dasselbe sind. Ein kleiner Klüngel internationaler Demokraten, Juden und Plutokraten

beherrscht dieses Land, und dieser Klüngel hat auch damals bereits die Hetze zum Krieg betrieben. "„Freilich mußten wir nun das gleiche erleben, was wir schon vor dem Weltkrieg sahen! In eben dem Maße, wie Deutschland emporstieg, wuchs wieder der Neid der gleichen Männer, die Deutschland schon einmal mit Krieg überzogen hatten. Die Herren Churchill und Konsorten begannen sofort wieder zu hetzen, die Mr. Eden und dann natürlich die Juden, an der Spitze Hore-Belisha und wie sie alle heißen, sie begannen nun ihre Hetze und steigerten sie Jahr um Jahr."

*

US.-Amerika und Rußland, das sind die beiden Ländergruppen dieser Welt, die dem Einfluß des Judentums bisher am meisten unterlegen sind. In beiden Fällen konnte der Jude diese Völker ganz und gar entwesen: die vorwiegend germanisch bestimmte Einwanderungsschicht Nordamerikas ebenso wie die Völker Rußlands. Hier sind uns klare Beispiele gegeben, wohin Völker kommen können, die von sich aus nicht die Kraft finden, dem Wirken des Judentums in ihren Reihen wenigstens noch in letzter Minute Einhalt zu gebieten.

Nordamerika, das „goldene Land der Freiheit", oder, wie es sich auch gern nennt, „Gottes eigenes Land", kann den traurigen Ruhm für sich in Anspruch nehmen, daß amerikanisches Theater, amerikanische Kunst, amerikanische Kultur, amerikanisches Wesen und Leben überhaupt uns durch die Praxis viel zu sehr mit jüdischem Wesen verknüpfte Begriffe geworden sind. Schon im Richtheft „Europa und Amerika" war auf jenen Ausspruch von Henry Luce hingewiesen worden, wonach es bereits heute einen riesigen amerikanischen Internationalismus gibt. Amerikanischer Jazz, amerikanische Filme, amerikanische Ausdrücke, amerikanische Maschinen und Standardprodukte seien tatsächlich das einzige, was die ganze Welt von Sansibar bis Hamburg gemeinsam anerkenne. In solchen, bei der amerikanischen Bevölkerung weit verbreiteten Anschauungen drückt sich zunächst das amerikanische Weltherrschaftsstreben aus, das allerdings — geschickt von den Juden genährt — ihnen als eines der besten Absprungbretter für ihre eigenen Weltherrschaftsziele gilt. 39

Wenn wir im Laufe dieses Krieges die Rooseveltschen Pläne hören konnten, die von gelenkter Weltfinanz mit Weltwährung — an das in Amerika gehortete Gold gebunden —, von einer Weltbankorganisation, die das Mittlerinstitut für diese Finanzpläne sein soll (wer dächte nicht an die berüchtigten Neuyorker Bankhäuser Kuhn, Loeb & Co. usw.), von einer internationalen Lebensmittelbank (der alte jüdische Plan einer zentral gelenkten Welt-Lebensmittelversorgung) und anderen Weltzentralen sprachen, dann schauen aus solchen Plänen nur zu wenig versteckt echt jüdische Pläne und Ziele hervor. Bei solchen Absichten kann der Jude nicht nur seine Sucht nach Vermassung, seinen Hang zum Kollektiv befriedigen, sondern zugleich sich zur höchsten Möglichkeit menschlicher Macht aufschwingen: zum Weltdiktator. Dann kann er herrschen und befehlen, kann denen, die ihm nicht völlig ergeben sind, die Arbeit, das Geld, ja, die Nahrung wegnehmen, dann kann er also die ganze Menschheit in seine alleinige Abhängigkeit bringen. Dann kann

Anlage 25

das Judentum vor allem aber seinen Rachegefühlen gegen alles Nichtjüdische in dieser Welt freien Lauf lassen; es würde dann der große Tag kommen, den Jahve seinen jüdischen Stämmen versprochen hat.

Bis dahin weiß der Jude, daß ein amerikanisches Jahrhundert nicht sein eigenes, letztes Ziel ist. Aber er wird sich parasitär immer mehr in das sogenannte Amerikanertum hineinfressen, wird immer mehr die gesamte amerikanische Welt von den Elendsquartieren bis zur höchsten Führungsschicht durchsetzen und verseuchen, um sich ihrer aller zur Erreichung seiner Ziele zu bedienen. Er wird beharrlich fortsetzen, was er in Amerika seit Jahrzehnten tut. Schon im Weltkriege 1914 bis 1918 schien er der Erreichung seiner Absichten nahe. Der Führer sagte 1923: „Welche Ursache hatte schließlich Amerika, gegen Deutschland in den Krieg zu ziehen? Nun, mit dem Ausbruch des so lang ersehnten Weltkrieges wurden sämtliche großjüdischen Firmen der Vereinigten Staaten Kriegslieferanten. Sie belieferten in einem Maße, wie sie es vielleicht selbst nicht erstrebt hatten, den europäischen Kriegsmarkt, und eine Riesenernte! Doch der unersättlichen Gier des Juden genügte das nicht. So begann denn die von den Börsenkönigen abhängige Presse einen Propagandafeldzug ohnegleichen. Eine riesenhafte Organisation der Presselüge wird aufgebaut."

Als die Wilsonschen Pläne, von denen die Juden viel erhofft hatten — sie sandten in der Friedenskommission Wilsons ja auch eine ganze Reihe Vertreter und Berater mit —, sich nicht durchsetzten, zog sich das amerikanische Judentum auf das rein amerikanische Geschäft zurück. Die Wiederbelebung der zwischenstaatlichen Handelsbeziehungen bot nicht nur ein reiches, sondern auch gut tarnendes Betätigungsfeld. Unter der Decke aber finanzierten die Juden Kahn, Warburg, Brüder Schiff, Guggenheim, Hanauer und Breitung die sowjetische Revolution in Rußland, ein Musterbeispiel für die uralte Frage, was die Juden mit dem an ihren Wirtsvölkern verdienten Geld machen: sie schüren die Möglichkeiten zur Weltrevolution.

Hinter den jüdischen Bankiers steht der Kongreß der amerikanischen Juden*), dessen Präliminarkonferenz am 26. und 27. März 1916 in Philadelphia stattfand. 367 Abgesandte vertraten 4381 Verbände. Damals fiel das Wort, daß dieser Kongreß „nicht nur Geschichte für das jüdische Volk in Amerika, sondern auch in der ganzen Welt machen wird". Dieser Kongreß zählte zu seinen Gründern auch Felix Frankfurter, der heute zu den vertrautesten Mitarbeitern Roosevelts gehört und der durch seine geschickte Personalpolitik zahlreiche Juden in die leitenden Justizposten Amerikas und in die Gehirntruste Roosevelts gebracht hat.

Juden waren es auch, die ein Interesse daran hatten, daß in Amerika an die Stelle eines Bauerntums das Farmerwesen trat. Sie finanzierten die Farmer, um dann skrupellos die kleineren Farmen zugunsten von größeren, diese wiederum zugunsten von Riesenfarmen auffliegen zu lassen. Massenproduktion — Geldrausch, das sind Dinge, die sich auch börsenmäßig erfassen lassen, das sind im Jüdischen erfaßte Herrschergefühle. Die Freude des einzelnen Amerikaners am Technischen wurde ausgenutzt und hingeleitet zur tech-

*) Siehe DAZ. vom 11. Mai 1943.

nischen Gigantomanie, zur Anlage von Riesenkonzernen, alles Dinge, die scheinbar die Persönlichkeit (hier des Industrie„kapitäns") herausstellen, in Wahrheit aber die Persönlichkeit von hunderttausenden anderer hinabdrücken zur Wesenlosigkeit, zum ausgebeuteten Massenmenschen. Die Verherrlichung der Erfolge und des Lebens der wenigen an die Spitze Gelangten mußte herhalten, um die namenlose Lebensenttäuschung aller anderen zu übertönen, abzulenken und sie mit neuer Hoffnung zu erfüllen.

Aus dieser Beherrschung der politisch im wahrsten Sinne unmündig gewordenen Massen Amerikas durch Presse, Rundfunk, Wirtschaft und politische Parteien ist die Lebensform erwachsen, für die wir heute den Sammelbegriff „Gangsterwesen" geprägt haben. Gangster, überall und in jeder Hinsicht parasitär lebende Menschen, zerstörend, nicht aufbauend, vom Raub, vom Diebstahl, vom Mord und von der Lüge lebend, alle Gesetze verachtend, ohne die Würde eines aus der gesunden Erbmasse seines Volkes lebenden Menschen, dafür aber ausgestattet mit aller Hemmungslosigkeit des beziehungslos dahinvegetierenden Subjektes. Es ist für uns europäische Menschen ein mehr als trauriges Gefühl, wenn wir diese Nachkommen auch unserer eigenen Vorfahren auf dieser tiefen Stufe des menschlichen Lebens sehen. Es ist aber noch nicht einmal die letzte Stufe, auf die eine jüdische Weltherrschaft die Menschen drücken würde. Ein Beispiel für das, was noch möglich gemacht werden kann, bietet Rußland.

*

Das Rußland in den Händen der Sowjets ist ein weiterer Vorläufer des erträumten jüdischen Weltstaates. Die Methoden, mit denen sich die Juden in Rußland durchgesetzt haben, sind aber zu gleicher Zeit für manche Völker dieser Welt eine ungeheure Mahnung gewesen. An ihnen hat man erkannt, welches Schicksal der Entwesung und der völligen Vernichtung dem eigenen Volke droht.

Alfred Rosenberg gibt in seiner Schrift „Pest in Rußland" über die jüdische Führung der sogenannten bolschewistischen Revolution und des daraus entstandenen bolschewistischen Staates folgendes Bild:

Es klingt dem noch immer von der Humanität angekränkelten Europäer unwahrscheinlich, daß dieser Feldzug gegen die völkische Intelligenz (es fielen der sowjetischen ‚Gerichtsbarkeit' bis Anfang 1922 zum Opfer: 28 Bischöfe, 1215 Geistliche, über 6000 Professoren und Lehrer, fast 9000 Ärzte, über 54 000 Offiziere, 260 000 Soldaten, fast 11 000 Polizeioffiziere, 58 500 Schutzleute, 12 950 Gutsbesitzer, 355 250 Angehörige der Intelligenz, 193 350 Arbeiter, 815 100 Bauern) mit Absicht durchgeführt wird. Zugegeben, daß anfänglich eine blinde Zerstörungswut über die Masse des russischen Volkes gekommen war, so wurde es doch planmäßig dazu gehetzt, sich durch Selbstzerfleischung seiner blutsmäßig natürlichen Führer zu berauben. Teilen und siegen ist von jeher ein militärisches und politisches Prinzip gewesen; niemand hat es bewußter und skrupelloser durchgeführt als die Führer des Bolschewismus. Beraubt man ein Volk seiner geistigen Blüte, so ist es als Volk eigentlich nicht mehr vorhanden. Geblieben ist dann nur die Masse, die, wenn man ihre Instinkte kennt, zu allem, wenigstens für eine Zeitlang, verwendbar ist. Und hier muß derjenige Punkt berührt werden, ohne den es vollkommen aussichtslos ist, den Bolschewismus zu verstehen: das Judentum. Nie und nimmer wäre eine derartige systematische Ausrottung der nationalrussischen Führerschaft erfolgt, wenn Russen an der Spitze des Umsturzes gestanden hätten. So aber hatten alle russenfeindlichen Völker und Rassen dieses bewährte System der Ausrottung als Sprungbrett zu ihrer Macht angesehen und rücksichtslos ausgenutzt.

Es sei nur noch vermerkt, daß unter den 1921 festgestellten 550 Kommissaren ganze 30 Russen waren, 34 Letten, einige Ungarn und Polen und — 447 Juden *)! Dieser ganze Schwarm der jüdischen Verbrecher ist aus Instinkt und Plan zusammengeschweißt. Durch Instinkt insofern, als die Juden in Rußland und im russischen Volk ein ihrem Wesen entgegengesetztes Prinzip erkannten, weil es den börsianischen Ausbeutungsversuchen, die im Westen so überaus glänzende Ergebnisse erzielt hatten, noch widerstanden hatte. Dieser Instinkt hat sich aber schon lange auch zu einem Plan verdichtet. Ich brauche gar nicht auf die angefeindeten ‚Protokolle der Weisen von Zion' zu verweisen. Es wurde von den Juden nach dem Tode des Weltbankiers Jakob Schiff selbst voller Stolz hinausgejubelt, daß er es gewesen sei, der Japans Krieg gegen Rußland finanziert, die Kriegsgefangenen mit revolutionärer Propaganda versehen, daß er auch hinter der russischen Revolution von 1917 gestanden habe. Diese Dinge liegen heute so durchsichtig vor aller Augen, daß sie weiter keiner näheren Ausführungen bedürfen. Bemerkt sei nur noch, daß an allen Orten Europas Bolschewistenschulen vorhanden waren, so in Zürich und auf Capri. Berühmte Lehrer waren schon lange vor
42 dem Kriege die Juden Rappoport, Mandelstamm und — Trotzkij.

Diese Verbrecher hatten sich ganz richtig gesagt, daß ein Volk nur dann mit Aussicht auf Erfolg geleitet, vergewaltigt werden kann, wenn man es seiner Führer beraubt. Aus diesem Grunde und nur aus diesem wurde der zermürbte, verhetzte, schon halb wahnsinnig gewordene Russe durch eine Reihe immer neuer Propagandamaßnahmen stets wieder aufgepeitscht, gegen sein eigenes Blut zu wüten. Und an die Stelle der vertriebenen oder gemordeten Führerschaft trat der jüdische Verschwörer. Durch Jahrhunderte in talmudischer Dialektik hochgezüchtete Verführungskunst, das ist das Wesen bolschewistischer Methode, und es ist auch kein Zufall, daß von 51 Pressediktatoren Sowjetrußlands 40 Juden sind . . .

Der jüdische Kopf in den Hauptstädten hat natürlich planmäßig dafür gesorgt, daß auch die Sowjetvertretungen im Auslande, das heißt also die jüdisch-bolschewistischen außenpolitischen Werkzeuge, fast ganz in Händen von Rassegenossen liegen.

Die Besetzung der Posten wechselt ab und zu, indem der eine Agent seine Stellung in Berlin aufgibt, um eine Zeitlang in Prag, Paris oder Warschau zu wirken, während die dortigen Bolschewisten ihrerseits Deutschland beehren.

An der planmäßigen Durchführung eines jüdischen Programms seitens der angeblich keine Rassen kennenden Sowjetregierung kann heute kein Zweifel mehr bestehen.

*

*) Weitere Angaben siehe Kommoß: „Juden hinter Stalin", und Poehl und Agthe: „Das Judentum, das wahre Gesicht der Sowjets."

Fügen wir hierzu noch die Erfahrungen, die in Estland, Lettland und Litauen nach der sowjetischen Besetzung 1940 gemacht worden sind und die ebenfalls wieder in der Abschlachtung von Zehntausenden der rassisch besten Kräfte dieser Länder bestanden, dann sehen wir mit voller Deutlichkeit den jüdischen Haß gegen alles rassisch Kräftige in dieser Welt. Es ist ein besonderer Wesenszug des jüdischen Bolschewismus, daß er in satanischer Berechnung einen großen Teil seiner staatskapitalistischen Maßnahmen von Menschen durchführen ließ, die er mit dieser Arbeit zugleich physisch vernichten wollte: der Bau des Weißmeerkanals, des Moskauer Binnenmeeres, der großen Rüstungswerke in Sibirien sind Beispiele dafür.

Auf der Vernichtung aller dieser Existenzen erhebt sich nackt und unverhüllt der Jude als Herrscher. Er schuf den Staatskapitalismus und erhob damit den Sowjetstaat zum Überplutokraten. Er schuf die großen Truste und Riesenwerke, deren Benennung mit volkstümlichen Namen nicht darüber hinwegtäuscht, daß es sich hier um moderne Sklavereibetriebe handelt. Denn der Mensch, der hier arbeitet, wird zwar mit allen Äußerlichkeiten freier Lebensführung umgeben, aber er darf darin nur kollektiv sich ausleben. Jede Möglichkeit der Formung zur Persönlichkeit wird verbaut, jeder Versuch dazu bestraft. Damit schuf der Jude jene geistige Knechtschaft, die sich in dem grundsätzlichen Mißtrauen äußert, das jedem Sowjetbürger zu eigen ist. Er mag seines Lebens Notdurft verdienen, er mag in den Städten zum Teil auch nach europäischer Art leben können, er mag staatliche Orden und Auszeichnungen besitzen — das Mißtrauen bleibt sein Begleiter. Er weiß ja nicht, was morgen kommt. Er ist ausgeliefert einer Macht, die ihn drohend und unsichtbar umgibt, von der er fühlt, wie sie ihn aussaugt, bis er entweder nachgibt oder der Auslöschung durch den Genickschuß oder dem Abtransport in ein Arbeitslager anheimfällt.

*

So rundet sich das Bild vom Juden als Weltparasit. Aus Vorderasien kommend, hat er sich im Laufe der Jahrhunderte über die ganze Welt verbreitet, nicht als ein harmloser Mensch, sondern als rassebewußter Erfüller der Gebote seines Gottes Jahve, als Erfüller des alten Traumes von Verheißung der Weltherrschaft. Sein Weg bis dahin war lang und nicht immer gleichmäßig. Oft und oft wurde das Judentum zurückgeworfen, aber immer wieder hat es sich gesammelt und den Weg zum Ziel von neuem begonnen. Am Rande dieses Weges aber blieben liegen die Menschen und Völker, die sich des Parasiten nicht rechtzeitig erwehrten. Mit ihnen blieben am Rande liegen die Schöpfungen ihres Geistes und ihrer Hände, ausgelaugt, verdreht oder vernichtet durch die gleichen Juden: zerfallene oder angekränkelte Wirtskörper, vom Parasiten vernichtet, der sich inzwischen nach neuen Wirtsvölkern umgesehen hat.

V. Hauptteil

Der Gedanke der jüdischen Weltherrschaft

46. Das Streben nach der Weltherrschaft ist für den Juden religiöse Pflicht

Es ist nunmehr leicht einzusehen, daß das Judentum in seiner planmäßigen Zerstreuung über die Welt nicht die Absicht hatte, sich in dem einen oder anderen Staat mehr oder weniger festzusetzen, sondern daß alle diese Bastionen dazu dienen sollten, von ihnen aus den letzten Vorstoß zur Gewinnung der Weltherrschaft zu führen. Wir hatten gesehen, daß die Lehren des Talmuds dem Juden nicht nur das Recht der Beherrschung dieser Welt zusprechen, sondern ihm die Erringung der Weltherrschaft sogar als eine ihm von seinem Gott gesetzte Pflicht auferlegte.

Zu allen Zeiten waren die Juden bemüht, dieses Ziel nach Möglichkeit zu verdecken. Ihre jahrtausendealte Erfahrung sagte ihnen, daß kein starkes Volk oder überhaupt die Völker dieser Erde auf die Dauer ein solches Ziel unwidersprochen lassen würden. Auch hierin liegt ein Grund, weshalb die Juden nur so ungern darangingen, den Talmud in guten Übersetzungen einer breiten nichtjüdischen Öffentlichkeit zugänglich zu machen. Wo aber ihre Ziele zur Erringung der Weltherrschaft zu früh offenbar wurden, war es durch die ganze Geschichte hindurch ihr Bemühen, alles abzustreiten, als Äußerung nicht wichtig zu nehmender Personen hinzustellen oder dergleichen mehr. Immerhin war es ein so einflußreicher Jude wie Walther Rathenau, der in der Weihnachtsausgabe der Wiener Zeitung „Neue Freie Presse" 1909 im Rahmen eines Aufsatzes folgende Sätze schrieb: „Dreihundert Männer, von denen jeder jeden kennt, leiten die wirtschaftlichen Geschicke des Kontinents und suchen sich Nachfolger aus ihrer Umgebung. Die seltsamen Ursachen dieser seltsamen Erscheinung, die in das Dunkel der künftigen sozialen Entwicklung einen Schimmer wirft, stehen hier nicht zur Erwägung." Rathenau hat später selbst gesagt, daß ihm von allen Äußerungen, die er gemacht,
44 diese ihm doch später die größten Schwierigkeiten bereitet habe. Es ist im Augenblick gleich, was wir aus diesen Zeilen Rathenaus herauslesen wollen, eines steht fest: hier schwingt etwas von der Methodik mit, die von dem Judentum zur Erringung der Weltherrschaft angewendet werden soll. Die soziale Entwicklung, die Rathenau andeutet, ist, wie der Führer es einmal
nlage 26 ausdrückte, die der kapitalistischen Tyrannei.

47. Die Form der jüdischen Weltherrschaft würde Tyrannei und Knechtschaft sein

Die jüdische Weltherrschaft würde keineswegs eine Weltherrschaft der Gleichberechtigung oder der Lösung sozialer Spannungen sein, sondern hier würde nach den Lehren des jüdischen Gesetzes die gesamte nichtjüdische Welt durch das Judentum in seiner Form ausgebeutet, tyrannisiert, versklavt und in die finsterste Unkultur zurückgeworfen werden, die sich aus unseren augenblicklichen Verhältnissen in ihren Auswirkungen kaum vorstellen läßt. Wenigstens annähernde Beispiele gibt das Schicksal Rußlands, und es ist deshalb auch nicht von ungefähr, daß gerade die Juden die größte Hoffnung auf die Möglichkeiten des russischen Raumes mit seinen Menschenmassen und
l. 27,28 seinen Bodenschätzen als Sprungbrett zur Erreichung ihrer Ziele setzen.

In welcher Weise das Judentum sich die Beherrschung der Nichtjuden vorstellt, lesen wir in dem in Warschau 1875 herausgegebenen Midrasch Talpiot, Seite 255: „Gott schuf die Nichtjuden, obwohl sie den Tieren gleich sind, in Menschengestalt . . . Jedoch schuf er sie zu keinem anderen Zwecke, als daß sie bei Tag und Nacht den Juden dienen und von diesem Dienst nie ab-lassen. Es ziemt sich nicht für Juden, daß sie sich von Tieren in Tiergestalt bedienen lassen, wohl aber von Tieren in Menschengestalt." In dem Talmudtraktat Berakot 54 b heißt es: „Die Güter der Nichtjuden gleichen der Wüste, und wer zuerst von ihnen Besitz nimmt, erwirbt sie." In dem Talmudtraktat Berakot 35 b heißt es: „Solange die Juden den Willen Jahves erfüllen, wird ihre Arbeit durch die Hände anderer verrichtet." Und schließlich heißt es in dem Traktat Aboda zara 26 b Tosafot: „Als bewährtestes Mittel zur Erringung der Weltherrschaft über alle Völker den besten der Nichtjuden töte."

48. Die Protokolle der Weisen von Zion

An dieser Stelle sei auch auf die Protokolle der Weisen von Zion eingegangen, in denen das Weltjudentum sein weltverschwörerisches Programm entwickelt und die gleichsam als der Generalstabsplan des Judentums anzusehen sind. Sie zeigen den Juden den Weg, um in die Blutbahnen und Organe der nichtjüdischen Völker einzudringen. Sie sind das Rezept dafür, wie die nichtjüdischen Staaten unterhöhlt werden sollen, um sie vollends dem jüdischen Parasiten auszuliefern.

Mit der Herrschaft über das Gold, über die Presse, durch Aufwiegelung der Arbeiter, durch Aufhetzung der Klassen gegeneinander, durch Entrechtung des Landbesitzers, durch das Mittel der Kriegsanstiftung und Völkerverhetzung, mittels des Kampfes gegen das religiöse Empfinden, durch die Ausschaltung der nichtjüdischen Intelligenz soll die nichtjüdische Staatenordnung, die nichtjüdische Welt aus den Angeln gehoben werden, um der jüdischen Weltherrschaft, dem Terror der Schreckensherrschaft zu weichen. 45

Hier einige Stellen dieses jüdischen Rezepts:

„Daher dürfen wir nicht zurückschrecken vor Betrug, Bestechung, Verrat, sobald sie zur Erreichung unserer Pläne dienen."

„Es muß (das jüdische Reich) die Schreckensherrschaft, den Terror errichten ..."

„Dank ihr (der Presse) haben wir Berge von Gold in unsere Hände gebracht, ohne uns zu kümmern, daß wir es aus Strömen von Blut und Tränen schöpfen mußten."

„Aus den Staaten machen wir Kampfplätze, in denen sich Aufstände abspielen."

„Die Massen werden voller Wonne das Blut derer vergießen, die sie in ihrer Einfalt von Jugend auf beneiden, und deren Hab und Gut sie dann ungestört werden rauben können."

„Um die öffentliche Meinung zu beherrschen, müssen wir Zweifel und Zwietracht säen."

„An die Stelle der jetzigen Herrscher werden wir ein Schreckensgespenst setzen, das sich Überstaatliche Verwaltung nennen wird."

„Werden wir die Bedeutung der nichtjüdischen Familie und ihre erzieherischen Werte vernichten."

„Wir werden es zu verhindern wissen, daß aus den Reihen der Nichtjuden hochbegabte Persönlichkeiten erstehen."

„Gott hat uns, seinem auserwählten Volke, die Gnade verliehen, uns über die ganze Welt zu zerstreuen. In dieser scheinbaren Schwäche unseres Stammes

46

liegt unsere ganze Kraft, die uns an die Schwelle der Weltherrschaft geführt hat. Der Grundstein ist schon gelegt, es gilt nur noch den Bau zu vollenden."

Selbstverständlich sind die Protokolle als eine jüdische Geheimschrift zu betrachten. Für das Weltjudentum war das Bekanntwerden der Protokolle unter den nichtjüdischen Völkern eine große politische Katastrophe. Mit allen erdenklichen Mitteln der Verdrehung und Fälschung suchten deshalb die Juden die Echtheit der Protokolle anzufechten. Ein nutzloses Bemühen; gelingt es doch allein schon bei Betrachtung der weltpolitischen Ereignisse nachzuweisen, daß das Judentum die Anweisungen der Protokolle streng befolgt hat. Das ganze Schrifttum der Juden weist unzählige Mosaiksteine auf, aus denen das Bild der Protokolle zusammengesetzt und ein geschlossener Indizienbeweis für die Echtheit dieses jüdischen Weltverschwörungsplanes geführt werden kann.

Aus den Protokollen weht uns aber auch der Talmudgeist entgegen, aus ihnen hören wir den Zohar, in ihnen sind die schmutzigen Stellen des Alten Testamentes aus der jüdischen Geschichte in etwas anderer Form enthalten. So sind die Protokolle in ihrer Grundanlage das Produkt des jüdischen Denkens in allen Zeiten. Gestalt haben sie angenommen, nachdem das Weltjudentum sich stark genug fühlte, sich politisch zu organisieren: Ungefähr gleichzeitig mit der Gründung der ersten weltumspannenden jüdischen Organisation, der „Alliance Israélite Universelle", zu Anfang der sechziger Jahre des vorigen Jahrhunderts tritt Mardochai (Karl Marx) als Apostel des Klassenkampfes in Erscheinung. Wenige Jahre später horcht die ganze Kulturwelt ob der Pariser Kommune auf.

Der Gründer der „Alliance Israélite Universelle", der Jude I. A. Crémieux, französischer Minister, ist ein Freund des Karl Marx und des Ministerpräsidenten Gambetta; er ist zugleich Großmeister des Großorients von Frankreich.

Zu diesem Kleeblatt gehört der französische Schriftsteller Maurice Joly (wahrscheinlich Judenstämmling).

Maurice Joly schrieb nun in dieser Zeit eine kleine Broschüre, die auf den ersten Blick den Eindruck erwecken mußte, als wäre sie gegen das damalige französische Regime gerichtet, in Wirklichkeit jedoch höchstwahrscheinlich nur den Eingeweihten unter den Juden verständlich war, und die einen bedeutenden Teil der Protokolle bereits enthielt. Der Gründer der zionistischen Weltorganisation, Th. Herzl, spielt in seinem Roman „Alt-Neuland" auf derartige Zusammenhänge an. Kein Zweifel, daß derartige Gedanken, einmal so deutlich ausgesprochen, nun innerhalb kleiner jüdischer Kreise, aber auch innerhalb der Freimaurerei weiterwirkten und weiterentwickelt wurden.

Nichts liegt nun näher, als anzunehmen, daß Maurice Joly seitens seiner großen revolutionären jüdischen Freunde inspiriert war. Nachdem das Weltzentrum des internationalen Judentums nach London übergesiedelt war, fand dann im Jahre 1897 in Basel der erste zionistische Weltkongreß statt. Von diesem Zeitpunkt an entfaltete das Judentum, welches sich immer stärker und lückenloser organisierte, eine Aktivität, die nun die Aufmerksamkeit der nichtjüdischen Welt auf sich lenken mußte. Immer zahlreicher werden jetzt im jüdischen Schrifttum frechste politische Forderungen des Judentums, immer deutlicher der jüdische Größenwahn, die jüdische Überheblichkeit. Im Bewußtsein des Sieges über die Nichtjuden wird manchmal recht unvorsichtig aus der Schule geplaudert.

49. Die fehlende schöpferisch-gestaltende Fähigkeit der Juden

Nun ist es erstaunlich zu sehen, daß den Juden über die Form, wie sie ihre Weltherrschaft einmal praktisch darstellen wollen, keine absolut klaren Vorstellungen vorschweben. Alfred Rosenberg weist bereits mit Recht in seinem „Mythus" (Seite 363) darauf hin, daß in den Schriften des Judentums im wesentlichen eine romantische Vorstellung dieses Weltreiches herrschte. Er schreibt: „Im ganzen sogenannten Alten Testament finden wir den Unsterblichkeitsglauben bekanntlich nicht, es sei denn der Niederschlag der nachweislichen äußeren Einwirkung der Perser auf die Juden in der ‚Verbannung'. Die Schaffung eines ‚Paradieses' auf Erden ist das jüdische Ziel. Zu dem Zwecke werden, wie es in den späteren ‚heiligen Büchern' heißt, die Gerechten (das heißt die Juden) aus ihren Gräbern in allen Ländern durch eigens für sie von unbekannten Kräften gebohrte Löcher durch die Erde zum Gelobten Lande kriechen. Die Targumim, die Midraschim, der Talmud schildern diesen herrlichen Zustand des zu erwartenden Paradieses mit breitestem Behagen. Das auserwählte Volk herrscht dann über die erneuerte Welt. Alle anderen Völker sind seine Sklaven, sterben, werden wieder geboren, um erneut zur Hölle zu fahren. Die Juden jedoch werden nicht von hinnen gehen und führen ein seliges Leben auf der Erde. Jerusalem ist auf das prächtigste neu erbaut, die Sabbatgrenzen sind mit Edelsteinen und Perlen eingefaßt. Hat jemand Schulden zu zahlen, so bricht er sich eine Perle aus dem Gehege und ist aller Verpflichtungen ledig. Obst reift jeden Monat, Trauben werden so groß wie ein ganzes Zimmer, Getreide wächst von selbst, der Wind weht das Korn zusammen, die Juden brauchen nur das Mehl aufzuschaufeln. Achthundert Arten von Rosen wachsen in den Gärten, Ströme von Milch, Balsam und Honig fließen durch Palästina. Jeder Jude besitzt ein Zelt, über dem ein goldener Weinstock wächst, an welchem dreißig Perlen hängen; unter jedem Stock steht ein Tisch mit Edelsteinen. Im Paradiese blühen achthundert Arten von Blumen, in deren Mitte der Baum des Lebens steht. Dieser besitzt 500 000 Arten von Geruch und Geschmack. Sieben Wolken lagern über dem Baum und die Juden schlagen von vier Seiten an seine Äste, damit sein herrlicher Duft von einem Ende der Welt bis zum anderen wehe, usw.

Das Schlaraffenland ist religiöser Ernst geworden und feierte im jüdischen Marxismus und seinem ‚herrlichen' Zukunftsstaat seine Wiederaufstehung. Aus dieser Seelenstimmung erklärt sich bis auf heute die Gier des jüdischen Volkes, zugleich auch sein fast vollständiger Mangel an echter seelischer und künstlerischer Schöpferkraft. Das religiöse Urelement fehlt, der äußerliche Unsterblichkeitsglaube ist nur oberflächliche Angleichung an fremde Anschauungen, nie eine innerlich bestimmte Triebkraft gewesen."

Abgesehen von materiellen Wunschvorstellungen, zeigt dieses Bild doch die fehlende wirklich schöpferisch-substantielle Fähigkeit des Juden. Sein Feld ist die bloße marteriell-organisatorische Tätigkeit. Hierin entwickeln sie die ihnen angeborenen rechnerischen Talente. Eine germanische Schöpferpersönlichkeit oder ein germanischer schöpferischer Gedanke ist dem Judentum etwas ewig Fremdes, Unbegreifliches und daher aus der Erkenntnis dieser Unterlegenheit abgrundtief zu Hassendes.

50. Die „Alliance Israélite Universelle"

Diese Unsicherheit des Juden hält ihn jedoch keineswegs davon ab, die verschiedensten Vorbereitungen für die ihm vorschwebende Aufgabe zu treffen. So gründete der Jude Isaac Adolphe Crémieux (1796—1880) die „Alliance Israélite Universelle", deren erste Jahresversammlung am 31. Mai 1861 stattfand. Zur wahren Kennzeichnung dieser nach außen hin nur als Vereinigung zur Wahrung jüdischer Rechte getarnten Organisation mögen folgende Zeilen dienen, die Crémieux 1861 schrieb: „Die Nationalitäten sollen verschwinden! Die Religionen sollen vergehen! Israel aber wird nicht aufhören, denn dieses kleine Völkchen ist das auserwählte Volk Gottes."

Im Vorgefühl des erträumten jüdischen Sieges schrieb der Judenführer Theodor Herzl (Benjamin Seft 1860—1904) am 10./11. Juni 1895 in seinem Tagebuch: „Ja, wir sind eine Geißel geworden für die Völker, die uns dereinst quälten."

51. Die jüdische Weltherrschaft würde das Ende der Welt sein

Eine weitere Organisation zur Durchsetzung der jüdischen Pläne ist das bereits erwähnte Freimaurertum*). Auch hier wurde zur Tarnung immer wieder der Charakter einer gemeinnützigen Wohlfahrtseinrichtung herausgestellt, während wir durch die Forschungen und die weiteren Erfahrungen festgestellt haben, daß die Weltfreimaurerorganisation nichts anderes ist als ein jüdisches Werkzeug. Es ist für unsere Gegenwart müßig, darüber nachzudenken, ob der eine oder andere Mensch dieser Welt mehr oder weniger bewußt Freimaurer geworden und gewesen ist. Es ist vielmehr wichtig zu erkennen, daß es eine Freimaurerei oder ähnliche Einrichtungen weder in Deutschland noch in Europa je wieder geben darf, wenn die Völker Europas nicht selbst zu ihrem Unglück und ihrer Vernichtung beitragen wollen.

Die Rolle der Anhänger des Marxismus und der Konfessionen als gleicher oft unbewußter Helfer des Judentums haben wir ebenfalls bereits aufgezeigt. Wenn wir aber nunmehr überblicken, wie von allen Seiten her und auf allen Lebensgebieten der Jude bestrebt war, nicht nur unser Volk, sondern alle Völker dieser Welt auszuhöhlen, parasitär auszusaugen und sie zum Spielball seiner Weltherrschaftspläne zu machen, so müssen wir erkennen, daß die jüdische Gefahr die größte ist, die uns überhaupt begegnen konnte.

Wir ziehen daraus die Konsequenz, daß allein das Bestehen des Gedankens einer jüdischen Weltherrschaft eine Gefahr bedeutet, daß die Möglichkeit einer jüdischen Weltherrschaft eine besondere Bedrohung aller Völker bedeutet und daß **die Durchsetzung der jüdischen Weltherrschaft das Ende nicht nur der Völker, sondern auch jener Welt sein würde, die sich mit den Werken unserer gesamten Kultur, mit dem Bewußtsein unserer ganzen Geschichte und mit dem Wesen unseres blutlichen Erbes überhaupt verbindet.**

*) Seite 32.

VI. Hauptteil

Der nationalsozialistische Kampf gegen den jüdischen Weltparasiten

51. „Indem ich mich des Juden erwehre, diene ich dem Werke des Herrn"

Trotz aller Anstrengungen des Judentums ist ihm die wirkliche Überfremdung des inneren Wesens des deutschen Volkes nicht gelungen. Das verdankt das deutsche Volk besonders seinem Führer Adolf Hitler. Sein jahrzehntelanger Kampf ließ jährlich zehntausende, ja hunderttausende deutscher Menschen sehend werden. Aus ihnen wurden nicht Antisemiten im alten Sinne, so sehr das deutsche Volk auch den alten politischen Vorkämpfern dankbar sein muß, sondern aus den Anhängern Adolf Hitlers wurden glühende Bekämpfer des jüdischen Wesens und Streiter für eine gerechte deutsche Lebensordnung.

Es wirkte befreiend auf das deutsche Volk, als bei der Verkündung des Parteiprogramms die Sätze ausgesprochen wurden, daß kein Jude Volksgenosse sein darf, daß Gemeinnutz vor Eigennutz zu gehen hat, kurz, daß der jüdische Geist in uns und um uns auf das stärkste bekämpft werden muß.

Die Erkenntnis, daß das Judentum der größte Feind des deutschen Volkes sei, hat den Führer veranlaßt, den Kampf mit diesem Gegner mit unerbittlicher Schärfe aufzunehmen. Von Anfang an sahen die Juden in ihm den Mann, der ihnen am gefährlichsten werden sollte. Sie haben ihn mit allen Mitteln, die ihnen zu Gebote standen, bekämpft: durch die Presse, in wirtschaftlicher Hinsicht, durch Lug und Trug, durch Aufhetzungsversuche des eigenen Volkes und endlich durch die Aufhetzung der ganzen Welt gegen ihn und sein Volk. Da der Führer keinerlei persönliche Rücksichtnahme kannte und sein persönliches Wohl völlig hintanstellte, sind ihnen ihre Pläne bisher nicht gelungen und werden ihnen auch niemals gelingen.

Anlage 29

Anl. 30, 31

Die Juden haben die NSDAP. zu schädigen versucht, wo immer es nur ging. Sie schreckten auch nicht vor dem Mord zurück. Wenn wir an Wilhelm Gustloff denken, den der Jude David Frankfurter am 4. Februar 1936 in Davos ermordete, so sei hier an zwei Äußerungen erinnert. Frankfurter sagte: „Ich habe die Tat begangen, weil ich Jude bin." Der Führer sagte am 12. Februar 1936 in Schwerin: „Das ist kein Zufall, das ist eine leitende Hand, die diese Verbrechen organisiert hat und weiterorganisieren will. Dieses Mal ist nun der Träger dieser Taten zum erstenmal selbst in Erscheinung getreten. Zum erstenmal bedient er sich keines harmlosen deutschen Volksgenossen. Es ist ein Ruhmesblatt sowohl für die Schweiz als auch für unsere eigenen Deutschen in der Schweiz, daß sich keiner dingen ließ zu dieser Tat, so daß zum erstenmal der geistige Urheber selbst zum Täter werden mußte. Wilhelm Gustloff ist von der Macht gefällt worden, die einen fanatischen Kampf nicht nur gegen unser deutsches Volk führt."

Wir erinnern uns weiter an den Mord an Gesandtschaftsrat vom Rath am 7. November 1938 durch Herschel Grünspan in Paris. Wir erinnern uns aber ganz besonders aller jener Morde, die während der Kampfzeit an unseren Partei- und Gesinnungsgenossen durch Juden selbst oder von Juden angestiftet verübt wurden. Hunderte unserer Parteigenossen sind diesen Mordanschlägen zum Opfer gefallen. Ihr Tod ist in dem Opfer Horst Wessels zum Symbol der Kampfzeit unserer NSDAP. geworden.

Denken wir aber auch an den geistigen Mord, den die Juden in jener Zeit an Hunderttausenden von Deutschen zu verüben suchten:

Mit allen Mitteln der Schikane, der Aufreizung, der Erpressung und der Ausnutzung ihrer damaligen Macht versuchten sie, sich ihres Deutschtums bewußt werdende Deutsche davon abzuhalten, sich der Bewegung des Führers anzuschließen. Es ist immer wieder notwendig, daß wir uns daran erinnern, wieviel alte Parteigenossen aus Treue zum Führer und zur Idee damals nicht nur ihren Beruf aufgaben, sondern in zahlreichen Fällen auch ihre ganze Existenz und ihr sogenanntes bürgerliches Leben verloren und lieber alles auf sich nahmen, als den Lockungen und Einflüsterungen des Judentums nachzugeben. Ihre Standhaftigkeit und Treue, ihr unumstößlicher Glaube an die Gerechtigkeit der Sache und ihr Glauben an den Sieg waren es, die beispielhaft auf Millionen anderer Volksgenossen einwirkten.

Wie stark das Judentum in Deutschland allein zahlenmäßig war, mögen einzelne Zahlen aussagen. Noch 1933 lebten über 500000 Konfessionsjuden in Deutschland. Dabei sind also nicht mitgezählt all die vielen Juden, die aus Tarnungsgründen eine andere, meist christliche Konfession angenommen hatten. Aber allein von den Glaubensjuden lebten in Berlin über 160000. Der Anteil der Juden im Notarstand betrug 56 v. H., unter den Krankenkassenärzten 52 v. H., unter den Rechtsanwälten 48 v. H. und unter den Ärzten 42 v. H. Bankrott machten die Juden zwanzigmal so oft wie ein Deutscher, und wegen Wuchers bestraft mußten sie neunzehnmal so oft werden wie Deutsche, alles umgerechnet auf die wirklichen Hundertsätze ihres Anteils am deutschen Volksleben überhaupt. Wir
50 pflichten hinsichtlich der Naturgesetzlichkeit unseres Kampfes gegen das Judentum dem Reichsführer SS Heinrich Himmler bei, der in seiner kleinen Schrift „Die Schutzstaffel als antibolschewistische Kampforganisation" folgendes schreibt: „Wir halten es für richtig, festzustellen, daß, solange es Menschen auf der Erde gibt, der Kampf zwischen Menschen und Untermenschen geschichtliche Regel ist, daß dieser von Juden geführte Krieg der Völker, solange wir zurückblicken können, zum natürlichen Ablauf des Lebens auf unserem Planeten gehört. Man kann beruhigt zu der Überzeugung kommen, daß dieses Ringen auf Leben und Tod wohl genau so ein Naturgesetz ist wie der Kampf des Menschen gegen irgendeine Seuche, wie der Kampf des Pestbazillus gegen den gesunden Körper."

Anlage 32 Mit dem Kampf dieses jetzigen, vom Weltjudentum gegen uns angezettelten Krieges ist unser Kampf gegen die Juden in ein entscheidendes Stadium eingetreten. Alfred Rosenberg sagte in seiner Rede vom 22. Juni 1943 dazu: „Das Bündnis zwischen Weltdemokratie, Weltbolschewismus und Weltjudentum, das viele nicht wahrhaben wollen, ist heute unmittelbare politische Tatsache und militärische Bedrohung geworden. Es ist vielleicht deshalb nicht überflüssig, wenn an dieser Stelle einmal darauf hingewiesen wird, daß diese Erkenntnis eine tragende Einsicht nationalsozialistischer Weltanschauung gewesen ist. Ich darf deshalb einige Absätze zitieren, die ich in der Zeitschrift ‚Der Weltkampf' unter dem Titel ‚Jüdische Weltpolitik' im Juni 1924 veröffentlichte. Es heißt da:

„Viele noch in alten Gedankengängen sich bewegende Politiker werden es als irrig bezeichnen, den ‚antikapitalistischen' Marxismus und die kapitalistische Demokratie in einem Atemzug zu nennen, doch zeigt jeder tiefere

Blick, daß beide Erscheinungen weltanschaulich dasselbe darstellen, den Niederschlag des geldherrschaftlichen Zeitalters bilden."

Nach Schilderung der finanziellen Entwicklung heißt es dann weiter: „Nichts kennzeichnet mehr den offensichtlichen Verfall eines Weltalters, als daß die ehemaligen Entdecker, Eroberer, kurz die Herren zurücktreten und dem Vermittler, dem Händler, dem Diener Platz machen. Der Weg geht vom Einzeleroberer über den zusammengerafften dynastischen Machtstaat zur plutokratischen Parlamentsdemokratie."

Über das Ende des Weltkrieges heißt es: „Herrlichste Denkmäler alteuropäischer Kultur sind unwiderbringlich dahin. Ein unnennbares Elend geht durch Hunderte von Millionen. Aber frei ist kein Volk geworden. Weder die verratenen noch die besiegten, weder die Sieger noch deren Trabanten haben den Krieg gewonnen, obwohl all die Feldgrauen, Poilus und Tommys für die Freiheit und Weltgeltung ihrer Nation zu kämpfen glaubten und diese Idee ihnen erst die Kraft zu ihrem Kampfe gab. Sie sind alle schon vor Beginn des Kampfes schmählich betrogen worden, obgleich erst heute einigen wenigen die Augen aufzugehen beginnen."

Nach der Darstellung, daß aus allen Ghettos der Welt die bolschewistischen Führer nach Rußland fuhren, um dort die anfänglich demokratische Revolution vorwärtszutreiben, heißt es dann: „Dem Sieg der bolschewistischen Revolution im Osten hat Deutschland in erster Linie die Revolte vom 9. November 1918 zu verdanken. Mit ihr die heutigen Folgen. England hat sich durch die Anerkennung Sowjetjudäas den Wurm ins Gebälk des eigenen Hauses gesetzt. In Frankreich zieht sich der Jude Léon Blum mit seinen Hintermännern eine sturmbereite Garde heran, falls der ‚bloc national' nicht mehr lebensfähig und gebrauchsfähig sein sollte." „Das ist das augenblickliche Bündnis in Europa: Die Börsen von London, Paris und Moskau. Von diesem politischen Druck eingeengt, atmen die Herren — soweit sie nichtjüdisch sind — in Berlin und Rom." Als nationalsozialistische These wurde damals proklamiert: „Aus dem Chaos aber, aus der Schande, ist der internationalen Idee das völkische Ideal entgegengetreten. Der Sieg dieses Ideals auf allen Gebieten des Lebens bedeutet die eigentliche Weltrevolution des 20. Jahrhunderts." — „Wir sind keine Träumer und predigen keinen ‚Weltfrieden' und keine ewige internationale Verbrüderung. Aber ganz gleich, was die Zukunft auch bringen möge — wir erstreben den Sieg einer aristokratischen Idee über den schmierigen Händlergeist des heute vergehenden Zeitalters. Das ist der Weltkampf von heute, die Weltrevolution von morgen, der Krieg, von dem wir nicht wissen, wann er beendet sein wird, der aber durchgefochten werden muß, soll Deutschland und das ganze alte Europa nicht im Sumpf verfaulen wie so viele Völker der alten Geschichte.

Ich glaube, daß diese Worte, vor fast 20 Jahren geschrieben, genau das aussprechen, was sich in diesen 20 Jahren an Machtkonflikten erneut zusammengeballt hat und nunmehr im entscheidenden Weltkampf und Weltkrieg gegeneinander steht. An der Seite der ganzen feindlichen Koalition stehen die Flügelstaaten USA. und die Sowjetunion. Über das Wesen dieser beiden Gruppen hat sich jeder Europäer Rechenschaft abzulegen.

Dieser Kampf zwingt uns zu grundsätzlichen eigenen persönlichen Entschlüssen. Jeder einzelne Deutsche muß, getreu den Forderungen des Parteiprogramms, sich selbst ständig erneut prüfen, daß er auch die letzten Schlak-

51

ken, die eine jahrzehntelange ungehinderte jüdische Überfremdung in uns
zurücklassen konnte, ausscheidet. Er muß das materialistische und eigen-
süchtige Denken und Handeln bis in die kleinsten Dinge des Alltags hinein
ablegen. Er muß dazu beitragen, die Tatsachen einer gelenkten Wirtschaft
richtig zu sehen und alle Reste kapitalistischen und marxistischen Denkens
zu beseitigen. Er muß die Arbeit als Höchstwert und Grundbegriff der deut-
schen Wirtschaft sehen und muß das Geld wieder in eine dienende Rolle
zurückweisen. Er darf nicht zwischen weltanschaulich-politischem und wirt-
schaftlichem Bereich trennnen. Der Liberalist konnte das vielleicht tun, der
Nationalsozialist darf in beidem nur eine Einheit sehen. Er muß die schick-
salhafte Notwendigkeit unseres Kampfes gegen unseren vom Judentum ge-
lenkten Feind und gegen das Judentum selbst zu jeder Zeit anerkennen und
sich dieser Tatsachen ständig bewußt sein. Er muß deswegen ein Höchst-
maß persönlicher Verantwortung übernehmen und muß der Bewegung und
dem Staate dienen, soviel er nur kann. Er darf das Wort „Volkskamerad-
schaft" nicht im Munde führen, sondern muß es in die Praxis umsetzen. Er
darf auf geistig-kulturellem Gebiete nicht an andere Forderungen stellen, die
er selbst nicht halten will oder kann. Er darf nicht über Volkskunst, Volks-
musik, Volkstanz und Brauchtum lächeln, weil er sie in der Nachwirkung
jüdisch-parasitärer Zersetzungseinflüsterungen als überlebt oder unmodern
empfindet, sondern er muß das Seine dazu beitragen, all diese Dinge wieder
zu beleben. Er darf im Geistesleben unseres Volkes nicht Dingen anhängen,
die sich mit der nationalsozialistischen Forderung der Zukunft nicht verein-
52 baren lassen. Er muß auf rassepolitischem Gebiet nicht ganz allgemein die For-
derungen unserer Bewegung bejahen, um sie in der Praxis selbst nicht oder nur
halb zu beachten. Er muß ganz besonders auf weltanschaulichem Gebiete der
ständige kampfbereite, opferwillige und einsatzfreudige Mitstreiter sein, der, von
unseren Aufgaben durchdrungen, dem deutschen Menschen die innere Freiheit
halten will, und der endlich die Größe des Schicksals völlig begreift, das uns
von der Vorsehung zur Erfüllung in unserem Lebensraum aufgetragen ist.

Die Erfüllung aller dieser Forderungen ist für jeden einzelnen von uns das beste, sicherste und durchschlagendste Kampfmittel gegen das Judentum im allgemeinen und gegen das parasitäre Wesen des Juden im besonderen. Denn erst die Geschlossenheit unseres Volkskörpers und unseres Volkswillens ist es, die den Juden jede Möglichkeit verschließt, wieder in unser Volksleben einzudringen. Der Jude muß dann erkennen, daß er weder selbst als Person wieder nach Deutschland zurückkehren kann, noch auch geistig von uns wieder Besitz zu nehmen vermag.

Und endlich ist eine solche geschlossene und einheitliche Haltung des deutschen Volkes die beste Gewähr dafür, daß andere Völker nicht nur aus unserem Kampfe, sondern aus unserer neuen Haltung heraus erkennen, daß wir auf dem richtigen und sie noch auf dem falschen Wege sind.

Der Führer sagt: „Indem ich mich des Juden erwehre, diene ich dem Werke des Herrn." Wie er uns den Kampf gegen das Judentum vorgelebt hat, so hat das deutsche Volk der Welt gegenüber die gleiche Aufgabe der Wirksamkeit: **Durch das Beispiel des entschlossenen Kampfes gegen den jüdischen Weltparasiten!**

Der Jude als Weltparasit

Anlagen

Anlage 1.

Der großdeutsche Freiheitskampf: Reden Adolf Hitlers vom 16. April 1941 bis 15. April 1942. Eher-Verlag, München 1942, Seite 75.

Rede am 3. Oktober 1941 in Berlin zur Eröffnung des WHW (Auszug):

Die Vorsehung hat wohl gewußt, warum das nicht so sein durfte. Und heute weiß auch ich es, und wir alle wissen es: Die Verschwörung von Demokraten, Juden und Freimaurern hat es damals fertiggebracht, vor zwei Jahren, zunächst Europa in den Krieg zu stürzen. Es mußten also die Waffen entscheiden.

Seitdem nun findet ein Kampf statt zwischen der Wahrheit und der Lüge. Und wie immer, wird dieser Kampf für die Wahrheit am Ende siegreich ausgehen. Das heißt mit anderen Worten: Was immer auch die britische Propaganda, was immer auch das internationale Weltjudentum und seine demokratischen Helfershelfer zusammenlügen mögen, an den historischen Tatsachen werden sie nichts ändern.

53

Anlage 2.

Der großdeutsche Freiheitskampf: Reden Adolf Hitlers vom 16. April 1941 bis 15. April 1942. Eher-Verlag, München 1942, Seite 91 ff.

Rede vor der Alten Garde, München, am 8. November 1941 (Auszug):

Als ich das letztemal hier zu Ihnen sprach, meine alten Parteigenossen, da konnte ich im Vorgefühl eines Sieges sprechen, wie vielleicht kaum je ein Sterblicher vor mir. Und trotzdem lastete damals auf meiner Einsicht eine schwere Sorge: Ich war mir im klaren, daß hinter all diesem Weltgeschehen derjenige als letzter Brandstifter zu suchen ist, der immer von den Händeln der Nationen gelebt hat: der internationale Jude! Ich wäre kein Nationalsozialist mehr gewesen, wenn ich mich von dieser Erkenntnis je entfernt hätte. Wir haben seine Spuren verfolgt durch so viele Jahre, wir haben wohl in diesem Reich zum erstenmal planmäßig wissenschaftlich dieses Problem und Phänomen der Menschheit geklärt und haben so recht die Worte eines großen Juden selber begriffen, der sagt, die Rassenfrage sei der Schlüssel zur Weltgeschichte. Wir wußten daher auch ganz genau, und ich wußte es vor allem, daß auch hinter diesem Geschehen der Jude die treibende Kraft war, daß er — wie immer in der Geschichte — teils Strohköpfe fand, die bereit waren, für ihn einzutreten, teils charakterlose, bezahlte Subjekte, Leute, die Geschäfte machen wollten, und die bereit waren und bereit sind, für solche Geschäfte jederzeit Blut zu vergießen.

Ich habe diesen Juden als den Weltbrandstifter damals kennengelernt. Man sah es ja, wie er über den Umweg von Presse, von Rundfunk, von Film, von Theater usw. langsam die Völker in den Jahren vorher vergiftet hatte, und man sah, wie seine Vergiftung weiterlief, man sah, wie sein Geldinteresse in diesem Sinne ja arbeiten mußte. Und in den ersten Tagen des Krieges, da haben ja bestimmte Engländer es ganz offen ausgesprochen — es waren nur Rüstungsaktieninhaber —: „Der Krieg muß mindestens drei Jahre dauern. Er wird vor drei Jahren nicht enden!" — So sagten sie. Es war das verständlich, sie hatten ja ihre Kapitalien festgelegt und konnten nicht hoffen, daß sie unter drei Jahren eine Amortisation dieser Betriebskapitalien würden erreichen können. Gewiß, für uns Nationalsozialisten, meine Parteigenossen und -genossinnen, ist das fast unverständlich.

Aber in dieser demokratischen Welt ist es eben so. Man ist Ministerpräsident oder man ist Kriegsminister und zugleich der Inhaber zahlloser Aktienpakete von Rüstungsfabriken. Die Interessen sind damit geklärt.

Wir haben diesen Gegner einst als die treibende Kraft in unserem inneren Kampf kennengelernt. Wir hatten diese Koalition vor uns, die schwarz-rot-goldene, diese Vermischung von Heuchelei, Mißbrauch von Religion auf der einen Seite, Kapitalinteressen auf der anderen Seite, und endlich die wirklich jüdisch-marxistischen Interessen. Wir sind mit dieser Koalition im Inneren in einem harten Kampf restlos fertig geworden. Damit aber stand dieser Feind im Äußeren natürlich noch vor uns, und er war ja der Inspirator der Weltkoalition gegen das Deutsche Reich. Er hatte einst Polen vorgeschoben,
54 er hatte dann später Frankreich, Belgien und Holland und Norwegen in den Bann seiner Dienste gezwungen. England war von vornherein eine treibende Kraft. Was war verständlicher, als daß eines Tages die Macht gegen uns antreten würde, die diesen jüdischen Geist als klarsten Herrscher besitzt? Denn gerade dieser größte Diener des Judentums war nun einmal Sowjetrußland.

Anlage 3.

Houston Stewart Chamberlain: „Die Grundlagen des XIX. Jahrhunderts", Kapitel V, Seite 332.

Für die unglaubliche Unwissenheit über die Natur des Juden, die unter uns herrscht, sind wir also allein verantwortlich; nie hat ein Volk ein so umfassendes, aufrichtiges Bild seiner Persönlichkeit gegeben wie der Hebräer in seiner Bibel, ein Bild, welches (soweit ich nach Bruchstücken urteilen darf) durch den Talmud, wenn auch in verblaßter Manier, noch ergänzt wird.

Anlage 4.

Samuel Roth und Israel Zangwill: „Now and forever", 1925, Robert M. McBridge & Company, New York, „NS.-Monatshefte", Januar/Februar 1938. (Aus einem Gespräch zwischen Zangwill und Roth):

Zangwill: Warum beneiden sie uns, und worauf sind sie eifersüchtig?

Roth: Sie beneiden uns um unsere intellektuelle Führerstellung in einem Europa, dessen Mentalität von Juden gezeugt und von Juden weitergeformt wird. Europa denkt nicht nur jüdisch, sondern alle seine Unternehmungen werden durch Juden begründet. Einmal nur, einen zitternden Augenblick lang, hat sich der Geist Europas über die Verwirrung seiner intellektuellen Sklaverei erhoben, und zwar in den rhythmischen, sentimentalen Meditationen von Descartes. Aber erst mit dem Aufstieg Spinozas hat Europa eine Philosophie geschaffen. Spinoza ist das Herz des europäischen Denkens: er hinderte Descartes, der vor ihm kam, daran, Prophet zu werden, so wie er den nach ihm kommenden Imanuel Kant daran hinderte, ein Gesetzgeber zu werden. Wie es im Anfang war, so ist es auch noch heute. Es gibt kein Programm, keine Idee, keine Überzeugung, die sich ein Europäer zu eigen machen kann, ohne damit einem Juden zu folgen, sei es Bergson, Marx oder Freud.

Warum sollte uns die Intelligenz Europas nicht hassen? Wieder und wieder haben wir sie gedemütigt. Zuerst brachten wir ihr das Christentum, und seit zweitausend Jahren versucht sie, ihm nachzuleben. Einem Kontinent von Wilden, die Raub und Diebstahl trieben, sich an Frauenraub und Blutschande begeisterten, pfropften wir eine Religion auf, die ihnen befahl, ihren Nächsten zu lieben wie sich selbst. Jenen Banden von Nichtstuern, die gewöhnt waren, ihre Dienste als Söldner anzubieten, wurde von uns die Aufforderung erteilt, die andere Backe hinzuhalten. Wenn sie nur die nötige Geistesgegenwart gehabt hätten, wie hätten sie ihren christlichen Lehrern antworten können! Aber das arme Europa hat von jeher unter zeitweisen Anfällen der Unsicherheit gelitten, in welchen es ihm schwerfällt, irgend jemandem etwas abzuschlagen. In solchen Zeiten ist es leicht, Europa glauben zu machen, daß es gut und edel sei und sonst nichts. Und in einem solchen Augenblick wurde das Christentum Europa aufgezwungen. Und obgleich die Europäer sich nicht gänzlich von ihrer natürlichen Vorliebe für Raub und Plünderungen haben abbringen lassen, hat diese Religion, die wir ihnen auferlegten, ihre Rede verwirrt und ihre Verträge mit Versprechungen beschwert, die sie nicht aufrichtig meinen und nicht einmal verstehen.

Das Christentum ist jedoch nur das erste in einer langen Reihe von jüdischen Unternehmungen, die in der Aufdrängung des Sozialismus ihren Höhepunkt finden.

Anlage 5.

Houston Stewart Chamberlain: „Grundlagen des XIX. Jahrhunderts", 1. Kapitel, 5. Abschnitt, 3. (Zitiert nach Rosenberg, „Schriften und Reden", Band 1, Seite 153.)

Wer auf die Frage,: wer ist Jude? eine klare Antwort geben will, vergesse das eine nie: daß der Jude . . . der Lehrmeister aller Intoleranz, allen Glaubensfanatismus, allen Mordens um der Religion willen ist, daß er an die Duldsamkeit immer nur dann appellierte, wenn er sich bedrückt fühlte, daß er sie selber jedoch niemals übte noch üben durfte, denn sein Geist verbot es ihm und verbietet es ihm auch heute — und morgen.

Anlage 6.

Roth/Zangwill: „Now and forever", Zitiert aus „NS.-Monatshefte", 1938, Seite 163: „Juden über das Judentum", Dr. Georg Leibbrandt.

Roth: Es wird Juden in Rußland, Deutschland, Österreich und Italien geben. Aber die Mehrzahl der Juden wird in Indien, Persien, China und in allen angrenzenden Ländern sein. Juden werden in großer Zahl über den ganzen Orient verstreut sein, werden fremdartige Banner mit Triumph vor sich hertragen. Der ganze Orient wird lebendig sein durch Planen und Bauen. Aber inmitten dieses Treibens wird sich ein seltsamer Mann erheben, von einer Schrecklichkeit, wie ihn die Erde nie zuvor gesehen hat, und er wird über die Märkte des Ostens schreiten und nur mit Ekel und Abscheu von Europa sprechen.

Er wird wandern von Mensch zu Mensch und von Stadt zu Stadt, seine Rede wird kurz und ruhig sein, aber etwas in seinen Augen wird Schleusen des Zornes öffnen, so daß langsam, still, verzweifelt seine Gefolgschaft anwachsen wird, und das alles ohne viel Geschrei und ohne große Worte.

Allmählich wird dieser Mann der Führer eines Racheunternehmens werden, das von Kalkutta aus als bescheidene Bewegung beginnen, aber in Konstantinopel angelangt bereits mehrere Millionen Männer umfassen wird, die in ihren Kleidern kleine gelbe Phiolen verborgen tragen. Über die Steppen fegend, wird sich ihre Zahl wie durch ein Wunder vermehren, und ihre Horden werden das Antlitz der Erde verdunkeln.

Sechs Tage und sechs Nächte hindurch wird die Welt in den Krallen dieser dunklen Mächte bleiben, denn Gott brauchte sechs Tage, um die Welt zu erschaffen. Die gelbe Wolke wird langsam in ihrer Mitte herniedergehen, und das Atmen wird Schmerzen bereiten, als wenn man sich die Nägel von den Fingern abreißen würde. Eine seltsame Verwirrung wird sich während dieser sechs fürchterlichen Tage über die Welt ausbreiten. Der Mann, der auf einen Spaziergang gegangen war, wird, wenn er die Tür seiner Behausung wieder erreicht, feststellen, daß er keine Beine mehr hat. Oder, einer schönen Frau gegenübersitzend, wird er merken, daß er erblindet. Das Wasser in seinem Glase wird schmecken wie faules Blut, und seine Knochen werden knacken wie trockene Zweige.

Das Leben der europäischen Völker wird ihnen durch den Mund, die Augen und durch die Haut in Strömen verfaulten Blutes entweichen, wo immer der seltsame Mann und seine schweigsame Armee vorübergegangen sind.

In Rußland werden nur die Säuglinge und die Analphabeten geschont werden — alle übrigen werden Moskau und Petrograd in ungeheure Friedhöfe verwandeln. Aus Polen und der Ukraine wird der Rächer eine heulende Wildnis machen, und alle Frauen in diesen Ländern werden geschändet, ehe man sie tötet, zur Vergeltung für das, was einst einem wehrlosen Volk in ihrer Mitte angetan wurde. Der Hafen von Danzig wird verfaultes Blut ausspeien.

Aus Belgien und Deutschland wird er ein solches Schlachthaus machen, daß es nötig sein wird, neue und höhere Deiche um Holland zu bauen, damit der Geruch des Blutbades nicht ein Land besudeln möge, für das die Wut des Rächers keine Schrecken bereit hält. Durch Frankreich aber wird er fegen wie ein Brand durch ein Kornfeld . . .

Anlage 7.

Adolf Hitler: „Mein Kampf", Seite 165.

Völker, die sich als Drohnen in die übrige Menschheit einzuschleichen vermögen, um diese unter allerlei Vorwänden für sich schaffen zu lassen, können selbst ohne jeden eigenen, bestimmt begrenzten Lebensraum Staaten bilden. Dies trifft in erster Linie zu bei dem Volke, unter dessen Parasitentum besonders heute die ganze ehrliche Menschheit zu leiden hat: dem Judentum.

Der jüdische Staat war nie in sich räumlich begrenzt, sondern universell unbegrenzt auf den Raum, aber beschränkt auf die Zusammenfassung einer Rasse. Daher bildete dieses Volk auch immer einen Staat innerhalb der Staaten. Es gehörte zu den genialsten Tricks, die je erfunden worden sind, diesen Staat als „Religion" segeln zu lassen und ihn dadurch der Toleranz zu versichern, die der Arier dem religiösen Bekenntnis immer zuzubilligen bereit ist. Denn tatsächlich ist die mosaische Religion nichts anderes als eine Lehre der Erhaltung der jüdischen Rasse. Sie umfaßt daher auch nahezu alle soziologischen, politischen sowie wirtschaftlichen Wissensgebiete, die hierfür überhaupt nur in Frage zu kommen vermögen.

Adolf Hitler: „Mein Kampf", Seite 333 ff.

Wahrscheinlich war auch der Arier erst Nomade und wurde im Laufe der Zeit seßhaft, allein deshalb war er doch niemals Jude! Nein, der Jude ist kein Nomade; denn auch der Nomade hatte schon eine bestimmte Stellung zum 57
Begriff „Arbeit", die als Grundlage für eine spätere Entwicklung dienen konnte, sofern die notwendigen geistigen Voraussetzungen hierzu vorhanden waren. Die idealistische Grundanschauung aber ist bei ihm, wenn auch in unendlicher Verdünnung, gegeben, daher erscheint er auch in seinem ganzen Wesen den arischen Völkern vielleicht fremd, allein nicht unsympathisch. Bei den Juden hingegen ist diese Einstellung überhaupt nicht vorhanden; er war deshalb auch nie Nomade, sondern i m m e r n u r P a r a s i t im Körper anderer Völker. Daß er dabei manchmal seinen bisherigen Lebensraum verließ, hängt nicht mit seiner Absicht zusammen, sondern ist das Ergebnis des Hinauswurfes, den er von Zeit zu Zeit durch die mißbrauchten Gastvölker erfährt. Sein Sichweiterverbreiten aber ist eine typische Erscheinung für alle Parasiten; er sucht immer neuen Nährboden für seine Rasse.

Dies hat aber mit Nomadentum deshalb nichts zu tun, weil der Jude gar nicht daran denkt, ein von ihm besetztes Gebiet wieder zu räumen, sondern bleibt, wo er sitzt, und zwar so seßhaft, daß er selbst mit Gewalt nur mehr sehr schwer zu vertreiben ist. Sein Ausdehnen auf immer neue Länder erfolgt erst in dem Augenblick, in dem dort gewisse Bedingungen für sein Dasein gegeben sind, ohne daß er dadurch — wie der Nomade — seinen bisherigen Wohnsitz verändern würde. Er ist und bleibt der typische Parasit, ein Schmarotzer, der wie ein schädlicher Bazillus sich immer mehr ausbreitet, so wie nur ein günstiger Nährboden dazu einlädt. Die Wirkung seines Daseins aber gleicht ebenfalls der von Schmarotzern: wo er auftritt, stirbt das Wirtsvolk nach kürzerer oder längerer Zeit ab.

So lebte der Jude zu allen Zeiten in den Staaten anderer Völker und bildete dort seinen eigenen Staat, der allerdings so lange unter der Bezeichnung „Religionsgemeinschaft" maskiert zu segeln pflegte, als die äußeren Umstände kein vollständiges Enthüllen seines Wesens angezeigt sein ließen. Glaubte er sich aber einmal stark genug, um der Schutzdecke entbehren zu können, dann ließ er noch immer den Schleier fallen und war plötzlich das, was so viele andere früher nicht glauben und sehen wollten: der Jude.

Anlage 8.

„Adolf Hitlers Reden", herausgegeben von Dr. Ernst Boepple, Seite 123. (Aussprüche Adolf Hitlers.)

Der Jude ist Parasit. Als solch von fremder Arbeit lebendes Geschöpf hat er auch unseren Begriff von dieser zu fälschen getrachtet. Der Deutsche hat ein geflügeltes Wort vom deutschen Wesen, an dem die Welt einmal genesen würde. Er sieht seine Aufgabe darin, nicht nur für sich, sondern auch für die anderen etwas zu leisten. Des Juden Bibel dagegen spricht von der „göttlichen" Prophezeiung, daß sie, die Juden, alle Völker fressen, daß jeder Jude (laut Schulchan Aruch) 2800 nichtjüdische Knechte haben müsse. Sein Gott ist das Gold.

Anlage 9.

Adolf Hitler: „Mein Kampf", Seite 330 ff.

58 Da nun der Jude — aus Gründen, die sich sofort ergeben werden — niemals im Besitz einer eigenen Kultur war, sind die Grundlagen seines geistigen Arbeitens immer von anderen gegeben worden. Sein Intellekt hat sich zu allen Zeiten an der ihn umgebenden Kulturwelt entwickelt.

Niemals fand der umgekehrte Vorgang statt.

Denn wenn auch der Selbsterhaltungstrieb des jüdischen Volkes nicht kleiner, sondern eher noch größer ist als der anderer Völker, wenn auch seine geistigen Fähigkeiten sehr leicht den Eindruck zu erwecken vermögen, daß sie der intellektuellen Veranlagung der übrigen Rassen ebenbürtig wären, so fehlt doch vollständig die allerwesentlichste Voraussetzung für ein Kulturvolk, die idealistische Gesinnung.

Der Aufopferungswille des jüdischen Volkes geht über den nackten Selbsterhaltungstrieb des einzelnen nicht hinaus. Das scheinbar große Zusammengehörigkeitsgefühl ist in einem sehr primitiven Herdeninstinkt begründet, wie er sich ähnlich bei vielen anderen Lebewesen auf dieser Welt zeigt. Bemerkenswert ist dabei die Tatsache, daß Herdentrieb stets nur so lange zu gegenseitiger Unterstützung führt, als eine gemeinsame Gefahr dies zweckmäßig oder unvermeidlich erscheinen läßt. Das gleiche Rudel Wölfe, das soeben noch gemeinsam seinen Raub überfällt, löst sich bei nachlassendem Hunger wieder in seine einzelnen Tiere auf. Das gleiche gilt von den Pferden, die sich des Angreifers geschlossen zu erwehren suchen, um nach überstandener Gefahr wieder auseinanderzustieben.

Ähnlich verhält es sich auch beim Juden. Sein Aufopferungssinn ist nur ein scheinbarer. Er besteht nur so lange, als die Existenz jedes einzelnen dies unbedingt erforderlich macht. Sobald jedoch der gemeinsame Feind besiegt, die allen drohende Gefahr beseitigt, der Raub geborgen ist, hört die scheinbare Harmonie der Juden untereinander auf, um den ursächlich vorhandenen Anlagen wieder Platz zu geben. Der Jude ist nur einig, wenn eine gemeinsame Gefahr ihn dazu zwingt oder eine gemeinsame Beute lockt; fallen beide Gründe weg, so treten die Eigenschaften eines krassesten Egoismus in ihre Rechte, und aus dem einigen Volk wird im Handumdrehen eine sich blutig bekämpfende Rotte von Ratten.

Wären die Juden auf dieser Welt allein, so würden sie ebensosehr in Schmutz und Unrat ersticken, wie in haßerfülltem Kampfe sich gegenseitig zu übervorteilen und auszurotten versuchen, sofern nicht der sich in ihrer Feigheit ausdrückende restlose Mangel jeden Aufopferungssinnes auch hier den Kampf zum Theater werden ließe.

Es ist also grundfalsch, aus der Tatsache des Zusammenstehens der Juden im Kampfe, richtiger ausgedrückt in der Ausplünderung ihrer Mitmenschen, bei ihnen auf einen gewissen idealen Aufopferungssinn schließen zu wollen.

Auch hier leitet den Juden weiter nichts als nackter Egoismus des einzelnen.

Daher ist auch der jüdische Staat — der der lebendige Organismus zur Erhaltung und Vermehrung einer Rasse sein soll — territorial vollständig unbegrenzt. Denn eine bestimmte räumliche Fassung eines Staatsgebildes setzt immer eine idealistische Gesinnung der Staatsrasse voraus, besonders aber eine richtige Auffassung des Begriffes Arbeit. In eben dem Maße, in dem es an dieser Einstellung mangelt, versagt auch jeder Versuch zur Bildung, ja sogar zur Erhaltung eines räumlich begrenzten Staates. Damit entfällt jedoch die Grundlage, auf der eine Kultur allein entstehen kann. 59

Daher ist das jüdische Volk bei allen scheinbaren intellektuellen Eigenschaften dennoch ohne jede wahre Kultur, besonders aber ohne jede eigene. Denn was der Jude heute an Scheinkultur besitzt, ist das unter seinen Händen meist schon verdorbene Gut der anderen Völker.

Anlage 10.

„Adolf Hitlers Reden", herausgegeben von Dr. Ernst Boepple: „Die ‚Hetzer' der Wahrheit", 12. April 1922, Seite 19.

Der Arier faßt Arbeit auf als Grundlage zur Erhaltung der Volksgemeinschaft unter sich, der Jude als Mittel zur Ausbeutung anderer Völker. Er arbeitet niemals als produktiv Schaffender, ohne die große Aussicht, Herrschender zu werden. Er arbeitet unproduktiv als Benützer und Genießer anderer Leute Arbeit. Und deshalb begreifen wir den eisernen Satz, den Mommsen einst sprach: „Der Jude ist das Ferment der Dekomposition der Völker." Das heißt: Er zerstört und er muß zerstören, weil ihm der Begriff der gemeinschaftsbildenden Art vollkommen fehlt. Es spielt dann keine Rolle, ob dieser Jude im einzelnen „anständig" ist oder nicht. Er trägt seinen Charakterzug an sich, den ihm die Natur verliehen, und er kann sich niemals davon frei machen. Uns ist er schädlich. Ob er das bewußt oder unbewußt tut, ist nicht unsere Sache. Wir haben bewußt für das Wohl unseres eigenen Volkes zu sorgen.

Anlage 11.

Rosenberg, Schriften und Reden, Band 1, Seite 92, („Der Jude"), 1918.

Und da nun durch geschichtliche Umstände die Juden fünfhundert Jahre diese körperliche und geistige Inzucht ungestört pflegen konnten, so bildete sich durch zielbewußte Priesterherrschaft ein Gedanke von fast unzerstörbarer Lebensfähigkeit aus: der Gedanke der reinen Rasse und der Gedanke an die Weltherrschaft, damit so die Völker den Staub Israels lecken sollten.

Durch die Heilighaltung der Rasse hat der Jude es nun auch vermocht, alle anderen Ideen in sich zu züchten und großzuziehen, und es bildete sich dort die absolute religiöse Intoleranz. „Zu deinen Vätern allein hat Gott Lust gehabt, daß er sie liebte, und nach ihnen ist es ihr Name, den er allein unter allen Völkern auserwählt hat."

(Deut. 10. 15.)

Anlage 12.

Hermann Erich Seifert: „Der Jude an der Ostgrenze". Schriftenreihe der NSDAP., Gruppe VII, Band 3, Seite 16.

60 Nach Osteuropa sind die Juden zweimal als Parasiten eingewandert. Sie sind nicht etwa selbst als Kolonisatoren gekommen, sondern entweder unter dem Druck der Judenfeindschaft bisher ausgebeuteter Völker oder, was fast noch häufiger der Fall war, aus einem Entschluß geschäftlicher Spekulation. Sie haben zu allen Zeiten mit ihrem Sinn für neue geschäftliche Möglichkeiten kommende Entwicklungen gewittert und sind dorthin gezogen, wo die besten Geschäftsaussichten waren. Nach Osteuropa sind sie einmal mit den Römern von Osten nach Westen und zum zweiten Male mit den Deutschen von Westen nach Osten gezogen.

Anlage 13.

Houston Stewart Chamberlain: „Die Grundlagen des XIX. Jahrhunderts", Seite 341/42.

Jüdische Geschichte, jüdische Vorstellungen, jüdisches Denken und Dichten wurden zu wichtigen Bestandteilen unseres seelischen Lebens. Es geht wohl doch nicht an, jene äußere Reibung von dieser inneren Durchdringung ganz zu trennen. Hätten wir den Juden nicht feierlich zu unserem Ohm ernannt, er wäre bei uns ebensowenig heimisch geworden wie der Sarazene oder wie jene übrigen Wracks halbsemitischer Völkerschaften, welche nur durch bedingungsloses Aufgehen in die Nationen Südeuropas ihr Leben — doch nicht ihre Individualität — retteten. Der Jude dagegen war ein gefeites Wesen; mochte er auch hin und wieder auf den Scheiterhaufen geschleppt werden, die bloße Tatsache, daß er Jesum Christum gekreuzigt hatte, umgab ihn mit einem feierlichen, furchterregenden Nimbus. Und während das Volk auf diese Weise fasziniert wurde, studierten die Gelehrten und heiligen Männer Tag und Nacht in den Büchern der Hebräer; von den Aussprüchen jüdischer Hirten, wie Amos und Micha, getroffen, fielen die Denkmäler einer Kunst, wie sie die Welt nie wieder erblickt hat; vor dem Hohn jüdischer Priester sank die Wissenschaft verachtet dahin; entvölkert wurden Olymp und Walhall, weil es die Juden so wollten; Jahve, der zu den Israeliten gesprochen hatte: „Ihr seid mein Volk und ich bin euer Gott", wurde nun der Gott der Indoeuropäer; von den Juden übernahmen wir die verhängnisvolle Lehre von der unbedingten religiösen Intoleranz.

Anlage 14.

Adolf Hitler: „Mein Kampf", Seite 338 ff.

a) Mit dem Entstehen der ersten festen Siedlungen ist der Jude plötzlich „da". Er kommt als Händler und legt anfangs noch wenig Wert auf die Verschleierung seines Volkstums. Er ist noch Jude, zum Teil vielleicht auch deshalb, weil der äußere Rassenunterschied zwischen ihm und dem Gastvolk zu groß, seine sprachlichen Kenntnisse noch zu gering, die Abgeschlossenheit des Gastvolkes jedoch zu scharf sind, als daß er es wagen dürfte, als etwas anderes denn ein fremder Händler erscheinen zu wollen. Bei seiner Geschmeidigkeit und der Unerfahrenheit des Gastvolkes bedeutet die Beibehaltung seines Charakters als Jude auch keinen Nachteil für ihn, sondern eher einen Vorteil: man kommt dem Fremden freundlich entgegen.

b) Allmählich beginnt er, sich langsam in der Wirtschaft zu betätigen, nicht als Produzent, sondern ausschließlich als Zwischenglied. In seiner tausendjährigen händlerischen Gewandtheit ist er den noch unbeholfenen, besonders aber grenzenlos ehrlichen Ariern weit überlegen, so daß schon in kurzer Zeit der Handel sein Monopol zu werden droht. Er beginnt mit dem Verleihen von Geld, und zwar wie immer zu Wucherzinsen. Tatsächlich führt er den Zins auch dadurch ein. Die Gefahr dieser neuen Einrichtung wird zunächst nicht erkannt, sondern um der augenblicklichen Vorteile wegen sogar begrüßt. 61

c) Der Jude ist vollkommen seßhaft geworden, das heißt, er besiedelt in den Städten und Flecken besondere Viertel und bildet immer mehr einen Staat im Staate. Den Handel sowohl als sämtliche Geldgeschäfte faßt er als sein eigenstes Privileg auf, das er rücksichtslos auswertet.

d) Das Geldgeschäft und der Handel sind restlos sein Monopol geworden. Seine Wucherzinsen erregen endlich Widerstand, seine zunehmende sonstige Frechheit aber Empörung, sein Reichtum Neid. Das Maß wird übervoll, als er auch den Grund und Boden in den Kreis seiner händlerischen Objekte einbezieht und ihn zur verkäuflichen, besser handelbaren Ware erniedrigt. Da er selber den Boden nie bebaut, sondern bloß als ein Ausbeutungsgut betrachtet, auf dem der Bauer sehr wohl bleiben kann, allein unter den elendesten Erpressungen seitens seines nunmehrigen Herrn, steigert sich die Abneigung gegen ihn allmählich zum offenen Haß. Seine blutsaugerische Tyrannei wird so groß, daß es zu Ausschreitungen gegen ihn kommt. Man beginnt, sich den Fremden immer näher anzusehen und entdeckt immer neue, abstoßende Züge und Wesensarten an ihm, bis die Kluft unüberbrückbar wird.

In Zeiten bitterster Not bricht endlich die Wut gegen ihn aus, und die ausgeplünderten und zugrunde gerichteten Massen greifen zur Selbsthilfe, um sich der Gottesgeißel zu erwehren. Sie haben ihn im Laufe einiger Jahrhunderte kennengelernt und empfinden schon sein bloßes Dasein als gleiche Not wie die Pest.

e) Nun beginnt aber der Jude seine wahren Eigenschaften zu enthüllen. Mit widerlicher Schmeichelei macht er sich an die Regierungen heran, läßt sein Geld arbeiten und sichert sich auf solche Art immer wieder den Freibrief zu neuer Ausplünderung seiner Opfer. Wenn auch manchmal die Wut des Volkes gegen den ewigen Blutegel lichterloh aufbrennt, so hindert ihn dies nicht im geringsten, in wenigen Jahren schon wieder in dem kaum verlassenen Orte neuerdings aufzutauchen und das alte Leben von vorne zu beginnen. Keine Verfolgung kann ihn von seiner Art der Menschenausbeutung abbringen, keine ihn vertreiben, nach jeder ist er in kurzer Zeit wieder da, und zwar als der alte.

Um wenigstens das Allerärgste zu verhindern, beginnt man, den Boden seiner wucherischen Hand zu entziehen, indem man ihm die Erwerbung desselben einfach gesetzlich unmöglich macht.

f) In dem Maße, in dem die Macht der Fürsten zu steigen beginnt, drängt er sich immer näher an diese heran. Er bettelt um „Freibriefe" und „Privilegien", die er von den stets in Finanznöten befindlichen Herren gegen entsprechende Bezahlung gerne erhält. Was ihn dieses auch kostet, er bringt in wenigen Jahren das ausgegebene Geld mit Zins und Zinseszins wieder herein. Ein wahrer Blutegel, der sich an den Körper des unglücklichen Volkes ansetzt und nicht wegzubringen ist, bis die Fürsten selber wieder Geld brauchen und ihm das ausgesogene Blut höchstpersönlich abzapfen.

Dieses Spiel wiederholt sich immer von neuem, wobei die Rolle der sogenannten „deutschen Fürsten" genau so erbärmlich wie die der Juden selber ist. Sie waren wirklich die Strafe Gottes für ihre lieben Völker, diese Herren, und finden ihre Parallele nur in verschiedenen Ministern der heutigen Zeit.

Den deutschen Fürsten ist es zu danken, daß die deutsche Nation sich von der jüdischen Gefahr nicht endgültig zu erlösen vermochte. Leider hat sich darin auch später nichts geändert, so daß ihnen vom Juden nur der tausendfach verdiente Lohn zuteil wurde für die Sünden, die sie an ihren Völkern einst verbrochen haben. Sie verbündeten sich mit dem Teufel und landeten bei ihm.

g) So führt seine Umgarnung der Fürsten zu deren Verderben. Langsam aber sicher lockert sich ihre Stellung zu den Völkern in dem Maße, in dem sie aufhören, den Interessen derselben zu dienen und statt dessen zu Nutznießern ihrer Untertanen werden. Der Jude weiß ihr Ende genau und sucht es nach Möglichkeit zu beschleunigen. Er selber fördert ihre ewige Finanznot, indem er sie den wahren Aufgaben immer mehr entfremdet, in übelster Schmeichelei umkriecht, zu Lastern anleitet und sich dadurch immer unentbehrlicher macht. Seine Gewandtheit, besser Skrupellosigkeit in allen Geldangelegenheiten versteht es, immer neue Mittel aus den ausgeplünderten Untertanen herauszupressen, ja herauszuschinden, die in immer kürzeren Zeiträumen den Weg alles Irdischen gehen. So hat jeder Hof seinen „Hofjuden" — wie die Scheusale heißen, die das liebe Volk bis zur Verzweiflung quälen und den Fürsten das ewige Vergnügen bereiten. Wen will es da wundernehmen, daß diese Zierden des menschlichen Geschlechtes endlich auch äußerlich geziert werden und in den Adelsstand emporsteigen, so mithelfend, auch diese Einrichtung nicht nur der Lächerlichkeit preiszugeben, sondern sogar zu vergiften.

Nun vermag er natürlich erst recht seine Stellung zugunsten seines Fortkommens zu verwenden.

Endlich braucht er sich ja nur taufen zu lassen, um in den Besitz aller Möglichkeiten und Rechte der Landeskinder selber kommen zu können. Er besorgt dieses Geschäft denn auch nicht selten zur Freude der Kirchen über den gewonnenen Sohn und Israels über den gelungenen Schwindel.

h) In der Judenheit beginnt sich jetzt ein Wandel zu vollziehen. Sie waren bisher Juden, das heißt, man legte keinen Wert darauf, als etwas anderes erscheinen zu wollen und konnte dies auch nicht bei den so überaus ausgeprägten Rassenmerkmalen auf beiden Seiten. Noch in der Zeit Friedrichs des Großen fällt es keinem Menschen ein, in den Juden etwas anderes als das „fremde" Volk zu sehen, und noch Goethe ist entsetzt bei dem Gedanken, daß künftig die Ehe zwischen Christen und Juden nicht mehr gesetzlich verboten sein soll. Goethe aber war denn doch, wahrhaftiger Gott, kein Rückschrittler oder gar Helot; was aus ihm sprach, war nichts anderes als die Stimme des Blutes und der Vernunft. So erblickte — trotz aller schmachvollen Handlungen der Höfe — das Volk im Juden instinktiv den fremden Körper im eigenen Leibe und stellte sich demgemäß auch zu ihm ein.

Nun aber sollte dies anders werden. Im Laufe von mehr als tausend Jahren hat er die Sprache des Gastvolkes so weit beherrschen gelernt, daß er es nun wagen zu können glaubt, sein Judentum künftig etwas weniger zu betonen und sein „Deutschtum" mehr in den Vordergrund zu stellen; denn so lächerlich, ja aberwitzig es zunächst auch erscheinen mag, nimmt er sich dennoch die Frechheit heraus und verwandelt sich in einen „Germanen", in diesem Falle also in einen „Deutschen". Damit setzt eine der infamsten Täuschungen ein, die sich denken läßt. Da er vom Deutschtum wirklich nichts besitzt als die Kunst, seine Sprache — noch dazu in fürchterlicher Weise — zu radebrechen, im übrigen aber niemals sich mit ihm vermengte, beruht mithin sein ganzes Deutschtum nur auf der Sprache allein. Die Rasse aber liegt nicht in der Sprache, sondern ausschließlich im Blute, etwas, das niemand besser weiß als der Jude, der gerade auf die Erhaltung seiner Sprache nur sehr wenig Wert legt, hingegen allen Wert auf die Reinerhaltung seines Blutes. Ein Mensch kann ohne weiteres die Sprache ändern, das heißt, er kann sich einer anderen bedienen; allein er wird dann in seiner neuen Sprache die alten Gedanken ausdrücken; sein inneres Wesen wird nicht verändert. Dies zeigt am allerbesten der Jude, der in tausend Sprachen reden kann und dennoch immer der Jude bleibt. Seine Charaktereigenschaften sind dieselben geblieben, mochte er vor zweitausend Jahren als Getreidehändler in Ostia römisch sprechen, oder mag er als Mehlschieber von heute deutsch mauscheln. Es ist immer der gleiche Jude. Daß diese Selbstverständlichkeit von einem normalen heutigen Ministerialrat oder höheren Polizeibeamten nicht begriffen wird, ist freilich auch selbstverständlich, läuft doch etwas Instinkt- und Geist-

63

loseres schwerlich herum als diese Diener unserer vorbildlichen Staatsautorität der Gegenwart.

Der Grund, warum sich der Jude entschließt, auf einmal zum „Deutschen" zu werden, liegt auf der Hand. Er fühlt, wie die Macht der Fürsten langsam ins Wanken gerät und sucht deshalb frühzeitig eine Plattform unter seine Füße zu bekommen. Weiter aber ist seine geldliche Beherrschung der gesamten Wirtschaft schon so fortgeschritten, daß er ohne den Besitz aller „staatsbürgerlichen" Rechte das ganze ungeheure Gebäude nicht mehr länger zu stützen vermag, auf alle Fälle keine weitere Steigerung seines Einflusses mehr stattfinden kann. Beides aber wünscht er, denn je höher er klimmt, um so lockender steigt aus dem Schleier der Vergangenheit sein altes, ihm einst verheißenes Ziel heraus, und mit fiebernder Gier sehen seine hellsten Köpfe den Traum der Weltherrschaft schon wieder in faßbare Nähe rücken. So ist sein einziges Streben darauf gerichtet, sich in den Vollbesitz der „staatsbürgerlichen" Rechte zu setzen.

Dies ist der Grund der Emanzipation aus dem Ghetto.

i) So entwickelt sich aus dem Hofjuden langsam der Volksjude, das heißt natürlich: der Jude bleibt nach wie vor in der Umgebung der hohen Herren, ja er sucht sich eher noch mehr in deren Kreis hineinzuschieben; allein zu gleicher Zeit biedert sich ein anderer Teil seiner Rasse an das liebe Volk an. Wenn man bedenkt, wie sehr er an der Masse im Laufe der Jahrhunderte gesündigt hatte, wie er sie immer von neuem unbarmherzig auspreßte und aussog, wenn man weiter bedenkt, wie ihn das Volk dafür allmählich hassen lernte
64 und am Ende in seinem Dasein wirklich nur mehr eine Strafe des Himmels für die anderen Völker erblickte, so kann man verstehen, wie schwer dem Juden diese Umstellung werden muß. Ja, es ist eine mühsame Arbeit, sich den abgehäuteten Opfern auf einmal als „Freund der Menschen" vorzustellen.

Er geht denn auch zunächst daran, in den Augen des Volkes wieder gut zu machen, was er bisher an ihm verbrochen hatte. Er beginnt seine Wandlung als „Wohltäter" der Menschheit. Da seine neue Güte einen realen Grund hat, kann er sich auch nicht gut an das alte Bibelwort halten, daß die Linke nicht wissen wolle, was die Rechte gibt, sondern er muß sich wohl oder übel damit abfinden, möglichst viele wissen zu lassen, wie sehr er die Leiden der Masse empfindet, und was er alles dagegen persönlich an Opfern bringt. In dieser ihm nun einmal angeborenen Bescheidenheit trommelt er seine Verdienste in die übrige Welt solange hinaus, bis diese wirklich daran zu glauben beginnt. Wer nicht daran glaubt, tut ihm bitter Unrecht. In kurzer Zeit schon fängt er an, die Dinge so zu drehen, als ob bisher überhaupt nur ihm immer Unrecht zugefügt worden wäre und nicht umgekehrt. Besonders Dumme glauben dies und können dann nicht anders, als den armen „Unglücklichen" zu bedauern.

Im übrigen wäre hier noch zu bemerken, daß der Jude bei aller Opferfreudigkeit persönlich natürlich dennoch nie verarmt. Er versteht schon einzuteilen; ja manchmal ist seine Wohltat wirklich nur mit dem Dünger zu vergleichen, der auch nicht aus Liebe zum Feld auf dieses gestreut wird, sondern aus Voraussicht für das spätere eigene Wohl. Auf jeden Fall aber weiß in verhältnismäßig kurzer Zeit alles, daß der Jude ein „Wohltäter und Menschenfreund" geworden ist. Welch ein eigentümlicher Wandel!

Was aber bei anderen mehr oder weniger als selbstverständlich gilt, erweckt schon deshalb höchstes Erstaunen, ja bei vielen ersichtliche Bewunderung, weil es bei ihm eben nicht selbstverständlich ist. So kommt es, daß man ihm auch jede solche Tat noch um vieles höher anrechnet als der übrigen Menschheit.

Aber noch mehr: der Jude wird auf einmal auch liberal und fängt an, vom notwendigen Fortschritt der Menschheit zu schwärmen.

Langsam macht er sich so zum Wortführer einer neuen Zeit.

Anlage 15.

Fritz Fink: „Die Judenfrage im Unterricht" (Auszüge).

Dr. Martin Luther:

Rächen dürfen wir uns nicht; sie haben die Rache am Halse, tausendmal ärger, als wir ihnen wünschen mögen. Ich will meinen treuen Rat geben.

Erstlich, daß man ihre Synagogen oder Schulen mit Feuer anstecke, und was nicht verbrennen will, mit Erde überhäufe und beschütte, daß kein Mensch einen Stein oder Schlacke davon sehe ewiglich ...

Zum anderen, daß man auch ihre Häuser desgleichen zerbreche und zerstöre. Denn sie treiben eben dasselbige darin, was sie in Schulen treiben ...

Zum dritten, daß man ihnen nehme alle ihre Betbüchlein und Talmudisten, darin solche Abgötterei, Lügen, Fluch und Lästerungen gelehret wird ...

Zum vierten. daß man ihren Rabbinern bei Leib und Leben verbiete, hinfort zu lehren ...

Zum fünften, daß man den Juden das Geleit und Straße ganz und gar aufhebe, denn sie haben nichts auf dem Lande zu schaffen, weil sie nicht Herren, noch Amtleute, noch Händler oder desgleichen sind ...

Zum sechsten, daß man ihnen den Wucher verbiete ...

Zum siebenten, daß man den jungen, starken Juden und Jüdinnen in die Hand gebe Flegel, Axt, Spaten, Karst, Rocken, Spindel, und lasse sie ihr Brot verdienen im Schweiße der Nasen ...

Besorgen wir aber, daß sie uns möchten an Leib, Weib, Kind, Gesind, Vieh usw. Schaden tun ..., so laßt uns bleiben bei gewöhnlicher Klugheit der anderen Nationen, wie Frankreich, Spanien, Böhmen usw., und mit ihnen rechnen, was sie uns abgewuchert; und danach gütlich geteile, sie aber immer zum Land ausgetrieben.

Friedrich der Große:

Wir befehlen ..., daß die schlechten und geringen Juden in den kleinen Städten, sonderlich in denen, so mitten im Lande liegen, woselbst die Juden ganz unnötig und vielmehr schädlich sind, bey aller Gelegenheit und nach aller Möglichkeit daraus weggeschaffen werden.

Und im Judenreglement von 1750 verfügt der große König (Artikel 28):

Ländliche Güter hingegen wird den Juden zu erkauffen und zu besitzen überall nicht gestattet. — (Artikel 33): Kein Jude darf auf dem platten Lande wohnen.

Goethe:

Du kennst das Volk, das man die Juden nennt,
das außer seinem Gott nie einen Herrn erkennt.
Du gabst ihm Raum und Ruh, sich weit und breit zu mehren
Und sich nach seiner Art in deinem Land zu nähren.
. . . sie haben einen Glauben,
der sie berechtigt, die Fremden zu berauben,
und der Verwegenheit stehn deine Völker bloß . . .
Der Jude liebt das Geld und fürchtet die Gefahr.
Er weiß mit leichter Müh und ohne viel zu wagen,
durch Handel und durch Zins Geld aus dem Land zu tragen . . .
Auch finden sie durch Geld den Schlüssel aller Herzen,
und kein Geheimnis ist vor ihnen wohl verwahrt,
mit jedem handeln sie nach seiner eignen Art.
Sie wissen jedermann durch Borg und Tausch zu fassen;
der kommt nicht los, der sich nur einmal eingelassen . . .
Es ist ein jeglicher in deinem Land
auf ein und andere Art mit Israel verwandt,
und dieses schlaue Volk sieht seinen Weg nur offen:
Solang die Ordnung steht, solang hat's nichts zu hoffen.

(Haman zum König Ahasveros in „Das Jahrmarktfest zu Plundersweilern").

Das israelitische Volk hat niemals viel getaugt . . ., es besitzt wenig Tugenden und die meisten Fehler anderer Völker . . .

Anlage 16.

Reden des Führers auf dem Parteitag der Arbeit 1937. Die große Schlußrede auf dem Kongreß. (Auszug.)

Sie kennen, meine Parteigenossen und Parteigenossinnen, den bisherigen Weg dieses bemerkenswertesten Phänomens unserer Zeit.

In die Völker dringt, ohne gerufen worden zu sein, die jüdische Rasse ein und versucht zunächst, sich als eine im wesentlichen mit dem Handel und dem Austausch der Güter beschäftigende fremde Kaufmannschaft einen gewissen wirtschaftlichen Einfluß zu sichern.

Nach Jahrhunderten führt dieser Prozeß dahin, daß die wirtschaftliche Macht der Eindringlinge allmählich zu heftigen Reaktionen von seiten des Gastvolkes Anlaß gibt. Diese natürliche Abwehr beschleunigt im Judentum den Versuch, durch die Vortäuschung einer allmählichen Assimilierung nicht nur die Hauptangriffsfläche als fremdes Volk zu beseitigen, sondern darüber hinaus einen direkten, und zwar politischen Einfluß auf das in Frage kommende Land zu gewinnen.

Teils wegen wirtschaftlicher Interessen, teils aber auch aus angeborener bürgerlicher Trägheit werden die Gefahren dieser Entwicklung von vielen verkannt. Die warnende Stimme einflußreicher oder geistreicher Menschen wird dabei genau so bewußt überhört, wie dies ja nun einmal geschichtlich immer dann der Fall zu sein pflegt, wenn die prophezeiten Folgen unangenehmer Natur sind.

So gelingt es dieser jüdischen, aber mit der Sprache der Gastvölker operierenden Rassengemeinschaft, vom Einfluß auf den Handel ausgehend, immer mehr *Einfluß auf die politische Entwicklung* zu gewinnen. Sie bewegt sich dabei ebensosehr im Lager der Fürsten wie umgekehrt auch im Lager ihrer Oppositionen. In eben dem Maß, in dem es ihrer Tätigkeit aber mitgelingt, die allerdings auch aus anderen Gründen allmählich schwächer werdende Position eines dynastisch verankerten Königtums zu erschüttern, verlagert sie ihre Interessen mehr auf die *Förderung demokratischer Volksbewegungen*. Die Demokratie aber gibt dann erst die *Voraussetzung* zur Organisation jener terroristischen Gebilde, wie wir sie als Sozialdemokratie, Kommunistische Partei oder bolschewistische Internationale kennen.

Während aber durch die Demokratie der lebendige Abwehrwille an tausend Formalitäten und vor allem dank der bewußten *Züchtung* möglichst schwacher Staatsrepräsentanten allmählich erstickt wird, entwickelt sich in den radikalen revolutionären Bewegungen die Avantgarde der jüdischen Weltrevolution.

Gesellschaftliche und wirtschaftliche Schwächen helfen mit, den zersetzenden Angriff *dieser nur von jüdischen Elementen organisierten bolschewistischen Internationale* zu erleichtern.

So wiederholt sich in diesem Stadium derselbe Vorgang wie im vorhergehenden. Während ein Teil der „jüdischen Mitbürger" die Demokratie besonders durch den Einfluß der Presse demobilisiert oder gar durch das Zusammenkoppeln mit revolutionären Erscheinungen in der Form von *Volksfronten* mit deren Gift infiziert, trägt der andere Teil des Judentums bereits die Fackel der *bolschewistischen Revolution* mitten in die bürgerlich-demokratische Welt hinein, ohne daß von ihr noch eine wirkungsvolle Abwehr befürchtet zu werden braucht. *Das letzte Ziel ist dann die endgültige bolschewistische Revolution*, das heißt aber nun nicht etwa die Aufrichtung der Führung des Proletariats durch das Proletariat, sondern *die Unterwerfung des Proletariats unter die Führung eines neuen fremden Herrn.*

Sowie erst einmal die verhetzte, wild gewordene und wahnsinnige Masse, unterstützt durch die aus den Gefängnissen und Zuchthäusern freigelassenen asozialen Elemente, die natürliche, arteigene Intelligenz der Völker ausgerottet hat und sie auf dem Schafott zum Verbluten brachte, bleibt als letzter Träger eines wenn auch miserablen intellektuellen Wissens der *Jude* übrig. Denn das eine ist hier festzuhalten:

Es handelt sich bei dieser Rasse weder geistig noch moralisch um eine überlegene, sondern in beiden Fällen um eine durch und durch minderwertige! Denn Skrupellosigkeit, Gewissenlosigkeit können niemals gleichgesetzt werden einer wahrhaftigen, genialen Veranlagung.

Werfen Sie, meine Volksgenossen, nur einen Blick auf die Bedeutung des Judentums in kommerzieller Hinsicht und dann einen zweiten auf die wirklich wertvollen, aus schöpferischer Phantasie, Genialität und redlicher Arbeit kommenden Erfindungen oder Großleistungen der Menschheit. Wenn irgendwo jemals die Feststellung zutrifft, daß nicht die Befassung mit Tatsachen, sondern die Schaffung der Tatsachen das Entscheidende ist, dann gilt dies vor allem für die Beurteilung der wirklichen Werte des Judentums. Es kann in manchen Ländern 90 Prozent aller Intelligenzstellen besetzen, aber es hat nicht die Elemente des Wissens, der Kultur, der Kunst usw. gefunden, geschaffen oder gezeugt. Es kann den Handel durch gewisse Manipulationen in seinen Besitz bringen, allein die Grundlage des Handels, d. h. die Werte, sind nicht von Juden entdeckt, erfunden und entwickelt worden. Es ist eine schöpferisch durch und durch unbegabte Rasse.

Daher muß sie, wenn sie jemals irgendwo dauernd herrschen will, zur baldigen Ausrottung der bisherigen intellektuellen Oberschichten der anderen Völker schreiten. Sonst würde sie doch in kurzer Zeit wieder deren überlegener Intelligenz unterliegen. Denn sie sind in allem, was wirkliche Leistung betrifft, seit jeher Stümper gewesen und Stümper geblieben.

68 Wie ist der Nationalsozialismus entgegen den Prophezeiungen unserer weisen Beurteiler mit diesen arroganten Nichtskönnern fertig geworden? Sie haben als Demokraten nicht einmal die Möglichkeiten, die in der Demokratie lagen, beherrscht, noch als Sozialdemokraten die Massen zu führen vermocht. Sie haben als Interessenten unserer Wirtschaft ihren Verfall weder verhindert, noch gelang es ihnen, aus dem Zusammenbruch als Kommunisten die erhofften Konsequenzen zu ziehen. Und nur, weil ihnen bewußt der erkennende Nationalsozialismus gegenüberstand.

Und daher sind wir Nationalsozialisten auch so selbstsicher und so überzeugt von der Unzerstörbarkeit unseres Staates. Allerdings sehen wir die übrige Welt zum Teil als sehr gefährdet an, weil sie bewußt vor dieser Frage die Augen schließt, und vor allem nicht sehen will, daß die Diktatur des Proletariats nichts anderes ist als die Diktatur des jüdischen Intellektualismus.

Anlage 17.

Adolf Hitler: „Mein Kampf“, Seite 357/358.

Wie sehr sie den nahenden Sieg schon vor Augen sehen, geht aus der furchtbaren Art hervor, die ihr Verkehr mit den Angehörigen der anderen Völker annimmt.

Der schwarzhaarige Judenjunge lauert stundenlang, satanische Freude in seinem Gesicht, auf das ahnungslose Mädchen, das er mit seinem Blute schändet und damit seinem, des Mädchens Volke raubt. Mit allen Mitteln versucht er die rassischen Grundlagen des zu unterjochenden Volkes zu verderben. So wie er selber planmäßig Frauen und Mädchen verdirbt, so schreckt er auch nicht davor zurück, selbst in größerem Umfange die Blutschranken für andere einzureißen. Juden waren es und sind es, die den Neger an den Rhein bringen, immer mit dem gleichen Hintergedanken und klaren Ziele, durch die dadurch zwangsläufig eintretende Bastardierung die ihnen verhaßte weiße Rasse zu zerstören, von ihrer kulturellen und politischen Höhe zu stürzen und selber zu ihren Herren aufzusteigen.

Denn ein rassereines Volk, das sich seines Blutes bewußt ist, wird vom Juden niemals unterjocht werden können. Er wird auf dieser Welt ewig nur der Herr von Bastarden sein.

So versucht er planmäßig, das Rassenniveau durch eine dauernde Vergiftung der einzelnen zu senken.

Politisch aber beginnt er, den Gedanken der Demokratie abzulösen durch den der Diktatur des Proletariats.

In der organisierten Masse des Marxismus hat er die Waffe gefunden, die ihn die Demokratie entbehren läßt und ihm an Stelle dessen gestattet, die Völker diktatorisch mit brutaler Faust zu unterjochen und zu regieren.

Planmäßig arbeitet er auf die Revolutionierung in doppelter Richtung hin: in wirtschaftlicher und politischer.

Völker, die dem Angriff von innen zu heftigen Widerstand entgegensetzen, umspinnt er dank seiner internationalen Einflüsse mit einem Netz von Feinden, hetzt sie in Kriege und pflanzt endlich, wenn nötig, noch auf die Schlachtfelder die Flagge der Revolution. 69

Wirtschaftlich erschüttert er die Staaten so lange, bis die unrentabel gewordenen sozialen Betriebe entstaatlicht und seiner Finanzkontrolle unterstellt werden.

Politisch verweigert er dem Staate die Mittel zu seiner Selbsterhaltung, zerstört die Grundlagen jeder nationalen Selbstbehauptung und Verteidigung, vernichtet den Glauben an die Führung, schmäht die Geschichte der Vergangenheit und zieht alles wahrhaft Große in die Gosse.

Kulturell verseucht er Kunst, Literatur, Theater, vernarrt das natürliche Empfinden, stürzt alle Begriffe von Schönheit und Erhabenheit, von Edel und Gut und zerrt dafür die Menschen herab in den Bannkreis seiner eigenen niedrigen Wesensart.

Die Religion wird lächerlich gemacht, Sitte und Moral als überlebt hingestellt, so lange, bis die letzten Stützen eines Volkstums im Kampfe um das Dasein auf dieser Welt gefallen sind.

Nun beginnt die große, letzte Revolution. Indem der Jude die politische Macht erringt, wirft er die wenigen Hüllen, die er noch trägt, von sich. Aus dem demokratischen Volksjuden wird der Blutjude und Völkertyrann. In wenigen Jahren versucht er, die nationalen Träger der Intelligenz auszurotten und macht die Völker, indem er sie ihrer natürlichen geistigen Führung beraubt, reif zum Sklavenlos einer dauernden Unterjochung.

Das furchtbarste Beispiel dieser Art bietet Rußland, wo er an dreißig Millionen Menschen in wahrhaft satanischer Wildheit teilweise unter unmenschlichen Qualen tötete oder verhungern ließ, um einem Haufen jüdischer Literaten und Börsenbanditen die Herrschaft über ein großes Volk zu sichern.

Das Ende ist aber nicht nur das Ende der Freiheit der vom Juden unterdrückten Völker, sondern auch das Ende dieses Völkerparasiten selber. Nach dem Tode des Opfers stirbt auch früher oder später der Vampir.

Anlage 18.

Walther Rathenau, Briefe. Band 3, Seite 276.

„Sie lieben das Alte Testament und hassen — nein, mißbilligen — uns Juden. Wissen Sie, wozu wir in die Welt gekommen sind? Um jedes Menschen Antlitz vor den Sinai zu rufen. Wenn ich Sie nicht rufe, wird Marx Sie rufen. Wenn Marx Sie nicht ruft, wird Spinoza Sie rufen. Wenn Spinoza Sie nicht ruft, wird Christus Sie rufen.

Anlage 19.

Adolf Hitler: „Mein Kampf“, Seite 644.

Insbesondere Juden ergossen sich seit Bestehen der Republik in unglaublichen Mengen in die durch das Reich zusammengerafften Wirtschaftsbetriebe und Verwaltungsapparate, so daß beide heute zu einer Domäne jüdischer Betätigung geworden sind.

Anlage 20.

B. Nadolni: „Jeder zweite Arzt in der Reichshauptstadt war ein Jude.“ (Auszug.)

Daß die jüdische Ärzteschaft der verantwortungsvollen Aufgabe des Arztes als Hüter der Volksgesundheit und Förderer eines gesunden Wachstums unseres Volkes verständnislos feind war, beweisen zahllose Fälle aus der Rechtsprechung der ärztlichen Ehrengerichte: insbesondere jüdische Ärzte stellten unter Hintansetzung ihrer ärztlichen Pflicht Gefälligkeitsatteste aus, um sich bei ihren Patienten beliebt zu machen; ihrer Raffinesse entsprechend gaben sie belanglose Krankheiten als „schwere Fälle“ aus, um in das Licht besonderer Tüchtigkeit zu rücken; wirkungslose, zum Teil selbst hergestellte Präparate vertrieben sie zu kostspieligen Preisen; sie vergingen sich gegen die Sittlichkeit usw. Vor allen Dingen aber beweist es ihr Sturmlaufen gegen das Verbot der „Abtreibung“ und den § 218, der die Abtreibung der keimenden Frucht schwer ahndet. An der Spitze dieser permanenten Offensive standen vorwiegend Juden. Sie waren es auch hauptsächlich, die das „Recht auf den eigenen Körper“ proklamierten, sie waren es auch vorwiegend, die Zuwiderhandlungen gegen diesen Paragraphen begingen.

Der Abtreibungsfall der jüdischen Ärzte Dr. Friedrich Wolf und Frau Dr. Kienle-Jakubowitz ist noch bekannt. Er wurde von den jüdischen Zeitungen zu einer großen Propagandaaktion aufgebauscht. Der jüdische und kommunistische Arzt Dr. Friedrich Wolf behielt seine Auffassung über den § 218 nicht als Privatmeinung für sich, sondern forderte, da er die Juden und Marxisten hinter sich wußte, die Freiheit der Abtreibung geradezu als Staatsnotwendigkeit in seinem Bühnenstück „Cyankali", das tatsächlich — da vor allen Dingen die Berliner Bühnen vorwiegend in jüdischen Händen waren — dem Publikum vorgesetzt wurde. Dieses verantwortungslose Tendenzstück war Juden und Marxisten für ihren Feldzug für das selbstsüchtige Sichausleben und für das „Selbstbestimmungsrecht" der Frau hochwillkommen.

Die in seiner rassischen Veranlagung begründete Vorliebe des Juden, sich mit geschlechtlichen Perversionen aller Art zu befassen, läßt auch die Spezialisierung jüdischer Ärzte als Fachärzte für Haut- und Geschlechtskrankheiten nicht als Zufall erscheinen. Juden haben die sogenannte „Sexualwissenschaft" (Sigmund Freud) zur Blüte getrieben und sie gleichzeitig zum Geschäft erniedrigt. Die beiden mosaischen „Sexualwissenschaftler" Dr. med. Iwan Bloch, Berlin, und Dr. Magnus Hirschfeld, Berlin, konnten hierbei einen unappetitlichen Ruhm in Anspruch nehmen, der ihnen von keinem deutschen medizinischen Wissenschaftler streitig gemacht wurde. Werfen wir einen Blick auf einige ihrer „wissenschaftlichen" Bücher und lassen ihre Titel ohne weiteren Kommentar sprechen: Die Perversion — Das Sexualleben unserer Zeit — Das verbrecherische Weib — Die Prostitution — Berlins drittes Geschlecht — Jahrbuch für sexuelle Zwischenstufen — Sexualkatastrophen — Empfängnisverhütung — Bilderatlas zur Geschlechtskunde, so ging es listenweise weiter. Der frühere Berliner Stadtarzt, Dr. Max Hodann, der in der kommunistischen „Arbeiter-Sexualzeitung" (!) Fragen aus dem Leserkreis beantwortete, dozierte, daß der Kommunismus für alle Homosexuellen, Sodomisten und Päderasten die „Befreiung" bringen würde. Wie diese Befreiung ausgesehen hätte, darüber gibt es heute wohl keinen Zweifel mehr. Und der Befreier: der jüdische Arzt, dem sich der Deutsche „bis aufs Hemd" ausliefern sollte! 71

(Das Material hierzu wurde dem Heft „Die Juden in Deutschland" entnommen.)

Anlage 21.

„Hie Bürger, hie Juden." Eine Krakauer Kampfschrift aus dem Jahre 1618. Bearbeitet und übersetzt von Josef Sommerfeldt, Referent für Judenforschung am Institut für deutsche Ostarbeit in Krakau. Burgverlag Krakau G. b. m. H., Verlag des Instituts für deutsche Ostarbeit, 1941. Seite 33/34.

O Krakau, du berühmte Hauptstadt des Staates! Dir fehlt ein Prophet Jeremias, damit er die Klagelieder sänge und Tränen vergösse, weil du unter einer so drückenden jüdischen Knechtschaft seufzst, du, die du einst wie eine wunderschöne Blume blühtest und die Zierde des ganzen Staates warst, sein Ruhm und sein Reichtum! Heute bist du so furchtbar verarmt!

Wo sind jetzt deine Bürger hin, die einst Kaiser Karl und die Könige Kasimir den Großen von Polen, Ludwig von Ungarn, Peter Cypern, die Fürsten Otto von Bayern, Ziemowit von Masowien, Boleslaw von Schweidnitz, Ladislaw von Oppeln, Boguslaw von Stettin prachtvoll bewirteten und überreich beschenkten? Wo sind die Bürger, die in Zeiten der Not ihren Herren große Summen Geldes zur Verfügung stellten? Wo sind jene, die

die Kirchen benutzten, die Klöster und die Krankenhäuser gründeten und die Mönche unterhielten? Alle deine Güter, mein Krakau, und deine großen Reichtümer sind durch schurkische List in die Hände der Juden übergegangen. Der kümmerliche Rest der Kaufleute siedelte nach Nürnberg, nach Danzig und in verschiedene andere Städte über. Man findet in Krakau kein oder kaum ein Haus, das frei wäre vom „Wiederhauf". In kurzer Zeit ist deshalb in Krakau, wovor dich Gott bewahren möge, eine völlige Öde zu erwarten.

Anlage 22.

„Hie Bürger, hie Juden." Eine Krakauer Kampfschrift aus dem Jahre 1618. Bearbeitet und übersetzt von Josef Sommerfeldt, Referent für Judenforschung am Institut für deutsche Ostarbeit in Krakau. Burgverlag Krakau G. m. b. H., Verlag des Instituts für deutsche Ostarbeit, 1941. Seite 39.

(Wer sich die Geschäftsmethoden der polnischen Juden von heute aus der Nähe anschaut, wird mit Erstaunen feststellen, daß die Schilderung, die Miczynski in seiner Kampfschrift von dem jüdischen „Faktorensystem" seiner Zeit gibt, auch heute geschrieben sein könnte:)

Beim Verkauf der Waren machen sie es folgendermaßen: Im Laden auf einem Sessel sitzt herrschaftlich gekleidet so ein Teufelsjude, hat um sich
72 einige herumlungernde jüdische Zutreiber, die ihm die Adligen und andere Leute auf ausgeklügelte Weise in den Laden locken. Dort verdient er an einem Tag so seine zwei-, drei-, vierhundert Zloty, und der bedauernswerte Christ sitzt indessen in seinem Laden oder in den Tuchhallen oder gar in einem Krämerbüdchen den ganzen Tag hindurch, vertrocknet hinter seiner Ware oder friert und verdient manchmal keinen einzigen Groschen. Er guckt heraus, ob nicht vielleicht ein Käufer sich zu ihm verlaufe. Findet sich mal einer, so umzingelt sofort ein Judenhaufen den Laden. Sie blinzeln ihm zu, raten ihm ab, zupfen ihn am Rock und flüstern ihm zu, er solle beim Bocian kaufen oder beim Isaak, beim Moses, beim Jakob, beim Oxow usw.; denn dort sei die Ware gut und billig. Ja, sie gehen sogar vor die Stadt, und wenn jemand dahergefahren kommt, fragen sie: „Herrchen, was wollen Sie kaufen?" und führen ihn zum Juden. Sie treiben sich auf den Jahrmärkten haufenweise herum, besonders auf den wichtigeren, wie zum Beispiel in Lentschutz, Lowitsch, Posen, Gnesen, Thorn, Lublin, Lemberg, Jaroslau, Krakau. Sie drängen sich so dicht, daß die Christen unter ihnen kaum zu sehen sind. Sie legen eine so große Summe Geld zusammen und erwerben mit Teufelskniffen die besseren Waren von den fremden Kaufleuten. Lewek Srupski, ein Krakauer Jude, der Anstifter und der Führer bei allen jüdischen Schurkereien, fährt als Makler aller Juden auf alle Jahrmärkte, spielt dort den polnischen Kaufleuten und Handwerkern übel mit, kauft alle besten Waren für die Juden und setzt die jüdischen vorteilhaft ab. Kummervoll steht der Christ lange mit seinem bißchen Ware, vergeudet seine Zeit, und da er nichts verkauft, hat er auch kein Geld zum Einkaufen neuer Waren.

Anlage 23.

Die Heiratspolitik der Rothschilds. (Aus dem Material des Einsatzstabes R. R.)

Im Jahre 1816 wurde der Wechsler Amschel Mayer Rothschild mit seinen Brüdern Salomon Mayer, Nathan Mayer, Kalman Mayer und Jakob Mayer von Kaiser Franz I. von Österreich wegen seiner vielfachen Verdienste in den erblichen Adelsstand erhoben. Im Jahre 1822 wurden die fünf Frankfurter sogar Freiherren. Gleichzeitig wurden den Söhnen des Geldwechslers Mayer Amschel Rothschild und der Gudele Schnapper diplomatische Würden verliehen. Die fünf Brüder hatten schon zu Lebzeiten des Vaters begonnen, ein System von Geldverbindungen über ganz Europa zu ziehen und mit der europäischen Politik ihr großes Geschäft zu machen. Das Geheimnis ihres Erfolges bestand in ihrem Zusammenhalt, in den vielfachen internationalen Informationsquellen, die sie sich schufen, und in der großzügigen Ausnutzung ihrer Geldmittel zur Schaffung persönlicher und politischer Macht.

Als 1852 die Rothschilds sich um den Titel „Preußische Hofbankiers" bewarben, meinte Bismarck, „die Herren von Rothschild seien für ihr etwaiges Wirken im preußischen Interesse hinlänglich durch Geldvorteile entschädigt worden". Das war jedoch nicht die Auffassung der österreichischen, englischen und französischen Staatsmänner, die den Rothschilds im Laufe des 19. Jahrhunderts Titel und Würden verliehen.

Das Interesse des Geschäfts und der Machtstellung ihres Hauses bestimmte auch die Heiratspolitik der Rothschilds. Im Jahre 1796 heiratete der älteste Sohn des alten Mayer Amschel die Jüdin Eva Hanau. Seine drei nächsten Brüder haben sich ebenfalls mit Frankfurter Jüdinnen verheiratet, und die vier Schwestern blieben durch ihre Heiraten im Umkreis des Ghettos. Der jüngere Bruder Jakob, der Begründer des Pariser Hauses, heiratete 1824 seine Nichte Betty Rothschild, die Tochter des Wiener Bruders Salomon. Bis zum Jahre 1940, das endgültig die Machtstellung der Rothschilds auf dem europäischen Festlande brach, sind zahlreiche Heiratsverbindungen erfolgt, die den inneren Zusammenhang und den äußeren Einfluß des Hauses verstärken sollten. In diesen vier Menschenaltern haben 36 männliche und 42 weibliche Rothschilds geheiratet. Ihre Verbindungen geben uns einen Einblick in die Politik des Hauses.

Von 1824 bis 1871 finden wir 14 Heiraten zwischen Vettern und Basen des Hauses Rothschild, und nur drei junge Rothschild-Söhne haben in dieser Zeit Jüdinnen aus anderen Familien geheiratet, davon zwei allerdings wieder aus den mehrfach verschwägerten Häusern Cohen und Montefiore. Bereits 1815 wurde eine Schwester der fünf Frankfurter mit Abraham Montefiore in London vermählt, und Abrahams Bruder, Sir Moses Montefiore, war mit einer Cohen, einer Schwester der Frau Nathan Rothschilds, verheiratet. Noch 1910 wurde eine Pariser Rothschild, die Misanthropin Miriam, mit ihrem Vetter Albert von Goldschmidt-Rothschild, dem Erben der Frankfurter Rothschilds, verheiratet. (Die Ehe wurde später wieder geschieden.) Diese außergewöhnlich vielen Familienheiraten hatten den Zweck, die Häuser in Frankfurt, London, Paris und Wien enger aneinander zu binden. In jeder Generation sollte ihnen wieder ihre Verbundenheit auf diese Weise bewußt gemacht werden. Außerdem wurde das Geld in der Familie gehalten. Dadurch kommt es, daß die heutigen Rothschilds alle mehrfach von den vier jüngeren Frankfurtern abstammen (der älteste war kinderlos gewesen). Ihre Ahnentafeln führen immer wieder auf den alten Mayer Amschel. Die Folge dieser starken Inzucht zeigte sich bald nicht nur in einer Züchtung der händlerischen Fähigkeiten, sondern auch in Erscheinungen einer grauenhaften Entartung. Der Einblick in die Archive des Hauses verrät nicht nur verrückte Extratouren, sondern einen Sittenverfall schlimmster Art und hemmungslose sexuelle Verbildungen.

Das scheint auch den Rothschilds bewußt geworden zu sein, so daß bereits bei den Urenkeln andere Familienverbindungen beginnen. Zunächst wurden dabei noch Jüdinnen als Frauen der Rothschild-Söhne bevorzugt, so mehrfach Halphen und Beer, aber auch Weißweiler, Cahen d'Anvers, Pinto, von Wertheimstein. Es ist bekannt, daß die Rothschilds die christliche Taufe als Mittel des Eingangs in die Gesellschaft ihrer Wirtsvölker verschmähten und dem mosaischen Glauben treu blieben. Deshalb bevorzugten sie für ihre Söhne und Erben jüdische Frauen. Erst in den letzten Jahren änderte sich das. Bereits 1925 verheiratete sich der Wiener Eugen Rothschild mit der christlichen Amerikanerin Kitty Wolff, einer geschiedenen Spottswood und geschiedenen Gräfin Schönborn. 1933 heiratete der Erbe des Londoner Hauses, der junge Baron Nathaniel Rothschild, eine blonde Engländerin, die Tochter eines angesehenen Juristen, Barbara Hutchinson, die freilich zum Judentum übertreten mußte. Auch die jungen Pariser Rothschilds
74 bevorzugten in der letzten Generation arische Frauen. Den Anfang machte James Rothschild, der Bürgermeister von Compiègne, 1923 mit der Französin Claude Dupont, es folgte 1935 sein Bruder Philippe, der „Faschist" der Familie, mit Elisabeth de Chambure, der Vetter Allain 1938 mit Marie Chauvin du Treuil. Die Grafen Chambure gehören dem französischen Adel an. Die Praxis dieser letzten Sprossen des Hauses Rothschild erinnert fatal an den pathetischen Ausspruch eines Juden in Holland, der eine deutsche Frau geheiratet und zum Übertritt zu seinem Glauben gezwungen hatte und dazu zynisch äußerte: „Euer bestes Blut ist mir gerade gut genug, um das degenerierte Blut meiner Rasse aufzufrischen." Das hinderte ihn allerdings nicht, nach einiger Zeit seine Frau mit den Kindern sitzen zu lassen.

Ganz anders verliefen die Heiraten der Rothschild-Töchter. Während die Söhne dazu bestimmt waren, das Geschlecht und das Geschäft fortzusetzen, wurden die Töchter ausersehen, in christliche Familien Eingang zu finden, damit zugleich dort als Überträgerin des jüdischen Blutes zu wirken und den Adel der Wirtsvölker zu zersetzen. Zwar sind auch unter den Töchtern jüdische Heiraten die Regel. Die jüdischen Barone Franchetti und Leonino, Goldschmidt und Springer, die jüdischen Geldleute Ephrussi und Behrens, die Londoner Sassoon, die Pariser Calman-Levy, der polnische Diplomat Muhlstein und der russische Cellist Piatigorsky sind Juden, die die Ehre hatten, Schwiegersöhne der Rothschilds zu werden. Aber unter insgesamt 42 Heiraten der Töchter finden wir doch nur zehn mit arischen Schwiegersöhnen. Die erste dieser Verbindungen erfolgte bereits 1839, als Hannah Rothschild mit dem ehrenwerten Henry Fitzroy, einem Mitglied des Unterhauses und des Staatsrats, getraut wurde. Fitzroy heißt „Königssohn". Er war ein jüngerer Sproß der Barone von Southampton und Herzöge von Grafton aus dem Blut des Königs Karl II. Stuart. Eine solche Verbindung war schon eine Taufe wert. Hannah Rothschild hat das Geschlecht der Stuarts nicht fortgesetzt, ihr einziger Sohn fiel vom Ponny und starb daran, aber ihre Tochter heiratete den Baronet Westville aus dem Hause der Grafen Crawford, deren Tochter heiratete einen englischen Pfarrer, und so floß das Blut des Ghettojuden in die englische Oberschicht.

In England dienten noch drei weitere Verbindungen dem Aufstieg des Hauses Rothschild. Annie Rothschild heiratete 1873 den ehrenwerten Elliot Yorke, den Sohn des Lords Hartwicke, und ihre Schwester Constance wurde 1877 die Frau von Cyrill Flower, der später Lord Battersey wurde. Beide Ehen blieben kinderlos, aber die beiden Schwäger gehörten lange dem Parlament an und hatten Ämter am Hof und in der Regierung. Damit war die Bresche geschlagen, und 1878 wurde Hannah Rothschild die Frau des Grafen Rosebery, Archibald Primrose. Er war lange Jahre Minister, von 1894 bis 1895 sogar Ministerpräsident. Sein Erbe übte als Zeitungsinhaber einen bedeutenden Einfluß aus, ein anderer Sohn fiel zusammen mit seinem Vetter Rothschild 1917 als englischer Offizier in Palästina. Die beiden Töchter Primrose machten gute Heiraten, Sybill, die sich auch als Schriftstellerin und Filmoperateurin betätigte, mit dem englischen General Charles Grant'Peggy, mit dem ersten Markgrafen Crewe, einem langjährigen Minister und Botschafter, der seinerseits ein Sechzehntel-Jude war, weil er von einer der wenigen bereits in früherer Zeit in die englische Oberschicht eingedrungenen Jüdinnen abstammte. Er war auch stolz darauf und meinte, das jüdische Blut vermittle Begabung und sei mindestens ebenso wertvoll wie das Blut der alten englischen Könige.

Eine Enkelin der Hannah Rothschild, die einzige Tochter des Neil, der in Palästina gefallen war, von einer Stanley, aus dem Hause der Grafen von Derby, die Vierteljüdin Ruth Primrose, wurde 1936 mit Charles Wood verheiratet, der in den folgenden Jahren auch in das Parlament gewählt wurde. Er ist der Sohn und Erbe des Politikers Lord Halifax. So mischte sich das Blut des frömmsten englischen Staatsmannes mit dem des Geldwechslers aus dem Frankfurter Ghetto.

Aber auch in Frankfurt wurden Rothschild-Töchter in den alten Hochadel gegeben. 1878 wurde Margarete Rothschild aus Frankfurt mit dem Herzog Agenor von Gramont verheiratet, einem jungen Witwer, dessen Vater 1870 Außenminister gewesen war. Aus dieser seiner mittleren Ehe stammt der jetzige Herzog von Gramon und neben einem weiteren Sohn noch die Tochter Corisande, die 1901 mit dem Marquis Ehlie von Noailles verbunden wurde. Ihre Tochter, eine Vierteljüdin, heiratete 1923 den Marquis Parcontal. Margaretes Schwester Bertha Rothschild wurde 1882 mit dem Fürsten von Wagram, Alexander Berthier, getraut. Er ist Enkel des bekannten napoleonischen Generals und der Prinzessin Marie von Bayern, so daß sich in seinen Kindern legitimes Königsblut mit dem Samen des Juden vermischt. Der einzige Sohn, der letzte Fürst von Wagram, fiel 1918 als Hauptmann. Die älteste Tochter heiratete 1904 Henry de la Tour d'Auvergne, die jüngere 1905 den Prinzen Jacques de Broglie, von dem sie nach 20 Jahren wieder geschieden wurde. Ihre älteste Tochter, die Vierteljüdin Diane wurde 1930 mit Napoleon Lannes, dem derzeitigen Herzog von Montevello, also ebenfalls dem Nachkommen eines napoleonischen Marschalls, getraut. Durch diese Verbindungen haben die Rothschilds Eingang sowohl in den französischen Uradel wie in den napoleonischen Waffenadel gefunden.

Diesen großen Heiraten gegenüber waren die nachfolgenden Verbindungen von geringerer Bedeutung.

In den 1880er Jahren folgen Verbindungen mit den belgischen Baronen Lambert und Zuylene Nyefeld, in den 1920er Jahren mit dem französischen Diplomaten Adrien Thierry, der zuletzt Gesandter in Rumänien war, schließlich 1934 mit dem Engländer Denis Berry, einem Sohn des Barons Kemsley.

Von den Nachkommen der Schwestern der fünf Frankfurter interessieren uns zwei Linien.

Henrietta Rothschild war seit 1815 mit Abraham Montefiore verheiratet. Unter den Nachkommen befinden sich englische Barone, Bankiers und Literaten, und ihre Töchter verheirateten sich mit englischen Abgeordneten, wie z. B. Mac Ivor.

Die älteste Tochter des Mayer Amschel Rothschild, Schonche, genannt Jannete, war seit 1795 die Frau des Handelsmannes Moses Worms, dessen Söhne in Ceylon reich wurden. Der älteste, Salomon Worms, wurde 1871 österreichischer Baron. Dessen jüngerer Sohn Henric Worms wurde 1895 als Lord Pirbright in das englische Oberhaus gewählt, nachdem er seit 1880 konservativer Abgeordneter war. Seine älteste Tochter heiratete zweimal angesehene Engländer, die jüngere, Constance, ist seit 1895 die Frau des Freiherrn von Löwenstein-Scharfeneck, der aus einer unebenbürtigen Verbindung eines Prinzen von Löwenstein stammte. In den Kindern dieser Ehe vereint sich das Blut deutscher Fürsten mit dem des jüdischen Wechslers. Zwei von ihnen sind besonders bekannt geworden. Beide sind als Emigranten Kriegshetzer und Gegner des nationalsozialistischen Deutschland, Leopold Felix von Löwenstein und Hubertus, der angebliche „Prinz" Löwenstein und ehemalige Reichsbannerhäuptling, Eine Schwester dieser edlen Brüder heiratete den päpstlichen Kämmerer Dr. Graf Attems.

Auch diese Abstammungslinie der Rothschilds muß beachtet werden, wenn man von der Verbreitung des Blutes von Mayer Amschel spricht.

Es ist einleuchtend, daß diese Verbindungen, wenn sie geschickt ausgenutzt wurden, bedeutende Möglichkeiten eröffnen. Nehmen wir dazu, daß der mehrfache Minister Philipp Sassoon der Sohn einer Rothschild war, daß seine Schwester mit dem Lordkämmerer Markgraf Cholmondelay verheiratet war, so sehen wir, daß die Verbindungen der Rothschilds noch in den Jahren, in denen der gegenwärtige Krieg vorbereitet wurde, in die Ministerkabinette und in den diplomatischen Dienst der Westmächte reichten. Von 36 Rothschild-Söhnen haben 5, von 42 Rothschild-Töchtern 10 arische Ehegatten genommen. Die Auswahl dieser Ehegatten zeigt uns eine zielbewußte Machtpolitik, die dem Einfluß des Judentums bis in die Gegenwart dienen sollte. Aber das nationalsozialistische Deutschland hat diesen Einfluß doch endgültig gebrochen.

Anlage 24.

Adolf Hitler: „Mein Kampf", Seite 722—725.

Während sich also die englische Staatsleitung trotz des gemeinsamen Kampfes auf den europäischen Schlachtfeldern nicht entschließen konnte, den Bund mit dem asiatischen Panther zu lockern, fiel die gesamte jüdische Presse diesem Bunde in den Rücken.

Wie ist es möglich, daß die jüdischen Organe bis 1918, die getreuen Schildträger des britischen Kampfes gegen das Deutsche Reich, nun auf einmal Treubruch üben und eigene Wege gehen?

Die Vernichtung Deutschlands war nicht englisches, sondern in erster Linie jüdisches Interesse, genau so wie auch heute eine Vernichtung Japans weniger britisch-staatlichen Interessen dient, als den weit ausgreifenden Wünschen der Leiter des erhofften jüdischen Weltreiches. Während sich England um die Erhaltung seiner Stellung auf dieser Welt abmüht, organisiert der Jude seinen Angriff zur Eroberung derselben.

Er sieht die heutigen europäischen Staaten bereits als willenlose Werkzeuge in seiner Faust, sei es auf dem Umweg einer sogenannten westlichen Demokratie oder in der Form der direkten Beherrschung durch russischen Bolschewismus. Aber nicht nur die Alte Welt hält er so umgarnt, sondern auch der neuen droht das gleiche Schicksal. Juden sind die Regenten der Börsenkräfte der amerikanischen Union. Jedes Jahr läßt sie mehr zum Kontrollherrn der Arbeitskraft eines Einhundertzwanzig-Millionen-Volkes aufsteigen; nur ganz wenige stehen auch heute noch, zu ihrem Zorne, ganz unabhängig da.

In gerissener Geschicklichkeit kneten sie die öffentliche Meinung und formen aus ihr das Instrument eines Kampfes für die eigene Zukunft.

Schon glauben die größten Köpfe der Judenheit die Erfüllung ihres testamentarischen Wahlspruches des großen Völkerfraßes herannahen zu sehen.

Innerhalb dieser großen Herde entnationalisierter Kolonialgebiete könnte ein einziger unabhängiger Staat das ganze Werk in letzter Stunde noch zu Fall bringen. Denn eine bolschewisierte Welt vermag nur zu bestehen, wenn sie alles umfaßt.

Bleibt auch nur ein Staat in seiner nationalen Kraft und Größe erhalten, wird und muß das jüdische Weltsatrapenreich, wie jede Tyrannei auf dieser Welt, der Kraft des nationalen Gedankens erliegen.

Nun weiß der Jude zu genau, daß er in seiner tausendjährigen Anpassung wohl europäische Völker zu unterhöhlen und zu geschlechtslosen Bastarden zu erziehen vermag, allein einem asiatischen Nationalstaat von der Art Japans dieses Schicksal kaum zuzufügen in der Lage wäre. Er mag heute den Deutschen und den Engländer, Amerikaner und Franzosen mimen, zum gelben Asiaten fehlen ihm die Brücken. So sucht er den japanischen Nationalstaat noch mit der Kraft ähnlicher Gebilde von heute zu brechen, um sich des gefährlichen Widersachers zu entledigen, ehe in seiner Faust die letzte staatliche Macht zu einer Despotie über wehrlose Wesen verwandelt wird.

Er scheut in seinem tausendjährigen Judenreich einen japanischen Nationalstaat und wünscht deshalb seine Vernichtung noch vor Begründung seiner eigenen Diktatur.

So hetzt er heute die Völker gegen Japan wie einst gegen Deutschland, und so kann es kommen, daß, während die britische Staatskunst noch auf ein Bündnis mit Japan zu bauen versucht, die britisch-jüdische Presse bereits den Kampf gegen den Bundesgenossen fordert und unter der Proklamation der Demokratie und unter dem Schlachtruf: Nieder mit dem japanischen Militarismus und Kaiserismus! den Vernichtungskrieg vorbereitet.

So ist der Jude heute in England unbotmäßig geworden.

Der Kampf gegen die jüdische Weltgefahr wird damit auch dort beginnen.

Und wieder hat gerade die nationalsozialistische Bewegung ihre gewaltigste Aufgabe zu erfüllen:

Sie muß dem Volke die Augen öffnen über die fremden Nationen und muß den wahren Feind unserer heutigen Welt immer und immer wieder in Erinnerung bringen. An Stelle des Hasses gegen Arier, von denen uns fast alles trennen kann, mit denen uns jedoch gemeinsames Blut oder die große Linie einer zusammengehörigen Kultur verbindet, muß sie den bösen Feind der Menschheit als den wirklichen Urheber allen Leides dem allgemeinen Zorne weihen.

Sorgen aber muß sie dafür, daß wenigstens in unserem Lande der tödlichste Gegner erkannt und der Kampf gegen ihn als leuchtendes Zeichen einer lichteren Zeit auch den anderen Völkern den Weg weisen möge zum Heil einer ringenden arischen Menschheit.

Im übrigen mag dann die Vernunft unsere Leiterin sein, der Wille unsere Kraft. Die heilige Pflicht, so zu handeln, gebe uns Beharrlichkeit, und höchster Schirmherr bleibe unser Glaube.

Anlage 25.

Alfred Rosenberg, Wiener Rede vom 22. Juni 1943 (Auszug).

Schon im ersten Weltkrieg, der eine unmittelbare Vorprobe des jetzigen darstellt, hat das internationale Verschwörertum die Worte der Schwärmer des 18. Jahrhunderts ausgenutzt für die Prägung einer Weltrevolution mit dem Ende einer Weltrepublik, und mitten in dem heutigen Ringen ertönen besonders von Neuyork die gleichen Forderungen nach einer Weltregierung, nach einer Zusammenfassung des gesamten Kapitals unter amerikanisch-jüdischer Führung, die Herstellung einer einzigen von Nordamerika abhängigen Weltwährung, und das heißt alles in allem eine Forderung nach brutalster Diktatur des internationalen Börsenschiebertums über die ehrliche Arbeit aller Völker und über die Geschicke aller Nationen Europas, aber auch über die große Kultur Ostasiens. Die Tatsache dieser Politik erleben heute alle Europäer.

Anlage 26.

Aus „Adolf Hitlers Reden“, herausgegeben von Dr. Ernst Boepple. „Warum sind wir Antisemiten?“ (20. April 1923.) Seite 55/56.

Welches sind nun aber die eigentlichen jüdischen Ziele?

Ihren unsichtbaren Staat auszubreiten als oberste Spitzentyrannei über die ganze Welt. Der Jude ist deshalb ein Völkerzersetzer. Um seine Völker-herrschaft zu ermöglichen, muß er nach zwei Richtungen arbeiten. Wirtschaftlich beherrscht er die Völker, wenn er sie politisch und sittlich unterjocht. Politisch durch die Propagierung der Grundsätze der Demokratie und der Lehren des Marxismus, der den Proletarier zum Terroristen nach innen und zum Pazifisten nach außen macht. Sittlich zerstört er die Völker in religiöser und moralischer Hinsicht. Wer das sehen will, der kann es sehen, und wer es nicht sehen will, dem ist nicht zu helfen.

Der Jude unterhöhlt so, ob gewollt oder ungewollt, ob bewußt oder unbewußt, die Plattform, auf der eine Nation allein stehen kann.

Anlage 27.

Aus „Adolf Hitlers Reden“, herausgegeben von Dr. Ernst Boepple. „Teuerung, Republik und Faschistenstaat.“ (1. August 1923.) Seite 71.

Die einen setzen da ihre Hoffnung auf den Sowjetstern. Es ist das Symbol jener Rasse, die die Revolution begonnen, der die Revolution unendlichen Reichtum gebracht hat, die bewußt ihre Auswirkung bis zu diesem Tage weitergetrieben hat. Es ist der Stern Davids, das Wahrzeichen der Synagoge. Das Symbol der Rasse über der Welt! Einer Herrschaft von Wladiwostok bis nach dem Westen! Der Herrschaft des Judentums. Der goldene Stern bedeutet dem Juden das gleißende Gold. Der Hammer, den das Sowjetwappen zeigt, bezeichnet den freimaurerischen Einschlag. Die Sichel den grausamen Terror. Das hoffnungslose Helotentum des deutschen Volkes soll das großjüdische Paradies schaffen! 79

Anlage 28.

Adolf Hitler: „Mein Kampf“, Seite 751.

Im russischen Bolschewismus haben wir den im zwanzigsten Jahrhundert unternommenen Versuch des Judentums zu erblicken, sich die Weltherrschaft anzueignen, genau so wie es in anderen Zeitperioden durch andere, wenn auch innerlich verwandte Vorgänge dem gleichen Ziele zuzustreben suchte. Sein Streben liegt zutiefst begründet in der Art seines Wesens. So wenig ein anderes Volk von sich aus darauf verzichtet, dem Triebe nach Ausbreitung seiner Art und Macht nachzugeben, sondern durch äußere Verhältnisse dazu gezwungen wird oder durch Alterserscheinungen der Impotenz verfällt, so wenig bricht auch der Jude seinen Weg zur Weltdiktatur aus selbstgewollter Entsagung ab oder weil er seinen ewigen Drang unterdrückt. Auch er wird entweder durch außerhalb seiner selbst liegende Kräfte in seiner Bahn zurückgeworfen oder all sein Weltherrschaftsstreben wird durch das eigene Absterben erledigt. Die Impotenz der Völker, ihr eigener Alterstod, liegt aber begründet in der Aufgabe ihrer Blutsreinheit. Und diese wahrt der Jude besser als irgend ein anderes Volk der Erde. Somit geht er seinen verhängnisvollen Weg weiter, so lange, bis ihm eine andere Kraft entgegentritt und in gewaltigem Ringen den Himmelsstürmer wieder zum Luzifer zurückwirft.

Anlage 29.

Adolf Hitler: „Mein Kampf", Seite 68 ff.

So begann ich nun, mich mit den Begründern dieser Lehre vertraut zu machen, um so die Grundlagen der Bewegung zu studieren. Daß ich hier schneller zum Ziele kam, als ich vielleicht erst selber zu denken wagte, hatte ich allein meiner nun gewonnenen, wenn auch damals noch wenig vertieften Kenntnis der Judenfrage zu danken. Sie allein ermöglichte mir den praktischen Vergleich der Wirklichkeit mit dem theoretischen Geflunker der Gründungsapostel der Sozialdemokratie, da sie mich die Sprache des jüdischen Volkes verstehen gelehrt hatte; das redet, um die Gedanken zu verbergen oder mindestens zu verschleiern: und sein wirkliches Ziel ist mithin nicht in den Zeilen zu finden, sondern schlummert wohlverborgen zwischen ihnen.

Es war für mich die Zeit der größten Umwälzung gekommen, die ich im Inneren jemals durchzumachen hatte.

Ich war vom schwächlichen Weltbürger zum fanatischen Antisemiten geworden.

Nur einmal noch — es war das letztemal — kamen mir in tiefster Beklommenheit ängstlich drückende Gedanken.

Als ich so durch lange Perioden menschlicher Geschichte das Wirken des jüdischen Volkes forschend betrachtete, stieg mir plötzlich die bange Frage auf, ob nicht doch vielleicht das unerforschliche Schicksal aus Gründen,
80 die uns armseligen Menschen unbekannt, den Endsieg dieses kleinen Volkes in ewig unabänderlichem Beschlusse wünsche?

Sollte diesem Volke, das ewig nur dieser Erde lebt, die Erde als Belohnung zugesprochen sein?

Haben wir ein objektives Recht zum Kampf für unsere Selbsterhaltung oder ist auch dies nur subjektiv in uns begründet?

Indem ich mich in die Lehre des Marxismus vertiefte und so das Wirken des jüdischen Volkes in ruhiger Klarheit einer Betrachtung unterzog, gab mir das Schicksal selber seine Antwort.

Die jüdische Lehre des Marxismus lehnt das aristokratische Prinzip der Natur ab und setzt an Stelle des ewigen Vorrechtes der Kraft und Stärke die Masse der Zahl und ihr totes Gewicht. Sie leugnet so im Menschen den Wert der Person, bestreitet die Bedeutung von Volkstum und Rasse und entzieht der Menschheit damit die Voraussetzung ihres Bestehens und ihrer Kultur. Sie würde als Grundlage des Universums zum Ende jeder gedanklich für Menschen faßlichen Ordnung führen. Und so wie in diesem größten erkennbaren Organismus nur Chaos das Ergebnis der Anwendung eines solchen Gesetzes sein könnte, so auf der Erde für die Bewohner dieses Sternes nur ihr eigener Untergang.

Siegt der Jude mit Hilfe seines marxistischen Glaubensbekenntnisses über die Völker dieser Welt, dann wird seine Krone der Totenkranz der Menschheit sein, dann wird dieser Planet wieder wie einst vor Jahrmillionen menschenleer durch den Äther ziehen.

Die ewige Natur rächt unerbittlich die Übertretung ihrer Gebote.

So glaube ich heute im Sinne des allmächtigen Schöpfers zu handeln: Indem ich mich des Juden erwehre, kämpfe ich für das Werk des Herrn.

Anlage 30.

Aus „Der großdeutsche Freiheitskampf", Reden Adolf Hitlers vom 16. April 1941 bis 15. April 1942, Eher-Verlag, München 1942, Seite 187. Rede im Sportpalast am 30. Januar 1942.

Ich brauche Sie nur zu erinnern an das Jahr 1923. Ich habe damals gekämpft. Im Ruhrgebiet, da stand unser Feind. Deutschland war von der Inflation ruiniert. Das ganze deutsche Volk schien einem Elend ohnegleichen entgegenzugehen. Und über alles triumphierte der Jude. Er verdarb unser Volk, er profitierte an unserem Unglück. Und da versuchte ich damals, als ein Mann die Macht in die Faust zu bekommen, um dem noch Einhalt zu gebieten.

Anlage 31.

Aus „Der großdeutsche Freiheitskampf", Reden Adolf Hitlers vom 16. April 1941 bis 15. April 1942, Eher-Verlag, München 1942, Seite 227. Rede zum Heldengedenktag, Berlin, 15. März 1942.

Denn es ist unerträglich, daß das Leben von Hunderten von Millionen
Menschen von höchstem kulturellem Wert und emsigstem Fleiß für immer 81
abhängig sein soll vom Wollen einer kleinen, wahrhaft verbrecherischen Gemeinschaft jüdisch-kapitalistischer Weltverschwörer und der von ihnen vergewaltigten öffentlichen Meinung einiger dadurch allein gegen Europa eingestellter Völker und Staaten. Es kann daher auch nur eine einzige Lösung geben, nämlich: diesen Kampf so lange zu führen, bis die Sicherheit eines dauernden Friedens gegeben ist, das heißt aber bis zur Vernichtung der Feinde des Friedens!

Anlage 32.

Adolf Hitler: „Mein Kampf", Seite 738.

Zudem haben sich die Zeiten seit dem Wiener Kongresse geändert: Nicht Fürsten und fürstliche Mätressen schachern und feilschen um Staatsgrenzen, sondern der unerbittliche Weltjude kämpft für seine Herrschaft über die Völker. Kein Volk entfernt diese Faust anders von seiner Gurgel als durch das Schwert. Nur die gesammelte, konzentrierte Stärke einer kraftvoll sich aufbäumenden nationalen Leidenschaft vermag der internationalen Völkerversklavung zu trotzen. Ein solcher Vorgang ist und bleibt ein blutiger.

Nachweis des benutzten Schrifttums

Neben einer für dieses Reichsschulungsthema vom „Welt-Dienst" in Frankfurt am Main angefertigten Gedankenführung wurden benutzt:

Anacker, Edwin: „Juden mit der weißen Weste."

Baumböck, Karl: „Juden machen Weltpolitik." Berlin, Hochmuth, 1942. 31 S., RM —,10.

Chamberlain, H. St.: „Die Grundlagen des XIX. Jahrhunderts." Volksausgabe, Bd. 1, 2. München, Bruckmann, 1933. Lw. RM 5,70.

Eichstädt, Volkmar: „Bibliographie zur Geschichte der Judenfrage." Bd. 1. Hamburg, Hanseatische Verlagsanstalt, 1938. X, 267 S., RM 18,—.

„Europa und der Osten." Herausgeber Hans Hagemeyer und Dr. Georg Leibbrandt. München, Eher-Verlag, 1939. XV, 276 S., RM 12,—.

Fink, Fritz, Stadtschulrat: „Die Judenfrage im Unterricht." Nürnberg. „Der Stürmer", 1937. 46 S., RM —,60.

Fritsch, Theodor: Handbuch zur Judenfrage. 48. Aufl. 1943.

Günther, Hans F. K.: „Rassenkunde des jüdischen Volkes." München, Lehmann, 1931. 352 S., Lw. 8,60.

Hitler, Adolf: „Mein Kampf." München, Eher-Verlag, 1940. 781 S., Lw. RM 7,20.

Hitler, Adolf, Reden. Deutscher Volksverlag, 1933. 127 S., RM 3,60.

Kommoß, Dr. Rudolf: „Juden hinter Stalin." Die jüdische Vormachtstellung in der Sowjetunion auf Grund amtlicher Sowjetquellen dargestellt. 3. und 4. neu bearbeitete Auflage. Berlin-Leipzig, Nibelungen-Verlag, 1942. 235 S., Hlw. RM 5,50.

„Die Juden in Deutschland." 7. Auflage. München, Eher-Verlag, 1938. 416 S., Lw. RM 6,50.

Leers, Professor Dr. Johann von: „Der Kampf gegen das Judentum im Zweiten Kaiserreich", in „Erziehung und Bildung im Heere". 1943. RM 4,—.

Leibbrandt, Dr. Georg: „Jüdische Weltpolitik in Selbstzeugnissen." München, Eher-Verlag, 1938. 40 S., RM —,70.

Leibbrandt, Dr. Georg: „Juden über das Judentum" in NS.-Monatshefte Januar/Februar 1938.

Leibbrandt, Dr. Georg: „Moskaus Aufmarsch gegen Europa." München, Eher-Verlag. 1938. 69 S., RM —,60.

Lorenz, Ottokar: „Wirtschaft und Rasse." Eine biologisch-historische Untersuchung zur Judenfrage. In: NS.-Monatshefte 1939. S. 107 ff.

Menzel, Joachim: „Das Elsaß und die jüdische Emanzipationsbewegung", Bücherkunde 1941, S. 51 ff.

Mitteilungen der Kommission für Wirtschaftspolitik der NSDAP., Jahrgang 1, Heft 6, August 1936.

Mommsen, Theodor: „Römische Geschichte", Band 5, 11. Auflage. Berlin, Weidmann-Verlag, 1931—1935. VIII, 659 S., RM 6,—.

Oppermann, Professor Friedrich: „Der Jude im griechisch-römischen Altertum." München, Eher-Verlag, 1943. Schriftenreihe zur weltanschaulichen Schulungsarbeit der NSDAP., Heft 22.

Gauschulungsamt Osthannover: „Der Jude als Weltparasit", Schulungsunterlage IX/43.

Poehl, Gertrud und **Aghte**, Margarete: „Das Judentum, das wahre Gesicht der Sowjets." 2. erweiterte Auflage. Berlin, Stollberg-Verlag, 1942. 172 S., RM 1,90.

Pohl, Dr. Johannes, Frankfurt/M.: „Jüdische Moral." München, Eher-Verlag, 1943. Schriftenreihe zur weltanschaulichen Schulungsarbeit der NSDAP., Heft 20.

Rauenstein, Hans: „Der Arbeiter in der Sowjetunion." München, Eher-Verlag, 1939. 59 S.

Rose, Frans: „Juden richten sich selbst." Berlin, Schlieffen-Verlag, 1938. 303 S., RM 3,50.

Rosenberg, Alfred: „Schriften und Reden." Band 1. München, Hoheneichen-Verlag 1943. CVII, 624 S., RM 12,—.

Rosenberg, Alfred: „Der Mythus des XX. Jahrhunderts." Dünndruckausgabe. München, Hoheneichen-Verlag, 1940. XXIII, 712 S. Lw. RM 6,—.

Rosenberg, Alfred: „Pest in Rußland." München, Eher-Verlag, 1938, 48 S., RM —,50.

Rosenberg, Alfred: „Europa und sein Todfeind." 4 Reden über das bolschewistische Problem. München, Eher-Verlag, 1938. 48 S., RM —,50.

Rosenberg, Alfred: „Unmoral im Talmud." München, Deutscher Volksverlag, 1935. 48 S., RM —,80.

Schickedanz, Arno: „Das Gesetz des Sozialparasitismus im Kulturleben." — „Die Judenfrage" in „Der Schulungsbrief", II. Jahrgang, Folge 11/12.

Schwarz-Bostunitsch, Gregor: „Jüdischer Imperialismus." Dreitausend Jahre hebräische Schleichwege zur Erlangung der Weltherrschaft. 5. Auflage. Berlin, Fritsch-Verlag, 1939. 687 S., Lw. RM 6,—.

Seifert, Hermann Erich: „Der Jude an der Ostgrenze." Berlin, Eher-Verlag, 1940. Schriftenreihe der NSDAP. 87 S., RM —,90.

84

Seraphim, Peter-Heinz: „Die Wanderungsbewegungen des jüdischen Volkes." Heidelberg, Vowinkel-Verlag, 1940. 30 S., RM —,90.

Sommerfeldt, Josef: Bearbeitung und Übersetzung einer Krakauer Kampfschrift aus dem Jahre 1618: „Hie Bürger, hie Juden." Krakau, Buchverlag, 1941. 90 S., RM 1,80.

Steiger, Hugo: „Geschichte der Stadt Augsburg." München, Oldenburg-Verlag, 1941. 293 S., RM 9,50.

„**Weg und Ziel**": „Handreichung für die Schulungsarbeit." Gauschulungsamt Osthannover, 7[1] 1943.

„**Der Weltkampf.**" Die Judenfrage in Geschichte und Gegenwart, wissenschaftliche Zeitschrift des Instituts zur Erforschung der Judenfrage. Hoheneichen-Verlag, München.

Über weiteres Schrifttum zu diesem Thema gibt der Katalog „Schrifttum zur Judenfrage", herausgegeben von Joachim Menzel im Auftrag des Hauptamtes Schrifttum der Dienststelle Rosenberg, Eher-Verlag, München, RM —,30, Auskunft.

(page 1 of original)

Guide pamphlets of the OKW

THE JEW AS GLOBAL PARASITE

Volume 7 1944

Published by the

Wehrmacht NS Leadership Staff

(page 2 of original)

The Jew as Global Parasite

"The Jew vanquishes by the lie and dies by the truth.

Adolf Hitler

Introduction

In this war which is fought for the existence or no existence of the German Nation, we must daily recall that it was Jewry which has let loose this war against us. It does not matter whether the Jew faces us a Bolshevik or a Plutocrat, as a Freemason or behind any other mask, or even without any mask at all: he always remains the same. It is he who has inflamed and psychologically influenced the various nations opposing us today in such a manner that they have become more or less pliant tools of international Jewry against us.

85

The two guide pamphlets "The Fateful Struggle in the East" and "Europe and America" have already pointed up for these two states, how the Jew uses large groups of peoples and of states. In this respect both pamphlets are predecessors of this pamphlet "The Jew as Global Parasite". Particularly in the beginning of the 6th year of war we cannot permit ourselves to misunderstand the Jewish problem in any way. Therefore, the first thing to be done is to counteract the many vestiges of the effects of former education and of views generally prevailing in former times, according to which Jewry was considered to be a religion only. In the contrary, the fact of the race-mixture as represented by Jewry must be emphasized a matter of principle. Consequently, the problem of the actual religion must be disregarded entirely and in its stead one must put the basis of blood and race.

From its inception, the National Socialist German Labor Party again and again has attempted to enlighten the German people concerning those basic facts. As early as 1929, the Fuehrer has said: "After all, we were those who, for the first time, pointed out to the Nation emphatically the danger which sneaked up on us, which millions of people did not recognize and which will lead all of us to destruction: the Jewish peril." Or in his book "Mein Kampf" he said (page 335): "His life among other people can have permanence only if he is successful in creating the opinion that he was not a 'nation' but a - even though a peculiar - 'religious community'".

With irrpressible-consequince additional lies are based on this initial and greatest lie that Jewry is not a racial problem but a religion. These also include the lie about the language of the Jew. For him, it is not a means by which to express his thoughts, but rather by which to hide them. Though he may speak,

(page 2 of original, cont'd)

for instance, in German or French or in any other language,

(page 3 of original)

he thinks in Jewish and, while constructing German-language poetry, he merely uses it as a vehicle for his folkdom. Heinrich Heine is the best example.

. . . . . .

Why is it that it is just we Germans and practically we alone who combat Jewry so energetically? Why is it that we find in our German history again and again periods in which it was just the German element which opposed Jewry? The answer we find in Alfred Rosenberg's writing "The Trace of the Jew in the Mutations of History": "Now there is hardly any nation in Europe which has explored and also explained the interior mechanism of Man like the German nation. That is why in its deepest essense it forms the intellectual counter pole to the Jews,

(page 4 of original)

. . . . . .

86 We National Socialists believe the Fuehrer when he says that the annihilation of Jewry in Europe will come at the end of this struggle which has been unchained by the Jewish global parasite against us as our strongest adversary. But until this annihilation has been completed, we must always keep in mind that the Jew is our absolute enemy who will not be deterred by anything. As far as we are concerned, he knows only one aim: our complete annihilation.

(page 5 of the original)

. . . . . .

2. The Parasite among Man is the Jew.

When, at the beginning of its struggle, the NSDAP, and particularly the Fuehrer, pointed out again and again that the Jew is a parasite, the answer was derision, especially among the so-called educated circles. When the Fuehrer pointed out that all honest mankind had to suffer from the parasitism of Jewry, it was rejected; at the most one smiled over such a "firebrand". It is true that bitter experiences had taught one this and that of the business practices of the individual Jew. But because the Jewry camouflaged itself everywhere as a religious community, ones own religion did not permit one the inner consistency to wish to recognize the true essence of this so-called religious community.

(page 6 of original)

. . . . . .

Consequently we find:

The Jew is the parasite among men. He can infect the individual as a single parasite, entire nations as a social parasite and mankind as a global parasite.

TRANSLATION OF EXCERPTS OF DOCUMENT NO.NO 5722
(continued)

(page 7 of original)

. . . .

The germ cell of Jewry is formed by the confluence of rootless, expelled, anti-social, sick, and perverted elements of difference races, mainly of anterior asiatic-oriental origin. It may be recalled that in the antique, for instance, the lepers were expelled from the racial community just like criminal anti-social elements.

4. The Jewish racial mixture is constantly supplemented by anti-social elements.

In addition, Jewry, on the basis of its multi-milleneal dispersion among all nations, has corroded its way into almost all races on earth in a parasitical manner. A social parasite, he attacked primarily the lowest levels of society, the slaves, the proletarians, the masses, etc, because these offer the slightest resistence to the Jewish national parasite. These population layers which, for the greatest part, had lost their sure instinct for their own kind against the racially foreign, formed the blood-point at which the Jews penetrated.

The Old Testament reads in the 2nd book of Moses, Chapter 12, verse 38, Dealing with the exodus of Isreal from Egypt; "And a mob accompanies them".

(page 9 of original)

. . . .

Jewry is neither race nor a mixed race. It is an utter confusion of races, race mixtures, and race remainders bound together artificially by its rabbis. In its effect, it is a sort of counter-race which can have only a destructive but not a constructive effect. 87

(page 10 of original)

Jewry is the coagulation of anti-social, criminal, sick, perverted, and expelled elements of all possible races of the antique world produced artificially by inbreeding. Jewry is neither race, nor nation, nor religion in our sense. Jewry does not have a homeland either but it leads an uprooted parasitical existence at the expense of its host nations. Its present home primarily are the criminal slums of international large cities. Its God is money, its politics are the revolution, the destruction and annihilation of the cultural possessions of mankind.

. . . .

(page 11 of original)

. . . .

Any German who wanted to see, when looking at the Jews after 1933 with a politically improved outlook realized that the great mass of Jewry nevertheless did not at all change their physical appearance. This particularly applies to those Germans who were able to look into the concentration and work camps.

(page 18 of original)

21. The destruction of the Greek-Roman cultural world by the Jews.

Though it is true that the Jews had penetrated into the Greek cultural world, their penetration into the Roman empire is the most

(page 18 of original, cont'd)

significant. The Jews viciously hated the empire sovereignty which was constructed according to healthy blood and racial theories at the height of the Roman empire. This example from the past shows that everything great and noble always has an instinctive adversary. That is the Jew. Himself being a horrible racial mixture, he attempts with artificial laws to preserve the existing blood substance. Perhaps, concerning this, the deepest recognition is this, that only the retention of its present blood mixture keeps for him the characteristics of his being: i.e. the will of a criminal to survive.

. . . . .

(page 21 of orginal)

. . . . .

The removal of the ghettos helped to dim the outer appearance of the Jews during the following period. Finally, only the East of Europe had natural ghettos. However, one can designate the criminal quarters of the big cities of the entire world as natural ghettos, because politically we may thoroughly defend the point of view that the Jewry of the entire world is recruited even today from the anti-social elements of the nation.

. . . . . .

(page 32 of original)

. . . . . .

88 The Fuehrer in his speeches and writings again and again pointed out this incitement by the Jews. In his book "Mein Kampf" he wrote as follows: (page 702ff) "Thus, the Jew of today is the great instigator of the final destruction of Germany. Wherever in the world we read of attacks in Germany, Jews have manufactured them. Just as in peace-time and during war-time, the German stock exchange and Marxist Press stoked the hatred against Germany up to the point, when State after State renounced neutrality and entered the service of the world-war-coalition while renouncing the true interest of the nations. "

. . . .

(page 37 of original)

. . . .

The Jews also were those who were interested in seeing to it that the peasant in America was replaced by the farmer. They financed the farms in order to have the smaller farms be absorbed by larger ones and these in turn by giant farms. Mass production - money intoxication, these are matters which can be shown on the exchange, those are rulership feelings in Jewish. The pleasure the individual American takes in technical matters was exploited and directed to the technical gigantomania, to the installation of giant concerns, all matters which seemingly show up the personality (here, that of the "captain" of industry), but which in reality push down the personality of hundred thousands of others to non-entities to the exploited man of the masses. The glorification of the successes and of the life of the few who climbed to the top had to suffice to silence the anonymous life disappointment of others and to divert them and to fill them with new hope.

(page 38 of original)

That form of life which, today, we designate with the collective noun of "gangsterism" has grown from this ruling over the masses of America which really is not of age in the true sense of the word - by press, by radio, by economy, by political parties. Gangsters, persons everywhere and in every respect living as parasites who

(page 38 of original, cont'd)

destroy and do not construct, who live by robbery, by theft, by murder, and by lies, disregarding all laws without the dignity of a nation which lives from the healthy heritage of its people, but instead having all the lack of inhibition of a subject vegetating without any relation to the outer world. For us Europeans, it is a more than sad sentiment if we see the offspring of our own ancestors too, on this low level of human life. But this is not the lowest level yet down to which Jewish world sovereignty would push men. An example for what might be possible is offered by Russia.

. . . .

(page 40 of original)

. . . .

Thus, the picture of the Jew as a global parasite is complete itself. Emanating from Asia Anterior, he has spread all over the world in the course of the centuries, not as a harmless man but as a race-conscious person fulfilling the commandments of his God Jehovah, fulfilling the old dream of the promise of the world sovereignty. His road was a long one and not always even. Again and again, Jewry was repelled, but again and again it reassembled and started anew the road to the goal. But the men and the nations who did not defend themselves against this parasite in time remained on the road-side. The creations of their intellect and of their hands remained with them, sucked dry, perverted, or destroyed by the same Jews: degenerate or ailing hosts destroyed by the parasite who meanwhile has searched for new hosts.

. . . .

(page 46 of original)

89

VI. Main part

The National Socialist Struggle against the Jewish Global Parasite.

51. "In defending myself against the Jew, I serve the work of the Lord."

Notwithstanding all the efforts of Jewry, it was not successful in really alienating the inner essence of the German nation. For this, the German people is particularly indebted to his Fuehrer, Adolf Hitler. His decade-long struggle opened the eyes of tens of thousands, yes hundreds of thousands of German men. They did not become anti-semites in the old sense - no matter how great the indebtedness of the German nation to the old fighters in the forefront - but the followers of Adolf Hitler became enthusiastic fighters against Jewry and fighters for a just German order of life.

It came like a relief to the German nation that, when the Party Program was proclaimed it stated also that no Jew could become a Volksgenosse, that common weal comes before the welfare of the individual, in short, that the Jewish spirit within and without us had to be combatted most severely.

The realization that Jewry is the greatest enemy of the German nation caused the Fuehrer to take up the fight with this adversary with pitiless severity. From the beginning, the Jews recognized in him the man who was to become the most dangerous to them. They have fought him by all means at their disposal: by the press, economically, by lies and deceit, by attempts to incite his own people and, finally, by inciting the entire world against him and his people. Since the Fuehrer did not know any personal consideration

(page 46 of original, cont'd)

and completely put his own welfare last, their plans did not succeed up to now and never will succeed.

. . . .

(page 47 of original)

. . . .

Concerning the natural lawfulness of our fight against Jewry, we agree with Reichsfuehrer SS, Heinrich Himmler, who, in his little pamphlet "The SS as anti-bolshevik fighting organization" states as follows: "We deem it right to state that the struggle between humans and sub-humans is a historical rule since mankind has inhabited the earth, and that the war of nations led by Jews belongs to the national course of life on our planet as long as we can look back. One may easily achieve the conviction that this struggle for life and death is just as natural a law as the fight of mankind against any epidemic, as the fight of the pestilence germ against a healthy body."

Our struggle against the Jews has entered a decisive stage with a combat of this present-day war instigated against us by world-Jewry. In his speech of 22 June, 1943, Alfred Rosenberg said concerning this: "The alliance between world Democracy, world Bolshevism and world Jewry, which many do not care to believe, today has become an irrefutable political fact and a military threat. That is why it is perhaps not superluous if at this time it is pointed out that this recognition has been a basic realization of national socialist ideology. Perhaps I may cite a few lines which
90 I published in the magazine 'Der Weltkampf' entitled 'Jewish Global Policy' in June 1924. It reads as follows:

"Many politicans still following along old lines of thought will consider it mistaken if one mentions 'anti-capitalist' Marxism and capitalist democracy in one breath. But deeper insight shows that ideologically both appearances represent the same thing, that is, the precipitation of the money-sovereign age."

. . . .

(page 49 of original)

. . . .

The Fuehrer says: "In defending myself against the Jew, I serve the work of the Lord." As he has lived for us an example of the fight against Jewry, the German nation has the same mission of effectiveness toward the world: the example of the resolute struggle against the Jewish Global Parasite.

. . . .

(page 55 of original)

. . . .

Enclosure 8

"Adolf Hitler's Speeches", edited by Dr. Ernest Boepple, page 123, (Maxims of Adolf Hitler).

The Jew is a parasite. As such, he lives off the work of others and he has attempted to falsify our concept of it. Germans have a quotation concerning German ways which will heal the world. He sees his mission not only in achieving something for himself, but also for the others. However, the Bible of the Jews speaks of the "divine" prophesy that they, the Jews, will devour all nations and that every Jew (according to Schulchan Aruch) must have 2800 non-Jewish servants. Gold is his God.

. . . .

CERTIFICATE OF TRANSLATION

I, Frank FREUDENTHAL, Civ. No. B 242 988, hereby certify that I am a duly appointed translator for the German and English languages and that the above is a true and correct translation of the document No. NO 5722.

Frank FREUDENTHAL
Civ. No. B 242 988

END

Preis 30 Pfennig

Der Stürmer

Ritualmord-Nummer

utsches Wochenblatt zum Kampfe um die Wahrheit

HERAUSGEBER: JULIUS STREICHER

Sonder-Nummer 1	Erscheint wöchentl. Einz.-Nr. 20 Pfg. Bezugspreis monatl. 84 Pfg. zuzügl. Postbestellgeld. Bestellungen bei dem Briefträger oder der zuständ. Postanstalt. Nachbestell. a. d. Verlag. Schluß der Anzeigenaufnahme: Montag vorm. 9 Uhr. Preis für Geschäfts-Anz.: Die ca. 22 mm breite, 1 mm hohe Raum-Zeile im Anzeigenteil — .15 RM	Nürnberg, im Mai 1934	Verlag: Hanns König, Nürnberg-A, Pfannenschmiedsgasse 19 Verlagsleitung Max Fink, Nürnberg-A, Pfannenschmiedsg. 19 Fernsprecher Nr. 21830 Postscheckkonto Amt Nürnberg Nr. 105 Schriftleitung: Nürnberg-A, Maxplatz 44, Fernsprecher 21872 Redaktionsschluß: Montag (nachmittags)	12. Jahr 1934

Jüdischer Mordplan

gegen die nichtjüdische Menschheit aufgedeckt

Doc. 2

92

Das Mördervolk

Die Juden stehen in der ganzen Welt in einem furchtbaren Verdacht. Wer ihn nicht kennt, der kennt die Judenfrage nicht. Wer die Juden nur ansieht, wie **Heinrich Heine (Chaim Bückeburg)** sie beschreibt: „Ein Volk, das zu seinem Unterhalt mit Wechseln und alten Hosen handelt und dessen Uniform die langen Nasen sind," der ist auf falschem Wege. Wer aber weiß, welch eine ungeheuerliche Anklage schon seit Anbeginn gegen die Juden erhoben wird, dem erscheint dieses Volk in einem anderen Lichte. Er sieht in ihnen nicht nur ein eigenartiges, seltsam anmutendes Volk, er sieht in ihnen Verbrecher und Mörder und Teufel in Menschengestalt. Und es überkommt ihn gegen dieses Volk ein heiliger Zorn und Haß.

Der Verdacht, in dem die Juden stehen, ist der des Menschenmordes. Sie werden bezichtigt, **nichtjüdische Kinder und nichtjüdische Erwachsene an sich zu locken, sie zu schlachten und ihnen das Blut abzuzapfen. Sie werden bezichtigt, dieses Blut in die Mazzen** (ungesäuertes Brot) **zu verbacken und auch** sonstige **abergläubische Zauberei damit zu treiben. Sie werden bezichtigt, ihre Opfer, besonders die Kinder, dabei furchtbar zu martern und zu foltern. Und während dieses Folterns Drohungen, Flüche und Verwünschungen gegen die Nichtjuden auszustoßen.** Dieser planmäßig betriebene Menschenmord hat eine besondere Bezeichnung, er heißt

Ritualmord.

Das Wissen vom jüdischen Ritualmord ist schon Jahrtausende alt. Es ist so alt wie die Juden selbst. Die Nichtjuden haben es von Generation zu Generation übertragen. Es ist uns durch Schriften überliefert. Es ist aber auch in der breiten Volksmasse vorhanden. In den verstecktesten Bauerndörfern stößt man auf dieses Wissen. Der Ahne sprach von ihm zu seinem Enkel. Und dieser wieder trug es weiter auf Kinder und Kindeskinder. So vererbte es sich bis zum heutigen Tag.

Es ist auch in den anderen Völkern vorhanden. Wo irgendwo in der Welt eine Leiche gefunden wird, die die Anzeichen des Ritualmordes trägt, erhebt sich sofort laut und groß die Anklage. Sie richtet sich überall nur gegen die Juden. Hunderte und aberhunderte von Völkern, Stämmen und Rassen bewohnen den Erdball. Niemand denkt daran, sie des planmäßigen Kindermordes zu beschuldigen und sie als Mördervolk zu bezeichnen. Den Juden allein wird diese Anklage aus allen Völkern entgegengeschleudert. Und viele große Männer haben

Judenopfer

Durch die Jahrtausende vergoß der Jud, geheimem Ritus folgend, Menschenblut
Der Teufel sitzt uns heute noch im Nacken, es liegt an Euch die Teufelsbrut zu packen

Die Juden sind unser Unglück!

sie erhoben. Doktor Martin Luther schreibt in seinem Buch „Von den Jüden und ihren Lügen": **„Sie haben den Knaben Simon von Trient zerstochen und zerpfriemet und noch andere Kinder gemordet. . . Kein blutdürstigeres Volk hat die Sonne je beschienen als die Juden, die nichts anderes wollen, als die Heiden morden und würgen."**

Und Jesus Christus, der gewaltige Prediger von Nazareth rief den Juden zu:

„Euer Vater ist nicht Gott. Euer Vater ist der Teufel. Er ist ein Menschenmörder seit Anbeginn."

Der Kampf des Stürmer

Die einzige Zeitung in Deutschland, ja in der ganzen Welt, die offen und frei heraus den Juden die Anklage des Ritualmordes ins Gesicht schreit, ist der „Stürmer". Er führte länger als ein Jahrzehnt einen geradezu gigantischen Kampf gegen das Judentum. Er wurde verfolgt und unterdrückt. Dutzendemale wurde er beschlagnahmt und verboten. Seine Mitarbeiter, vor allem sein Herausgeber Julius Streicher, wurden hundertemale vor die Gerichte geschleppt. Sie wurden verurteilt, bestraft, in die Gefängnisse gesperrt. Der „Stürmer" lernte den Juden nach dem Geständnis kennen, das **Konrad Alberti Sittenfeld**, selbst ein Jude, im Jahre 1899 in Nr. 12 der Zeitschrift „Gesellschaft" niederschrieb:

„Eine der gefährlichsten, spezifisch jüdischen Eigenschaften ist die brutale, geradezu barbarische Unduldsamkeit. Eine schlimmere Tyrannei kann nicht geübt werden, als sie die jüdische Klique übt. Wer es wagt, sich der jüdischen Klique entgegenzustellen, den versucht diese unweigerlich mit viehischer Brutalität niederzutreten. Der Jude sucht seinen Gegner auf geistigem Gebiete meist zu vernichten, indem er ihm den materiellen Boden entzieht, seine bürgerliche Existenz untergräbt. Die niederträchtigste aller Kampfarten, das Totschweigen, ist spezifisch jüdisch."

Der „Stürmer" wurde nicht niedergetreten. In Nürnberg allein wurden ein halbes Dutzend Talmud- und Ritualmordprozesse ausgefochten. Durch das Geschrei der Juden wurde die Aufmerksamkeit der ganzen Welt darauf gelenkt. Es erfolgten schwere Verurteilungen. Kein Richter hatte zunächst den Mut, die Wahrheit in der Judenfrage zu bekennen. Endlich, im Jahre 1931 (Gerichtsverhandlung vom 30. 10.-4. 11. 31) erfocht der „Stürmer" den ersten Sieg. Das Schwurgericht stellte durch Urteil fest:

1. Der „Stürmer" kämpft nicht gegen die jüdische Religion, sondern gegen die jüdische Rasse.

2. Talmud und Schulchan aruch sind keine Religionsbücher. Sie haben keinen Anspruch auf den Religionsschutzparagraph.

3. Die im „Stürmer" veröffentlichten Talmudgesetze sind tatsächlich im Talmud enthalten.

4. Diese Talmudgesetze stehen mit den deutschen moralischen und sittlichen Anschauungen im schärfsten Widerspruch.

5. Die Juden werden heute noch in talmudischem Sinne und talmudischem Geist erzogen.

Mit diesem Urteil schlug der „Stürmer" die erste große Bresche in die Front der jüdisch-römischen Rechtsprechung, die vor der nationalsozialistischen Revolution die Aufgabe hatte, das Judentum und sein Regierungssystem zu schützen. Das Judentum geriet darüber in große Aufregung. Für den „Stürmer" aber war dieser Erfolg eine Vorbedeutung des kommenden großen Sieges. Jedoch der „Stürmer" macht auf halbem Wege nicht Halt. Er weiß, worum es geht. Es gilt, den großen Mordanschlag des Judentums gegen die ganze Welt zu vereiteln. Es gilt, dieses Volk vor aller Welt zu brandmarken, seine Verbrechen aufzudecken und es unschädlich zu machen. Es gilt, die Welt zu befreien von dieser Völkergeißel und Völkerpest.

Der „Stürmer" wird seine Mission erfüllen. Er wird Licht bringen in das Dunkel, das die Welt beherrscht. Und er wird sich immer richten nach dem Spruche:

„Wer die Wahrheit kennt und sie nicht spricht, der ist fürwahr ein erbärmlicher Wicht."

Die Talmudgesetze

Wer verstehen und begreifen will, daß die Juden solch wahnwitzige Verbrechen, wie das des Ritualmordes begehen können, der muß die jüdischen Geheimgesetze kennen. Der muß die Lehren der Thora, des Talmuds, des Schulchan aruchs kennen. Diese Gesetze und Lehren liefern den Beweis, daß das jüdische Volk sich außerhalb aller Völker stellt. Daß es allen Völkern den Krieg erklärt und daß es der geschworene Feind der gesamten nichtjüdischen Menschheit ist. Schon **Tacitus**, der römische Geschichtsschreiber, der kurz nach **Christus** (55—120) lebte, schreibt:

„Die Juden sind ein den Göttern und Menschen verhaßtes Geschlecht. Ihre Gesetze stehen im Gegensatz zu denen aller Sterblichen. Sie verachten, was uns heilig ist. Hingegen ist ihnen erlaubt, was uns Abscheu erweckt." (Historien V, 3—8).

Der Jude weiß, daß er verloren ist, wenn die nichtjüdische Welt seine Gesetze kennt und seine Pläne durchschaut. Darum verbietet er bei Androhung der Todesstrafe ihre Uebersetzung und Bekanntmachung. Ein großer jüdischer Gelehrter (**Tibre David**) schreibt:

„Wenn die Nichtjuden wüßten, was wir gegen sie lehren, dann würden sie uns totschlagen."

Die jüdischen Geheimgesetze wurzeln in einer Grundanschauung. Diese heißt: Nur der Jude ist Mensch. Alle Nichtjuden dagegen sind Tiere. Sie sind Vieh in Menschengestalt. Ihnen gegenüber ist alles erlaubt. Der Jude darf sie belügen, betrügen und bestehlen. Er darf sie schänden und morden.

Es gibt hunderte Talmudstellen, in denen die Nichtjuden als Tiere bezeichnet werden. Einige davon sind:

1. **„Die Juden werden Menschen genannt. Die Nichtjuden aber werden nicht Menschen, sondern Vieh geheißen."** (Talmud: Baba mezia 114b).

2. **„Der Akum (Nichtjude) ist wie ein Hund. Ja, die Schrift lehrt, daß der Hund mehr zu ehren ist, denn der Nichtjude."** (Exeget Raschi Exod. 22,30).

3. **„Gott schuf die Nichtjuden, obwohl sie dem Tiere gleich sind, in Menschengestalt. Denn es geziemt sich nicht für einen Juden, daß er sich von ausgesprochenen Tieren bedienen lasse. Darum wird er bedient von Tieren in Menschengestalt."** (Midrasch Talpioth S. 255, Warschau 1855).

4. **„Eine schwangere Nichtjüdin ist einzuschätzen wie trächtiges Vieh."** (Coschen hamischpat 405).

5. **„Die Nichtjuden, deren Seele vom unreinen Geist stammt, werden Schweine genannt."** (Jalkut Rubeni gadol 12b).

6. **„Obwohl die Nichtjuden denselben Körperbau haben wie die Juden, gleichen sie ihnen wie ein Affe dem Menschen."** (Schene luchoth haberith, Blatt 250b).

Damit der Jude niemals vergesse, daß er es mit Tieren zu tun hat, wird beim Essen, beim Tode, selbst beim Geschlechtsverkehr immer wieder daran erinnert. Der Talmud lehrt:

„Wer mit einem Nichtjuden ißt, tut soviel, wie wenn er mit einem Hunde äße." (Tosapoth, Jebamoth 94b).

„Wenn einem Juden ein nichtjüdischer Knecht oder eine nichtjüdische Magd stirbt, so soll man dem Juden kein Beileid aussprechen. Man soll zu dem Juden sagen: ‚Gott ersetze Dir den Schaden' geradeso, wie wenn ihm ein Ochse oder Esel krepiert wäre." (Jore dea 377, 1).

„Der geschlechtliche Verkehr zwischen Nichtjuden ist wie der Verkehr zwischen Bestien." (Talmud Sanhedrin 74b).

Ueber den Mord am Nichtjuden steht im Talmud geschrieben:

1. **„Es ist erlaubt, den Leib und das Leben eines Nichtjuden zu nehmen."** (Sepher ikkarim III c 25).

2. **„Es ist ein Gebot, die Leugner der Thora zu töten. Zu den Leugnern der Thora gehören auch die Christen."** (Coschen hamischpat 425 Hagah, 425, 5).

3. **„Jeder Jude, der das Blut der Gottlosen (Nichtjuden) vergießt, tut soviel, als wenn er Gott opfere."** (Talmud: Bammidber raba c 21 und Jalkut § 772).

Karl Keßler
geschächtet am 17. März 1929 in der Nähe von Manau kurz vor dem jüdischen Passahfest

Diese Talmud- und Thoragesetze wurden den Juden vor 3000 Jahren gegeben. Sie gelten heute noch, wie sie damals gegolten haben. Die Juden wurden danach erzogen. Das Ergebnis steht vor uns. Es sind die jüdischen Ritualmörder.

Judas blutige Geschichte

Der Jude ist der Mörder des Nichtjuden nicht nur in der Theorie. Seine Geschichte beweist, daß er auch praktisch danach handelt. Die Geschichte des jüdischen Volkes ist eine ununterbrochene Kette von Massenmorden und Massenblutbädern. **Sie beginnt bei Moses und hört auf bei Trotzky und Sinowjew:**

1. Schon vor Moses lassen die Juden in Aegyptenland den „Würgengel" umhergehen und alle Erstgeburt an Menschen und Vieh totschlagen.

2. Moses läßt die geschlagenen Midianiter umbringen. Und läßt weiter ermorden alle männlichen Kinder und alle von Männern beschlafenen Frauen. Die Mädchen und Jungfrauen überläßt er zur Schändung den Juden. (V. 17 u. 18).

3. Josua, der Nachfolger des Moses, ließ die gesamte Einwohnerschaft von Jericho „Männer und Weiber und Kinder, Ochsen, Schafe und Esel" ermorden.

Die Männer der Stadt Ai (6000 Mann) ließ er im Hinterhalt ermorden. Ebenso ließ er umbringen die Einwohner dieser Stadt, Greise, Knaben, Frauen und Mädchen. Ebenso ließ er ermorden alle Einwohner von Libna, von Lachis, von Eglon, von Hebron, von Debir, von Hazor. Sowie alle Einwohner auf dem Gebirge und in den Tälern. (Josua 6. — 29 u. f.).

4. Juda eroberte Jerusalem und erschlug die Einwohner und zündete die Stadt an. (V, 8).

5. In derselben massenmörderischen Weise verfuhren nacheinander die jüdischen Führer Ehud, Samger, Gideon, die Daniten, Saul und Samuel.

6. David führte das Volk der Stadt Ramah heraus und „legte sie unter eiserne Sägen und Zacken und eiserne Keile. So tat er in allen Städten (!!) der Ammoniter." (1. Samuelis 12, 31).

7. Im Perserreiche ermordeten die Juden, an ihrer Spitze der Jude Mardochai und die Jüdin Esther 75800 antisemitische Perser. Den antisemitischen Minister Haman des Perserkönigs Xerxes hingen sie mit seinen zehn Söhnen auf. Zur Feier dieser Mordnacht feiern die Juden heute noch das Purimfest. (Esther, 9, 6 ff.).

„Mein Haus ist ein Bethaus, Ihr aber habts zu einer Mördergrube gemacht"

So sagte Christus zu den Juden.

8. Auf der Insel Cyrene erhoben sich in den Jahren 115—117 nach Christus die Juden unter Bar Kochba. Sie ermordeten 220 000 (!!) Nichtjuden, zersägten und zerhackten sie, tranken ihr Blut und aßen von ihrem blutigen Fleisch. (Dio Cassius: Römische Geschichte L XVIII, 32).

9. In Rußland erhoben sich die Juden im Jahre 1917 und gründeten den Bolschewismus. Unter der Führung Trotzkys und Sinowjews und anderer Juden wurden insgesamt 35 Millionen (!!!) Menschen erschossen, erschlagen, zu Tode gefoltert oder verhungern lassen.

10. In Ungarn wurde unter der Führung des Bolschewistenjuden Bela Kuhn ein grauenvolles Massenblutbad angerichtet. Zehntausende von Nichtjuden wurden ermordet.

11. Im bolschewistisch-jüdischen Sowjetrußland werden heute noch Massenmorde veranstaltet. Die Henker sind meistens Juden oder Jüdinnen. Im Erfinden von Folterqualen sind die Juden Meister. Es ist ihnen höchste Lust, Nichtjuden unter Martern sterben zu lassen. Englische Berichterstatter berichten, daß die chinesischen Henker oft bei den Folterungen und Hinrichtungen streikten und vor Grauen nicht mehr weitermachen konnten. An ihre Stelle traten Juden und Jüdinnen.

Die Geschichte der Juden ist mit Blut geschrieben. Mit dem Blute der Nichtjuden. Sie zeugt dafür, daß der Jude grausam ist und feig zugleich. Der Jude ist kein geborener Soldat, er ist ein geborener Sadist und Mörder.

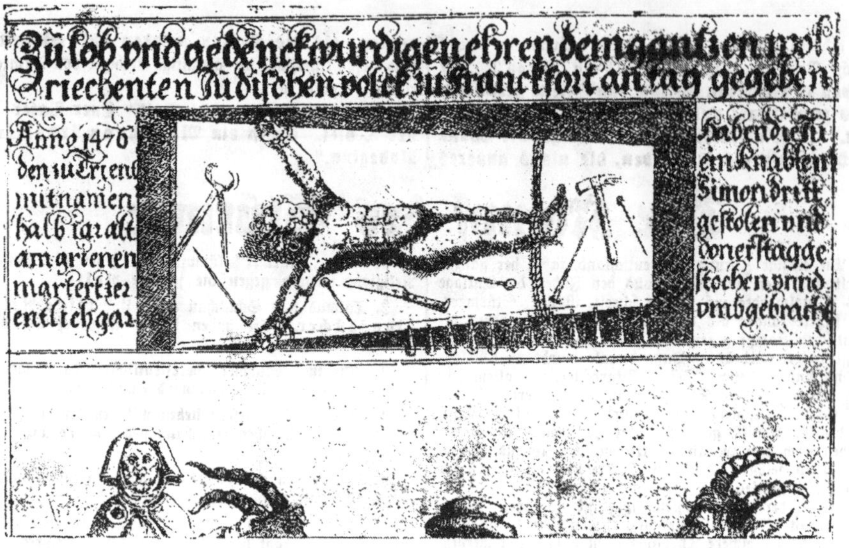

(Kupferstich aus dem Germanischen Museum Nürnberg)

Der zu Tode gefolterte „Heilige Simon" von Trient

Das Menschenschächtgesetz

Der „Stürmer" hatte sich lange bemüht, das eigentliche Ritualmordgesetz, das Menschenschächtgesetz zu finden. Endlich war es ihm gelungen. In einem Gerichtsprozeß, in dem **Julius Streicher** und **Karl Holz** auf der Anklagebank (wegen „Beleidigung der jüdischen Religionsgesellschaft") saßen, wurde von ihnen beantragt, den Sachverständigen Dr. **Erich Bischoff** zu laden. Dr. **Bischoff** erschien. Er ist der beste deutschblütige Kenner des Talmud. Er hatte sein ganzes Leben dem Studium der jüdischen Gesetzbücher geweiht. Dr. **Bischoff** brachte eine Uebersetzung eines geheimen Judengesetzes mit, das mit einem Schlage die Ritualmordfrage erhellt und klärt. Es stammt aus dem Buche Sohar. Dieses Buch wird bei den Juden als heilig verehrt. Besonders die Ostjuden richten sich nach seinen Gesetzen. Im Buch Sohar (ein Nebenbuch des Talmud), steht geschrieben:

יחס לך יי׳ אלקיט מלאכים כמוי מעל׳ב מלך ומלכות
איכי מטה שחיטב (ס) כסרב. מריס (כ״א בנשים) דאיסן כמי
כמה דהמין לבעירן · דאלין דלא משתדלי באורייתא צריך למעבד
בהון קרבנין דאינון דיתקריבו לקב״ה · ואם מתקרבין כלגוהין
לקב״ה והכלין כמה מכתפין ככ״ד (תהלים מד) כי עליך הורגנו
כל היום נחשבנו כצאן טבחה · אההוא כ״גט (שמות כ) חבהת
עליו את שלמיך ואת בקריך וגומר · ודא שיב לן ממיתב
דמגלך כמות ככ״ד (תהלים לו) אדם ובהמה תושיע יי׳ · ואלין
דשוגדייבו כבעירן דחקלא דאלין (י) בגא לגוחין מיתחבן יכא
כבעירן דחקלא ושחיט לן מלאך כמות מדב, כנגד מדב · ולא
עוד אלא בכהן פגיב קא משיט לן ואתקריאו נבלה ואליכו אתמר
(יחזקאל כו) נבלתי יקומון · מאי סכין פגום דא סמא״ל אל אחר

Die Uebersetzung:

„Ferner gibt es ein Gebot (!! D. Schr.) des Schächtens an Fremden, die dem Vieh gleichen. Dieses Schächten geschieht in gesetzlich gültiger Weise. Denn diejenigen, die sich nicht mit dem jüdischen Religionsgesetz beschäftigen, muß man dem gebenedeiten Gott als Opfer darbringen. Es gilt von ihnen der Psalm 44,23: „Deinetwegen sind wir gemordet. Wir sind geschlachtet wie Schafe auf der Schlachtbank."

(Thikunné Sohar Ausgabe Berdiwetsch 88 b.)

Dr. **Erich Bischoff** erklärte sich bereit, über dieses ausgesprochene Ritualmordgesetz ein Gutachten abzugeben. Er wurde jedoch zurückgewiesen. Das Gericht lehnte ihn ab wegen „Besorgnis der Befangenheit" (!! D. Schr.).

An seine Stelle trat Prof. Dr. **Göttsberger**, ein katholischer Geistlicher. Die Angeklagten legten ihm das besagte Gesetz in hebräischer und deutscher Schrift vor. Professor Dr. **Göttsberger** war bestürzt und betreten. Er erklärte nach langem Ueberlegen, er sei außerstande ein Gutachten über das Menschenschächtgesetz abgeben zu können. Daraufhin wurden **Julius Streicher** und **Karl Holz** zu mehrmonatiger Gefängnisstrafe verurteilt. Dr. **Erich Bischoff** hat jedoch später (in der Gerichtsverhandlung vom 30. Oktober bis 4. November 1931) unter seinem Sachverständigeneid die richtige Uebersetzung dieses Gesetzes bestätigt.

Die Uebersetzung und Veröffentlichung des Menschenschächtgesetzes ist der schwerste Schlag, der je gegen Alljuda auf diesem Gebiet geführt wurde. Dieses Gesetz gebietet den Juden, Nichtjuden zu schlachten. Und zwar in „gesetzlich gültiger Weise". Das heißt: die Nichtjuden sind in derselben Weise zu schächten, wie das Vieh geschächtet wird. Sie werden dem Gebenedeiten als Opfer dargebracht. Es handelt sich also um ein Gesetz, das den regelrechten Ritualmord nicht nur gestattet, sondern befiehlt.

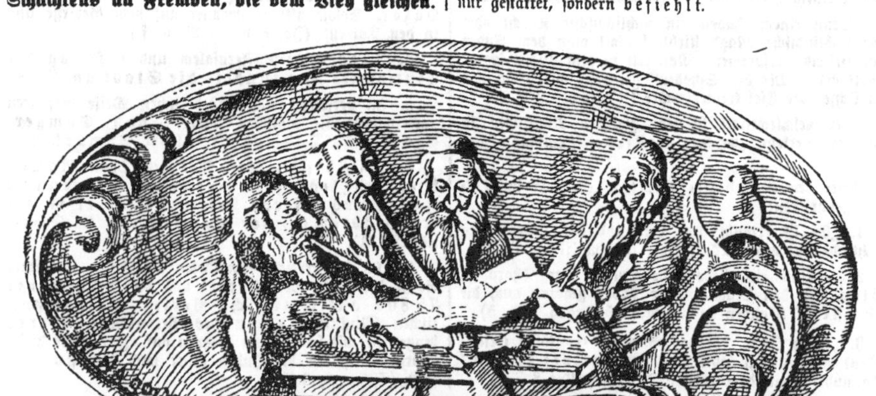

In Brosingen (Ungarn) öffnen die Juden dem Kind eines Wagners die Aderlein und saugen ihm das Blut aus

(Zeichnung nach einer polnischen Plakette)

Jüdische Geständnisse

Ein weiterer und nicht zu widerlegender Beweis für die tatsächliche Existenz jüdischer Ritualmorde sind die zahlreichen jüdischen Geständnisse. Sie stammen aus Prozessen, aus freiwilligen Erzählungen und aus den Bekenntnissen ehemaliger Rabbiner. Die Geständnisse wurden gemacht in zwei Gerichtsverhandlungen. Die eine fand in Trient im Jahre 1475 statt, die andere in Damaskus in den Jahren 1840—1842. Die freiwillige Erzählung stammt von einer jungen Jüdin **Ben Noud**, die sie dem französischen Grafen **Durfort-Civrac** machte. Die Bekenntnisse aber wurden abgelegt von folgenden zum Christentum übergetretenen Rabbinern: **Drach** und **Goschler**, **Fra Sisto von Siena**, **Paolo Medici**, **Giovanni da Feltre** und von dem ehemaligen Oberrabbiner **Neofito**, der ein Mönch wurde und dann ~~einen~~ Namen **Teofito** annahm. Die Vorhergenannten bestätigen alle mehr oder weniger das Vorhandensein des Ritualmordes. Der ehemalige Rabbiner **Neofito** aber gab im Jahre 1803 in moldauischer Sprache ein aufsehenerregendes Buch heraus. Darin berichtet er ausführlich von dem furchtbaren Geheimnis des Blutmysteriums bei den Juden. Das Buch wurde im Jahre 1843 in die griechische Sprache und im Jahre 1883 in die italienische Sprache übersetzt. Es trug den Titel: „Il sangue cristiano nei riti ebraici della moderna Sinagoga" und rief unter dem Judentum der ganzen Welt eine ungeheure Aufregung hervor.

Auf Seite 19 dieses Werkes gesteht **Teofito**, wie er in das Wissen des Ritualmordes eingeweiht wurde. Und wie die Juden es der nichtjüdischen Welt gegenüber seit Jahrtausenden verbergen und verschweigen. **Teofito** schreibt:

„Dieses Geheimnis des Blutes ist nicht allen Juden bekannt, sondern nur den Chakam (Doctoren) oder den Rabbinern, und den Schriftkundigen, welche deshalb den Titel führen: „Conservatori del mistero del sangue" (= Hüter des Blutgeheimnisses!). Diese teilen es den jüdischen Familienvätern mündlich mit. Diese wiederum vertrauen es später demjenigen ihrer Söhne, den sie für die Enthüllung am meisten würdig halten, indem sie ihm gleichzeitig mit furchtbaren Drohungen die Strafe für den Fall androhen, daß er das Geheimnis anderen verrate."

„Als ich dreizehn Jahre zählte" — berichtet Teofito — „nahm mein Vater mich beiseite, führte mich in einen Raum, wo wir unbelauscht waren, und nachdem er mir eindringlich den Haß gegen die Christen als eine Gott gefällige Sache geschildert hatte, belehrte er mich, daß es von Gott geboten sei, die Christen zu schlachten und ihr Blut zu sammeln... „Mein Sohn", sagte er mir (indem er mich küßte): „ich habe Dich mit diesem Geständnis zu meinem innersten Vertrauten und zu meinem andern Selbst gemacht".... Bei diesen Worten setzte er mir eine Krone auf's Haupt und gab mir die Erklärungen des Blut-Geheimnisses, indem er hinzufügte, dasselbe sei von Jehova den Hebräern offenbart und zur Ausübung empfohlen worden ... ich sei in Zukunft Mitwisser des wichtigsten Geheimnisses der hebräischen Religion.

Es folgten hierauf die Verwünschungen und Straf-Androhungen für den Fall, daß ich das Geheimnis irgend Einem enthülle, weder der Mutter, noch der Schwester, noch den Brüdern oder der künftigen Gattin; nur dem meiner einstigen Söhne, der am weisesten, eifrigsten und geeignetsten sei, das Geheimnis zu hüten, dürfe ich es mitteilen. Auf diese Art solle sich das Geheimnis fort-

erben von Vater auf Sohn bis auf die entfernteste Nachkommenschaft."

Dies ist ein Teil des Geständnisses des Mönches und ehemaligen Oberrabbiners Teofiti. Aus den anderen Geständnissen, Erzählungen und Bekenntnissen aber ergeben sich mit staunenswerter Uebereinstimmigkeit folgende Punkte:

1. **Es ist den Juden durch die Gesetze vorgeschrieben, von Zeit zu Zeit Nichtjuden zu schlachten.** (Siehe die Talmudgesetze und das Menschenschächtgesetz. D. Schr.).

2. Die Opferung soll vornehmlich stattfinden:

   a) zum Purimfest,

   b) zum Passahfest.

   Dabei ist Vorschrift, zum Purimfest einen erwachsenen Nichtjuden, zum Passahfest jedoch ein Kind zu schächten. Das Kind darf das siebente Jahr noch nicht überschritten haben und soll unter Martern (!!!) sterben.

3. Den Opfern ist das Blut mit Gewalt abzuzapfen. Es soll beim Passahfest im Wein und in den Mazzen Verwendung finden. Das heißt: ein kleiner Teil des Blutes ist in den Mazzenteig und in den Wein zu schütten. Die Beimischung geschieht durch den jüdischen Familienvater.

4. Der Vorgang ist folgender: Der Familienvater schüttet einige Tropfen des frischen oder eine Substanz des getrockneten und gepulverten Blutes in das Glas, tunkt den Finger der linken Hand hinein und besprengt (segnet) damit alles, was auf dem Tische steht, worauf der Familienvater: „Dam Izzardia chynim heroff dever Isyn porech harbe hossen maschus pohorus" (Exod. VII, 12), „Also bitten wir Gott, daß er die zehn Plagen senden möge allen Feinden des jüdischen Glaubens", d. h. den Christen. Hierauf speisen sie, und der Familienvater ruft beim Schluß: „Ssach, chaba, moscho kol hagoym!" „Also (wie das Kind, dessen Blut in Brot und Wein enthalten) mögen alle Gojim untergehen!" (Dieser verruchte hohnvolle jüdische Brauch hat eine verdächtige Aehnlichkeit mit dem christlichen Abendmahl. Auch bei diesem wird der Wein als Blut und die Hostie (ungesäuertes Brot?) als Leib eingenommen. Der Christ macht's symbolisch, der Jude in Wirklichkeit, das ist der einzige Unterschied. D. Schr.)

5. Das gewonnene Blut findet auch noch andere Verwendung:

   a) Es wird den Jungverheirateten ein hartgekochtes Ei gegeben, das mit getrocknetem zu Pulver zerriebenem Blut gewürzt wird.

   b) Es wird den schwangeren Frauen ebenfalls auf ähnliche Weise gereicht, damit sie besser entbinden.

   c) Es wird den toten Juden mit Eiweiß vermischt auf Leinentüchern auf die Brust gelegt, damit sie entsühnt in den Himmel kommen.

   d) Bei der Beschneidung streut man pulverisiertes Blut auf die Wunde, damit sie rasch heile.

   Außerdem kann das Blut in flüssigem Zustand genossen werden.

   e) wenn man Früchte oder Gemüse hineintaucht und dies dann ißt (Talmud-Schulchan aruch Orach cajim 158, 4) oder

   f) wenn ein todkranker oder ein altersschwacher Jude damit gerettet werden kann. (Jore deah 155, 3 u. a.) (Daß alternde Menschen sich durch den Genuß des Blutes von Kindern verjüngen, ist ein uralter Aberglaube, der aus dem Orient kommt. D. Schr.)

6. Das weitere gesammelte Blut wird von dem Rabbiner des Ortes mit der größten Sorgfalt aufbewahrt und von bestimmten herumziehenden Juden in kleinen Dosen an benachbarte Synagogen zu den höchsten Preisen verkauft. Ein ihnen von demselben Rabbiner ausgestelltes Zeugnis bestätigt, daß das Blut wahres und reines Christenblut ist.

7. Der Ritualmord und das Blutmysterium wird von allen Talmudjuden anerkannt und, wenn möglich ausgeübt. Der Jude glaubt, sich damit zu „entsühnen".

Diese hier in sieben Punkten niedergelegten jüdischen Bräuche und Vorschriften sind nicht nur in den Prozessen von Trient und Damaskus, sie sind in den verschiedensten Prozessen und Gerichtsverhandlungen, die in allen Erdteilen und zu allen Zeiten stattfanden, festgestellt worden. Und zwar völlig unabhängig voneinander. Es ist damit also ihre Wahrheit und Richtigkeit einwandfrei erwiesen.

Purimmorde

Die Ritualmorde zum Purimfest geschehen an erwachsenen Nichtjuden. Und zwar werden dazu mit Vorliebe frische und starke Männer oder Frauen ausgesucht. Das Purimfest wird von den Juden alljährlich im Februar oder März gefeiert. Es findet statt aus Anlaß der Ermordung von 75 000 antisemitischen Persern durch die Juden. Dieses Massenblutbad wurde angerichtet unter dem Perserkönig **Ahasveros** (**Xerxes**). Er hatte einen Minister (**Haman**), der die Judengefahr erkannte und die Austreibung der Juden verlangte. Da brachte es die Hure des Königs, die Jüdin **Esther** fertig, den König umzustimmen. Er ließ **Haman** mit seinen zehn Söhnen aufhängen. Im Anschluß daran erfolgte unter der Führung des Juden **Mardochai** die Ermordung der 75 000. Die folgenden Tage feierten die Juden Freudenfeste, die sich als „Purimfest" erhalten haben bis auf den heutigen Tag.

Zu dieser Feier ist den Juden gestattet, sich maßlos zu betrinken. Dies geschieht besonders bei den orthodoxen Juden in gemeinsamer Zusammenkunft. Dabei werden Theaterstücke aufgeführt, in denen die Ermordung Hamans dargestellt wird. Als „**Haman**" wird eine lebensgroße Puppe auf die Bühne gebracht und unter wahnwitzigen Verwünschungen und Flüchen (die den „Gojims" gelten) aufgehängt. Laut dem Talmud ist den Juden befohlen dabei zu rufen: „**Verflucht sei Haman und alle Nichtjuden. Gesegnet sei Mardochai und alle Juden.**" (Talmud: Orach cajjim 690, 16). Schließlich wird die Puppe von den anwesenden Juden mit Steinen beworfen und mit Messern zerstochen.

In Palästina und in manchen Gebieten Rußlands halten die Juden ihre Umzüge öffentlich. An der Spitze wird die Puppe „**Haman**" mitgeführt, die mit Messern und Prügeln bearbeitet und mit Steinen beworfen wird. Im Jahre 1764 feierten die Juden in Monastyr (Rußland) das Purimfest mit einem lebenden „**Haman**". Der Jude und Schnapswirt **Moschko** aus Michalkowetz hatte zu dem Fest auf seinem Panjewagen den betrunkenen Bauern **Adamko** mitgebracht. Die Juden entkleideten ihn, feierten ihr Fest, zogen ihn als „**Haman**" an und zerschlugen ihn fürchterlich. Auch brannten sie ihn im Rücken und an der Seite mit glühendem Eisen. **Adamko** kam total betrunken nach Hause, klagte über schwere Schmerzen und starb am nächsten Tage. Der Jude **Moschko** hatte ihm Gift gegeben, damit er über das Purimfest nicht rede. Die Sache wurde verhandelt, der Jude **Moschko** wurde zum Tode verurteilt. (Die Akten über dieses Purimfest waren bis zur bolschewistischen Revolution beim Magistrat zu Kammetz aufbewahrt. Jetzt sind sie von den Juden vernichtet. D. Schr.)

Aehnliche Purimfeste feierten und feiern noch heute die Juden in der ganzen Welt.

1. Die Schächtung des Pater Thomas

Es war in Damaskus, Anfang Februar des Jahres 1840. Die Juden rüsteten zum Purimfest, das am 15. Februar 1840 stattfand. Am Nachmittag des 5. Februar 1840 wurde der Kapuzinerpater **Thomas** zu einem kranken Kind geholt. Der Pater war ein großer Wohltäter und Heilkundiger. Er wurde wie ein Heiliger geachtet und geliebt. Auf seinem Rückwege von dem Kinde wurde er von seinem Freunde (!!), dem reichen Juden **Davud Arari** eingeladen, in dessen Haus zu treten. Der Pater tats. Die Juden überfielen ihn, knebelten und fesselten ihn. Dann schleppten sie ihn in einen versteckten Raum. Sie holten den jüdischen Barbier **Soliman**. Der Pater wurde auf einen Tisch gelegt und der Kopf über ein kupfernes Becken gehalten. Der Barbier packte den greisen Priester beim Barte, der Jude **Aroun Arari** hielt den Kopf und dessen Bruder **Davud Arari** (der Freund des Priesters!) schnitt ihm den Hals durch. Das Blut wurde in dem kupfernen Becken aufgefangen und in Flaschen gefüllt.

Kurz darauf erschien in dem Judenviertel der Diener des Paters, **Ibrahim Amara**. Die Juden **Arari**, die vor dem Hause standen, sagten: „Dein Herr ist bei uns, komm herein." **Ibrahim Amara** wurde genau so abgeschlachtet wie sein Herr, der Pater **Thomas**.

Am nächsten Tage wurde der Pater vermißt und gesucht. Der Verdacht richtete sich gegen den Barbier **Soliman**, bei dem man Papiere fand, die dem Pater gehörten. Der französische Konsul **Ratti-Menton**, dem der Pater unterstand, und der **Sheriff Pascha** leiteten die Untersuchung. **Soliman** wurde verhaftet. Er legte ein Geständnis ab. Man entdeckte am Tatort die Blutspuren und fand im Abflußkanal die Leichenteile des Paters und seines Dieners. Nun wurden alle Beteiligten verhaftet. Drei davon gestanden das Verbrechen mit allen Einzelheiten. Es waren **Mourad el Fath'al**, der Diener des **Davud Arari** (kein Jude), ferner die Juden **Aslam-Farkhl** und **Monca Abou el Afiech**. Der Letztere war Rabbiner. Er gestand, daß er selbst das in dem Becken aufgefangene Blut in Flaschen zu dem Groß-

Der Ritualmord in Polna

Agnes Hruza wird von den Juden Hilsner, Erdmann und Wassermann geschächtet

(Postkarte die aus Anlaß dieses Mordes von Unbekannten vertrieben wurde)

„All ihres Herzens ängstlich Seufzen und Sehnen gehet dahin, daß sie einmal möchten mit uns Heiden umgehen, wie sie zur Zeit Esthers in Persien mit den Heiden umgingen. O, wie lieb haben sie das Buch Esther, das so fein stimmt auf ihre blutdürstige, rachgierige, mörderische Begier und Hoffnung!"

Martin Luther

Erlanger Ausgabe, Band 32, Seite 120/121.

Deckengemälde in der Wallfahrtskirche „zum Judenstein", in Rinn (Tirol). Er stellt den Ritualmord an dem von der Kirche selig gesprochenen Knaben Andreas dar. Der Mord geschah im Jahre 1462. In der Kirche stellt auch noch eine Holzschnitzerei den Ritualmord dar

rabbiner **Yakoub el-Antabi** gebracht hatte. Nach eingehender und gründlicher Untersuchung wurden die vier Geständigen begnadigt, die zehn weiteren Beteiligten wurden zum Tode verurteilt. Sie hießen **Davud Arari, Aaroun Arari, Isaac Arari,** der Rabbiner **Bokhor Youda** (genannt **Salonikli**), **Mechir Farkhi, Mourad Farkhi, Aroun Stambouli, Isaac Picciotto, Yacoub Abou-el-Afieh** und **Youcef Menakem Farkhi.**

Inzwischen war der Mord und der Prozeß in ganz Europa durch die Presse bekannt geworden. Statt daß das Judentum den furchtbaren und bestialischen Mord aufs Schärfste verurteilt und die rücksichtsloseste Untersuchung und Bestrafung verlangt hätte, tat es das Gegenteil. Es trat für die beschuldigten Rassegenossen ein und erklärte sich mit ihnen solidarisch. Geldsammlungen wurden veranstaltet und zwei Millionen Francs gesammelt. Der Jude **Cremieux**, der die **„Allianc Universelle Israelit"** (= **Weltjudenbund**) gegründet hatte und der den Ausspruch tat: **„Ganz Israel bürgt füreinander"**, fuhr mit großem Gefolge zu **Mehemed Ali**, dem Vizekönig von Aegypten. In seiner Begleitung befanden sich die Juden **Munck** und **Moses Montefiore.** Und außerdem noch die zwei Millionen Francs. **Mehemed Ali** ließ sich bestechen und erließ folgenden Befehl:

„Auf die Vorstellungen der Herren Moses Montefiore und Cremieux, welche vor Uns als Abgesandte aller in Europa lebenden Juden (!! D. Schr.) **erschienen sind, haben Wir erkannt, daß sie die Infreiheitsetzung der Juden, welche wegen des Verschwindens des Paters Thomas verhaftet sind, wünschen.**

Da es angesichts eines so zahlreichen Judenvolkes nicht schicklich sein würde, ihre Bitte abzuschlagen, so befehlen Wir, daß man die jüdischen Gefangenen in Freiheit setzt."

Die Juden wurden entlassen. Ganz Israel hatte für sie gebürgt. Die Ueberreste des Paters **Thomas** aber wurden auf dem Friedhof zu Damaskus bestattet.

Auf dem Grabstein stehen in arabischer und italienischer Sprache die Worte:

„Hier ruhen die Ueberreste des Paters Thomas von Sardinien, apostolischer Kapuziner, Missionar, gemordet von den Juden am 5. Februar 1840."

(Die Akten dieses Prozesses befinden sich im Archiv zu Paris. Der französische Orientalist **Achilles Laurent** verschaffte sich Abschriften und veröffentlichte sie in dem Werk: „Relation hist. des affaires de Syrie depuis 1840 jusqu'en 1842.")

Durch diesen Prozeß ist bewiesen, daß das gesamte Judentum Wisser und Dulder des jüdischen Ritualmordes ist. Daß es selbst die ertappten und überführten Ritualmörder noch deckt. Und daß es keine Mittel und Wege scheut, die Verbrecher, wenn sie bestraft werden sollen, zu befreien. Das Judentum hat im Fall **Thomas** bewiesen, daß es nichts anderes ist, denn eine gut organisierte Bande von Mördern und Verbrechern.

2. Die Schächtung der Agnes Hruza

Drei Juden, der Trödler **Leopold Hilsner** von Polna und seine Rassegenossen **Erbmann** und **Wassermann** lockten am 26. März 1899 (zur Zeit des Purimfestes) die 19jährige nichtjüdische Näherin **Agnes Hruza** in den Breziner-Wald, nahe des Städtchens. Am 1. April 1899 fand man ihre Leiche. Sie war halbnackt und vollständig blutleer. Der Hals zeigte einen furchtbaren, klaffenden Schnitt. Als der Tat verdächtig wurde **Leopold Hilsner** verhaftet. Er legte ein vollständiges Geständnis ab. Er erklärte, er habe das Mädchen mit Hilfe der Juden **Erbmann** und **Wassermann** gefesselt. Dann habe er ihr den Hals durchschnitten. Das Blut sei in einem Eimer aufgefangen worden. Es wurde von einem der Helfer durch die Bahn fortgebracht und zu rituellen Zwecken verwendet. **Hilsner** legte das Geständnis zunächst gegenüber einem Mitgefangenen, dem Inspektor Mifka und dann vor dem Untersuchungsrichter **Baudisch**, ab. Er wiederholte dieses Geständnis später immer wieder. Das Schwurgericht in Kuttenberg verurteilte ihn zum Tode durch den Strang. Wie im Falle des Pater **Thomas** schrie und tobte auch während dieses Prozesses die Judenpresse und verlangte die Freisprechung des **Hilsner.** Jedoch scheiterte ihr Ansturm an der Unbestechlichkeit und Geradheit des Oberlandesgerichtsrats Dr. **Schneider**, der mit eisernem Willen den Prozeß unparteiisch durchführte.

Hilsner und seine jüdischen Advokaten legten Berufung ein. Die Regierung, beeinflußt und bestochen von dem Presselärm und dem Geld des Judentums gab den Fall an ein neues Schwurgericht nach Piseck. Durch die erneute Untersuchung stellte sich heraus, daß **Leopold Hilsner** einen zweiten Ritualmord begangen hatte. Am 17. Juli 1898 hatte er ein junges, nichtjüdisches Mädchen, **Marie Klima**, in derselben Weise geschächtet. **Leopold Hilsner** wurde auch dieses Mordes vor Gericht überführt. Das Schwurgericht in Piseck bestätigte das Kuttenberger Todesurteil. Aber Alljuda hat einen mächtigen und starken Arm. Es hielt ihn schützend über den gefährdeten Rassegenossen. Die Regierung (**Kaiser Franz Josef**) begnadigte den Ritualmörder zu lebenslänglichem Zuchthaus.

Damit ist dieser außerordentlich bezeichnende Fall noch nicht zu Ende. Im Jahre 1918 führten auch in Oesterreich marxistische Judenknechte unter Führung der Juden **Viktor Adler, Otto Bauer** und **Julius Deutsch** die Börsenrevolte durch. Da gedachten die Juden ihres Rassegenossen **Hilsner.** Die Zuchthaustore öffneten sich ihm und der Mörder und Menschenschächter wurde mit Jubel empfangen und in einem jüdischen Altersheim (!!) untergebracht. Wenige Jahre darauf starb er. Er erhielt auf dem „Israelitischen Zentralfriedhof" in Wien ein Ehrengrab!

Das Judentum hat auch in diesem einwandfrei erwiesenen Fall sich mit dem Ritualmörder solidarisch erklärt. Ja, es hat den Verbrecher darüber hinaus noch geehrt. Das Judentum hat auch hier bewiesen, daß es nichts anderes ist, als organisiertes Verbrechertum.

3. Die Schächtung des Helmuth Daube

In der Nacht vom 22. auf 23. März 1928 (es war zur Zeit des Purimfestes) geschah in Gladbeck in Westfalen ein grauenhafter Mord. Der junge 20jährige **Helmuth Daube** hatte sein Abitur bestanden. Er feierte dieses Ereignis am Abend des 22. März. Gegen 2 Uhr morgens ging er nach Hause. Um 5 Uhr morgens fanden ihn seine Eltern tot vor der Wohnung auf der Straße liegen. Der Hals war bis zur Wirbelsäule durchschnitten, die Genitalien waren entfernt. Blut war fast keines vorhanden. Die Hände des Unglücklichen waren zerschnitten, der Unterleib wies mehrere Messerstiche auf.

Zweifellos handelte es sich um einen Ritualmord. Die Sachverständigen sagten vor Gericht aus, die Halswunde sei ein kunstgerechter Schächtschnitt, zirkelförmig ginge er von Ohr zu Ohr. Sehr wahrscheinlich war **Helmuth Daube** vor der Schächtung beschnitten worden. (Es gibt Ritualmörder, die ihre Opfer vor der Schächtung beschneiden. D. Schr.) Da aber durch die Beschneidung der Ritualmord offenbar geworden wäre, so hat man dem Opfer die Geschlechtsteile völlig entfernt.

Die Judenpresse lenkte von dem Purimmord ab und schrieb von einem Lustmord. Sie verdächtigte den Freund des **Daube**, den jungen **Hußmann.** Die Verfolgung des Falles erhielt der Staatsanwaltschaftsrat **Rosenbaum**, ein Jude!! Dieser stellte **Hußmann** unter Anklage. Zur Untersuchung wurde nicht die Gladbecker Polizei herangezogen, sondern es wurden eigens Kriminalbeamte aus Berlin herbeordert. Diese standen unter dem Befehl des jüdischen (!!) Polizeipräsidenten Dr. **Bernhard Weiß.** Sie entdeckten natürlich keinen Ritualmord, sondern fanden auch, daß es sich um einen Lustmord handle. Die Gerichtsverhandlung kam heran. Die Judenpresse in ganz Deutschland erschien dazu. Unter ihrer Kontrolle rollte der Prozeß ab. Staatsanwalt **Rosenbaum** machte mit seiner Anklage gegen **Hußmann** sich selbst und das ganze Gericht lächerlich. Eine Bloßstellung folgte der anderen. Aber er hielt die Anklage aufrecht. Die Freisprechung mußte erfolgen. Das Wesentliche war: Niemand wagte angesichts der zahlreichen jüdischen Redakteure, von einem Ritualmord oder Blutmord zu sprechen. Lediglich das „Bochumer Abendblatt" wies in seiner Ausgabe Nr. 251 auf die auffallende Aehnlichkeit dieses Falles mit dem Ritualmord an dem Gymnasiasten **Winter** in Konitz hin. Der „Stürmer" schrieb von einem Blutmord und erklärte, daß von diesem Gesichtspunkt aus der Fall völlig klar liege. Er wurde beschlagnahmt und verboten und seine Schriftleitung wurde gerichtlich verfolgt und zu Gefängnis verurteilt. Nicht verfolgt wurden die Ritualmörder des Daube. Sie laufen heute noch frei herum.

4. Die Schächtung der Martha Kaspar

In Paderborn diente bei dem jüdischen Metzger und Viehhändler **Moritz Meyer** die Nichtjüdin **Martha Kaspar.** Ein braves, fleißiges Bauernmädel. Der alte Jude **Meyer** (etwa 60 Jahre alt) hatte einen Sohn, **Kurt Meyer**, 24 Jahre alt. Der überfiel eines Tages auf dem Dachboden die Ahnungslose, vergewaltigte und schändete sie. Es kam so weit, daß er, wann es ihm gefiel, in ihre Kammer schlich, die nicht verschlossen werden konnte. **Martha Kaspar** wurde schwanger. Sie verlangte, daß der Jude **Kurt** sie heirate. Sie wußte nicht, daß es dem Juden nach dem Talmud wohl gestattet ist Nichtjüdinnen zu schänden, daß es ihnen aber streng verboten ist, sie zu heiraten. Der Jude **Kurt Meyer** gab, um sie zu beschwichtigen, das Heiratsversprechen ab. Insgeheim aber beschlossen Vater und Sohn, die unbequeme Nichtjüdin zu beseitigen. Allem Anscheine nach verhandelten sie mit jüdischen „Oberen", die das Nötige veranlaßten.

Es nahte das Purimfest. Da verschwand eines Morgens die **Martha Kaspar.** Das war am 18. März 1932. Vier Tage nachher, am 24. März 1932 fand das Purimfest statt. Am frühen Morgen des 18. März 1932 wurde die Nichtjüdin im Hofe gesehen. Sie hatte von

Der Ritualmord an dem von der Kirche selig gesprochenen Knaben Heinrich in München im Jahre 1345
(Lichtbildaufnahme aus dem Buch „Bavaria Sancta")

„Die Huronen, die Kanadier, die Irokesen waren Philosophen der Humanität im Vergleich zu den Israeliten"
Voltaire (17. Band seiner sämtlichen Werke, S. 53.)

dem Juden den Auftrag erhalten, ein Messer zu schleifen. Zu Nachbarsleuten sagte sie während des Schleifens: „Bei uns wird heute ein Kalb geschlachtet.“ Dann sah man sie nicht mehr. Den Nachbarsleuten fiel es auf, daß **Martha Kaspar** nicht mehr zu sehen war. Sie erstatteten Anzeige. Eigenartigerweise verbreitete sich sofort in ganz Paderborn das Gerücht: „**Martha Kaspar** wurde von Juden geschlachtet.“ Die Polizei meldete die **Martha Kaspar** als „vermißt“, sie durchsuchte aber nicht das Haus des Juden. Jedoch sollte auf schauerliche Weise die Aufmerksamkeit der Oeffentlichkeit auf die Vermißte gelenkt werden. Ein junges Paar ging am Sonntag, den 20. März 1932 außerhalb Paderborns spazieren. Es fand mitten auf dem Wege ein Stück Fleisch. Bei näherem Zusehen entdeckten sie zu ihrem Entsetzen, daß es der von einem weiblichen Körper kunstgerecht losgetrennte Geschlechtsteil war. (Das Gleiche also wie bei **Helmuth Daube**. D. Schr.). Das Stück war anscheinend in der Absicht hingelegt worden, um die Oeffentlichkeit glauben zu machen: „Hier liegt ein Lustmord vor.“ Das junge Menschenpaar benachrichtigte die Polizei von dem grausigen Fund. Prompt fiel diese darauf herein und prompt funktionierte die Judenpresse. Die Parole war: „**Martha Kaspar** ist einem Lustmord zum Opfer gefallen.“

Die Polizei nahm eine Hausdurchsuchung vor. Man fand die blutigen Kleider des **Kurt Meyer** und man fand Blutspuren auf dem Heuboden. **Kurt Meyer** und **Moritz Meyer** wurden verhaftet. **Kurt Meyer** leugnete zunächst, dann erhielt er von seiner Mutter die Aufforderung die Schuld auf sich zu nehmen, damit der Vater frei werde. Dieser hatte bereits angefangen, sonderbar zu reden, so daß für Alljuda die höchste Gefahr bestand. Auf dauerndes Drängen des jüdischen Rechtsanwaltes Dr. Frank I kam er ins Irrenhaus (!!) und von da in die Freiheit. Er flüchtete sofort ins Ausland. (Die Tatsache dieser Freilassung ist so unerhört und unglaublich, daß man sie nur verstehen kann, wenn man weiß, daß zu jener Zeit die Regierung und das ganze Rechtswesen durch und durch verjudet war. D. Schr.). Der Sohn des **Moritz Meyer** legte nun ein „Geständnis“ ab. Er erklärte, er habe einen „Abtreibungsversuch“ gemacht, dabei sei die **Martha Kaspar** verblutet. (Er erklärte dem Gericht er habe diesen Abtreibungsversuch ohne jedes Werkzeug durchgeführt. Er habe dies schon wiederholt mit Erfolg bei Kühen (!!) vorgenommen.) Daraufhin habe er die Leiche (da er ja Metzger sei) zerstückelt. Inzwischen waren überall Fleischfunde gemacht worden. Der Jude hatte die **Martha Kaspar** zu pfundgroßen (!!) Stücken zerschnitten. Er hatte gemeinsam mit seinem Vater die Stücke in der ganzen Umgegend von Paderborn zerstreut. Man fand sie in einem kleinen Wald, auf Wiesen, auf Weidenstrünken (!!) in einem Teich, in einem Bach, in einem Abflußkanal (wie bei dem **Pater Thomas**) und in der Jauchegrube!! Die abgeschnittenen Brüste lagen auf dem Heuboden. Die Eingeweide hatte der Jude den Schweinen zum Fraße (!!!) vorgeworfen.

Das Eigenartigste war: man fand nirgends Blut. Auf dem Dachboden war eine kleine Lache vorhanden, die höchstens einen Viertel Liter enthielt. Es stellte sich aber heraus, daß sämtliche Fleischteile vollständig entblutet waren. Die Kriminalbeamten und der sachverständige deutsche Arzt erklärten bei der Gerichtsverhandlung, es müßten zweifellos einige Liter Blut verschwunden sein. Ein Kriminalbeamter sagte, er nehme an, man habe es in Flaschen (!!) weggebracht.

Vom 13. bis 16. September 1932 fand die Gerichtsverhandlung statt. **Kurt Meyer** saß frech auf der Anklagebank. Zum Unterschied von dem Gladbecker Mord war die Judenpresse nicht vertreten. Es saß diesmal ein Rassegenosse auf der Anklagebank. Die großen Zeitungen, die von dem Prozeß gegen den Nichtjuden **Hußmann** jeden Tag auf der ersten und zweiten Seite mächtige Berichte brachten, meldeten von dem Prozeß gegen den Juden **Kurt Meyer** überhaupt nichts. „Ganz Israel bürgt für einander“.

In der Verhandlung stellte sich heraus, daß das „Geständnis“ des Juden von dem Abtreibungsversuch eine Lüge war. Die gefundenen Fleischstücke bewiesen es. Nun gestand der Jude weinend, er habe die **Kaspar** „in der Wut“ totgeschlagen. Das Gericht nahm dieses zweite „Geständnis“ mit großer Dankbarkeit und mit verdächtiger Gutgläubigkeit entgegen. Man merkte, es war froh, daß kein Ritualmord herauskam. Der Staatsanwalt plädierte auf „Mord“, das Gericht nahm „Totschlag“ an. **Kurt Meyer** erhielt 15 Jahre Zuchthaus.

In Wirklichkeit war die ganze Gerichtsverhandlung eine Komödie, die dem Ansehen der Gerichtsbarkeit nicht zuträglich war. Der Mord an **Martha Kaspar** war eine

Postkarte, die von Unbekannten anläßlich des Ritualmordes zu Konitz verschickt wurden

ausgesprochene Purimschächtung. Es hatte sich herausgestellt, daß kurz vor dem Mord im Hause des Juden in geheimnisvoller Weise Leute angekommen waren, die am Tag des Mordes verschwanden. Es hatte sich herausgestellt, daß der alte Jude **Moritz Meyer** unmittelbar nach dem Mord in die Synagoge (!!) gegangen war. Und es stellt sich nunmehr heraus, daß die Judenfamilie **Meyer** kurz nach dem Machtantritt der Nationalsozialisten Paderborn und Deutschland verließen.

Die Wahrheit in diesem Fall ist folgende: **Kurt Meyer** schlachtete gemeinsam mit seinem Vater und sehr wahrscheinlich noch zwei anderen Juden (Rabbinern?) die **Martha Kaspar**. Er schächtete sie auf dem Dachboden und die Juden hielten sie kopfüber durch die Bodenluke und fingen das Blut in einem Eimer auf. Die beiden Helfer schafften das Blut fort und der Alte ging zur Synagoge. Dort erstattete er entweder Bericht oder er betete zu seinem Gott Jahwe. Die Zerstückelung der Leiche erfolgte, damit man den Schächtschnitt nicht feststellen konnte.

Auch in diesem Prozeß hatte der „Stürmer“ darauf hingewiesen, daß ein Ritualmord vorliegen müsse. Die Folge war: Beschlagnahme und Verbot des „Stürmer“, Anhängung eines Gerichtsverfahrens gegen die Schriftleitung.

Der Jude **Kurt Meyer** nahm das Urteil des Paderborner Schwurgerichts dankbar und froh an. Er beantragte keine Revision. Das Reichsgericht seinerseits tat das Gleiche. Es erkannte das Paderborner Urteil an und damit war ein ungesühnter Ritualmord mehr in der Welt.

Ritualmorde zum Passahfest

Der Ritualmord anläßlich des Passahfestes hat in gewisser Hinsicht Aehnlichkeit mit dem des Purimfestes. Dort beim Purimfest feiert man die Wiederkehr der Tage des Persermordes. Hier beim Passahfest feiert man die Wiederkehr des Tages des Christusmordes. Dort morden die Juden als Ersatz für Haman einen erwachsenen Nichtjuden. Hier ermorden sie als Ersatz für Christus ein unschuldiges, nichtjüdisches Kind. Der Purimmord ist meist eine ausgesprochene Schächtung. Der Passahmord hingegen ist meist eine Zutodefolterung. In beiden Fällen aber ist der Zweck, Blut zu gewinnen, das zu rituellen Zwecken verwendet wird. Und beide Verbrechen geschehen aus der Lust am Morden und am Menschenquälen und aus Haß gegen die Nichtjuden.

Jedoch besteht die Opferung eines Menschen am Passahfest nicht erst seit der Ermordung Christi. Sie ist so alt, wie das jüdische Volk selbst. Schon von jeher bestand bei ihm der Brauch, zu dieser Feier ein Lamm oder einen Hahn oder einen Affen an Stelle eines nichtjüdischen Menschen zu opfern. Das Lamm ist der Ersatz für ein nichtjüdisches, unschuldiges Menschenkind.

Besonders typische Ritualmorde zum Passahfest sind:

1. Das Geständnis der Jüdin Ben Noud

Ben-Noud, geboren in Aleppo, gestand dem Orientforscher Grafen **Durfort-Civrac**, daß sie sich im Alter von sieben Jahren (im Jahre 1826) von Lattakhie nach Antiochien begeben und dort in einem jüdischen Hause, in dem sie gewohnt habe, Zeuge gewesen sei, wie von den jüdischen Bewohnern zwei Kinder (Knaben) mit den Füßen an der Zimmerdecke aufgehängt wurden. Das eine der Kinder mochte fünf, das andere zwölf Jahre zählen. Erschreckt über den Anblick, lief sie weinend fort und teilte, was sie gesehen, der Tante mit. Diese lachte sie wegen ihrer Furcht aus und bedeutete ihr, es sei eine Strafe für zwei ungezogene Buben. Um ihre Aufmerksamkeit abzulenken, schickte sie sie nach dem „Bazar“. Bei ihrer Rückkehr waren die beiden Körper verschwunden, aber sie bemerkte auf dem Boden des Raumes eine Messing-Vase, welche die Araber „laghen“ nennen, vollständig mit Blut gefüllt.

2. Das Geständnis des Juden Emanuel von Genua

Schon im 16. Jahrhundert gab es Judenknechte. Sie nahmen die Juden in Schutz und schrieben Bücher zu ihren Gunsten. Dr. **Eck**, der Widersacher Dr. **Luthers**, wandte sich gegen einen solchen. Jener hatte eine Schrift verfaßt, in der er behauptete, es gäbe keine Ritualmorde, man tue den Juden schwer unrecht. Das Buch Dr. **Ecks** trägt den Titel „Ains Judenbüchlein Verlegung“. Es ist gedruckt bei **Alexander Weißenhorn** in Ingolstadt im Jahre 1541. Dr. **Eck** veröffentlicht darin das Geständnis eines zum Christentum übergetretenen Juden. Dr. **Eck** schreibt:

„Da er (der Judenknecht. D. Schr. d. St.) die Behauptung aufstellt, kein getaufter Jude sei jemals gewesen, der ein solches Verbrechen von anderen Juden hätte angezeigt, erwidere ich: Es sind nicht alle Juden an diesen Verbrechen schuldig, denn sie wissen wohl, welche Strafe auf dieses Verbrechen steht. Deshalb werden auch allein wenige Juden zu dem Morde zugelassen. Es ist auch an sich falsch, daß niemals getaufte Juden einen Kindermord hätten angezeigt. So hat **Emanuel** (getauft im Jahre des Herrn 1456) Sohn des Arztes **Salomon** von Genua, nachdem er ein Christ geworden war, die

„Es ist mir unbegreiflich, weshalb man diese mordschnaubenden Bestien nicht schon längst ausgerottet hat. Würde man denn nicht wilde Tiere, die Menschen fräßen, sofort töten, auch wenn sie menschenähnlich wären? Und sind denn die Juden etwas anderes als Menschenfresser?“

Mirza Hassan Chan, Chiam. hig. Bil. 3 (1689 n. Ch.)

Steinrelief an der Kirche zu Oberwesel. Es stellt den im Jahre 1287 verübten Ritualmord an dem von der Kirche selig gesprochenen Knaben Werner dar

Anzeige erstattet von zwei gemarterten Christenkindlein. Den einen Fall berichtete er nach dem Hörensagen. Er erzählte, Meister **Simon** von Ancon, vom Berufe Arzt, habe ein Kindlein geköpft. Das Haupt habe dann ein Hund hinausverschleppt auf die Gasse. Die Amtsleute seien dem Blute nachgegangen und hätten das Kind gefunden im Hause des Juden in einem Bottich liegend. Der Jude aber ist über das Meer entflohen. Den anderen Mord aber habe er in Saona, das zur Republik Genua gehört, mit eigenen Augen gesehen. Er berichtet: Mein Vater hat mich geführt in ein Haus, dort waren acht Juden heimlich versammelt. Diese haben einen schweren Eid abgelegt, daß keiner von ihnen diese Tat verraten würde. Sie wollten lieber den Tod erleiden oder sich selber töten, bevor sie die Tat eingestehen würden. Hernach haben sie ein zweijähriges Christenkindlein hereingeführt. Ein Jude hielt es beim rechten Arm, der andere am linken Arm und der dritte beim Kopfe, sodaß die Form des Kreuzes entstand. Der vierte Schänder hatte eine scharfe, spitzige und lange Nadel oder Stichel in der Hand. Damit hat er das Kind vom Bauche aus gegen das Herz gestochen. Er zog die Nadel schnell heraus und stach nochmals zu, damit reichlich Blut aus der Wunde in das darunter gehaltene Becken floß. Das geschah solange, bis das Kind starb. Dann warfen sie das Kind in ein verborgenes Gemach. Hernach tauchten sie die Schnitze von Birnen, Aepfeln und anderen Früchten in das Blut und aßen sie. Auch er, **Emanuel**, hat davon gegessen. Ob dieser Tat ist ihm ein solcher Ekel entstanden, daß er zwei Tage lang nichts essen konnte. Es war ihm gleich, als wollten die Därme und Eingeweide aus ihm heraus. Das hat er sowohl vor als auch nach seiner Taufe zugestanden, die getätigt wurde zu Valle, solet in Castilia (liegt in Kastilien). Dieses Geständnis legte er ab vor dem Herrn **Garsias von Voamon**, Bischof zu Lucentz, vor dem Herrn **Peter Vasques**, Dechant zu Compostel, vor **Peter Vela**, Quardian, vor **Peter Martin** von Gnetario, offentlichen Notar und Sekretär des Bischofs. Dies bezeugt die Schrift, die bei den Barfüßern aufbewahrt wurde. Emanuel wurde in der Taufe **Franziskus** genannt.

3. Der Foltertod des Knaben von Langendentzlingen

Im 2. Kapitel schreibt Dr. Eck:

„Damit aber nicht ein gutgläubiger Leser von den weiteren Ausführungen abgehalten werde und der Judenschützer nicht sagen könnte, **Doktor Eck** habe für seine Ankündigungen keine Beweise, will ich jetzt eine Erzählung von einem Ritualmord einfügen. Denselben kenne ich nicht vom Hörensagen, sondern ich habe das Opfer mit eigenen Augen gesehen. Als ich im Jahre 1503 wegen des Studiums von Köln nach Freiburg reiste, erhielt ich die Kunde, daß ein Kind vermißt wurde auf einem Hof bei Langen-Dentzlingen. Ein Nachbar fand die Leiche dann im Walde, nachdem er durch das Brüllen der Ochsen auf den greulichen Fund aufmerksam gemacht wurde. Kurze Zeit darnach wurde der Vater des Kindes wegen Diebstahlsverdacht verhaftet und nach Büchen (bei Freiburg) verbracht. Man frug ihn wegen des an seinem Kinde geschehenen Mordes. Er aber wollte von einem Mord nichts wissen. Nachdem man aber das gemordete Kind zu ihm hintrug, bekannte der Vater ohne peinliche Frage (d. h. ohne Folter. D. Schr. d. St.), daß er sein vierjähriges Kind an zwei Juden von Waldkirch verkauft habe. Diese hätten ihm versichert, das Kind nicht töten zu wollen. Sie möchten nur Blut von ihm nehmen. Er bedauere, daß die Sache anders hinausgegangen sei und das Kind an der Blutentnahme gestorben sei. Dieses Kindlein und seine Wunden habe ich mit eigenen Augen gesehen, die Wunden untersucht und angerührt. Ich war auch dabei, wie der Vater zu Buch hingerichtet wurde. Er blieb bei seiner Behauptung auch vor dem Scharfrichter bestehen und erlitt standhaft den Tod. Die Juden haben sein Kind zu Tode gestupft (das heißt: durch Nadelstiche zu Tode gemartert. D. Schr. d. St.). Da kann der Christenlästerer diese Tat gewiß nicht dem Begehren der Obrigkeit nach jüdischen Gütern zumessen. Zumal Herr **Konrad Sturtzel** von Kinzingen unter dessen Hoheit Büchen stand, ein allgemein bekannter Ehrenmann, der in vier Länder Elsaß, Breisgau, Suntgau und Tirol war, der seine Treue in Männlichkeit und Beständigkeit durch alle Zeit trotz angebotenen Geldes und Schenkungen seinem Fürsten dem Herzog **Sigmund** von Oesterreich erhalten hat und sich auch nicht durch Bedrohungen von seinem Herrn und der zugeschworenen Ehrbarkeit und Treue hat abwendig machen lassen. Ferner habe ich den Christen gesehen, der das Blut des Kindes von den Juden zu Waldkirchen erhielt, um es den Juden in das Elsaß zu bringen. Dieser Christ wurde durch das Urteil des edlen und ehrbaren Rates von Freiburg in Breisgau hingerichtet. Er hatte trotz der Gewißheit eines Todesurteils bekannt, daß er das Blut des Kindleins von Buchen den Juden ins Elsaß gebracht hat. Dieses Bekenntnis habe nicht nur ich vernommen, sondern es haben auch viele hundert Menschen gehört und diese haben gesehen, wie der Verbrecher den verdienten Tod geduldig erlitten hat. Denn es war von beiden Orten eine große Anzahl von Leuten auf der Richtstätte anwesend. Das, mein Judenschützer, das ist gewiß, das ist eine evidentia facti, das Kindlein stand jedermann vor Augen. Man konnte die Stiche und Wunden sehen und betasten. Obwohl die Juden dieses Kind nicht einmal so jämmerlich und greulich gemartert hatten, wie sie hier im Stifte Eichstätt mit dem Kind von Sappenfeld verfahren waren, bleibt doch die gleiche Tatsache bestehen. Ich bin aber damit noch nicht zu Ende und will dem Judenverteidiger noch manch Liedlein singen, daß ihm die Ohren gellen."

Der „Stürmer" ist auch noch nicht zu Ende. Auch sein Schlachtruf soll Juden und Judenknechten in aller Welt weiter in die Ohren gellen.

4. Der Foltertod des heiligen Simon

Der kleine **Simon**, ein Knäblein von Trient, wurde am 21. März des Jahres 1475 in der Karwoche, und zwar am Gründonnerstag, von den Juden in der Stadt Trient getötet. Die in dieser Stadt wohnenden Juden wollten das Passahfest nach ihrer Weise feiern. Sie verschleppten den Knaben heimlich in das Haus des Juden Samuel. In der Karwoche am Tag vor dem Passahfest und zwar um die dritte Stunde nach der Vesper saß der Kleine, wie es Kinder tun, vor seinem elterlichen Hause. Es war weder sein Vater noch die Mutter zuhause. Da trat der Jude **Thobias** zu ihm, hob mit schmeichelnden Worten den Knaben, der noch nicht 30 Monate alt war, auf und trug ihn sogleich ins Haus des Juden **Samuel**. Als nun die Nacht hereinbrach, entkleideten die (Zwillings-) Brüder **Saligman** und **Samuel**, dann **Thobias**, **Vitalis (Veitel)**, **Moses**, **Israel** und **Mayr** den Leib des Knaben. Dann schlachteten sie ihn auf die entsetzlichste Art. Während **Moses** dem Kinde, das Samuel auf seine Kniee legte, mit einem Taschentuch die Kehle zuschnürte, schnitt jener ihm mit einem Messer ein Stück von der Kinnlade ab. Die Anderen sammelten das Blut in einem Napf. Gleichzeitig stachen sie das entkleidete Opfer mit Nadeln und murmelten hebräische Verwünschungen. Dann schnitten sie ihm Stücke Fleisch aus Armen und Beinen und fingen das Blut in Töpfen auf. Zum Schluß ahmten die Henker die Kreuzigung nach, indem sie das zuckende Wesen zu Vier mit den Füßen nach oben ausgestreckt hielten... Zu ihrem grausigen Tun sprachen sie die Worte: „Nimm das hin, gekreuzigter Jesus. So haben es einst unsere Vorfahren getan, so mögen zu Wasser und zu Land alle Christen vernichtet werden." Dann eilten sie zu ihrem Mahl. Als das Kind gestorben war, warfen sie seine Leiche in den Fluß, der nahe bei

Der Ritualmord an dem heiligen Simon von Trient im Jahre 1475

(Holzschnitt aus der damaligen Zeit)

„Ich weiß wohl, daß sie solches und alles leugnen; es stimmt aber alles mit dem Urteil Christi, daß sie giftige, bittere, rachgierige, hämische Schlangen, Meuchelmörder und Teufelskinder sind, die heimlich stechen und Schaden tun, weil sie es öffentlich nicht vermögen." **Martin Luther.** Von den Jüden und ihren Lügen (Erlanger Ausgabe Bd. 32, S. 244)

Der Ritualmord zu Regensburg im Jahre 1476 (Sechs Knaben wurden zu Tode gefollert)

(Aufnahme aus „Bavaria Sancta")

ihrem Haus vorbeiströmte. Hierauf feierten sie mit Freuden ihr Passahfest.

Der Fall wurde von Bischof **Hinderbach** aufgegriffen und verfolgt. Die Juden wurden zum Tod verurteilt. Daraufhin lief das ganze Judentum des dortigen Landes gegen das Urteil Sturm. Die Juden erwirkten, daß ein zweiter Prozeß durchgeführt wurde. Ihn führte **Giudici** von Venetimiglia. Er mußte das Urteil bestätigen. Daraufhin kam der Prozeß wiederum auf jüdischen Einspruch hin vor das Gericht das Papstes Sixtus IV. Dieser beauftragte den besten und berühmtesten Rechtslehrer der damaligen Zeit, **Panvino** mit dem Vorsitz. Auch er mußte unter dem Beisitz von sechs Kardinälen pflichtgemäß das Urteil bestätigen. Das Gericht stellte fest:

„Die Hebräer töteten den Knaben Simon, um einem rabbinischen Religionsgesetz zu gehorchen, aus dem Motiv einer ruchlosen Frömmigkeit und Devotion, die sie verpflichtet, sich des Christenblutes zur Feier des Passahfestes zu bedienen."

Die Akten dieses Prozesses lagen erst in dem Geheimarchiv des Kastells von St. Angelo und wurden dann in den Vatikan überführt, wo sie zur Einsicht vorhanden sind. Sie sind entdeckt worden von Papst **Benedikt** XIV., und Papst **Clemens** XIV. hat, ehe er Papst wurde, dann als Rat des Heiligen Offiziums die beiden Ritualmorde bestätigt, und zwar 300 Jahre später, um das Jahr 1770 herum. Der zu Tode gefolterte Knabe wurde durch Sixtus V. heilig gesprochen.

Der Foltertod des Feodor Jemeljanow

Am 22. April 1823, am Ostersonntag, verschwand in Welisch (Rußland) spurlos der 2½ jährige Feodor Jemeljanow, Sohn eines Soldaten. Die Leiche wurde eine Woche darauf außerhalb der Stadt in einem Zustande gefunden, daß niemand daran zweifelte, daß der Knabe von Juden zu Tode gequält worden sei. Am ganzen Körper waren Abschürfungen der Oberhaut, als sei der Körper mit einem rauhen Gegenstand stark gerieben worden. Die Nägel waren abgeschnitten, und am ganzen Körper waren kleine Wunden, als wären sie mit einer Nadel beigebracht. Die mit Blut unterlaufenen Füße bewiesen, daß unterhalb der Knie feste Binden angelegt worden waren. Die Nase und die Lippen waren von fest angelegten Binden flachgepreßt, und endlich war an dem Knaben die jüdische Beschneidung (!!) vorgenommen worden. Der Arzt sagte unter Eid aus, daß das Kind absichtlich zu Tode gequält worden war. Die Tat war am nackten Kinde vollzogen worden und der Körper erst gewaschen und dann wieder bekleidet worden, denn weder die Wäsche, noch die Kleider zeigten die geringsten Blutspuren. Aus Wagenspuren in der Nähe der Fundstelle konnte man ersehen, daß ein zweispänniger Wagen von der Landstraße abgebogen und bis zu der betreffenden Stelle gefahren war. Von dort war die Leiche ein Stück weitergetragen und am Rande eines Sumpfes hingeworfen worden.

Der Fall wurde untersucht. Nach jahrelangem Ermitteln und Verhören wurde das Verbrechen klar. Es wurden eine große Anzahl Juden verhaftet. Darunter: **Channa Zetlin, Slawka Berlin, Mirka Berlin** (Jüdinnen), **Schifra Berlin, Jossel, Orlik** usw. (Juden). Drei Russinnen, die zum jüdischen Glauben übergetreten waren, (**Terentjewa, Maximowa** und **Koslowskaja**) legten ein Geständnis ab. Es wurde Folgendes festgestellt:

In den großen Fasten des Jahres 1823, eine Woche vor dem jüdischen Passah-Ostern, machte die Schankwirtin **Channa Zetlin** (**Zetlins** waren angesehene und reiche Juden in Welisch) die Terentjewa betrunken, gab ihr dann noch Geld und bat sie, ihr einen Knaben zu besorgen. Am ersten Osterfeiertag erblickte die **Terentjewa** den Knaben **Jemeljanow** bei einer Brücke. Die **Terentjewa** führte den Knaben herbei und **Channa** kam ihnen auf der Straße vor dem Hause entgegen. Die **Terentjewa** trug das Kind zu **Mirka Berlin** (die **Berlins** waren ebenfalls angesehene Juden. Sie bewirtschafteten ein großes Gut). Diese trug es ins Zimmer ihrer Tochter **Slawka**, wo schon viele Juden waren; das Kind wurde in eine Kammer gebracht.

Am Montag der folgenden Woche bewirtete die Jüdin **Channa** die beiden Frauen mit Wein und führte sie zu den **Berlins**, wo bei **Slawka Berlin** viele Juden zusammengekommen waren. **Mirka** gab ihnen auch noch zu trinken und bat, die Leiche des Knaben bei Nacht in den Fluß zu werfen. Sie brachten den Knaben aus der Kammer, entkleideten ihn auf Befehl der Juden und legten ihn auf den Tisch. Ein Jude vollzog die Beschneidung. **Schifra Berlin** beschnitt ihm die Nägel bis aufs Fleisch. Zu dieser Zeit kam die **Koslowskaja** aus dem Schankraum zurück. **Slawka** war zu ihr in den Vorraum gegangen; da sie aber bemerkte, daß jene doch schon einiges gesehen hatte, so rief sie sie ins Zimmer. Hier bedrohten sie die Juden, nie etwas zu verraten, was hier geschehe. Man würde ihr dann antun, was man mit dem Knaben getan habe. Sie schwor, zu schweigen. Nach ihren eigenen Aussagen hielt die **Terentjewa** das Kind über die Schüssel, die **Maximowa** wusch es, darauf wurde es in die Tonne gesteckt, davon eine Bodenhälfte sich herausnehmen ließ. Nachdem **Jossel** die zweite Hälfte des Bodens wieder hineingelegt hatte, begann er mit Hilfe der **Terentjewa** die Tonne auf dem Fußboden zu rollen, dann taten es auch alle anderen, wobei sie sich paarweise alle zwei Stunden ablösten. Das Kind war ganz rot, als wenn es verbrüht wäre — (das stimmt vollkommen mit dem Zeugnis des Arztes überein). Die **Terentjewa** wickelte es in ein Tuch und legte es auf den Tisch, alle drei Frauen kleideten sich in jüdische Kleider und trugen das Kind in die Schule; hinter ihnen folgten die Juden. In der Schule waren schon viele Juden, die den Knaben in einen auf dem Tisch stehenden Trog, der mit Nägeln gespickt war, legten. Die **Terentjewa** band die Füße des Knaben unterhalb der Knie zusammen. Darauf wurde ein großer, spitzer Nagel gereicht und der T. befohlen, damit das Kind in die Schläfe und in die Seite zu stechen. Alle Juden taten einer nach dem anderen dasselbe. **Orlik** drehte und wendete das Kind im Troge hin und her, anfänglich schrie es, dann wurde es still, sah alle an und atmete schwer. Bald verblutete es und gab den Geist auf. Die Frauen **Terentjewa** und **Maximowa** trugen die Leiche in den Wald.

Nachdem die Frauen fortgegangen waren, goß **Jossel** Blut in eine Flasche und befahl der **Koslowskaja**, dieselbe zu Slawka zu bringen; die Reste des Blutes blieben im kleinen Trog in der Schule. Als Terentjewa und Maximowa aus dem Wald heimkehrten, begegneten ihnen Jossel und ein zweiter Jude in dem mit zwei Pferden bespannten Wagen. (Sieben Zeugen haben unter Eid ausgesagt, daß sie bei Tagesanbruch diesen Wagen hin- und zurückjagen gesehen hätten.) Sie waren hinausgefahren, um die Frauen zu beaufsichtigen. **Jossel** stieg aus und besah sich die Stelle, wo die Leiche hingelegt war. Dann fuhren die Juden zur Stadt zurück. **Mirka** gab beiden Frauen reichlich Wein zu trinken, Slawka gab ihnen Geld und ermahnte sie, sich ja nicht zu verraten, denn die Juden würden alles ableugnen und sie würden allein als die Schuldigen gelten. **Fratka**, die Frau des Rabbiners **Orlik**, gab der **Terentjewa** am nächsten Tag wieder Schnaps zu trinken, kleidete sie in jüdische Kleider und führte sie in die Schule, wo wieder dieselben Juden und außerdem die **Koslowskaja** anwesend waren. Der kleine Trog mit dem Blute stand noch auf dem Tisch, und daneben zwei leere Flaschen. (Eine dritte Flasche war schon am Tage vorher

„Die Juden sind trotz ihrer Zersplitterung eng verbunden. Sie werden durch unbekannte Obere geleitet . . . Noch jetzt hat jede Stadt ihren eigenen Richter, jede Provinz ihren Rabbi, und alle stehen unter einem unbekannten Oberhaupt, welches in Asien hause." **Hellmuth von Moltke.**

zu Slawka gebracht worden.) Channa kam mit der **Maximowa**, die noch eine Flasche, einen Trichter und einen Krug brachte. Die **Terentjewa** rührte das Blut mit einem kleinen Spatel an, **Jossel** füllte es in Flaschen ab. In den Rest des Blutes wurde ein Stück Leinwand getaucht. Dann zerschnitt **Jossel** dieselbe in kleine Stückchen. (**Orlik** tauchte den Nagel in den Rest des Blutes, tropfte davon auf jedes Stück und zog darauf verschiedene Figuren.) Jedem der Anwesenden wurde je ein Stück gegeben, ebenso bekamen die drei russischen Frauen je ein Stück dieser Leinwand. Darauf gingen sie auseinander.

Dieser Prozeß ging bis an den Reichsrat in Petersburg. Alle Instanzen vorher hatten die Juden für schuldig erklärt. Der Reichsrat aber tat das Gegenteil. Er schickte durch Urteil vom 18. Januar 1835 die drei Russinnen nach Sibirien, die Juden sprach er frei! Das Judentum stattete den Nachkommen dieser Regierung 82 Jahre später dafür den Dank ab. Es stürzte das Haus **Romanow**, errichtete den Bolschewismus und verübte Massenmorde, Massenfolterungen, Massenritualmorde in solch grauenhafter Weise, daß alles bisher Dagewesene (auch der Foltertod des **Feodor Jemeljanow**) im Schatten verschwand.

Der Ritualmord von Manau

In Unterfranken liegt unweit Hofheim in schöner Landschaft das Dörfchen Manau. Dort wohnt die Familie **Keßler**. Es sind kleine Leute, vier Kinder sind vorhanden. Das jüngste war der Knabe **Karl Keßler**. Er war fünf Jahre alt, ein munterer blonder, gut entwickelter Junge. Am 17. März 1929 nachmittags fünf Uhr ging **Karl Keßler** die Straße hinunter nach Walchenfeld, wo seine Geschwister zur Schulschlußfeier sich befanden. Von diesem Augenblick ab wurde er lebend nicht mehr gesehen. Er kam abends nicht heim. Das Dorf wurde alarmiert und dann fand man seine Leiche in einem Waldstück nicht weit weg von Manau. Sie war angekleidet und hatte nur eine größere Wunde, einen tiefen Stich in den Hals, der die Schlagader durchschnitt. An den geknickten Zweigen ringsum war zu sehen, daß der Junge sich gewehrt hatte. Das Messer war mehrere Male angesetzt gewesen, es befanden sich in der Nähe der Halsschlagadern kleinere Stichwunden. Außerdem zog sich quer über den Hals von Ohr zu Ohr ein leichter Schnitt. Er sah aus genau wie ein Schächtschnitt, jedoch nur hauttief eingedrungen. Der Mörder hatte also symbolisch die Schächtung angedeutet. Dann hatte er, wie bei der Schächtung, den **Verblutungstod** durch Zerschneiden der Halsschlagader herbeigeführt. Formell war es eine Schächtung in „gesetzlich gültiger Weise“ nach dem Menschenschächtgesetz. Der Körper des Kindes war vollständig blutleer. Am rechten Oberschenkel und am rechten Oberarm zeigten sich Druckstellen. Sie zeugten dafür, daß der Knabe mit dem Kopfe nach unten zur besseren Ausblutung eine Zeit lang hochgehalten worden war. Blut war an der Mordstelle keines vorhanden. Es war weggeschafft worden. Alle diese Anzeichen bewiesen: **Karl Keßler** war einem Ritualmord zum Opfer gefallen. Es stand ja auch das Passahfest der Juden vor der Türe. Verdächtig war, daß von diesem Tage ab ein jüdischer Metzger aus Hofheim für immer verschwand.

Die Leiche des **Karl Keßler** wurde von Gerichtsarzt Dr. **Burgel** (Bamberg) untersucht. Er erklärte nach Feststellung der typischen Merkmale: „Hier handelt es sich um einen Ritualmord.“ Die gesamte Bevölkerung war der gleichen Meinung. „Ein Kindermord vor dem Passahfest. — Der Hals durchschnitten — das Blut entzogen — das haben die Juden getan!“ So gings wie ein Lauffeuer durch die ganze Gegend. Eine gewaltige Erbitterung und Erregung ergriff die Nichtjuden. Der „Stürmer“ griff das Verbrechen auf. Versammlungen wurden von den Nationalsozialisten veranstaltet. Der Antisemitismus griff gewaltig um sich.

Da heulte das ganze Judentum auf. Es alarmierte seine Parteien. Es schickte Abgesandte von Behörde zu Behörde. Die Regierung (Bayerische Volkspartei) wurde ebenfalls von den Juden alarmiert. Prompt funktionierte sie. Polizei, Gericht, Staatsanwaltschaft erhielten entsprechende Anweisungen. Die Staatsanwaltschaft mußte, obwohl das Verfahren noch schwebte und alles noch ungeklärt war, eine Verlautbarung veröffentlichen, daß ein Ritualmord nicht vorliege. Die Lehrer erhielten den Befehl, die Kinder zu unterrichten, daß der Ritualmord nicht existiere und in das Reich der Fabel gehöre. Im Landtag kam die Sache zur Sprache. Kultusminister **Goldenberger** (Bayerische Volkspartei) trat für seine „jüdischen Volksgenossen“ mit verdächtigem Eifer ein. In Würzburg hielt der „Zentralverein deutscher Staatsbürger jüdischen Glaubens“ eine Riesenversammlung ab, in der er die Nationalsozialisten zur Aussprache einlud. Sie wurde von diesen gesprengt. Im ganzen Reich schrieben sich in den Zeitungen die Juden die Finger wund. Der Berliner Polizeipräsident **Dr. Bernhard Weiß** nannte in einem solchen Artikel den Stürmerherausgeber **Julius Streicher** einen „üblen Hetzer“. In allen Zeitungen waren seitengroße bezahlte „Erklärungen“ zu lesen. Eine davon lautete:

Öffentliche Erklärung

Das verabscheuungswürdige Verbrechen des Kindermordes bei Manau gibt gewissenlosen Hetzern willkommenen Anlaß, wiederum die schon unzählige Male als Lüge gebrandmarkte Mär eines Ritualmordes in die Bevölkerung zu werfen.

Diese niederträchtige Bezichtigung wurde in den ersten Jahrhunderten des neu erstandenen Christentums ebenso ungerechtfertigt gegen Christen erhoben, wie in der Folgezeit gegenüber den Juden.

Wir empfinden es als Schmach, daß sich das Judentum auch heute noch gegen einen so schimpflichen Vorwurf wehren zu müssen gezwungen ist, gegen einen Vorwurf, der auch dem oberflächlichsten Leser der Bibel als ein Wahngebilde des Hasses erscheinen muß.

Wir erklären hiermit feierlichst:

Die Quellen der jüdischen Lehre, insbesondere auch des Talmud, enthalten kein Wort, das auch nur entfernt im Sinne dieses teuflischen Vorwurfs gedeutet werden könnte.

Auch keine irgendwie geartete Sekte, noch irgend ein „Stamm“, wie es wohl neuerdings in judenfeindlichen Erklärungen behauptet wird, hat jemals eine solch scheußliche Lehre aufgestellt oder einer solchen Tat sich schuldig gemacht.

Diese unsere feierliche Erklärung wird durch die grundlegendsten Werke der bedeutendsten christlichen Gelehrten, des katholischen Pfarrers Dr. Frank, zuletzt in Königshofen i. Gr., und des evangelischen Professors Geheimrat Strack in Berlin, vollinhaltlich gedeckt.

Die Ritualmordlüge ist eine Ausgeburt finsteren Hasses, eine Verleumdung unseres Glaubens, die wir in tiefster Entrüstung zurückweisen. Wir sind bereit, die Wahrheit dieser Erklärung gegenüber allen Verleumdern vor jedem Gericht zu erhärten.

Die Vorstandschaft der Bayerischen Rabbinerkonferenz

Rabb. Dr. Freudenthal, Nürnberg; Rabb. Dr. Stein, Schweinfurt; Rabb. Dr. Baerwald, München; Rabb. Dr. Hanover, Würzburg; Rabb. Dr. Salomon, Bayreuth; Rabb. Dr. Wohlgemuth, Kitzingen; ferner: Distrikts-Rabb. Dr. Ephraim, Burgpreppach.

Der „Stürmer“ erwiderte auf diese Erklärung. Er wurde beschlagnahmt und verboten. Der lächerliche Eifer der damaligen judenhörigen Regierung und gewisser Beamtenkreaturen ging so weit, daß ein Oberamtsrichter in der Presse erklären ließ: Die Annahme eines Ritualmordes sei absurd und lächerlich. Der Knabe habe sich sehr wahrscheinlich an einem spitzen Ast (!!) gestoßen (die Stichwunde war 12 Zentimeter tief! D. Schr.) oder aber er sei von einem hungrigen Rehbock (!!) angefallen worden. Der Oberamtsrichter schloß also den Juden zuliebe die Rehböcke aus den Reihen der Pflanzenfresser aus und reihte sie unter die Raubtiere und Blutsäufer. Zudem besitzen die Böcke im März noch kein Geweih (womit der Hals des Keßler durchbohrt worden sein soll), sondern nur einen sehr empfindlichen und weichen sogenannten „Bast“.

Der „Kindermord von Manau“ verlief, wie nicht anders zu erwarten war, im Sande. Die Täter wurden nie gefunden. Ungesühnt schreit das vergossene Blut zum Himmel.

Ritualmord in München im Jahr 1282
(Lichtbildaufnahme aus „Bavaria Sancta“

Zusammenstellung der jüdischen Ritualmorde aus der Zeit vor Christus bis 1932

Schon die ältesten Geschichtsschreiber berichten von dem hebräischen Menschenopfer-Kult. **Herodot** schreibt: Die Hebräer opferten ihrem Gotte **Moloch** Menschen. (Herodot Band II S. 45). **Christus** sagte zu den Juden: **„Euer Vater ist ein Menschenmörder von Anfang an.“** Er meinte damit **Moloch-Jahwe**, den jüdischen Oberteufel. Auch die Propheten Jesaias 57, 5. Jeremias 7, 30, 31, **Hesekiel** 26, 26—30, **Micha** 6, 7 werfen den Hebräern ihre Opfergreuel vor. Jesaias sagt:

„Die ihr in der Brunnst zu den Götzen laufet unter alle grüne Bäume und schlachtet die Kinder an den Bächen unter den Felsklippen!“

Die in der Zeit vor **Christus** bis heute schriftlich überlieferten Ritualmorde sind:

169 v. Chr. **König Antiochus Epiphanes von Syrien findet bei der Plünderung des Tempels zu Jerusalem in einem verborgenen Gemach einen Griechen auf einem Bette, der ihn um Rettung anfleht. Er sei in den Tempel gelockt und nicht mehr herausgelassen worden. Auf dringendes Bitten hätten ihm die Aufwärter gesagt, ein geheimes Gesetz gebiete den Juden, jährlich zu einer gewissen Zeit einen Menschen zu opfern. Sie suchten daher einen Fremden in ihre Gewalt zu bekommen. Sie mästeten diesen, führten ihn dann in einen Wald, opferten ihn, äßen etwas von seinem Fleische, tränken von seinem Blut und würfen den übrigen Körper in eine Grube.** (Josephus, jüdischer Geschichtsschreiber, contra Apionem.)

418 n. Chr. **Baronius meldet die Kreuzigung eines Knaben durch Juden in Imm, zwischen Aleppo und Antiochia.**

419 n. Chr. **In dem syrischen Orte Imnestar zwischen Chalcis und Antiochia heften die Juden an einem Festtage einen christlichen Knaben ans Kreuz und geißeln ihn zu Tode.** (Socrat.)

425. **Baronius meldet die Kreuzigung eines Knaben.**

614. Die Juden kaufen dem persischen Könige Chosrees II. nach Eroberung Jerusalems 90 000 Gefangene um geringes Geld ab und morden sie alle auf das Empörendste. (Cluverius, Epitome hist. p. 386.)

1071. **Mehrere Juden aus Blois kreuzigen während des Osterfestes ein Kind und werfen den Leichnam in einem Sack in die Loire. Graf Theobald ließ die Schuldigen verbrennen.** (Robert von Mons in Mon Germ. hist. Script. VI. 520.)

1144. **Während des Passahfestes wird zu Norwich der 12jährige Heilige Wilhelm von dortigen Juden geknebelt, an den Galgen gehängt und ihm durch eine seitliche Wunde das Blut abgezapft. Die Juden verbergen den Leichnam im benachbarten Wald, sie werden dabei vom Bürger Eiluerdus überrascht, dem jedoch die mit Geld bestochene Obrigkeit Schweigen gebietet. Nach kurzer Zeit wird das Verbrechen dennoch ruchbar.** (Acta sanct., III. Bd. de März S. 590.)

1160. **Die Juden von Glocester kreuzigen ein Kind.** (Mon. Germ. hist. Script. VI. 520.)

1179. **In Pontoise (Pont-Iseere) wird am 25. März vor dem Passahfest der Heilige Richard von den Juden geschächtet und dem Körper des Knaben alles Blut entzogen. Sie werden deshalb aus Frankreich vertrieben.** (Rob. v. Turn., Rig. u. Guillel. Amor.)

1181. **In London ermorden die Juden gegen Ostern ein Kind Namens Rodbertus in der Nähe der Kirche des Heiligen Edmund.** (Acta sanct., III. Bd. des März 591.)

In Saragossa ereignet sich dasselbe an einem Kinde mit Namen Dominico. (Blanca Hispania illustrata, tom. III, S. 657.)

1191. **Die Juden von Braisne kreuzigen einen von ihnen des Diebstahls und Mordes beschuldigten Christen, nachdem sie ihn vorher unter Geißelhieben durch die**

„Zu allen Zeiten hielten die Juden einen Eidschwur den Christen gegenüber nicht für bindend.“

Hellmuth von Moltke.

Stadt geschleppt haben. Sie werden deshalb ihrer achtzig von König Philipp August, der selbst nach Braisne kam, verbrannt. (Rigordus, hist. Gall.)

1220. In Weißenburg im Elsaß wird am 29. Juni ein Knabe, der Heilige Heinrich, von den Juden gemordet. (Murer, Helvet. sancta.)

1225. In München stiehlt eine Frau, durch Judengold verführt, ihrem Nachbar ein kleines Kind, dem die Juden das Blut abzapfen. Bei einem zweiten Versuch ertappt, wurde die Verbrecherin dem Gericht übergeben. (Meichelbeck, Hist. Bavariae II. 94.)

1235. Das gleiche Verbrechen wird von den Juden am 1. Dezember in Erfurt begangen. (Henri Desportes, Le mystere du s ng. 66.)

1236. Zu Hagenau im Elsaß werden drei Christenknaben aus der Gegend von Fulda von den Juden in einer Mühle nächtlicher Weile überfallen und zum Zwecke der Blutbenutzung umgebracht. (Trithemius; Chronik Alberts von Straßburg.)

1239. Allgemeiner Volksaufstand in London wegen eines heimlich von den Juden begangenen Mordes. (Mattheus v. Paris, Grande Chron.)

1240. Die Juden zu Norwich beschneiden ein Christenkind und halten es, um es später zu kreuzigen, im Ghetto verborgen. Der Vater findet nach langem Suchen sein Kind und führt beim Bischof Wilhelm von Rete Klage. (Mattheus v. Paris, ebd. V. 39.)

1244. Auf dem St. Benediktus-Gottesacker zu London wird der Leichnam eines Knaben gefunden, der fahle Spuren und Risse, sowie an mehreren Stellen hebräische Schriftzeichen aufweist. Er war gemartert und getötet worden. Das Blut war ihm entzogen. Die getauften Juden, zur Erklärung der hebräischen Zeichen gezwungen, finden die Namen der Eltern des Kindes und lesen, daß es ganz jung an die Juden verkauft worden war. Die angesehenen Juden verlassen heimlich die Stadt. Die katholische Kirche verehrt den Märtyrer unter dem Namen St. Paul.

1250. Die Juden in Saragossa nehmen den fürchterlichen Glaubenssatz an, daß jeder, der ein Christenkind zur Opferung abliefert, von allen Abgaben befreit und aller Schulden ledig werden soll. Moses Albay-Huzet (auch Albajucetto genannt) überliefert im Juni 1250 den 7jähr. Dominikus del Val den Juden zur Kreuzigung. (Johan. a Lent, Schedias, hist. de pseudomes, judaeorum; p. 33.)

1255. Zu Lincoln in England wird vor dem Peter- und Paulstage der 8jährige Heilige Hugo von den dortigen Juden gestohlen, versteckt gehalten und später gekreuzigt. Die Juden schlugen ihn so lange mit Ruten, bis er fast alles Blut verloren. (Acta sanct. 6. Juli 494.)

1257. Die Juden von London schlachten, um ihr Jahresopfer zu begehen, ein Christenkind. (Cluvirius, epitome, historiarum p. 541. col. I.)

1260. Die Juden von Weißenburg töten ein Kind. (Annal. Colmariens.)

1261. In Pforzheim legen die Juden ein von einer christlichen Frau geliefertes siebenjähriges Mädchen auf Leinentücher, stechen es in alle Glieder, um die Tücher mit dem Blute zu tränken und werfen es zuletzt in den Fluß. (Thomas, Cantipratanus, de ratione vitae.)

1279. Die angesehensten Juden von London kreuzigen am 2. April ein Christenkind. (Florent de Worcester, Chron. 222.)

1279. Kreuzigung eines Christenkindes in Nordhampton unter unerhörten Qualen. (Henri Desportes Le mystere du sang 67.)

1282. In München kaufen die Juden einen kleinen Knaben und zerstechen ihn am ganzen Körper. (Rader., Bavar. sancta I. Bd. p. 315.)

1283. Ein Kind wird durch seine Amme den Mainzer Juden verkauft, die es umbrachten. (Barocrus ad annum No. 61; Annalen von Colmar.)

1286. In München martern die Juden zwei Knaben. Große Wut des Volkes. 180 Juden wurden in der hölzernen Synagoge durch ringsum angelegtes Feuer verbrannt. (Murer, Helvet. sancta.)

1286. Zu Oberwesel am Rhein wird der 14jährige Heilige Werner im April von den Juden 3 Tage hindurch langsam zu Tode gemartert. (Act. sct. II. Bd. d. Apr. p. 697 bis 740.)

1287. Die Juden in Bern rauben zum Passahfest den Heiligen Rudolf, quälen das Kind entsetzlich und schneiden ihm zuletzt den Hals ab. (Hein. Murer, Helvetia sancta.)

1292. In Colmar wird ein Knabe von Juden getötet. (Ann. Colm., II, 30.)

1293. In Krems wird ein Kind von Juden geopfert. Zwei der Mörder werden bestraft, die anderen retten sich durch die Macht des Goldes. (Monum. XI, 658.)

1294. In Bern wird wiederum ein Kind von Juden getötet. (Ann. Colm., II, 32; Henri Desportes, Le mystere du sang S. 70.)

1302. In Reneken dasselbe Verbrechen. (Ann. Colm., II, 32.)

1303. Zu Weißensee in Thüringen wird zu Ostern der junge Schüler Conrad, der Sohn eines Soldaten, getötet. Die Muskeln werden ihm zerschnitten und die Adern geöffnet, um ihm alles Blut zu entziehen.

1305. Die Juden in Prag nageln gegen Ostern einen Christen, der durch Armut gezwungen ihnen dienen mußte, nackt auf ein Kreuz, schlagen ihn mit Ruthen und speien ihm ins Gesicht. (Tentzel.)

1320. In Puy Opferung eines Chorknaben der dortigen Kirche.

1321. In Annecy Tödtung eines jungen Geistlichen. Vertreibung der Juden aus der Stadt durch ein Dekret König Philipps V. (Denis de Saint-Mart.)

1331. Zu Ueberlingen im heutigen Baden werfen die Juden den Knaben eines Bürgers namens Frey in einen Brunnen. Die später am Leichnam gefundenen Einschnitte lassen auf eine vorhergegangene Entziehung des Blutes schließen. (Joh. Vitoduran, Chronik.)

1338. Ein Adeliger aus Franken wird in München von den Juden geschächtet. Sein Bruder richtet unter den Juden ein wahres Blutbad an. (Henri Desport.)

1345. In München öffnen die Juden einem kleinen Knaben Heinrich die Adern und durchbohren ihn mit mehr als 60 Stichen. Heinrich wird von der Kirche selig gesprochen. (Rad. Bav. sct. II. p. 333.)

1347. In Messina am Charfreitage ein Kind gekreuzigt. (Henri Desport.)

1349. Die Juden wollten die in ihrer Kirche versammelten Christen in Rothenburg o. T. überfallen und töten. Eine Judenmagd entdeckte den mörderischen Judenplan und die Christen stürmten aus ihrer Kirche und töteten alle Juden. (Zieglers Schauplatz pag. 396 col. 1, 2. Eisenmenger entdecktes Judentum II. T. pag. 219.)

1350. Der Knabe Johannes, Schüler der Klosterschule zu St. Sigebert in Köln, haucht unter den Messerstichen dortiger Juden seinen Geist aus. (Acta sanct., aus den Kirchenakten v. Köln.)

1380. Zu Hagenbach in Schwaben werden einige Juden beim Schlachten eines Christenkindes überrascht. (Martin Crusius, Jahrbücher von Schwaben. III. Teil. Buch V.)

1401. In Diessenhofen in der Schweiz (bei Schaffhausen) wird der 4jährige Conrad Lory gemordet, dessen Blut vom Reitknecht Johann Zahn um 3 Gulden an den Juden Michael Vitelmann geliefert werden sollte. (Acta sanct.)

1407. Die Juden werden aus dem Schweizer Lande vertrieben wegen eines ähnlichen Verbrechens in demselben Orte. (ibid.)

1410. In Thüringen werden die Juden wegen eines entdeckten Ritual-Mordes verjagt. (Boll. II, April 838. Baronius 31.)

1429. Zu Ravensburg in Württemberg wird Ludwig van Bruck, ein zum Studium in der Stadt lebender und bei Juden wohnhafter christlicher Knabe aus der Schweiz, zwischen Ostern und Pfingsten gelegentlich eines großen jüdischen Festes (es war das Passahfest) von 3 Juden unter vielen Qualen und nach grausamer geschlechtlicher Schändung zu Tode gemartert. (Baron. 31, Acta sanct., III. Bd. des April p. 978.)

1440. Ein jüdischer Arzt, Simon von Ancona, schneidet in Pavia einem 4jährigen Kinde, das von einem entmenschten Christen gestohlen und ihm zugeführt worden war, den Kopf ab. Durch einen Hund, der mit diesem Kopfe durch ein Fenster auf die Straße springt, wird das Verbrechen ruchbar. Der Mörder flieht. (Alphonsus Spina, de bello Judaeorum lib. III. consid. 7.)

1452. Mehrere Juden töten zu Savona ein 2jähr. Christenkind. Sie durchbohren seinen Körper nach allen Richtungen und fangen das Blut in dem bei der Beschneidung ihrer Kinder gebräuchlichen Gefäße auf. In das Blut gaben die Juden verschiedene, in ganz kleine Teile zerschnittene Früchte und genossen von diesem Gerichte. (Alphons Spina, de bello Judaeorum lib. III. consid. 7. Siehe auch weiter vorne „Das Geständnis des Juden Emanuel von Genua".)

1453. In Breslau stehlen die Juden ein Kind, mästen es und stecken es dann in ein Faß mit Nägeln, welches sie hin und herrollen, um dem Kinde auf diese Weise das Blut zu entziehen. (Henri Desportes, Le mystere du sang 75.)

1454. Auf den Gütern Ludwigs von Almanza in Kastilien töteten zwei Juden einen Christenknaben. Das herausgerissene Herz verbrennen sie und werfen die Asche in Wein, den sie mit ihren Glaubensgenossen tranken. Durch Aufwendung beträchtlicher Summen gelang es, den Prozeß in die Länge zu ziehen, da von drei Anwälten zwei jüdischer Abkunft waren. Die Juden werden darauf aus Spanien vertrieben. (Alph. Sp., de bello Jud.)

1462. In einem Birkenwäldchen zu Rinn bei Innsbruck wird der Knabe Andreas Oxner den Juden verkauft und von diesen geopfert. Die Kirche spricht ihn selig. Es wird eine Kapelle „Zum Judenstein" errichtet. (Acta sanct., III. Bd. des Juli 1. 472.)

1468. Zu Sepulveda in Alt-Kastilien kreuzigen die Juden auf Befehl des Rabbi Salomon Pecho am Charfreitag ein Christenweib. (Did. de Colm. Gesch. v. Seg.)

1470. In Baden werden die Juden des Mordes eines Christenkindes überführt. (Tho. Patr. Barbar.)

1475. In Trient wird am 23. März (am grünen Donnerstag) vor dem Passahfest ein 29 Monate alter Knabe, der Heilige Simon, ein Opfer der Juden. (Siehe weiter vorn: „Der Foltertod des heiligen Simon".)

1476. Die Juden in Regensburg ermorden sechs Kinder. Die Richter finden bei einem Juden namens Josfol in einem unterirdischen Gewölbe die Ueberbleibsel der Ermordeten sowie eine mit Blut befleckte steinerne Schale auf einer Art Altar. (Raderus Bavaria sancta Band III, 174.)

1480. In Treviso wird ein ähnliches Verbrechen wie das in Trient begangen. — Ermordung des selig gesprochenen kleinen Sebastiano von Porto-Buffole aus Bergamo. Es wurde ihm von den Juden das Blut abgezapft. (H. Desportes, Le mystere du sang 80.)

1480. Zu Motta in Venetien töten die Juden zu Ostern ein Kind. (Act. sa., II. Bd. d. Apr.)

1485. In Vicenza wird der Heilige Laurentinus von den Juden geschlachtet. (Papst Benedikt XIV. Bull. Beatus Andreas.)

1490. In Guardia bei Toledo kreuzigen die Juden ein Kind. (Acta sancta I. Bd. d. April 3.)

1494. Zu Tyrnau in Ungarn bemächtigen sich 12 Juden eines Christenknaben, öffnen ihm die Adern und fangen sein Blut sorgfältig auf. Einen Teil davon tranken sie und bewahrten den Rest für ihre Religionsgenossen auf. (Banfin Fasti, ungar. br. III. dec. 5.)

1503. In Langendenzlingen liefert ein Vater an zwei Juden aus Waldkirch in Baden für 10 Gulden sein 4jähriges Kind unter der Bedingung aus, es ihm nach geringer Blutentziehung lebendig zurückzugeben. Sie zapften aber dem Kinde soviel Blut ab, daß es starb. (Acta sancta. II. Bd. des Aprilp. 839; Dr. Joh. Eck, Judenbüchlein.)

1505. Versuch eines ähnlichen Verbrechens in Budweis in Böhmen wie 1503 in Langendenzlingen. (Henry Desportes, Le mystere du sang. 81.)

1509. Mehrere Juden schänden von einem Heiligtumshändler gekaufte Hostien und ermorden einige Christenkinder. (Cluverius, Epitome hist. etc. p. 579.)

1509 haben die Juden in Bosingen (Ungarn) das Kind eines Wagners entführt und dasselbe in den Keller geschleppt, grausam gemartert, ihm alle Aederlein aufgeschnitten und das Blut mit Federkielen aufgesauget, warfen danach den Körp.. in eine Hecke, was die Mordjuden nach langem Leugnen zugestanden haben. (Ziegler Schönplatz pag. 588, col. 1, 2.)

1510. Die Juden Salomon, Jakob, Aaron, Levi Isaak, Rabbi Mosch und Schächter Jakob in Berlin wurden angeklagt, einen drei- oder vierjährigen Christenknaben für zehn Gulden von einem fremden Manne gekauft, in einem Keller auf den Tisch gelegt und in die blutreichsten Adern mit Nadeln gestochen zu haben, bis er dann vollends von dem Schächter Jakob geschächtet wurde. Es entstand ein ungeheurer Prozeß, sodaß schließlich im Berliner Gefängnis hundert bei der Tat beteiligte Juden saßen, die zum Teil u. a. zugaben, Christenkinder von fremden Leuten gekauft, sie zerstochen, das Blut abgezapft und solches in Krankheitsfällen getrunken oder mit Tomaten, Ingwer und Honig eingemacht zu haben. Nicht weniger als 41 der angeklagten Juden wurden auf ihr Geständnis zum Flammentode verurteilt. Alle anderen Juden wurden aus der Mark Brandenburg ausgewiesen. (Richard Mun: „Die Juden in Berlin".)

1520. Die Juden in Ungarn wiederholen das Verbrechen vom Jahre 1494, indem sie in Tyrnau und in Biring je ein Christenkind ermorden und deren Blut abzapfen. (Acta sancta II. Bd. d. April p. 839.)

1525. Ein ritueller Mord in Budapest ruft unter der Bevölkerung eine allgemeine Bewegung gegen die Juden hervor. In diesem Jahre wurden die Juden aus Ungarn vertrieben. (Henry Desportes, Le mystere du sang 81.)

1540. Zu Sappenfeld in Bayern wird vor dem Osterfeste der 4jährige Michael Pisenharter seinem Vater entführt und nach Titting (nördlich von Ingolstadt) gebracht, wo er 3 Tage lang die grausamsten Qualen erdulden mußte, und ihm durch Oeffnung der

„Wenn die Juden eine gantze wochen herumbgelauffen, und bald da, bald dort einen Christen betrogen, so kommen sie gemeiniglich an ihrem Sabbathtag zusammen und rühmen sich ihrer Bubenstück, so sagen die anderen Juden darauff, . . . man solle den Christen das hertz aus dem Leib nemen, und sagen weiter: . . . den besten unter den Christen soll man todt schlagen."

S. F. Brentz. Jüdischer, abgestreiffter Schlangenbalg, Nürnberg 1614.

Adern das Blut abgezapft wurde. Der Leichnam trug Spuren der Kreuzigung; das Blut wurde in Posingen gefunden. (Raderus. Bavaria sancta, III. Bd. 176 f.)

1547. Zu Rava in Polen stehlen 2 Juden den Knaben eines Schneiders namens Michael und kreuzigen ihn. (Acta sancta II. Bd. des April p. 839.)

1569. In Witow (Polen) wird der 2jährige Sohn Johann der Witwe Kozmianina von einem Leipziger Juden Jakob auf gräßliche Weise gemordet. (Acta sancta ebenda.)

1571. M. A. Bradaginus wird von den Juden lebend geschunden. (Seb. Münster, Cosmographia.)

1571 ist Joachim II. Kurfürst v. Brandenburg von einem Juden, mit welchem er sehr vertraut umging, mit Gift getötet worden. (Scheidanus X. Buch seiner Hist. pag. 60.)

1573. In Berlin wird ein von einem Bettler gekauftes Kind durch einen Juden zu Tode gemartert. (Sartorius p. 53.)

1574. Zu Puniu in Litauen tötet der Jude Joachim Smierlowitz kurz vor dem Passahfest ein 7jähriges Mädchen namens Elisabeth. Eine Inschrift und ein Bild in der Kapelle zum heiligen Kreuz in Wilna bezeugen, daß das Blut des Kindes mit dem Mehle vermischt wurde, welches zur Bereitung der Osterkuchen dient. Um dieselbe Zeit wurde in Zglobice ein Christenknabe gestohlen und nach Tarnow entführt, wo sich auch ein anderer Christenknabe in den Händen der Juden unter verdächtigen Umständen vorfand; beide wurden noch rechtzeitig befreit. (Act. sancta II. Bd. d. April p. 839.)

1575. Die Juden töten das Kind Michael von Jakobi. (Desportes.)

1586. In einer Reihe von Fällen werden Christenkinder ihren Eltern entrissen und getötet; Rupert führt an der Hand von Verzeichnissen diese Verbrechen auf die Juden zurück. (Brouver Trier'schen Ann. v. J. 1856.)

1592. Zu Wilna wird ein 7jähriger christlicher Knabe namens Simon von den Juden auf furchtbare Weise zu Tode gemartert. Mehr als 170 Wunden rührten von Messern und Scheren her, außer den vielen Stichen unter den Nägeln der Finger und Zehen. (Acta sancta III. Bd. des Juli.)

1595. Zu Gostyn in Posen wird ein Kind von den Juden zu Tode gemartert. (Acta sancta 389.)

1597. In Szydlow wird das Blut eines Kindes zur Einweihung der neuen Synagoge verwandt. Augenlider, Hals, Adern, Glieder und selbst die Geschlechtsteile wiesen zahllose Stiche auf. (Acta sancta, II. Bd. des April.)

1598. Im Dorfe Wodznick der polnischen Provinz Podolien wird der 4jährige röm.-kath. Sohn eines Bauern von zwei jungen Juden gestohlen und vier Tage vor dem jüdischen Osterfeste unter den grausamsten Qualen geschlachtet, wobei die angesehensten Juden des Landes beteiligt waren. (Acta sancta., II. Band des April 835.)

1650. Zu Kaaden in Steiermark wird am 11. März der 5½jährige Mathias Tillich von einem Juden geschlachtet. (Tentzel.)

1655. Zu Tunguch in Nieder-Deutschland morden die Juden zu ihrem Osterfeste ein Christenkind. (Tentzel, monatl. Unterred. v. Juli 1693 p. 553.)

1665. In Wien schlachten die Juden am 12. Mai eine Frau auf grausame Weise. Man fand den Leichnam in einem Teiche in einem mit Steinen beschwerten Sacke. Der Körper war ganz mit Wunden bedeckt, der Kopf und die Beine bis zur Kniehöhe waren vom Rumpfe getrennt. (H. A. von Ziegler, Tägl. Schaupl. p. 553.)

1669. Auf dem Wege von Metz nach Boulay, in der Nähe des Dorfes Glatigny, wird am 22. September von dem Juden Raphael Lewy ein 3jähriges Kind seiner Mutter gestohlen. Es wurde grausam hingeschlachtet. Seinen Körper fand man furchtbar verstümmelt. Der Mörder wurde lebendig verbrannt am 17. Januar 1670. (Abrege du proces fait aux Juifs de Metz, ebd. 1670.)

1675. Zu Mietz in Böhmen wird am 12. März ein 4jähriges Christenkind von den Juden gemordet. (Acta sancta, II. Bd. des April.)

1684. Im Dorfe Grodno, Gouvernement Minsk in Rußland, stiehlt der Jude Schulka den 6jährigen Christenknaben Gabriel und entführt ihn nach Bialystock, wo er in Gegenwart mehrerer Juden unter Abzapfung des Blutes zu Tode gemartert wird. (Akten d. Magistrat i. Zabludowo.)

1753. Am Karfreitag, den 20. April, wird in einem Dorfe bei Kijew (Rußland) der 3½jährige Sohn des Edelmannes Studzinski von den Juden geraubt, bis Ende des Schabbes in einer Schenke versteckt gehalten und dann unter Mithilfe des Rabbiners Schmaja grausam geopfert. Das Blut wird in verschiedene Flaschen gegossen. (Kriminalregister des Stadtgerichtes von Kijew.)

1764. Der am 19. Juni in Orkul (Ungarn) verschwundene 10jährige Sohn des Johann Balla wird am 25. Juni, von vielen Wunden bedeckt, in einem benachbarten Gehölz aufgefunden. (Tisza-Eslar, von einem ungarischen Abgeordneten. 108.)

1791. Am 21. Februar wurde vor einem Dorfe bei Tasnad (Siebenbürgen) der Leichnam des 13jährigen Andreas Takals, welcher bei einem Juden Namens Abraham gewohnt hatte, aufgefunden. Durch Oeffnen einer Halsader war ihm das Blut entzogen worden. (Ger.-Akt. i. d. Archiv v. Zilah.)

1791. Zu gleicher Zeit wird von zwei Blutmorden in Holleschau (Mähren) und in Woplawicz im Bezirke Duplin berichtet. (Tisza-Eslar v. e. ungar. Abgeord.)

1791. Unter der Regierung des Sultans Selim III. töten die Juden in Pera einen jungen Griechen, indem sie ihn an den Beinen an einem Baum aufhängen. (Henry Desportes.)

1803. Am 10. März bemächtigt sich der 72jährige Jude Hirsch aus Sugenheim auf dem zwischen den Flecken Ullstadt und Lengenfeld bei Nürnberg liegenden Weiler Buchhof eines 2 Jahre 4 Monate alten Kindes. Tags darauf leugnete der Jude, am 10. März überhaupt in Buchhof gewesen zu sein. Der Vater des Kindes wollte das Gegenteil mit Zeugen beweisen, wurde aber vor Gericht mit Drohungen und Scheltworten abgewiesen. Am 12. Tage fand man das Kind tot, unter der Zunge verwundet und im Munde blutig. Das damalige Kreisdirektorium zu Neustadt wurde von den Juden so lange belagert, bis die Sache zu ihrer Zufriedenheit ausfiel. Der Vater wurde unter Drohungen gezwungen, ein Protokoll zu unterschreiben, wonach das bei der Auffindung noch warme Kind erfroren wäre. (Friedr. Oertel, „Was glauben die Juden?" Bamberg 1823.)

1804. In Gräfenberg bei Nürnberg wird ein 2—3 Jahre alter Knabe von einem alten Juden aus Ermreuth Namens Bausoh entführt. Auf das Geschrei des Kindes herbeigeeilte Soldaten verhüten das Verbrechen. (Dr. J. W. Ghillany.)

1810. In den Akten des Prozesses von Damaskus existiert ein Brief von John Barker, Ex-Konsul von Aleppo, der von einer armen Christin spricht, die plötzlich von Aleppo verschwand. Einstimmig wurde ein Hebräer, Rafael von Ancona, beschuldigt, sie hingeschlachtet und vom Blut entleert zu haben. (A. Laurent, Affaires de Syrie.)

1812. Auf der Insel Korfu wurden im Oktober 3 Juden, die ein Kind erdrosselt hatten, zum Tode verurteilt. Etwas später wurde hier das Kind eines Griechen Namens Riga gestohlen und von den Juden getötet. (Achille Laurent., Affaires de Syrie.)

1817. Der in diesem Jahre an dem minderjährigen Mädchen Marianna Adamoviez zu Wilna (Rußland) begangene Mord wurde wegen Verjährung niedergeschlagen.

1823. Am 24. April wird zu Wielicz, im russischen Gouvernement Witebsk, der 3½jährige Sohn des Invaliden Jemelian Iwanow gestohlen und unter Abzapfung des Blutes zu Tode gemartert. Trotz vieler die Juden belastenden Zeugenaussagen wurde der Prozeß plötzlich niedergeschlagen. (Pawlikowski ebenda.) (Siehe „Stürmer".)

1824. In Beyrut wird der Dolmetscher Fathallah-Seyegh von seinen jüdischen Hauswirten ermordet, wie die Untersuchung ergab, für rituelle Zwecke.

1826. Bei Warschau wird ein ermordeter 5jähriger Knabe, dessen Körper über hundert Wunden als Zeichen der Blutentziehung aufwies, gefunden. Ganz Warschau gerät in Aufruhr; die Juden suchen überall ihre Unschuld zu beweisen, ohne noch angeklagt zu sein. Die den Gerichten gemachte Anzeige wird samt dem ärztlichen Zeugnis bald ad akta gelegt. (Pawlikowski, wie oben p. 282.)

1827. Zu Wilna in Rußland wird der zerstochene Leichnam des Bauernkindes Ossib Petrowicz gefunden. Nach Aussagen des 16jährigen Hirten Zukowski war es von Juden geraubt worden. (Nach einer Mitteilung des Gouvernement Wilna.)

1829. In Turin wird die Frau des Kaufmanns Antoine Gervalon ihrem Manne entführt. In einem Keller wird sie von zwei Rabbinern auf ihre Opferung vorbereitet. Mit letzter Kraftanstrengung gibt sie ihrem Manne Antwort, der mit einigen Soldaten das Judenviertel durchläuft und ihren Namen laut ruft. So wird sie befreit; aber durch Geld gelingt es den Juden, den Vorfall totzuschweigen. (Auszug aus einem Briefe des Barons von Kalte.)

1831. Tötung der Tochter eines Unteroffiziers der Garde in Skt. Petersburg. Daß ein Blutmord vorliegt, erkennen vier Richter an; ein fünfter zweifelt. (Desportes.)

1834. Nach dem Zeugnis der zum Christentum übergetretenen Jüdin Ben Noud wurde in Tripolis ein nichtjüdischer Greis von 4—5 Juden geknebelt und an den Zehen an einem Orangenbaume aufgehängt. In dem Augenblick, wo der Greis dem Verscheiden nahe war, schnitten ihm die Juden mit einem Schächtmesser den Hals ab und ließen den Körper hängen, bis alles Blut in einer Schale gesammelt war. (Henri Desportes, Le myst. du sang. 91.)

1839. Auf der Insel Rhodus kehrt der 8jährige Knabe einer Händlerin, der einigen Juden Eier bringen sollte, nicht zurück. Jüdisches Geld bewirkt, daß die Gerichtsverhandlung in die Länge gezogen und endlich unterdrückt wird. (Henri Desportes, Le myst. du sang. 92.)

1839. In Damaskus entdeckt man auf dem Zollamt eine Flasche voll Blut, von einem Juden dorthin gebracht. Dieser bietet 10 000 Piaster, damit die Sache vertuscht werden solle. (Cf. Prozeß bei A. Laurent, op. cit. S. 301.)

1843. Mordtaten von Juden an Christenkindern auf Rhodos, Korfu und anderwärts. (Famont l'Egypte sous Mehemet-Ali, Paris 1843.)

1875. In Zboro, Komitat Saros in Ungarn, überfallen mehrere Juden die 16jährige Dienstmagd Anna Zampa im Hause ihres Dienstherrn Horowitz. Man hatte schon das Messer über sie erhoben, als die zufällige Dazwischenkunft eines Fuhrmanns sie rettete. Der Gerichtspräsident Bartholomäus Winkler, den Juden verschuldet, hütet sich, die Verbrecher zur Rechenschaft zu ziehen. (M. Onody Tisza-Eszlar.)

1877. Im Dorfe Szalaacs im Komitat Bihar (Ungarn) werden die 6jährige Nichte Theresia Szaabo und der 9jährige Neffe, Peter Szaabo eines gewissen Josef Klee von den Juden ermordet. Die Leichenschau hielt ein jüdischer Arzt, welcher erklärte, daß die Kinder nicht gemordet wären, und damit hatte die Sache ihr Bewenden. (M. Onody, ebenda.)

1879. In Budapest wird ein im Judenviertel dienendes junges Mädchen vor dem Purim-Feste durch einen Trank eingeschläfert. Erst 24 Stunden nach dem Feste erwacht es so schwach, daß es kaum gehen kann. Sie entdeckte am rechten Oberarm, am linken Oberschenkel und am Leibe unterhalb des Nabels kreisrunde rote Wunden, blutigen Flecken gleich, mit einer kleinen Oeffnung in deren Mitte. Es war ihr Blut entzogen worden. Das diente. (M. Onody, ebenda.)

1879. Zu Kutais im Kaukasus töten 4 jüdische Gipshändler ein 6jähriges Mädchen. Zwischen den Fingern war das Fleisch wie mit einem Messer zerschnitten; an den Beinen etwas oberhalb der Wade waren wagrechte Einschnitte gemacht, und die Adern enthielten nicht einen Tropfen Blut. Unter der Beihilfe der mächtigen Juden Rußlands entgingen die Schuldigen der Strafe. (Univers.)

1881. Zu Kaschau in Ungarn verschwindet die Tochter eines gewissen Josef Koczis; nach 2 Wochen wurde der gänzlich von Blut entleerte Leichnam in einem Brunnen gefunden. (M. Ouody, Tisza-Eszlar.)

1881. In Steinamanger verschwindet die achtjährige Enkelin eines Kutschers, die bei einem Juden diente. (M. Onody, ebenda.)

1881. In Alexandrien töten die Juden abermals ein Christenkind Namens Evangelio Fornoraki. Das am Meeresstrande aufgefundene erdrosselte Kind wurde von seinen Eltern mehrere Tage lang zur Besichtigung ausgestellt und gab Anlaß zu einem Aufruhr gegen die Juden. Die des Mordes am meisten verdächtigte Familie Baruch wurde verhaftet, später aber wieder freigelassen. („Civita cattolica", von Dez. 1881.)

1881. In der galizischen Stadt Lutscha wird die polnische Magd Franziska Muich, welche bei dem jüdischen Schankwirt Moses Ritter in Dienst gestanden hatte und von ihm vergewaltigt worden war, nach Aussage des Bauers Mariell Stochlinski von den Eheleuten Moses und Gittel Ritter ermordet. (Otto Glogau, der Kulturk. Heft 128. 15. Febr. 1886.)

1882. In Tisza-Eszlar verschwand kurz vor dem jüdischen Passahfeste das 14jährige Christenmädchen Esther Solymosi. Da das Mädchen zuletzt in der Nähe der Synagoge gesehen worden war, lenkte sich der Verdacht sofort auf die Juden. Die beiden Söhne des Tempeldieners Josef Scharf, der 5jährige Samuel und der 14jährige Moritz, beschuldigen ihren Vater und sagten aus, die Esther sei in den Tempel geführt und dort geschlachtet worden. Der Leichnam des Mädchens blieb verschwunden.

„Wie es unmöglich ist, daß die Aglaster ihr Hüpfen und Setzen läßt, die Schlange ihr Stechen; so wenig läßt der Jüde von seinem Sinn, Christen umzubringen, wo er nur kann."

Martin Luther. Tischreden. Erlanger Ausgabe, Bd. 62, Seite 375

Postkarte, die der jüdische Kahal zum jüdischen Neujahr 1913 herausgab. Der „Kapores Hahn" ist Zar Nikolaus II.

1882. Zu Galata, dem Ghetto von Konstantinopel, wird ein Kind in ein jüdisches Haus gelockt; mehr als zwanzig Leute sahen es hineingehen. Am folgenden Tage fand man den Leichnam im Goldenen Horn. Große Aufregung unter der christlichen und muhamedanischen Bevölkerung.

1882. Kurze Zeit später ein ganz ähnlicher Fall in Galata. Serious, der angesehenste Advokat der griechischen Gemeinde, richtete eine Bittschrift an die Vertreter aller christlichen Mächte Europas in Konstantinopel, um Gerechtigkeit zu erlangen; aber die Juden bestachen die türkische Polizei, welche die Akten verschwinden ließ. Bestochene Aerzte erklärten die Mutter des gestohlenen und ermordeten Kindes für geistesgestört.

1883. Abermals ein ritueller Mord in Galata. Die Polizei, mit jüdischem Gelde gewonnen, verhinderte die Untersuchung. Die Zeitung „Der Stambul", welche kräftig gegen die Schuldigen aufgetreten war, wurde unterdrückt. Die Unterdrückung kostete den Juden 140 000 Franks.

1884. In Skurz (Westpreußen) wurde der 14jähr. Onophrius Cybulla an einem Januarmorgen unter einer Brücke als zerstückelte Leiche gefunden. Nach dem ärztlichen Gutachten verriet die Zerstückelung große Sachkenntnis und Geschicklichkeit in der Führung des Messers. Obgleich der Ermordete sehr kräftig und vollblütig gewesen, zeigte sich an dem toten Körper doch völlige Blutleere. Der Verdacht lenkte sich gleich auf verschiedene Juden, und es ergaben sich im Laufe der Untersuchung sehr beschwerende Umstände. Dieselben wurden aber alle für nicht zureichend erachtet und die verhafteten Juden wieder freigelassen. (Otto Glagau, der Kulturk., Heft 119. 15. Mai 1885.)

1885. In Mit-Kamar in Aegypten wird ein junger Kopte für das Osterfest geschlachtet.

1888. In Breslau begeht im Juli der 24jährige Rabbinatskandidat des dortigen talmudischen Kollegs, Max Bernstein, ein Verbrechen an dem 7jährigen Knaben Severin Hacke, den er in seine Wohnung lockt. Bernstein entzog dem Geschlechtsteil des Knaben Blut. Nach dem Sachverständigenurteil gestand Bernstein: „Die schwersten Sünden könne nach Bibel und Talmud nur durch sündloses Menschenblut gesühnt werden." Darum habe er dem Knaben das Blut entzogen. Die Juden erkannten die Gefahr und erklärten Bernstein für „religiös verrückt".

1891. Der Knabenmord zu Xanten am Rhein. Der 5jährige kraftstrotzende Knabe Jean des kath. Schreiners Hegemann wird am 29. Juni, abends nach 6 Uhr, von der Magd Dora Moll mit gespreizten Beinchen auf der Seite liegend und an einem zirkelartigen, von kundiger Hand am Halse ausgeführten Schächtschnitt entblutet im Kuhstalle des Stadtverordneten Küppers aufgefunden. Um halb 11 Uhr vormittags wurde der Knabe bereits vermißt. Von 3 Zeugen wurde gesehen, daß der Knabe ins Haus des jüdischen Schächters Buschoff gezogen worden war.

1899. Am 26. März wurde die ledige 19jährige Näherin Agnes Hruza unter den Händen des jüdischen Schächtergehilfen Leopold Hülsner im Breziner Walde bei Polna geschächtet. Die Leiche wurde blutleer gefunden. Der Mörder vom Kuttenberger Gerichtshofe mittels Strang zum Tode verurteilt. (Siehe „Stürmer": „Die Schächtung der Agnes Hruza.")

1900. In Konitz (Westpreußen) wird am 11. März 1900 der 18jährige Obertertianer Ernst Winter aufs viehischste ermordet. Zwei Tage später werden aus dem Mönchsee Teile des zerstückelten Rumpfes gefischt; den Kopf finden, fast fünf Wochen später, am 15. April, dem ersten Osterfeiertage, spielende Kinder in einem Gebüsch. Die Leiche war völlig blutleer. Winter ist sachgemäß geschächtet worden. Der Mord wurde im Keller des jüdischen Fleischermeisters Moritz Lewy vollzogen, nachdem eine junge Jüdin das Opfer dorthin gelockt hatte. Am Mordtage war eine ganze Reihe fremder Juden in Konitz, die am nächsten Tage abreisten, ohne daß über die Gründe ihrer Anwesenheit etwas Stichhaltiges verlautet hätte. Darunter befanden sich die Schächter Haller aus Tuchel, Hamburger aus Schlochau, Eisenstedt aus Prechlau und Rosenbaum aus Czersk. Der Konitzer Schächter Heimann verschwand kurze Zeit nach der Mordtat.

1911. Der 13jährige Schulknabe Andrei Juschtschinski in Kiew wurde am 12. März ermordet. Nach acht Tagen fand man seine ganz zerfetzte und blutleere Leiche in einer Ziegelei. Der Verdacht lenkte sich auf den jüdischen Verwalter der Ziegelei Mendel Beilis. Zur Verhandlung kam es erst zweiundeinhalb Jahre später (25. 9. bis 28. 10. 1913). Die Zwischenzeit ist angefüllt mit Versuchen, die Untersuchungsrichter auf falsche Fährten zu locken. Eine ganze Reihe von Belastungszeugen stirbt inzwischen eines plötzlichen und unnatürlichen Todes; falsche Bezichtigungen und Selbstbezichtigungen, durch hohe Bestechungsgelder hervorgerufen, folgen einander. Hinter dem Angeklagten taucht im Dämmerschein die Gestalt des „Zadiks" („Heiligen") der chassidischen Sekte, Faivel Schneerson in Ljubowitschi, auf, der der spiritus rector des Mordes war. Der Prozeß endete zwar mit dem Freispruch des Beilis, zugleich aber mit der Feststellung des Gerichts, daß der Mord zwecks Blutgewinnung in dem Gebäude der jüdischen Ziegelei Saitzew stattfand, die der religiöse Mittelpunkt der Juden Kiews war. — Fast alle Ankläger, Zeugen und Sachverständigen, die sich gegen das Judentum ausgesprochen hatten, sind später dem bolschewistischen Terror zum Opfer gefallen. (Ausführliche Darstellungen des Prozesses enthalten „Hammer" Nr. 271, 273, 274, 275; Oktober bis Dezember 1913.)

1926. Die Leichenteile der Kinder Hans und Erika Fehse finden sich in einem Paket auf öffentlichem Platz in Breslau. Die Kinder sind geschächtet. Die Leichen sind entblutet. Die Genitalien fehlen. Ein jüdischer Metzger wird als der Täter verfolgt. Er verschwindet spurlos.

1928. Der Primaner Helmuth Daube wird in der Nacht vom 22. auf 23. März 1928 geschächtet. Die entblutete Leiche liegt morgens vor dem Hause der Eltern. (Siehe „Stürmer".)

1929. Der Mord zu Manau. Der Knabe Karl Keßler wird am 17. März 1929, wenige Tage vor dem Passahfest, entblutet und geschächtet aufgefunden. (Siehe „Stürmer".)

1932. Die Martha Kaspar wird zu Paderborn am 18. März 1932 geschächtet und zerstückelt. Die Leichenteile sind entblutet. Der Jude Moritz Meyer wird überführt und erhält 15 Jahre Zuchthaus. (Siehe „Stürmer".)

Das sind 131 Ritualmorde, die bekannt und der Nachwelt schriftlich überliefert wurden. Wie viele sind aufgekommen und niemand weiß heute von ihnen! Wie viele tausende, ja vielleicht hunderttausende sind unentdeckt geblieben! Junge unschuldige Wesen zu martern, zu töten und ihr Blut zu saufen, das ist die furchtbarste und größte Schuld, die Alljuda unter all seinen Verbrechen auf sich geladen hat.

Jüdische Neujahrskarte 1933
(Herausgegeben im Auftrag des jüdischen Kahal)

„Dem Antisemitismus, dem Judenhaß, steht auf jüdischer Seite ein großes Hassen alles Nichtjüdischen gegenüber.

Nichts ist in mir so lebendig als die Ueberzeugung dessen, daß, wenn es irgend etwas gibt, was alle Juden der Welt eint, es dieser große, erhabene Haß ist.

An der Tatsache, daß ein starkes Judentum eine Gefahr für alles Nichtjüdische ist, kann niemand rütteln. Alle Versuche gewisser jüdischer Kreise, das Gegenteil zu beweisen, müssen als ebenso feige wie komisch bezeichnet werden."

(Dies schrieb der Jude Cheskel Zwi Klötzel in „Das große Hassen" „Janus" Nr. 2/1912.)

Mordplan gegen Adolf Hitler

Das jüdische Volk begnügt sich nicht allein damit, einzelne Nichtjuden zu schächten und zu Tode zu foltern. Seine Geschichte beweist, daß es die Völker ermordet. Alljuda handelt nach dem Gebot:

Und wenn Jahwe, Dein Gott, die nichtjüdischen Völ- **.'r in Deine Hand gibt, so sollst Du sie umbringen. D. sollst ihnen keine Gnade erweisen."** (5. Mos. 7. 2.)

.`as Volk, das zur Zeit unter dem Schächtmesser Alljudas verblutet, ist das russische. Das nächste, das an die Reihe kommen soll, ist Deutschland.

Die Todesurteile gegen die zu ermordenden Völker und ihre Führer werden in der Synagoge gefällt. Sie gehen geheim über den ganzen Erdball von Judenfamilie zu Judenfamilie. Die jüdischen Oberen verbinden diese großen weltpolitischen Pläne mit ihren Ritualmordfesten. Sie geben die Mordparole hinaus und ganz Alljuda antwortet und handelt danach.

Im Herbst 1913 verbreiteten die jüdischen Kultusgemeinden und die jüdischen Buchhandlungen in der ganzen Welt, vor allem in Polen, Litauen und Deutschland eine eigenartige Postkarte. Ein Rabbiner war darauf abgebildet, der in der einen Hand einen Hahn, in der anderen ein aufgeschlagenes Buch hält. Der Hahn hatte einen Menschenkopf und zwar trug er das gekrönte Haupt des Zaren Nikolaus II. von Rußland. Wer den jüdischen Ritus nicht kennt, der begreift den Sinn dieser Karte nicht. Wer aber Wissender ist den überkommt ein Schauder. Es ist bei den Juden Brauch, am Vorabend zum Versöhnungsfest einen Hahn als Opfertier zu schlachten.

Welche Bedeutung diese Handlung hat, sagt der Talmud. Im Talmud-Schulchan aruch steht geschrieben:

„Der Hahn wird geschlachtet in Vertretung eines Menschen. Der Hahn dient deshalb als eine vorzügliche Stellvertretung, weil sein hebräischer Name „Geber" auch „Mann" bedeutet. Es ist somit die Stellvertretung „Geber" (=Hahn) für „Geber" (= Mann) äußerst wirksam."

Nach dem Talmud nimmt der jüdische Familienvater oder der Rabbiner den Hahn bei den Füßen und schwingt ihn dreimal um den Kopf. Dann legt er ihn hin, legt die Hand auf den Kopf des Hahnes und sagt: **„Dieser Hahn (Geber) gehe zum Tode, ich aber möge eintreten zu langem, glücklichem Leben und zum Frieden."**

Dann nimmt der Jude das Schächtmesser und schneidet ihm den Hals ab. Dieser jüdische Brauch hat den Namen „Kapporos". „Kappores-schlagen" heißt: „umbringen", „den Kopf abschlagen".

„Der Hahn ist der wirkungsvollste Ersatz für einen Mann", schreibt der Talmud. Der Jude sieht also im Geiste nicht einen Hahn, sondern einen Mann und schächtet ihn. Auf der Postkarte aus dem Jahre 1913 hatte der Hahn den Kopf des **Zaren Nikolaus** II. In diesem Jahre schächtete das gesamte Weltjudentum im Geiste den russischen Zaren. Es sprach dabei die Worte: **„Dieser (und sein Volk) gehe zum Tode. Ich aber trete ein zu glücklichem, langem Leben."**

Was das Judentum im Jahre 1913 symbolisch tat, wurde im Jahre 1917 Wirklichkeit. **Zar Nikolaus** II. wurde mit seiner ganzen Familie umgebracht, — wurde „kapores geschlagen". Der Jude Jankel **Jurowsky** war der Mörder. Er schoß in einem Keller in **Jekaterinburg** die ganze Familie des Zaren, die lieblichen Töchter, den Sohn und die Mutter in bestialischer Weise mit einer Pistole zusammen. Dann ließ er die Leichen fortschaffen, mit **Benzin** übergießen und verbrennen. Der Zar selbst wurde zu Tode gefoltert. Nach seinem Verscheiden trennten ihm die Juden den Kopf vom Rumpfe (ganz wie beim Hahn-Opfer. D. Schr.) und schickten diesen nach Moskau. Er wurde von Leuten **Lenins** im Kreml im Ofen verbrannt.

Wie es dem Zaren ging, so ging es seinem Volk. Rußland wird von Alljuda geschächtet und zu Tode gefoltert.

Dem Weltjudentum ist inzwischen ein anderer, weit gefährlicherer Gegner erstanden: **Adolf Hitler**. Mit wutschäumendem Haß verfolgt das jüdische Volk den Siegeszug seiner Weltanschauung. **Adolf Hitler** warf das Judentum in Deutschland aus seiner politischen Machtstellung heraus. Er rottete alles aus, was der Jude zur Vernichtung Deutschlands geschaffen hatte und schuf ein einiges deutsches Volk. Alljuda antwortete ihm mit der Kriegserklärung. — **„Juda erklärt Deutschland den Krieg"**, so hallte der Schlachtruf der fremdrassigen Ritualmörder durch die Welt.

Im Talmud steht geschrieben: **„Den Besten unter den Nichtjuden sollst Du zur Stunde des Krieges umbringen."** (Talmud: Midrasch Mechilthac Beschallach.) Das Judentum weiß, wer der Beste unter den Nichtjuden ist. Es hat die Mordparole schon hinausgegeben. Es hat sie hinausgegeben genau so wie 1914 bei dem **Zaren Nikolaus** II. Im Verlage S. **Resnik** in Warschau und Neuyork, also in Europa und Amerika, in der alten und in der neuen Welt, erschienen im vorigen Herbst zum jüdischen Neujahr zwei Postkarten. Die Presse meldete vor kurzem, daß allein bei dem jüdischen Tabakhändler **B. Schereschewsky** in Riga von diesen Karten 20 Kilo beschlagnahmt wurden.

Auf der einen Karte ist ein blumengeschmücktes Judenmädel abgebildet. Es steht am Ufer und deutet auf den Kanzler, der im Meer ertrinkt. Darüber stehen hebräisch die jiddischen Verse:

„Sink Hitlerjohr, vergeh
Mit deine Schmerz und Weh
Sink, sink auf ewig hin. . . .
A neues Johr itzt geht
Mit neue Glück und Freud,
Es wird von Weh und Leid
Die Welt befreit."

Das Jahr 1933, das „Hitlerjahr" soll mit diesem Manne zugleich untergehen. Das ist der Neujahrswunsch der Juden.

Die andere Karte stellt eine jüdische Familie dar. Stehend der jüdische Familienvater. Er hat in der Hand einen Schächthahn, einen „Kaporeshahn". Dieser hat, ebenso wie bei der Judenkarte aus dem Jahre 1914, einen Menschenkopf. Es ist der Kopf des Mannes, der die Bolschewisierung der Welt vereitelte und der die jüdischen Weltherrschaftspläne zerschlug. Der „Kaporeshahn" auf der Judenkarte trägt den Kopf **Adolf Hitlers**. Damit ihn jeder erkennt, ist noch ein Hakenkreuz abgebildet. Auf der Karte steht in hebräischer Schrift:

„Und kommt a neues, süßes Johr,
Dann schlagen wir kapores
Mit alle, alle Hitlerleut,
Mit alle Schreck und Zores."

Diese Karte liefert den Beweis, daß der Kahal (= geheime jüdische Regierung) den Versuch unternommen hat über die nationalsozialistische Bewegung und ihren Führer dieselben Beschlüsse zu verhängen, wie 1913 über den Zar **Nikolaus** und sein russisches Volk. Der Neujahrswunsch der Juden ist, eine zweite

Purimmordnacht

veranstalten zu können. „Dann schlagen wir kapores (tot) mit alle Hitlerleut, mit alle Schreck und Zores." „Zores" heißt Unglück. Deutsch übersetzt heißt der Vers: **„Kommt für uns die Zeit, dann schlagen wir mit dem Führer dieser Bewegung auch alle Hitlerleute tot. Und mit ihnen endet dann aller Schrecken und alles Unglück für Juda."** Die jüdischen Oberen versuchen, ihrem Volke die Mordparole gegen die Hitlerbewegung zu predigen. Ebenso wie in Persien der Antisemit **Haman** und mit ihm 75000 antisemitische Perser umgebracht wurden, ebenso wie unter dem jüdischen Massenschlächter **Bar Kochba** in Cyrene und Nordafrika 220000 Nichtjuden verbluten mußten, ebenso wie in Rußland unter den Juden **Trotzki** und **Sinowjew** der **Zar Nikolaus** und ein großer Teil des russischen Volkes geschächtet wurde, ebenso soll es **Adolf Hitler** und seiner Anhängerschaft ergehen. Es soll der größte und grauenhafteste Ritualmord durchgeführt werden, den die Welt je gesehen. Es soll das Ariertum der Welt, die Auslese der Menschheit ausgerottet werden. Das ist der Wunsch Alljudas und so lauten die Beschlüsse des jüdischen Kahal.

Schließt Euch zusammen!

Dieser teuflische Wunsch wird sich nie erfüllen. Die Beschlüsse des Kahal werden nie vollzogen werden. Aber eines wird geschehen: Die Judenfrage geht ihrer Lösung entgegen. Und dazu wendet sich der „Stürmer" an alle Nichtjuden. Er wendet sich an alle, die das Gute wollen und das Schlechte verabscheuen. Was ist zu tun, um die jüdische Weltpest unschädlich zu machen? Der „Stürmer" warnt davor, gegen die Juden gewalttätig vorzugehen. Damit wird die Judenfrage nicht gelöst. Die Lösung dieses Problems ist so gewaltig und groß, daß es zunächst gilt, alle Nichtjuden durch Aufklärung dafür reif zu machen. Dies geschieht durch unermüdlichen Kampf. Ein Volk, das die Judenfrage kennt, ist auch bereit, sie eines Tages zu lösen. Hier haben alle Nichtjuden ein gemeinsames Interesse. Es gilt, den Teufel dieser Welt, es gilt, die große Niedertracht zu vernichten. Es gilt, den Feind aller Völker, den Feind der Menschheit unschädlich zu machen.

Darum müssen sich die Nichtjuden in dieser Frage die Hände reichen. Sie müssen erkennen, daß wir in einer großen Zeit leben. Sie müssen erkennen, daß ein Titanenkampf ausgebrochen ist. Der größte und gewaltigste weltanschauliche Kampf, den je die Erde gesehen hat. Der Schlachtruf heißt: **„Hie nationalsozialistisches Ariertum!" — „Hie jüdisches Verbrechertum!"**

Hier darf keiner feige und faul zurückstehen. Jeder Nichtjude hat die heilige und große Pflicht, zu fechten und mit vorwärts zu stürmen. Die Welt soll einst nicht in Mord und Brand, in Verbrechen und Finsternis untergehen. Sie soll aufsteigen zu Ehren ihres Schöpfers im Licht wahrer Freiheit. Sie soll erstrahlen in neuer Schönheit. Die Völker dieser Welt sollen nicht beherrscht und gepeinigt werden von jüdischen Verbrechern. Sie sollen ehrenvoll in Kraft und Größe geführt werden vom heldischen Menschen.

Karl Holz.

Schriftleitung: Nürnberg-A, Marplatz 44. — Hauptschriftleitung: Julius Streicher, Nürnberg. — Verantwortlich für den Gesamtinhalt: Karl Holz, Nürnberg. — Verlag: Hanns König, Nürnberg-A, Pfannenschmiedsgasse 19. — Verlagsleitung und verantwortlich für den Anzeigenteil: Max Fink, Nürnberg-A, Pfannenschmiedsgasse 19. — Druck: Fr. Monninger (Inh. W. Liebel), Nürnberg. — Gesamtauflage 110 000.

Postkarte zum jüdischen Neujahr 1933. Herausgegeben vom jüdischen Kahal (geheime Judenregierung).
Der „Kaporeshahn" trägt den Kopf Adolf Hitlers

„Indem ich mich des Juden erwehre, kämpfe ich für das Werk des Herrn!" **Adolf Hitler.**

Die zu dieser Sondernummer verwendete Literatur:

Bischoff, Dr. Erich: „Das Blut in jüdischem Schrifttum und Brauch."
Eck, Dr.: „Ains Judenbüchlein Verlegung."
Ecker, Dr.: „Der Judenspiegel im Lichte der Wahrheit."
Fern, Athanasius: „Jüdische Moral und Blutmysterium."
Fritsch, Theodor: „Handbuch der Judenfrage."
Jürgens, Jens: „Der biblische Josef."
Ljutostanski: „Ritualmorde in Rußland."
Paasch, Karl: „Geheimes Judentum."
Rohling, Dr.: „Der Talmudjude."
Weber, Adam: „Das jüdische Blutritual."

Sonstige Literatur über Ritualmorde:

Fr. Daumer in seinem Werke: „Der Moloch-Kultus bei den Hebräern des Altertums".
Eisenmenger in dem Werke: „Entdecktes Judentum".
Chiarini in „Teoria del Giudaismo".
Paolo Medici, der Ex-Rabbiner in „Rite e costumi degli Ebrei".
Desclee de Bromver, Verfasser des hochbedeutsamen Buches: „La Question Juive" (Lille 1893).
Agobardo, Bischof von Lyon, De insolentia Judaeorum et de Judaicis superstitionibus.
Doussenel in „Les Juifs, les rois de l'epoque".
Die „Chronica seraifica" in dem Leben St. Franziskus von Damian.
Corneja (lib. I, Kap. I. Edit. Madrid 1721).
F. W. Ghillan— in seinem Werke „Die Menschen-Opfer bei den Hebräern des Altertums". Nürnberg 1842.
Die Verfasser des „Monumenta Germ. hist."
Raymondus Martinus in seinem „Pugio fidei".
Bartolucci in seiner „Bibliotheca rabbinica".
Chaucer, der Vater der englischen Literatur, in seinen „Canterbury tales" (XV. Jahrhundert) berichtet von jüdischen Kinder-Morden.
Der „Sächsische Chronist", der die Hinschlachtung des jungen Norwich erzählt.
Amelot de la Houssay, der Referent eines Knabenmord-Prozesses in Metz vom Jahre 1670. „Abrege du proces fait aux Juifs de Metz".
Achille Laurent, der französische Orientalist, der in seinem Werke mehrere Fälle anführt.
Endlich Eduard Drumont, der unerschrockenste Gegner des korrumpierenden Judentums, der in seinem hervorragenden Werke über „La France juive" eine ganze Reihe von Tatsachen aufdeckt, u. a. Ritualmorde in Alexandrien, Smyrna, Konstantinopel in den Quartieren von Balata, Galata, Pera, in Hamburg, Tisza-Eslar.

Diese Bücher sind zu beziehen durch die

Großdeutsche Buchhandlung / Nürnberg-A Hallplatz 5

Allen, die diese Sondernummer lesen werden dem „Stürmer" ständige treue Leser bleiben. Wir verraten schon heute: die nächsten „Stürmer-Nummern" werden sehr aktuell und interessant.

Bestellschein Unterzeichneter bestellt Deutsches Wochenblatt

„Der Stürmer" Herausgeber Julius Streicher Bezugspreis monatlich 90 Pfennig einschließlich Postbestellgeld

ab: ______________________

Name: ______________________

Wohnort: ______________________

Straße: ______________________

(Nicht an den Verlag einsenden, sondern deutlich ausfüllen und dem Briefträger mitgeben oder unfrankiert in den nächsten Briefkasten werfen oder beim Postamt selbst bestellen).

Bestellen Sie rechtzeitig bei Ihrem Postamt oder Briefträger. Nach dem 24. jeden Monats werden für den kommenden Monat vom Postamt 20 Pfg. Nachbehandlungsgebühr erhoben.

Dieser Schein berechtigt nur mit eigenhändiger Unterschrift zum Bezug.

Die Reichspost holt

regelmäßig mit Sonderwagen

die vielen Pakete

zum Versand nach ganz Deutschland

So groß ist das Vertrauen zu uns!

Sie aber haben den Vorzug

persönlich an unserem Lager

die große Auswahl und die Güte unserer Waren erst sehen und nach Ihrem Geschmack prüfen zu können. Trotzdem genießen Sie die billigen Versandpreise unserer auswärtigen Nachnahme-Käufer!

Für die warmen Tage

Weichfließende, künstl. Kleiderseide aparte, ausgesucht schöne Muster, von bisher unerreichter Knitterfestigkeit, 70 breit . . . . per Meter RM. **1.33**

Wollmousselin feine, weiche Ware, frische Farben, elegante Muster, 75 breit . . . . per Meter RM. **1.40**

[illegible]

G. m. b. H.

Wäsche und Webwaren deutscher Fabriken

Nürnberg, Marienstraße 5.

Größter deutscher Webwaren-Versand Nürnbergs

Appel & von Sazenhofen

Inh.: Eduard von Sazenhofen

Nürnberg-N, Schleifweg 47/53 / Tel. 50851—53 / Telegr.: Aesen

Blechdruckerei / Blechlackiererei

Reklame-Plakate / Warnungsschilder aus Blech, Zink und Aluminium

Kindersprechapparate / Klappstühle aus Eisen

Metallwarenfabrik / Blechemballagen

Konservendosen / Salbendosen / Lackdosen / Lebkuchendosen

Sammelbüchsen / Anstecknadeln / Festabzeichen / Plaketten

und sonstige Stanzartikel

Städt. Schlacht-Viehhof-Restauration

Fremdenzimmer

Gute Küche und Weine

Telefon 61515 Brauhaus-Biere

Konrad Meidenbauer

Fest- und Vereinsabzeichen

Plaketten

L. Balmberger

Nürnberg-W, Fürther Straße 199/201

Münzprägeanstalt — Vereinsabzeichenfabrik

BAYERISCHE BAUWAREN G. M. B. H.

NÜRNBERG-W Zeltnerstraße 28

Hauptlager: Stromerstraße, am Hauptgüterbahnhof Fernruf: 22398/99

Zweiglager: Bucher Straße 103 Fernruf: 21230

Baumaterialien aller Art

Solnhofer Boden- und Wandplatten, Steinzeug-, Mosaik-, Fußbodenplatten, Weißglasierte u. farbige Wandplatten

Fachgeschäft für Ausführung von Wand- und Bodenbelägen

Konzert- und Festsaal

Kolosseum / Maxtor

Telefon 52987

Der Saal für alle Veranstaltungen

Neue moderne Bühne

Inh. Hanns Dusel

Carl Schimpf

Abziehbilder aller Art für gewerbl. Zwecke

Nürnberg-W 22

Sommerpreise für Kohlen

Christoph Teufel G. m. b. H.

Adlerstraße 4 Telephon 21581

Geschäftskapital für Gewerbetreibende und

Privatdarlehen

für Beamte, Angestellte und freie Berufe werden in vorbildlichster Form nach dem neuzeitlichen Bavaria-Kredit-System unter günstigen Bedingungen gewährt. Die Bavaria, das führende Institut ihrer Art, ist zweifellos auch für Sie die vorteilhafte Spar- und Kreditverbindung, die Ihr vollstes Vertrauen verdient. Bisher haben wir unseren Kunden

weit über eine Million Mark

an Barkrediten zur Verfügung gestellt. Wir erwarten Ihre unverbindliche Anfrage und beraten Sie!

BAVARIA Zwecksparges. m. b. H. **NÜRNBERG-W**

Für den

Sommer

Stoffe in vielen wunderschönen Mustern und Farben bringen wir jetzt überaus preiswert. Unsere reizenden Neuheiten geben Ihnen Gelegenheit, sich für wenig Geld billig zu kleiden.

Leinen, Kunstseide bedruckt 1.15, einfarbig . . **-.95**

Dirndlstoffe neue Muster ab . . . . . **-.55**

Georgette in neuesten Farben . . . . 1^{50}

Bouclé Fantasie für das Sommerkleidchen . . 1^{60}

Marocain, bedruckt solide Qualität . . . . . . 2^{30}

Wollmousseline fesche Muster ab . . . . . . 1^{50}

Mantelstoff reine Wolle 140 cm . . . . 2^{90}

Futterstoffe Marocain 1.80, Duchesse . . 1^{25}

Das deutsche Spezialhaus für Woll und Seiden-Stoffe

RUPP Färberstr.

nicht zu verwechseln

Freude durch Rundfunk

Feierabend: Nach des Tages Arbeit Stunden der Erholung am Saba-Radio-Apparat. Er verbindet Dich mit Deinen Führern, er zeigt Dir andere Welten, er läßt Dich teilnehmen an allen Ereignissen, er vermittelt Dir Kunst und Unterhaltung. Darum zögere nicht!

SABA

Bestelle sofort ausführlichen Prospekt von der Fabrik oder noch besser: Laß Dir das Saba-Gerät sofort vom Händler vorführen.

SABA-RADIO

gehört in Dein Haus!

SABA 311 WL 3 Röhren-Fern-Empfänger RM. 205.- einschl. Röhren und Lautsprecher

SABA 212 WL 3 Röhren-Bandfilter-Empfänger RM. 169.- einschließl. Röhren und Lautsprecher

SCHWARZWÄLDER APPARATE-BAU-ANSTALT • AUGUST SCHWER SÖHNE GMBH • VILLINGEN/SCHWARZWALD

Tiergarten Nürnberg

Besuchet den Tiergarten!

SA, SS, HJ, Militär und Landespolizei in Uniform oder gegen Lichtbildausweis an allen Tagen . . . 50 Pfg. Mitglieder der NSDAP und NSBO erhalten bei ihren Verwaltungsstellen, beim Verlag der Fränkischen Tageszeitung, [Pfannenschmiedsgasse], bei der Großdeutschen Buchhandlung am Hallplatz Gutscheine zum Lösen einer ermäßigten Eintrittskarte. Gegen Abgabe derselben an der Kasse des Tiergartens zahlen an allen Tagen

Erwachsene . . . . . . 50 Pfg.
Jugendliche von 4-15 Jahren 25 Pfg.

Das Beste in Fleisch- und Wurstwaren

kaufen Sie zu billigsten Preisen in den Verkaufsstellen der

Josef Pachmayr

G. m. b. H.

Kinderbettstellen v. Betten Böhner

„Franken" Sterbekassenverein a. G.
früher Nürnberger 500 Mark-Leichenkasse
Büro: Frauentorgraben 71

Vermögen 2,5 Millionen Goldmark bei 20000 Mitgliedern

Vorteile:
1. Keine ärztliche Untersuchung
2. Niedrige Beiträge und Abholung derselben
3. Keine Wartezeit
4. Bei Unfall doppelte Auszahlung der Versicherungssumme
5. Bei 1000 Mk. Versicherung der Eltern sind Kinder von 1 bis 6 Jahren mit 50 RM. ebenfalls versichert
6. Rasche und prompte Auszahlung des Sterbegeldes
7. Größte Sicherheit, da der Verein unter Reichsaufsicht steht

Sterbegeld-Versicherung bis zu 2000 RM.
Gegründet 1888
Telephon 21762

Schmid's Hüte, Mützen, Herrenartikel

Neue Gasse 25/27

verkauft **SA.-, SS.-, HJ.-, JV.-Mützen** sowie Blusen und Hemden und Arbeitsfront-Mützen

Hotel Pfälzer Hof

Das Lokal der braunen Front

Hotel-Restaurant und Café

Preise der Zimmer von 2 Mk. aufwärts / Fließendes Wasser

Möbel-Koch

Einlösungsstelle der Bedarfsdeckungsscheine

Willstraße 4

Beste und billigste Bezugsquelle für Fleisch- und Wurstwaren

Max Fehr, Nürnberg-W

mittl. Kanalstrasse 36 — Fürther Strasse 20

Viel Geld

verschlingt oft eine einzige Krankheit. Wenig Geld aber genügt, um sich vor solchen Krankheitskosten zu schützen.

Bedenken Sie, daß Sie schon für einen Monatsbeitrag von RM 8.— sich und Ihre Familie versichern können. Dabei erstreckt sich unsere Hilfe auf das gesamte Gebiet der versicherbaren Krankheitsschäden (Arzt, Krankenhaus, Arzneien, Heil- und Hilfsmittel), Sterbegeld und Wochenhilfe. Wir ersetzen Ihnen tarifgemäß 70—100 Prozent der durch Krankheit entstandenen Auslagen.

LEIPZIGER VEREIN-BARMENIA

KRANKENVERSICHERUNG FÜR BEAMTE, FREIE BERUFE UND MITTELSTAND a. G

LVB Bezirksdirektion: Nürnberg: **Klaragasse 7** Telephon 27094

½ Million Versicherte, 6 Millionen RM Reserven, 22 Mill. RM Schadenauszahlungen 1932, 180 Mill. RM Leistungen seit 1925

Sport-Stengel

Sport- u. alpine Ausrüstung - Bekleidung - Loden Janker - Schuhe

Am Kriegerdenkmal

Preisabbau!

Wieder glücklich und lebensfroh durch „HAZINOL"! Wir garantieren!

Graue Haare verschwinden!

Um Jahrzehnte verjüngt durch „Hazinol". Behandle Dein Haar richtig, verwende nur das mit Schutzmarke versehene „Hazinol". Es gibt nichts Besseres „HAZINOL" genießt Weltruf! Die Haare, auch Barthaare, erhalten nach und nach ihre natürliche jugendfrische Farbe wieder. Kein Brechen und Ausfallen mehr. „Hazinol" reinigt die Kopfhaut von den lästigen Schuppen, kräftigt, erfrischt u. stärkt die Haarnerven, verhilft zu regem Wachstum, hilft unbedingt sicher. „HAZINOL" ist keine Haarfarbe. Ueberzeugen Sie sich. Sie werden staunen. Von Aerzten, Professoren, hohen Staatsbeamten usw. gebraucht und aufs beste empfohlen. Massen-Dank- und Anerkennungsschreiben! Es kostet jetzt: Stärke I: 1 Flasche Mk 4.30, Stärke II: 1 Flasche Mk 6.-- durch die Hazinol-Fabrik

M. S. Ziegler / Nürnberg-S

Horst-Wessel-Str. 18 — Muffelplatz

Sporthaus Rinneberg

Kaiserstrasse 30

Alles für den modernen Sport für Wehrsport

Amtliche Verkaufsstelle der Reichszeugmeisterei der NSDAP

FAHNEN

In allen Größen und Ausführungen sofort lieferbar

Spezialfabrik Eckert, Nürnberg, Maxplatz 28 — Telephon 24235

Orden Ordensbänder
SA, SS, HJ-Ausrüstung
Sportartikel

Ed. Scherm

Nürnberg-A
Vordere Ledergasse 18

Elegante

Frühjahrsmäntel

für Herren und Damen

Wetterfeste **Kamelhaar-Lodenmäntel** leichte Gummimäntel Lederol-mäntel

fesche Sport- und Straßen-Anzüge - Knickerbocker und Pullover - Trachtenkleidung - Genehmigte Verkaufsstelle für SA-, HJ-, JV-, BDM-Bekleidung, Abzeichen und Ausrüstung - Festanzüge für DAF. Größte Auswahl in sämtlichen Artikeln - Größtes und ältestes Etagengeschäft am Platze.

Bekleidungshaus

Heinrich Büchner

Nürnberg-N — Bucher Straße 8 — Telephon 38382

Festanzüge

der Deutschen Arbeitsfront in vorzüglicher Paßform und erstklassiger Verarbeitung nach Vorschrift der Reichszeugmeisterei

48⁵⁰ — 65.-

Blaue Sacco-Anzüge

unsere bestens erprobten Stammqualitäten in modernen ein- und zweireihigen Formen

34.- 39.- 44.- 59.-

SS, SA, HJ, JV, BDM-Ausrüstungen

Unsere große Auswahl wird Sie immer überraschen

Endepols

Kaiserstraße 36 — 9 Schaufenster

Kgl. Hofbräuhaus München

Bayer. Staatsbrauerei — Gegründet 1589

Spezialausschänke an allen größeren Plätzen

Versand in Fässern und Flaschen nach allen Ländern der Erde

Geschäftsstelle: Bayer. Hofbrauamt München 8, Innere Wienerstraße 9

Telefon: Ortsverkehr 40144 / Fernverkehr 43020

108

Kampf der Arbeitslosigkeit!

Auch Dein Spargroschen hilft mit!

Städt. Sparkasse Nürnberg

Wer gut beraten sein will kauft bei Firsching

Nürnbergs größtes Spezialhaus für Woll- u. Seidenstoffe

früher Seidenhaus Mathias

Nürnberg-A Kaiserstraße 7

Auf Wunsch Muster

Den Sommer mehr ausnutzen...

Zündapp macht es Ihnen bequem, die schönen Sommertage voll zu genießen. Zündapp-Motorräder sind stets zuverlässig, ob Sie eine steuerfreie Maschine oder eins der schweren Modelle fahren. Der neue Dreistrom-Motor bei den Zweitaktern, der Antrieb durch Kette+Kardan bei den Zündapp-Kardan-Modellen machen Zündapp-Fahren zu einem Genuß.

200 – 800 ccm-Maschinen von RM. 555.- bis RM. 1550.-

ZÜNDAPP

GES. FÜR DEN BAU VON SPECIALMASCHINEN M. B. H. NÜRNBERG

Papier-Müller

*

Adolf-Hitler-Platz 11

*

Königstraße 29

Der billige Laden

zwischen den Fleischbänken 5 bietet Ihnen ganz besondere Vorteile in Mantelstoffe, Kleiderstoffe, Weißwaren, Schlafdecken

Reste enorm billig

Sophie Sandberr u. K. Weißloch

Merkl

Fahnenstang.
Bohnenstang.
Zaunmaterial
Dachpappen
Torfmull
Bretter
Latten
Stollen

HOTEL DEUTSCHER HOF

Nürnberg-A, neben der Oper, Ruf: 26551

Bestgepflegte Küche - Vorzügl. Schoppenweine, Siechen- u. Brauhaus-Biere - Festsäle - Sitzungszimmer - Zimmer v. 3.50 an.

Pg. J. Klein

Raab Karcher-Stündl G. m. b. H.

Kohlen-Großhandlung

Nürnberg Winklerstr. 9

Telefon 26051

Selbsthilfe Nordbayer. Spar- u. Kredit G. m. b. H Nürnberg-S, Bogenstr.31, Tel. 43296-97

Postscheckkonto Amt Nürnberg 26044 - Bankkonto: Commerz- und Privat-Bank A.-G. Nürnberg - Reichsbank-Giro-Konto Nürnberg

Annahme von Spareinlagen. Scheck-Ueberweisungs- und Konto-Korrent-Verkehr, zeitgemäße Verzinsung, sichere Kapitalsanlage. Kostenlose Abgabe von Heimsparkassen

Oberhemden 2.95

moderne Muster und moderne Farben 4.50, 3.50

Seyschab - Hennenhofer

Tafelfeldstraße 18
Josephsplatz 12
Allersberger Straße 70

Deutscher Handlungsgehilfen-Verband (D. H. V.)

nationalsozialist. Berufsverband d. deutschen Kaufmannspehilfen

Geschäftsstelle: Nürnberg, Bankgasse 5–7

Schlafzimmer

vom einfachen bis zum feinen und immer preiswert

Möbel-Wüst

Heugasse 9–11

„Ehestandsdarlehen"

109

Kinder-Sporthalbschuhe 4.50
in braun Mastbox mit Doppelsohle, gute Qualität, Größe 31/35 4.90, 27/30

Damen-Sportschuhe 5.90
in modebraun Boxkalf, m dauerhafter Gummisohle 6.90, mit Ledersohle

Damen-Sportschuhe 8.90
braun Boxkalf, m. imit. Kroko-Einsatz gute Qualität, mit Gummisohle 9.50 mit Ledersohle

Damen-Sportschuhe 12.50
handzwiegenäht, braun Mastbox, extra bequem, besonders gut und kräftig gearbeitet . . .

Herren-Sportschuhe 7.90
in braun, mit Zwischensohle, weiß gedoppelt, kräftig und billig, Größe 40/46

Herren-Sportschuhe 8.90
braun Elkleder, Mocasinschnitt, m Doppelsohle, ein rassiger Schuh für den Sport . . . . .

Herren-Sportschuhe 10.50
Waterproof, rings zwiegenäht, kräftige Ausführung, Größe 40/46

Herren-Sportschuhe 16.50
Handarbeit, zwiegenäht, Allgäuer Fabrikat, mit und ohne Beschlag

Kostenlos erhalten Sie unseren neuen Fruhjahrsprospekt

PÖHLMANN

Versand gegen Nachnahme
Garantie: Umtausch oder Geld zurück.

Der neue vorschriftsmässige
Dienstschuh
für die deutsche Jugend...
9.75

Deutsches Schuhhaus Pöhlmann, GmbH Nürnberg-A, Ludwigstr. 12 – Fürth: H. Pöhlmann, Schwabacher Str. 24

Das größte deutsche
Damenhut-Spezialhaus
am Platz
SANDER
ist neu renoviert, die
Ausstellungsräume
bedeutend vergrößert, die
Auswahl und Preise
unerreichbar, um Ihren Besuch darf ich höflichst bitten.
SANDER
Josephsplatz 9 (Eckhaus)

Drucksachen
rasch, geschmackvoll und preiswert nur bei
Fr. Monninger
Nürnberg-A, Maxplatz 42/44

Der Kaufmann sorgt dafür, daß die Güter der Erde den Menschen nützen, die Not abhalten, die Lebensfreude erhöhen

Edeka

Der EDEKA Verband
deutscher kaufmännischer Genossenschaften e.V.
gegründet 1907
umfaßt 440 Genossenschaften mit etwa 30000 selbständigen Geschäften des Kolonialwaren- und Lebensmittel-Kleinhandels in Stadt und Land. 90000 Volksgenossen, verbunden mit 20000 Familienangehörigen sorgen innerhalb der Organisation für die Steigerung der Leistungsfähigkeit bei der Bedarfsdeckung der Volksgemeinschaft.

Im Kaffee
Astoria
Luitpoldstr. 8
spielt der beliebte Nürnberger Kapellmeister
Sprato
mit seinen Solisten
Uniformierte auf Kaffee u. Bier Preisermäßigung

NÜRNBERG
Völlig neues Programm mit
BENNO PANTEL
vom Berliner Wintergarten

Bar-Kredite
an zahlungsfähige Personen gibt ohne Vorspesen
Franken-Bank A.-G.
Nürnberg, Körnerstraße 119

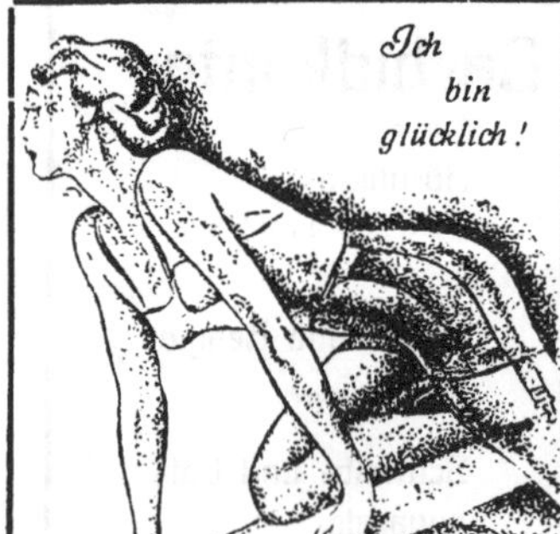

Ich bin glücklich!

Für meine Figur sorgt die
Corset-Elsa
Else Wieselhuber & Co.
Nürnberg-A, Josephsplatz 6
Das grosse deutsche Corsetspezialhaus mit den 6 Schaufenstern.

Das richtige Geschäft für S.A., S.S., H.J., Jungvolk und B.d.M. Ausrüstungen ist Sporthaus Leopold
Färberstraße 18

Gut gewachsen! Kerngesund! Alles Kennzeichen der Fütterung mit:
Muskator
Erstlingsmehl u. Kükenkörnerfutter
Bergisches Kraftfutterwerk G. m. b. H., Düsseldorf-Hafen
Generalvertretung für Bayern:
Fa. Robert Mühler, Nürnberg II, Abholfach

Preisliste gratis
über 4eck. Geflechte 50 qm Geckiges von Mk 4.90 an
Drahtzaunfabrik F. PIETSCHMANN Nürnberg-W 50 Kanalstraße 17

Kauft nur bei unseren Inserenten

Haben Sie Kopfweh?
Cinchona-Nervenplätzchen
wirken belebend bei Abspannung, Nervosität. Seit 50 Jahren bewährt und beliebt. Aerztlich empfohlen. Verlangen Sie Originalpackung in den Apotheken

Bezirksvertreter
für den Verkauf unserer genehmigten farbenprächtig gemalten Hitler Wandsprüche mit Führerbild gesucht. Verkaufspreis nur Mk 1.25. Größte Verdienstmöglichkeit. Hersteller: Klopfer & Jungmann, Werdau i. Sa.

Sport- u. Wanderschuhe
für Damen von Mk. 6.50 an
für Herren von Mk. 6.50 an
für Kinder in verschiedenen Preislagen kaufen Sie im
Schuhhaus
Wilhelm Bader / Nürnberg-A Pfünferpl. 10

Westen, Pullover, Strümpfe
Baby-Artikel
Reizende Neuheiten - Kleidchen, Mützen, Mäntel, Schürzen, Wäsche etc.
Stadtbekannte billige Preise
Querberitz Spitalgasse 15

VERVIELFÄLTIGER „TRIX" RM. 18.-
Druckt jedes Format
Prospekte gratis
O. Baessler-Nürnberg 2, Postfach 151. F

Seit 1884 ist beim Lauferschlagturm
Preiß
Er unterhält ein großes Lager in Eßlinger, Schachenmayr-Wolle, – Handarbeitsbücher Silberreifwolle

Kaufen Sie einen
Photo-Apparat
dann nur ins PHOTO-SPEZIALGESCHÄFT
K. Stupp, Nibelungenstraße 12

VAUEN
Schutz-Marke
Die genußreiche, solide
Gesundheits-Pfeife
schont Zunge, Herz und Lunge
VAUEN A. G. NÜRNBERG
Älteste Bruyerepfeifenfabrik Deutschlands.

Die gute Hapo-Matratze
Mk. 63.–, 65.–, 69.– mit 10 Jhr. Garant. kaufen Pg. nur Gibitzenhofstraße 8

Vergessen Sie nicht

RM. 10000.– zu gewinnen!

Schenken Sie dem

Dicken Sport Preisrätsel

Ihre Aufmerksamkeit. **RM. 35000.–** Gesamtpreise

Preisrätselprospekt beim Zigarettenhändler

Mit Flugzeugbildern!

Sammelalben zum Preis von 30 Pfg. beim Zigarettenhändler oder bei den

TAUSCHZENTRALEN:
Berlin NO 43, Keibelstraße 36
Düsseldorf, Kaiser Wilhelm-Straße 27
München, Weinstraße 9

Ein gutes Hilfsmittel zur Lösung der Preisaufgabe.

mit und ohne Gold

Die **DIC RT 3⅓**

ist eine Zigarette im Riesenformat, hergestellt aus edelsten Orienttabaken nach den unerreichten Mischungs-Rezepten eines durch seine 150 jährige Tradition in allen Weltteilen bekannten Unternehmens.

Sie enthält gepflegten Tabak!

#15

NO. 491

AMERICAN CONSULATE GENERAL

Berlin, Germany, August 6, 1935.

CONFIDENTIAL

SUBJECT: Anti-Jewish Propaganda.

1—1403

THE HONORABLE

THE SECRETARY OF STATE

WASHINGTON.

SIR:

Doc. 3

112

1/ I have the honor to enclose herewith a copy of a leaflet recently picked up on the streets in Berlin. 2/ A translation of this document is also enclosed. It will be observed that the leaflet violently attacks the Jews in the most unrestrained language. Unfortunately it is not known from what source these leaflets have come, but it may be said that they resemble the sort of propaganda published regularly in Streicher's weekly DER STUERMER.

While there have been no personal attacks on individuals of the Jewish race recently, the anti-Jewish campaign is being continued without any indication of abatement. In a recent speech Dr. Frick, the Minister of the Interior, declared that the anti-Jewish program would continue without hesitation but that the public must realize that individual attacks against Jews would not be tolerated. The Government, he said, would carry on the campaign in a

legal

legal and orderly manner.

Signs "Jews are not Wanted Here" are still displayed at the entrance of many villages and smaller towns, and considerable anti-Jewish activity has also been noted at seashore resorts along the Baltic.

Recently a Miss Berta Gordon, a naturalized American of the Jewish race, called at the Consulate General to complain of treatment she had received at various bathing resorts on the Baltic Sea. According to Miss Gordon, who made an affidavit to be filed in this office, she went first to Kolberg where there was a large sign "Jews Not Wanted" hung across the highway leading into the town. Because of this sign Miss Gordon and her party decided to go on to another place called Henkenhagen where there was no indication of anti-Jewish activity. At Henkenhagen the hotel keeper assured the party they would be perfectly safe and that there would be no trouble. However, later in the afternoon Miss Gordon and the others were required to turn in their passports to the police, and the next morning the hotel manager asked them all to leave because he said he had received a warning from S.A. men that Jews could not remain in Henkenhagen. After some delay in the return of her passport, Miss Gordon says she and her friends left Henkenhagen and there was no further trouble. However, Miss Gordon insists that the landlord of the hotel was warned by the S.A. that

if

TRANSLATION OF LEAFLET.

GERMAN CITIZEN -

DO YOU KNOW

THAT THE JEW

oppresses	your Child
rapes	your Wife
rapes	your Sister
rapes	your Fiancee
murders	your Parents
steals	your Property
ridicules	your Honor
derides	your Manners
destroys	your Church
spoils	your Culture
corrupts	your Race

THAT THE JEW

lies to you
robs you
deceives you
calls you a beast

116 THAT JEWISH

doctors slowly murder you
lawyers never help you attain your right
stores sell you spoiled foodstuffs
butcher shops are dirtier than pig-sties.

THAT THE JEW

has to do all the above according to the laws of the Talmud as it is for him a deed pleasing to his God.

GERMAN CITIZENS - THEREFORE DEMAND: Hard labor, cancelation of civil rights, confiscation of property and deportation - for Germans who have sexual intercourse with non-Aryans. In cases of repetition, the death penalty. Their children are to be sterilized and cannot become citizens. They and the non-Aryan parent are to be deported. Women and girls who of their own free will start an affair with a Jew, are never to be granted legal protection. Hard labor for deceit and frauds.

THE JEW LIVES OF LIES AND WILL DIE OF THE TRUTH.

No. 1114.

AMERICAN CONSULATE

Dresden, Germany, May 25, 1935.

CONFIDENTIAL.

SUBJECT: Transmitting Copy of my Report to the Embassy in Berlin entitled "Anti-Jewish Propaganda in Saxony".

862.4016/1459

THE HONORABLE

THE SECRETARY OF STATE

WASHINGTON

SIR:

Doc. 4

117

I have the honor to enclose a copy of my report to the American Embassy in Berlin entitled "Anti-Jewish Propaganda in Saxony."

In this connection I am also transmitting, under separate cover, three copies of "Der Freiheitskampf", the official organ in Saxony of the Nationalsocialistic Party. This paper was started by Mr. Mutschmann, Reichsstatthalter of Saxony.

Respectfully yours,

A.T. Haeberle
American Consul General

GRC

Enclosures:
No. 1 - Copy of report to the American Embassy, Berlin.
" 2 - Three copies of "Der Freiheitskampf", under separate cover.

File No.800
ATH/RT.

800
ATH/LE

Serial No. 86

Dresden, Germany, May 25, 1935.

Subject: Anti-Jewish Propaganda in Saxony.

The Honorable
William E. Dodd,
American Ambassador,
Berlin, Germany.

Confidential

Sir:

I have the honor to report that in the issue of "Der Freiheitskampf", the official organ of the National-Socialist Party in Saxony, of May 24, 1935,
118 which commemorates the meeting of the N. S. Party in Dresden, to take place on May 25th and 26th, a large section, consisting of 40 pages, is devoted to an attack on Jews. This section is entitled: "Jewry - The National-Socialist is anti-semitic" (Juda - Der National-Sozialist ist Antisemit), "Jewish Influence on Commerce" (Jüdischer Einfluss auf die Wirtschaft), "German Will breaks Jewish Trade Methods" (Deutscher Wille Bricht Jüdischen Krämergeist).

This issue is composed of articles under such headings as "Jew and Aryan" (Jude und Arier), "Jews are looking At You" (Juden sehen Dich an), "The Dealings of Jews in Saxony" (Das Treiben der Juden in Sachsen), "The Eternal Jew" (Der Ewige Jude), "Liquidation of the Jewish Question Through Emigration and Death" (Liquidierung der deutschen Judenfrage durch Auswanderung und Aussterben), "The Jew as Controller of the Bourse" (Der Jude als Beherrscher der Börse), "The Zionists' Protocol" (Die Zionistischen Protokolle), "World Front against Jewry" (Weltfront gegen das Judentum), "The Jew as

a

a Commercial Power" (Der Hebräer als Wirtschaftliche Macht), "Culture as Jewish Merchandise" (Kultur als Jüdische Handelsware), "Russia, the Jewish Paradise" (Russland, das Paradies der Juden), "Jewish Lies and the Truth" (Jüdische Lügen und die Wahrheit), "Friends of Jews Still Exist" (Es gibt noch Judenfreunde), and others.

It has also been noticed that since a few weeks copies of the "Stürmer", the organ of the N.-S. Party in lower Bavaria, and edited by the famous Jew-hater Julius Streicher, are posted under glass in various parts of the city. Special posts have been erected for this purpose. This indicates a renewal of anti-Jewish Propaganda in Saxony.

I enclose a copy of the "Freiheitskamp" under separate cover.

Respectfully yours,

A. T. Haeberle
American Consul General

Enclosure:
Copy of the "Freiheitskampf"
under separate cover.

[redacted]

Testimony of Alfred Rosenberg,
taken at Nuremberg, Germany on
24 September 1945, 1430-1530 by
Lt.Col. Thomas S. Hinkel, IGD. OUSCC.
Also present: Pfc. Richard W.
Sonnenfeldt, Interpreter; and
Pvt. Clair Van Vleck, Court Reporter.

COLONEL HINKEL TO THE INTERPRETER:

Q Do you solemnly swear that you will truly and faithfully translate my questions from English into German, and the responses of the witness, from German into English, to the best of your ability, so help you God?

A Yes, I do.

COLONEL HINKEL TO THE WITNESS THROUGH THE INTERPRETER:

Doc. 5

120

Q State your name.

A Alfred Rosenberg.

Q You have heretofore been interrogated?

A Yes.

Q At that time you were placed under oath?

A Yes.

Q Do you realize that you are still under oath, and that you promised to tell the truth, the whole truth, and nothing but the truth, so help you God?

A Yes.

Q At the close of the morning session, we were discussing the reports made to you concerning conditions in the occupied territories of the East. Do you recall that?

A Yes.

Q Is there any statement that you wish to make at this time in connection therewith?

A At this time I don't know of anything else.

Q At one of the previous meetings, you stated that one of the previous positions you held was with reference to the development of the Hohe Schule; is that correct?

A Yes.

Q Just exactly what was this school intended to mean?

A It has been found necessary in the general educational program of the Party to establish a school which would be for further education outside of the daily politics and pamphlets which were issued. Several offices intimated that they had 121
the wish to establish such a school, and it was then established.

Q By whose order was it established?

A The Fuehrer empowered me, by decree, to make the necessary preparations even during the war, although this was in small measure.

Q Actually, this school had been started prior to the commencement of the war, had it not?

A Thoughts for the founding of such an institute had been expressed for a long time. However, the first decree to establish such a school was only issued in 1941.

Q Isn't it a fact that as early as 1938, this school had been contemplated?

A . The materials were secured anyway for further research work, then later they were in turn secured by the central library for the Hohe Schule for further research work.

Q That was under your direction, wasn't it?

A Yes.

Q Weren't large amounts of material for use by the school obtained through the confiscation of Jewish property in Germany?

A As far as I know, I received little or nothing from that source. The confiscation was executed by the police, and, so far as I know, they kept the material.

124 Q Do you recall obtaining any materials from Czechoslovakia prior to 1940?

A No; I don't think that I got anything at all from Czechoslovakia prior to 1940, because it was not an occupied area. It was an area of the Reich. The same applied to the Government-General (Poland).

Q Do you recall writing a letter to Henlein regarding obtaining materials for the library?

A I don't remember that.

Q Would you say that you didn't?

A I don't remember having written a letter to Henlein.

Q Do you recall writing a letter on 15 October 1938 to Henlein, wherein you stated that a large amount of Marxist,

[redacted]

Jewish, and also of religious literature is due to be confiscated, and that such material offers invaluable resources to the library and the scientific research work of the Hohe Schule, which is in process of coming into being. Do you remember that?

A I would have to see that letter. I don't remember that I wrote it. I don't remember.

Q Think about it a little bit. You were interested in obtaining those materials, weren't you?

A I was always interested in research material.

Q So it wouldn't surprise you any, if you had written a letter like that, would it?

A It wouldn't surprise me, because I cannot remember that I made any such precise request in 1938.

125

Q Do you recall stating also in that letter, that you were interested in the participation of your department in the screening of material, and that the purpose of taking over the material was particularly of use to your work?

A Do you mean in '38?

Q Yes.

A In other words, this was before the founding of the Bohemian Protectorate. Did you mean at the time when Henlein was already the Gauleiter of the Sudetenland?

Q He was the Reich Commissar for the Sudetenland German territory. You will remember that, as the result of the Munich agreement, at the end of September, 1938, a certain part of the Sudetenland was taken by Germany; you remember that,

-[redacted] (ROSENBERG)

[redacted]

they wanted as correct historic literature of this period.

Q Didn't you suggest to the Fuehrer that Communist libraries should be seized and liquidated?

A This was an action executed by the State with the Police and the propaganda ministry. So far as I know, I never made any suggestion regarding this matter to the Fuehrer, but after I heard about it, I then requested material for my indoctrination work.

Q You were concerned, were you not, with what you considered to be the Communist menace; and didn't you write a number of articles in the Voelkischer Beobachter regarding it?

126 A Yes; I wrote articles for fifteen years about Communism.

Q Didn't you have a number of discussions with the Fuehrer regarding this subject?

A Yes. The danger of Communism and Bolshevism, from the first, was the center of all discussions. The Fuehrer saw it as his task, to overcome the idealogical and political aspects of Communism.

Q In the course of the discussions with the Fuehrer, wasn't the subject of suppressing Communism in Germany, after the Party came into power, brought up?

A After the Party came into power, this was to be self understood. He only talked with me about theoretical questions, and not about questions like that[redacted]SENBERG) do you not?

A Yes.

Q And in the middle of October, some two weeks later, don't you remember writing a letter to Henlein as Reich Commissar for the Sudeten German territory, along the lines that I have heretofore indicated?

A I am thinking about it all the time, but I can't remember it. It is possible.

Q We will suspend for five minutes while you think about it.

(Short recess taken).

Q Do you remember having any communications with Bormann regarding the obtaining of materials for these schools? 127

A I would like to make an addition to a question, which I was asked before, when I was asked whether I had received any materials from confiscated property in Germany. I did not receive any for the Hohe Schule, but long before that, in 1933, when a great number of communistic libraries were confiscated, I did take quite a number of copies for my Party office then.

Q Didn't you later transfer this material to the school?

A I don't think so. I believe it remained in the indoctrination office, which I maintained.

Q From whom did you obtain this confiscated literature to which you have just referred?

A This material was stored in police warehouses and several of my acquaintances went through it and selected whatever

Q You advocated, did you not, the seizure of all Communistic literature so that the German people would not be contaminated therewith?

A I didn't have to propose that to the Fuehrer, because that was an action which was executed at once, after the coming to power.

Q I am speaking now of the discussions you had with the Fuehrer before the Party came to power.

A The confiscation of Communistic literature was not discussed at that time. What we were confronted with at that time, was the fight against the Communist Party and Bolshevists, but not the details. The Fuehrer was traveling so much at
128 that time to the different Gaus, and also to have talks with Goering, that I did not have a chance to talk with him regarding these details, even in Munich. As far as conversations with Bormann go, that is quite possible. I remember once even that I talked to him and requested to get material which had been confiscated by the police. However, this was denied.
I also remember that I asked several other gentlemen for support, because I believed that this was not a task of the police, but our task to collect historic documents.

Q You remember I asked you, if you remembered writing to Conrad Henlein on 15 October 1938, regarding the obtaining of Marxist, Jewish material and also religious literature, which was due to be confiscated in Sudetenland, and your answer was that you did not know; is that correct?

A I cannot remember this letter. It is quite possible that within the general framework of the conferences which I had with Bormann, and people like that, I also wrote to Henlein, but to be concrete, I can't remember this letter, but it is possible that I requested him to furnish me with materials, since the police would not furnish me with any of the confiscated material and I thought, by the way, I might be able to find some material for the school.

Q I show you a letter dated 15 October 1928, directed to Reich Commissar Conrad Henlein; and ask you if this isn't a letter that you sent him. For the record, that document is described as File 286-PS.

A This looks like my file. This must have been one of 129
my letters.

Q Is it, or is it not, one of your letters?

A Yes, I suppose that I wrote that.

Q Is there any doubt in your mind whether you wrote it or not?

A No; I have no doubt about it.

Q I also ask you if you recall receiving a reply from Henlein regarding that letter?

A I can't remember that either. I don't remember the correspondence. There is no doubt that this letter was written by me, but I don't remember it. I had such an extensive correspondence for fifteen years that I can't remember all these details.

A Yes.

Q Who is "R.L."?

A The "RL." must mean Reichsleiter.

Q So that is you?

A I was a Reichsleiter of the Party. That means that this document was shown to me on the 3rd of November to be read.

Q Do you recall now receiving it?

A Well, that was the case and this letter is perfectly genuine, but I cannot remember that I actually read it.

Q Whose initials are these that appear up where
132 it says "Reichenberg, a.m. 31 October 1938"?

A I take this to mean An Schrifttumspflege, which means the office for the study of documents, presumably historical documents, which were a part of my office, and the Chancellery passed the document on to this office for further study.

Q How much material did you receive from Henlein along the lines indicated in those two letters you have seen?

A I can't remember that, and I don't remember his visit either. I don't even believe that he came to visit me.

Q You don't deny that he came to visit you, do you?

A Yes; I do deny it because I cannot remember that he was there. I have no reason to deny the fact that I was looking for material for my research.

Q And you didn't care where you got it, did you?

[redacted]

A What do you mean, I didn't care? At first, the stuff was bought and then later on we got some of the material that had been confiscated by the State but we were refused a lot, and I may have written this letter to him, after we were refused material from the police, in the hope that if similar action was to take place in the Sudetenland, he would not give it to the police, but would give it to me.

Q Do you recall writing to Bormann before 1941 with reference to obtaining material?

A The possibility is there. Even once I visited Dr. Frick and asked him to talk to Himmler to let me have some. That is entirely possible.

I cannot remember particular letters, after having worked for twenty years and after having an extensive correspondence. I am under oath and when you ask me here, I can only tell you that I don't remember it. Many times letters like that, or in the same form, were sent to three or four different people. I don't know.

Q You certainly recognize the subject matter, do you not? It was a matter in which you were interested; isn't that correct?

A Yes, of course.

Q And so it does not surprise you to find letters like that in various files, does it?

A No.

[redacted]

[redacted]

Q What was your opinion with regard to the confiscation of private libraries in order to benefit the Hohe Schule?

A You mean from abroad?

Q Anywhere.

A This was an action decreed by the State against institutions that were in opposition to the state or against individuals who were politically in opposition to the state.

Q Did you suggest to the Fuehrer, that you be appointed as the person to collect the objects of a cultural, or a scientific nature, in the various occupied countries?

A As I said before, this was discussed in several
134 conferences, and then he finally appointed me. Here is
something about the confiscation of materials from institutes and societies, also objects of art value; it was in the first place a removal of these objects to security. The Fuehrer wished to decide himself later on what was to be done with them.

Q I show you a letter dated 18 June 1940, addressed to Reichsleiter Martin Bormann, and ask you if you didn't send that letter to Bormann. For the record, the file is 067-PS.

A Yes, this certainly must be a letter of mine.

Q Is it, or is it not?

A Yes; I remember I wrote something like that.

Q Whose initials appear on the first page thereof?

A I don't know. It appears to be an "H". It may be "E.H."

Q In any event, you don't know whose initials they are?

A No, I don't know.

Q I invite your attention to part three of that letter. I invite your attention, furthermore, to the first paragraph thereof. Have you read it?

A Yes.

Q What was your thought with regard to private collections as set forth in that letter?

A The thought was that such collections usually contained details of particular interest for historical research, which were not always evident from the usual sources. I wish 135
to admit here at this time that this third part is a little exuberant, or going over the limit.

Q In what way do you think that it was over the limit?

A Speaking of Canterbury was exuberant.

Q What about your reference to the private collections, was that exuberant too?

A I want to say here that research into private libraries is always of interest. Yet, however, a confiscation of them is not necessarily connected with that.

Q You state in the letter about confiscations, don't you?

A Yes. However, the confiscation is a little different from "taking it away". This still leaves open the possibility of returning it.

[redacted]

Q There is always a possibility, is that the answer?

A Yes.

Q I invite your attention to the third paragraph of part three. Is that the paragraph in which you suggested the formation of the Einsatzstab Rosenberg?

A I don't know whether the Einsatzstab was founded on the 18th of June 1942. I don't even know whether it was discussed at this time. This was merely a personal suggestion in this letter.

Q Isn't the suggestion to the effect, that you have a personal representative in order to pick up these materials
136 we have been discussing?

A I made the suggestion to send somebody there to examine the materials, and also to do some research on them.

Q When was the Einsatzstab Rosenberg founded?

A When did the German troops march into France?

Q In May 1940.

A Several of my assistants went to Paris and also there was the Luftwaffe, which had occupied several castles, and they made reports about treasures of art, which had been left behind. Then the Fuehrer decreed that Einsatzstab was to be founded later on to handle these things.

COLONEL HINKEL: We must suspend now and we will resume at a later time.

[redacted]

APPROVED: ______________ Interrogator

______________ Reporter

______________ Interpreter

OFFICE OF U.S. CHIEF OF COUNSEL
FOR THE PROSECUTION OF AXIS CRIMINALITY

Doc No. 286-PS   Date 1 September 1945

STAFF EVIDENCE ANALYSIS

DESCRIPTION OF ATTACHED DOCUMENT (Under following headings).

Title and Nature: Letter, Rosenbergs to Henlein, regarding confiscation of literature.

Date: 15 Oct 1938 Original: ( ) Copy (x) Language: German

LOCATION OF ORIGINAL (also WITNESS if applicable) as of 1 Sep 45:

Unknown. Copy at OCC Nurnberg, Rosenberg Files

SOURCE OF ORIGINAL: Rosenberg Files

PERSONS IMPLICATED: None

REFERENCES TO INDEX HEADINGS (Key to Par. nos of Summary below):

1. IDEOLOGY,NAZI: Hohe Schule; 2. SPOLIATION OF FOREIGN PROPERTY

NECESSARY PROCESSING TO PUT IN EVIDENTIARY FORM; LEADS: Henlein

SUMMARY OF RELEVANT POINTS (with page references): 137

1. Request to confiscate all Marxists, Jewish and religious literature.
2. Letter written by Rosenberg.

Analyst: Landmann   Doc No. 286-PS
mhc

TRANSLATION OF DOCUMENT 285-PS
OFFICE OF U S CHIEF OF COUNSEL

The Reichs Commissar
for the Sudetenland

Roichenberg 31 Oct 1938

Mr Reichsleiter
Alfred Rosenberg
Berlin W 35
Margaretenstrasse 17

Stamped: Rosenberg Chancellory
In Nr 4459 3 Nov 38
Shown to RL 3/11

Handwritten note: Copy to Himmler

Dear party member Rosenberg !

Unfortunately it was not possible for me to thank you for your friendly letter of the 15th of this month, because your news was forwarded to ASCH. The technical difficulties of the traffic under which we had to suffer in the first days of the liberation of the Sudetenland have caused the late deliveries.

I thank you very much for your invitation to visit you in Berlin on my next occasion. Thanking you, I accept your invitation. The important tasks before the elections and the supervision of the reconstruction work keep me very busy. As soon as possible I will give you the date of my staying in Berlin.

For securing the Marxist, Jewish and confessional literature for your educational and instructional work, my coworker Dr. SUCHY is instructed. He will report to your competent deputy.

Heil Hitler !

signed: KONRAD HENLEIN

CERTIFICATE OF TRANSLATION
OF DOCUMENT 285-PS

I, FRED NIEBERGALL, 2nd Lt.Inf. o-1335567, hereby certify that I am thoroughly conversant with the English and German languages; and that the above is a true and correct translation of Document 285-PS.

FRED NIEBERGALL
2nd Lt.Inf.
o-1335567

OFFICE OF U.S. CHIEF OF COUNSEL
FOR THE PROSECUTION OF AXIS CRIMINALITY

Loc.No.067-PS APO 887 Date: 15 August 1945.

Source of Original: Rosenberg files.

STAFF EVIDENCE ANALYSIS.

DESCRIPTION OF TT CHED DOCUMENT (Under following headings).

Title and Nature: Letter from ROSENBERG to BORMANN re. Nazi Church Policy.

Date: 18 June 1940; Original ( ) Copy (x); Language: German.

If not English, is translation attached: Yes ( ) No ( )

LOCATION OF ORIGINAL (also WITNESS if applicable) as of 15 August 45;

Unknown; copy taken from ROSENBERG files., OCC, PARIS.

PERSONS OR ORGANIZATIONS IMPLIC TED: KERRL, ROSENBERG, BORMANN, HITLER, NSDAP.

REFERENCES TO INDEX HEADI G (Key to par.nos. of Summary below):

1. NAZI IDEOLOGY, Kultur Kampf;
2. CHURCHES, PERSECUTION OF;
3. SPOLIATION OF FOREIGN PROPERTY - Direct seizure. 141

NECESSARY PROCESSING TO PUT IN EVIDENTIARY FORM; LEADS: Hohe Schule.

SUMMARY OF RELEVANT POINTS (with page references):

1. The letter and its enclosures discuss problems relating to the frictions inside the Protestant Church in Germany provoked by Hitler's Kultur Kampf.

2. Kerrl, as Church Minister and leading exponent of the movement Deutsche Christen (German Christians) wishes to place the Protestant Church under State t lage and proclaim Hitler as its supreme head analogeus to the position the Emperor Wilhelm II held until 1918.

3. Rosenberg is opposed, hinting darkly that Nazism is going to suppress the Christian church completely after the war (page 2).

4. Rosenberg claims the right of the Nazi Party to be in charge of all religious teaching in the hrmacht (pages 2 and 3).

5. He wishes to have representatives of the Hohe Schule in Paris and later in "Canterbury" as observers in Church matters (page 3).

6. Rosenberg finally suggests the eventual seizure of private book collections in occupied territory.

LT.WELDON. Doc.No.067-PS

NOTE: DO NOT MARK, UNDERLINE OR OTHERWISE DEFACE ATTACHED DOCUMENT.

TRANSLATION OF DOCUMENT 067-PS
OFFICE OF U.S. CHIEF OF COUNSEL

16 June 1940
1690/R/Dt.

Initialed
H.

To
Reichsleiter Martin Bormann
at present at Fuehrer Headquarters

Via Ministerial Counsellor Dr. Hanssen.

Dear Party member Bormann:

I should like to present to you some information and request the fulfilling of several wishes.

1) The Evangelical Church explains, after a conversation with the Reich Ministry of churches, that: "It will give itself to the Fuehrer with all its property and estates". I enclose the proposed memorial, which still must be discussed with various representatives and may possibly undergo some changes. At the same time you will receive a comment on this new plan. In case this measage of submission should some to the attention of the Fuehrer, I request, therefore, that this comment of mine be given to him as well. If I have understood correct
142 the Fuehrer may declare that there is no time now for the working out of these items. In any case, it would perhaps be will if another comment in regards to the problem could be presented to him.

The essentials are as follows: the Evangelical Church, which as such does not really exist, but is divided into many confessions, wants to become a State Church. Thus a Church officialdom is to be connected to the State officialdom, and with this the Fuehrer would become the highest leader of the Evangelical Church. Furthermore, in the bac ground there is the desire on the part of the Reichs Minister of Churches to possess his own organization in the entire Reich, and thi organization shall be in its ultimate aim the bearer of the new confession of Reichs Minister KERRL.

From the standpoint of the movement, I hold this whole plan as not feasible in principle, since through assuming protection the whole slowly advancing world philosophical firmness of the movement will only be unnecessarily hampered by creating an artificial isolation of the Church. Secondly, we would take over the responsibility for thi which we cannot, I believe, carry. Thirdly, I believe that our fore political position after the war is of such a nature that perhaps ev an otherwise conscious state-political purpose, as a transition measure, is no longer necessary to be considered.

2) Enclosed is an agreement between me and the High Command of the Military Forces (OKW). Agreement is essentially present everywhere. The Deputy of the Fuehrer has assured me of his agreement in the letter, which is also enclosed. The plan has been introduced for discussion ! the High Command, that this world-philosophical indoctrination shoul take place within the military forces. I consider that to be imposs for this activity is truly in the realm of the NSDAP, and just as t Party members perform their duty in the army, so the officers of th armed forces must carry out their world-political indoctrination in the Party. The Deputy of the Fuehrer has agreed conclusively with t opinion, and I am conviced that General Field Marshal Goering takes exactly the same standpoint, even if it has recently been explained

that he thinks otherwise about it. I have not been able to speak with him about it, but I know that he will join our opinion without any further discussion. I am convinced that no protest will arise from part of Colonel General Keitel. Since, however, Brig. Gen. Reinicke travelling all the time, my representative, Reichs Bureau Director, Scheidt, cannot complete the affair.

Even if greater affairs prevent it momentarily, I believe that you can speak directly to Col Gen. Keitel during a quiet moment in order to obtain his agreement. I believe that this whole agreement is in accordance to the Fuehrer's ideas, in any case it is completely in accordance with the accepted decision of the High Command of the Arm Forces, whose agreement has been postponed on the basis of foreign-political considerations.

3) The occupation of Paris and many other places which are of extraordi importance for the national-socialistic historical research, has induced me to write a letter to Reichs Commissar Zeyss-Inquart a copy of which I enclose. I ask you now for the following: In case it shoul be possible to achieve a decision from the Fuehrer, I consider it necessary to furnish the commanding general or Reichs Commissar a few deputies from the "higher institutes of learning" (Hohen Schul to examine the scientific position, in Paris as well as eventually in Canterbury. If the objective ` depriving the other countries of their scientific possessions is not cecessary, then I am still convinced that a mass of private collections will be confiscated which be irreplaceable for our research under the circumstances. Moreover, Church will have the most important archives, which are of decisive importance for the world-philosophical research.

I have established an agreement with the Foreign Office that all reports from our diplomatic representatives from the beginning of the war which concern the position of the churches and also the important Jews should be sent to me. These reports are being collected as archives as the basis for a future historical evaluation of the Christian Churches.

I am convinced that the most important things are to be found in Paris but also in Amsterdam and Brussels, and would be obliged if you could get a decision of the Fuehrer which would give me the authority to supply the military commander of Reichs Commissar a responsible person for this task.

4) Besides this, I enclose a letter to Col Gen Keitel which I ded not want to sent direct to him personally under the circumstances. You will see from it that the historical plaques from Loewen are in our session, and I ask you to discuss this matter briefly with Col Gen Keitel. The Professor Harder who is concerned in this discussion is a co-worker of the research investigations of the higher institutes of learning and has been chosen to be director of the Institute for Aryan Philosophical History in Munich.

I have therefore placed a mass of requests before you and hope that you can fulfill them.

Heil Hitler!

Enclures

Subject: Comment on the plan of transferring ownership of the Evangel
Churches to the Fuehrer.

The suggestion of Dr. Engelke which from the present status of intentions has all the prospects of being accepted by the advisory council of the German Evangelical Church, is the eleventh hour attempt to salvage the complete bankruptcy of the evangelical church by transferrin it to the national-socialistic state.

This proclamation attempts to re-establish the status quo of 1918 wit out any consideration of the attitude of the national-socialistic-state to the problem of the religious organization in Germany, in that the Fuehrer is to be elevated to be the supreme head, of the German Eva lical Church. Adolf Hitler, like the last Kaiser should assume the position of a summus episcopus. That sort of State Church organization has never been the intentions of the national-socialistic Germany, asi from the fact that the non-state religion of the Catholic Church would remain alongside the evangelical State Church. (Translator's note: This version has been changed in pencil to read, "aside from the fact that there remains alongside the evangelical State Church the non-state religion of the Catholic Church as well as all other religious organizations.")

With the schism of the Evangelical Church into many groups, no party can have been given the right to give the decision for the joint evangelical churches in Germany. Therefore, there is only a small circle centered around Reichs Minister Kerrl behind this proclamation. And so this declaration has no special meaning unless all the groups and movements within the Evangelic Church accept this declaration as binding, for them.

It is as if this group of German Christians wanted to assume a totalit rian right for themselves by means of this proclamation.

The national-socialistic state must refrain, at this moment in which the Confession Church in Germany stands before it completely bankrupt, from saving it financially and factually by elevating it to the position of the State Church. (Translator's note: this sentence has been changed in pencil to read, "The national-socialistic state will according to this plan rescue the Confession Church financially and factually by means of elevating the church to State Church")

I would appreciate it if you would give me your views of this situation soon.

signed: (illegible)

(Translator's note: On the original the last paragraph and the signature have been crossed off in pencil.)

C O P Y

(This draft was prepared by Dr. D Engelke and is to be presented to the Clerical Council of the German Evangelical Church, which according to the present trend may accept this declaration) -

Suggestion.

To the Fuehrer and Reichs Chancellor Adolf Hitler:

The Evangelic Church transfers itself to you with all its possessions, lands, buildings and institutions.

It desires to make the impression thereby, that it desires to be considered as nothing apart from the State, but rather feels itself bound up with the prosperity and fall on the State. It would like to break off an unfurtunate past devilopment by which the church became a separate state within the State and often became a power opposed to the State.

The Church makes this transfer at just this time, because it desires to show its deep gratitude that you have brought our German people from the depths and weakness to the heights of power and world-importance, that you have placed economy on a new basis which has not only done away with the unemployment which destroys men's souls, but will make possible the solution of all social problems. However, above all that you have wakened all the physical and spiritual powers of accomplishment of our people and unified them so that this wonderful Great-Germany was made possible by means of this war and victory.

The Church makes this transfer in the unshakeable confidence that the state wants positive Christianity, according to your manifold assurances. that the powers which come from the Christian belief might be productive for internal uplifting, that the deeply religious need of the largest portion of our people have a further right for spiritual comfort.

We do not deceive ourselves that many parts of the Evangelical Church will want to have nothing to do with this. We respeckt the personal freedom which the German needs in the concerns of innermost beliefs. We have understanding for the situation. Many feel themselves repulsed by statements contrary to life, by teachings which contradict the innermost feelings of truth, by declarations of piety which must repulse the active man by virtue of their weakness and vagueness, by holding religious services with people who are dired of life, by hymns which flee from the realities of difficult life.

In our position as Evangelical Christians we have the inner freedom to place our Church, our teachings, and ourselves under a strict examinati... to learn from history and from the present and to exclude in particular every influence of Jewish thinking on Christianity.

God gave the German people a reformation in the person of Martin Luther which was of great importance not only for the German People, but for many others, especially for the Nordic peoples.

We are of the firm opinion that God has given a new taks to our people in your person to overcome finally all opposition of state, people, and church, and to save the problem of the schism in the church.

Just as certain as the fact that every attempt at a religious overpoweri would bring about new inner schisms, so certain are we that the deep thankfulness for Great-Germany which God has given us through you will make all true Germans willing to give up their old prejudices.

We do not ignore the thoughts which exist for the state in taking over the Evangelic Church. The Evangelic Church has no rigid organization up to now. It is an essential of the Evangelic Church, that the truth which was given to us in Christ must continue to be sought anew. The Evangelic Church is conscious of the fact that even religious viewpoints have undergone a change, that in the religious field the danger has arisen of overlooking the boundary between knowledge and faith, of overpowering knowledge by means of faith or faith by means of knowledge, and that the learned men and the priesthood were always in danger of confining religion too much. There can never be a static position in the Evangelic Church. It is and remains directed to the movement of faith, of faith in the living God who has revealed himself in Christ as the liberating, gladdening, good, strengthening God who desires that all mankind be helped. In the living of this faith, it continually receives new increase of the powers of truth, love and service. It does not raise any clai to possess the truth, but it requests the right to take part in the gre spiritual struggle with the powers of truth which it has certainly received from Christ.

If the State gives the Church the just, economic and administrative organization, and gives it the conditions to reconcile its inner quarrels in a manner which will not disturb the people and to use all powers to the construction of the community, if the State gives the Church the goa of settling the confessional schism with all powers of faith and love and truth, then, we are convinced, that would satisfy the fervent desire of by far the greatest part of the evangelical congregation. This will surely be afirmed by a plebiscite (poll of opinion) after victory.

146

There would also be achieved by this means, that the Christians would no longer have to fear being considered as members of the race of the second order, that the evangelic part of our people who have assisted the inner development of the people by so many very important men and women and whose representatives among the Germans in foreign lands have proven such stalwart bulwarks for the idea of German nationals, that this evangelical part of the people will apply all the powers at its disposal for the fulfillment of the tasks which will evolve upon the state after victory.

Our constituency waits longingly for the word which will solve the churc problem. Out of deepest thankfulness to you, out of fervent love for our people we beg you to give Great-Germany which you have given us, the Church unity of at least the evangelic part of the church.

Schwerin, 10.6.40
Dr. E/L

CERTIFICATE OF TRANSLAITON
OF DOCUMENT NO 067-PS

27 November 1945

I, Fred NIEBERGALL, 2nd Lt Inf, 0-1335567, hereby certify that I am thoroughly conversant with the English and German languages; and that the above is a true and correct translation of Document 067-PS.

Fred NIEBERGALL
2nd Lt Inf
0-1335567

SECRET

Testimony of Alfred Rosenberg, taken at Nurnberg, Germany on 26 September 1945, 1430-1545, by Lt.Col. Thomas S. Hinkel, IGD., OUSCC. Also present: Pfc.Richard W. Sonnenfeldt, Interpreter; and Pvt. Clair Van Vleck, Court Reporter.

COL HINKEL TO THE INTERPRETER:

Q Will you raise your hand, please? Do you solemnly swear that you will truthfully and faithfully translate my questions from English into German and the responses of the witness from German into English, so help you God?

A I do.

COL HINKEL TO THE WITNESS THROUGH THE INTERPRETER:

Q This is a continuation of the morning session. Do you realize that you are still under oath, and that you have promised to tell the truth, the whole truth, and nothing but the truth, so help you God?

A Yes.

Q Do you recall yesterday we were discussing, in part, the confiscation of furniture and other materials from the Jews in the occupied territories?

A Yes.

Q Do you recall receiving any progress reports regarding the materials taken in these confiscations?

A I received two or three reports personally from von Behr about the progress of this action.

SECRET

Q Did you receive some written reports regarding it?

A Yes; they were written.

Q How often were these reports made?

A I can't say that I personally received either two or three reports from him. Whether or not he made more detailed reports to my assistants in other offices, I don't know.

Q Do you recall what action was taken after the American invasion on the 6th of June with respect to collecting various materials from Jews and transporting them to Germany?

A After the invasion?

Q Yes.

148 A After the Anglo-American invasion, and after Paris was taken, Mr. Behr returned to Germany and he told me that all the materials that they had collected had been transferred to the French Red Cross there.

Q None of it was shipped to Germany?

A After Paris was evacuated, work practically stopped. Before that, furniture and articles like that had been shipped to the Reich in order to give them to people who had had bomb damage in their homes. Mr. Behr reported to me that he had transferred all those things to the Red Cross.

Q There were two types of confiscation, were there not: one type, everything except furniture; and the second type, everything including furniture; is that correct?

A Yes. The first, originally, was objects of art value,

objects of cultural value, like the books and all that kind of thing. Then later on, furniture and household articles were included.

Q Who was leader of the Dienstalle Westen in August, 1944?

A Herr von Behr.

Q He was in charge, I take it, of all these confiscatory operations; is that correct?

A Yes.

Q And he was indirectly under Utikal; is that correct?

A That was a little different. At first, he had reported to Utikal, but later on when he was in charge of the 149
Dienstelle Westen, he was responsible for collecting those objects of art and he had a civil servant attached to him who was responsible for book-keeping, accounting and that kind of thing. He did not report to Utikal.

Q I would like to have you, in some of your free time, not now, but when you have an opportunity, to draw up an organizational chart of the Einsatzstab Rosenberg.

A I can make such a table for you in outline. However, I am not able to put in all the details, because they are not familiar to me. Utikal was responsible for all those things and he knows all those details, but I would be glad to make an outline for you, as far as I know.

Q That is all I can expect from you, to put down the matters

[redacted]

concerning which you have knowledge. I would like to have you do it for the operations in the East and in the West, separately.

A Yes.

Q I show you a photostatic reproduction of a report containing eight pages, the first of which is a cover letter dated 8 August 1944; the next two pages are a report dated 7 August 1944; and the last five pages are another report dealing with the "M" action. The last is signed with the initials "D.R.K. Oberfuehrer and leader of the Dienstelle Westen". I ask you if you have ever seen the original of this document? For the record, that document is identified as L-188.

A I have read this report personally. That is the first
150 page.

Q What about the report contained in the second and third pages of that document? Do you identify the next two pages as having been received by you?

A I didn't read those two pages. Evidently they were sent to the Dienstelle. I never read that. I read the first page, which I received, but not the other two. I am not able to remember all the details of this document, but I do remember this list contained on pages 4 and 5 of the document. I do not remember the long introduction, which precedes this list.

Q The pages 4 and 5, to which you have reference, are the last two pages of the third part of the eight-page document; is that correct?

A Yes. It appears that the whole thing must have been

[redacted]

with me at one time.

Q You identify now certain of the pages and it is your belief that at one time you had the entire document in your possession; is that correct?

A Yes, I believe so.

Q Whose initials appear on the last page?

A The DRK means Deutsche Rotes Krauz (German Red Cross) and the Oberfuehrer is simply his rank.

Q By whom was that signed?

A That should have been Behr.

Q Do you recall that it was a report submitted by Behr?

A Yes. I recall that because it could have been only from him.

Q Is there any doubt in your mind as to the authenticity of that entire document?

A No.

Q You will recall in our discussion this morning you stated that sometime after the operation against Russia, the Einsatzstab Rosenberg commenced operations in the Eastern territories; do you remember that?

A Yes.

Q Was Utikal placed in charge of these operations?

A Yes.

Q I show you a photostatic reproduction of a document dated 20 August 1941, addressed to Utikal, which purports to bear your signature, and I ask you if you signed the original of this document? For the record, it is identified as 145-PS.

A Yes; that is correct.

Q That is a document that was signed by you?

A Yes.

Q By that document, Utikal was appointed to operate the Einsatzstab Rosenberg in the Eastern territories; is that correct?

A Yes.

Q What exactly was meant by the term "Eastland" as
152 contained in that order?

A Eastland means Latvia, Lithuania, White Russia and Estonia.

Q It did not include the Ukraine?

A Yes; later it was included, too.

Q But I mean the term "Eastland" does not include the Ukraine; is that correct?

A No; the term Eastland does not include the Ukraine. That is something special that was added later.

Q Where is Utikal now?

A I don't know. The only thing that I know is he went to Bavaria in April.

Q April 1945?

A Yes.

[redacted]

Q What part of Bavaria did he go to?

A A number of my assistants left Berlin for Bavaria at the direction of the Party Chancellory. They went to the vicinity of Kehlheim and Regensburg, where they were supposed to find shelter.

Q Do you know what happened to them after that?

A I never had any more news of them. I left Berlin for Flensburg on the 21st of April and have not had any news since that time.

Q I invite your attention to the first paragraph of the document you have just identified, 145-PS, and ask you to describe Main Division 2 of your ministry, to which Utikal, apparently, was to be subordinate. 153

A The Main Division 2 in the Ministry for the Eastern Territories was concerned with political affairs, schools, culture and idealogy.

Q Who was in charge of it?

A It was a director of the ministry, Dr. Leibrandt.

Q Utikal reported directly to Leibrandt, who in turn reported to you; is that correct?

A Yes.

Q What was the Main Division 1 of your ministry?

A That was the general administrative division.

Q Were there any other divisions besides One and Two?

A At one time there was a third Main Division and it was concerned with technical matters. However, after Todt's death, Speer insisted that they wo[redacted] under his direction.

[redacted]

There also was a fourth Main Division at one time, which was press and propaganda, but which was later converted to a very small department called Information. The press and propaganda division came under the control of the Propaganda Ministry, who handled these things later.

Q Isn't it true, that in the Division #1, there was a central bureau concerned with the Einsatzstab Rosenberg?

A It is possible that within this Main Division #1, which was the central administrative division, there was an office maintained for questions of personnel and budget for the Einsatzstab Rosenberg. Among other things, there was a legal department and a health department in this main Division #1.
154 However, except for those details, the Einsatzstab Rosenberg was exclusively under Main Division #2.

Q Do you recall the issuance of an order on or about 7 April 1942 to the Reichs Commissioner for the Eastland at Riga, and the Reichs Commissioner for the Ukraine at Rovno, to the effect that the work of the Einsatzstab Rosenberg was to be supported?

A Yes. I wrote to those two Reichs Commissioners to support the work of the Einsatzstab Rosenberg.

Q Do you remember whether you wrote personally, or whether the letter was signed by Dr. Leibrand?

A I almost think that I must have signed it myself because usually when I wrote to one of the Reichs Commissioners, I signed those letters myself. Dr. Leibrandt only signed when he was writing from his main division to another main division.

[redacted]

[redacted]

Q Do you recall a letter sent by you on or about 27 April 1942 to those same commissioners, that is, for the East and for the Ukraine, regarding the formation of a central unit for the seizure and securing of objects of cultural value in the occupied Eastern territories?

A I cannot remember that, but I do remember an instance where, during an advance of the troops on Kiev and Minsk, furniture that was owned by the state and stored in museums was taken. They used this furniture, or removed it, and, I believe, that I did write a letter and issue a decree to the two commissioners and demanded that this be protected and that the objects be taken care of.

Q Isn't that a fact, that as an administrative matter, 155
the Central Bureau was placed under the Department #1 of the Ministry rather than under Department #2.?

A I don't know.

Q I show you a photostatic reproduction of a document dated 12 June 1942, purporting to bear your signature, addressed to Supreme Reich Authorities. I ask you if you did not send the original of this document? For the record, it is identified as 156-PS.

A Yes; this is correct.

Q Do you identify that as a document, the original of which you signed and sent to the Supreme Reich Authorities?

A Yes; this is absolutely correct. I wish to add here that during the time of the advance, there were all

[redacted]

kinds of units from the police, from the Ministry of Propaganda, that would suddenly appear in museums and scientific institutes, and this was especially so in the campaign in the Kuban Mountains and in Kiev. There were also some civil servants, who would appear at these places and also research institutes, and they thought it was their business to be there. In order to consolidate this whole business and to bring it back into one hand, I appointed Utikal for this and this was simply an administrative measure.

Q Does that account for the difference then between Main Department #1 and Main Department #2 for the handling of these cultural objects?

156 A Yes; it does, because Main Division #2 handled the idealogical aspects of it, and they did the r esearch and the examining; whereas, Main Department #1 was responsible for all the administrative details and that is probably why it was handled in this form.

Q You directed the activities, did you not, of the Einsatzstab Rosenberg in the West in your capacity as Party Leader, and in the East in your capacity as Reichsminister for Occupied Eastern Territories; is that correct?

A Yes. That was something there that over-lapped. All the orders were issued in the Ministry.

Q The activities of the Einsatzstab Rosenberg actually [redacted] virtually every country that had bee

[redacted]

occupied by Germany; isn't that true?

A Yes.

Q That included Belgium, the Netherlands, Luxembourg, Norway, Denmark, the Baltic States, Poland, the Ukraine and the Balkans?

A Denmark did not count as an occupied territory. As I explained this morning, there was a representative there who was responsible for buying interesting material when it came up, but there were no confiscations.

Q How about Hungary?

A So far as I know, the same applies to Norway.

Q How about Hungary?

A None in Hungary either. 157

Q In other words, those three countries were not considered occupied territories; is that correct?

A Also the Governor General part of Poland was expressly excluded from this. The letter from Reichsminister Lammers expressly excluded this part of Poland from those measures.

Q In other words, the activities of your organization extended to every country that had been occupied by German forces except Norway, Denmark, Hungary and Governor General Poland; is that correct?

A Yes; that is entirely correct, if you want to apply the term "occupied territory" to Hungary, because it was not occupied.

Q Well, I am just saying that Hungary is in the same

group as the others there?

A Yes.

Q However, in those countries or in those areas, you did have representatives who obtained the materials that you wanted them to, through purchase or other ways; isn't that correct?

A As I already said this morning, I had also a representative in Croetia and later there was somebody attached to the Italian government in these questions.

Q I show you a photostatic reproduction of a document dated 1 June 1944, which purports to be initialed by Utikal, pertaining to the operation of your organization in Hungary.
158 I ask you if you have ever seen the original of that document? For the record, it is identified as 158-PS.

A Yes, this is correct. However, I don't know what special task the document is referring to. Possibly he had some business with the Hungarian government, but I don't know.

Q Do you identify the initial appearing thereon as that of Utikal?

A That is difficult to say. I really don't know.

Q You have seen Utikal's signature, have you not?

A Yes, I have seen his signature.

Q You have seen his initials, too, have you not?

A I don't mean to say that I have any doubts about the authenticity of this document, because Dr. Zeiss worked for us.

Q I show you a photostatic reproduction of a document,

SECRET

dated 6 June 1944, entitled "Movement Order", that bears what purports to be the initial of Utikal, Chief of the Einsatzstab. For the record, it is identified as 159-PS. I ask you if you have seen the original of this document?

A Ebeling, who is mentioned in the document, was the representative in Denmark who was responsible to buy material that we wanted.

Q Do you identify that document as having been issued by Utikal?

A I have no personal knowledge of the document, but I don't doubt its authenticity. Evidently, he must have given him some special task and the style shows that it could have only 159
been written by somebody who knew all about that.

Q Do you identify the initial appearing thereon as that of Utikal?

A Again, this is the same initial that appears on the other document and I don't recognize it. I believe this is a copy that he might have marked that way.

Q You don't have any doubt as to the authenticity of either of these documents, though; is that right?

A No.

Q You will remember I showed you a document at the beginning of the session, which pertained to a report made by Behr regarding the activities of the Einsatzstab in France, and in that document was contained a reference to "M" action. Do you recall that?

SECRET

[redacted]

A Yes, the "M" stands for "Moebel" (furniture).

Q What was the "M" action?

A That was this furniture action that we talked about. That was the action that secured and confiscated furniture and made it ready to be transported.

Q When did this "M" action begin functioning?

A I cannot say exactly. I cannot recall.

Q Approximately what year?

A I really cannot say, but it might have been '42 or '43 or something like that, but the report really should show when it started.

160 Q You mentioned this morning that the persons receiving furniture in the bombed-out areas, paid a certain amount of money into the fund; is that correct?

A This was handled in such a manner that the articles were given to the local representative of the Reich Defense Commission, and then he issued it to the victims. The victims, that is, the bomb-damaged victims, paid a certain amount of taxation for the articles that they received, and this money was charged over into a fund and then later this was transferred to the Reichs Ministry for Finance. The reason for this was that this money could be charged against later claims for damages, because they actually had received articles of that value.

Q Were any receipts given to the persons from whom the articles of furniture were taken?

[redacted] (ROSENBERG)

[redacted]

A This furniture and those articles came from homes that were found deserted when the German troops marched in, and this is one of the reasons why this whole action was started to secure those articles, and articles of art value, and so on. Then von Behr told me at one time that in many places caretakers had been left behind to take care of administrative matters and so on, and he said that they had been left with enough furniture necessary for everyday life.

Q Did you issue a receipt for the furniture that was taken?

A There were nobody there to give receipts to, but Mr. Behr at one time, when I questioned him about that, and what methods were employed to assure that those things were not taken 161
indiscriminately, showed me a big book and there was a list of articles taken, who they had been taken from, the date that they had been taken, the locality, and he told me that all this was done with the greatest possible care. However, I don't know where this book and the archives are now.

Q Were receipts given to the persons from whom the articles were taken? You are speaking now of a record that was made by the person taking the articles. I would like to know if there was any record given the person from whom the articles were taken.

A They did not get receipts because they were not there.

Q Well, that isn't so, is it, that all of them were not there, because wasn't the rule that the possessions in houses which were under the care of caretakers, would be taken also;

[redacted] (ROSENBERG)

isn't that right?

A With the best of will, I cannot give you any more information about that, because Mr. Behr and his men worked all those angles out.

Q You know very well that no receipts were given, don't you?

A I can neither admit nor deny it.

Q Isn't it a fact that General Stuelpnagel, the military commander of France, issued an order that no receipts were to be given?

162 A That I don't know.

Q You don't say that he didn't, do you?

A I don't know of any such order. I have no knowledge of it and it does not sound familiar to me.

Q You know, as a matter of fact, that it was a policy to force the Jews out, not only of Germany, but also the occupied countries; isn't that so?

A That was not the purpose for which this action was started.

Q That may very well be, but don't you recall a speech that you made -- you talked about it the other day -- wherein you stated that the Jewish problem would be settled in Germany when the last Jew was gone, and that the Jewish problem of Europe would be settled when the last Jew had gone from Europe? You remember that, don't you?

A Yes. I used those words and it may have been

[redacted]

exuberance, but I used them anyway.

Q You didn't expect any of these Jews to come back to these places from which they had been driven?

A This was a question which had to be solved by each state individually after the peace treaty. This furniture action would have never been started if the war, as such, hadn't made it necessary.)

Q I show you a photostatic reproduction of a carbon copy of a document, the document is dated 3 October 1942, and purports to bear your signature. I ask you if you issued the original thereof? For the record, this document is identified as 041-PS. 163

A This is a proposal for getting some fast results in the urgent situation which existed at that time. Whether or not the articles were treated as loaned goods, I don't know, but I really don't think so. I think that in most of the Gaus, the people paid for the goods and that the money that they paid was charged to their account for articles that they had actually received out of their claims. As far as the transport of articles to the Eastern areas go, this really never amounted to much and was stopped soon afterwards.

Q Do you identify that as a document, which you prepared?

A Yes; I am certain that it is. The stamp on it is a stamp that was used in my office on copies.

Q In other words, you have no doubt regarding the

[redacted] (ROSENBERG)

authenticity of this document? Is that correct?

A Yes; that is correct.

Q Do you recall receiving a report from Scholtz, who was chief of your staff in the field of pictorial art, giving a summary of the work performed by his staff during the period October 1940 to July 1944?

A Yes. He gave me one or two reports on that.

Q I show you a six-page report, carbon copy, bearing the typed signature of Robert Scholtz, Bereichsleiter, and ask you if this is a report received by you from Scholtz?

A Yes. I must suppose that is a report from Scholtz.
164 I had a couple of them and I assume this would be one.

Q That document, for the record, is identified as 1015B-PS. You positively identify this as being a report received by you from Scholtz regarding his activities?

A I haven't the least doubt about its authenticity because it entirely corresponds to the task, which he had, namely to list and catalog those things and to be responsible for their security.

Q Is that the kind of report Scholtz would make?

A Yes.

Q I show you a copy in German of an inventory of cultural objects, consisting of four typed pages; and ask you if this inventory did not accompany the report you have just identified as having been furnished by Scholtz? For the record, it is described as 1015GG-PS.

[redacted]

A That may be. I cannot say for certain, but it may be.

Q I invite your attention to the fact that the inventory, which I have just shown you, refers to 21,903 objects of cultural art and that the same number, the identical number, is referred to in the report which I have heretofore shown you.

A Yes. Then it must have accompanied it.

Q Do you identify it as having accompanied it?

A He also reported to me orally, and it corresponds entirely to what I remember in oral reports.

Q There isn't any doubt in your mind as to the authenticity of that inventory, is there?

A No.

Q So far as you can presently remember, the inventory did accompany the report, is that right?

A I cannot remember the facts, but after seeing both the report and the inventory, I must assume that the one accompanied the other because there is nothing that is in contradiction to that.

Q I show you a carbon copy of a document dated 20 August 1941, addressed to the Reichs Commissioner of the Ostland, purporting to bear your signature; and ask you if the stamp appearing on the back of the single page, is a stamp or a seal of your Reichs Ministry? For the record, the document is identified as 1015C-PS.

[redacted]

[redacted]

A Yes; this is correct. This is the stamp that was used by the Einsatzstab.

Q That stamp is described as follows: a circle containing the words "Einsatzstab, Reichsleiter Rosenberg, fur die Besetzten Gebiete". What does that mean?

A That means for the Occupied Territories.

Q Then there is an eagle clutching a swastika in a wreath. You identify that as being the seal for the Einsatzstab Rosenberg?

A Yes.

Q We will suspend now and resume at a later date.

166

****

APPROVED: Interrogator

Court Reporter

Interpreter

[redacted]

OFFICE OF U.S. CHIEF OF COUNSEL
FOR THE PROSECUTION OF AXIS CRIMINALITY
Date: 31 August 1945

Doc. No. 159-PS

STAFF EVIDENCE ANALYSIS

DESCRIPTION OF ATTACHED DOCUMENT (Under following headings).

Title and Nature: Order establishing Einsatzstab for Norway and Denmark.

Date: 6 June 1944; Original ( ); Copy (X); Language German

LOCATION OF ORIGINAL: Rosenberg Files

PERSONS IMPLICATED: ROSENBERG, Alfred; NSDAP

REFERENCES TO INDEX HEADINGS (Key to Par. nos. of Summary below):
1. IDEOLOGY,NAZI
   Hohe Schule
2. JEWS, PERSECUTION OF
3. SPOLIATION OF FOREIGN PROPERTY

NECESSARY PROCESSING TO PUT IN EVIDENTIARY FORM; LEADS: Utikal, Ebeling

SUMMARY OF RELEVANT POINTS (with page references):
1. Order sending Ebeling to Denmark and Norway to establish a branch of the Einsatzstab.
2. The copy is initialled probably by Utikal.

Analyst: Lt. Buchsbaum
emt

Doc. No. 159-PS

TRANSLATION OF DOCUMENT 159 - PS
OFFICE OF U S CHIEF OF COUNSEL

Berlin 6 June 1944

Movement Order

Colonel-Einsatzfuehrer H.-W. EBELING is traveling to Denmark and Norway in order to carry out a special mission of Reichsleiter Rosenberg in harmony with the person authorized by the Reich in Denmark and the Reichs Commissar in Norway in conjunction with the Fuehrer's decree of 1 March 1942 (distributed to the highest Reich authorities through correspondence of the Reichs Minister and Chief of the Reich Chancellory RK 9495 B) and the Supreme Army Command order Nr. II/11564/42, General Staff of the Army/General Quartermaster Az. Section K Administration of the 30th Sept. 42.

As long as it is necessary for him to stay, all the offices of the State and the Army are dircted to support the activities of the person mentioned on the basis of the Fuehrer decree of the 1 March 1942, the Supreme Army Command order of the 30 September 1942, and the Einsatz
168 directive of the Head of the Security Police and Security Service of the 1st July 1942.

initialled: U
(Utikal)
Chief of the Einsatzstab

CERTIFICATE OF TRANSLATION
OF DOCUMENT 159 - PS

November 22nd, 1945

I, Williard Evans SKIDMORE, Lt. (jg) 391 590, USNR, hereby certify that I am thoroughly conversant with the English and German languages, and that the above is a true and correct translation of the Document 159 PS

WILLIARD EVENS SKIDMORE

Lt.(jg) 391 590 USNR

TRANSLATION OF DOCUMENT L-188
OFFICE OF U S CHIEF OF COUNSEL

Copy

Office West
The Head of the Department

Paris, August 8th 1944

Progress Report up to July 31st 1944

The Office West achieved the following results up to July 31st 1944:

69 619 Jewish homes were confiscated.

Dispatched to the several towns, including special orders, were:

69 512 Sets of furnishings, each a complete house.

The sum total of furniture and fittings dispatched required a loading capacity of:

1 079 373 cbm.

The following were required to provide this capacity incl. additional deliveries:

26 984 railroad cars, equivalent to 674 trains.

Further during the action we confiscated for the use of the Reich and handed over to the Department for Foreign Exchange (Devisenschutzkommando):

11 695 516 RM Foreign currency and Securities.

The special purpose branches in France, Belgium and Holland furthermore dispatched:

2 191 352 kg Scrap Metal, Scrap Paper and textiles.

According to the report on Special Tasks (Sonderaufgaben) bombed-out persons accommodated in France, were presented with furniture and fittings valued at

1 516 186 RM

The above results were achieved by a staff of

30 female and 82 male

Officials and Employees of the Ministry for the Occupied Eastern Territories.

- - - - - - - - -

A True Copy
(Signed) Deubelmann
Employee

Office West

Paris, 7.8.44
Schw/H

In carrying out the Fuehrer's orders for the M-action, the following results were achieved within the area of the Office West from invasion day (6th June 44) up to 1st August 44, by 30 female and 82 male officials and employees of the Ministry for the Occupied Eastern Territories.

1) Camoins (trucks) arrived (through confiscation of homes in Paris). 2006

2) Railroad cars arrived from Branch Offices 52

169

3)	Railroad cars loaded and dispatched to Germany.	372
4)	Receipts from sale of Scrap Material	28 124 91 RM
5)	Boxes received	20 154
6)	Boxes handled, packed and dispatched:	21 710

containing:

China	199	boxes
Glass	208	"
Kitchen utensils	196	"
Clothing	117	"
Coat-hangers	120	"
Tailors' materials	45	"
Linen	128	"
Curtains, for windows	8	"
Curtains (heavy)	72	"
Mirrors	24	"
Clocks	73	"
Vases	45	"
Lamps	102	"
Brushes	29	"
Toys	99	"
Sports gear	42	"
Optical instruments	17	"
Electrical appliances	48	"
Tools	35	"
Gasmasks	78	"
Leather goods	253	"
Medical goods	41	"
Sanitary goods	119	"
Household goods	115	"
Scrap iron	1,503	"
Scrap paper	1,714	"
Books	482	"
Copper, aluminum	266	"
Bottles	730	"
Rags	240	pressed bales
Scraps of furs	123	boxes
Silver goods	33	"

7) Special work:

SS-Garrison-Administration Munich	27	cars
SS-Directcrats Central Office	51	wagons
116th Armoured Regiment, Dortmund	2	"
116th " " "	2	"
47th Inf. Div.	3	"
Obersturmfuehrer Tychsen, Wearer of the Oak Leaves Medal (Eichenlaubträger)	1	"
Cptn. Ninnemann	1	"
Cptn. Adamy	1	"
Sturmbannf. Brehmer, Wearer of Knights' Cross (Ritterkreuzträger)	1	"
Obergruppenf. Lorenz, Berlin	3	"
Reich Postal Director, Berlin, Cuilleaume	1	"
Pianos, Messrs H. Langner, Breslau	3	"
Division: "Das Reich"	1	"

The cabinet-makers' workshop set up in the camp repaired and restored:

30 Sideboards
23 Dining Room Tables
56 Dining Room Chairs
43 Chests of Drawers
65 Beds
10 Dressing Tables
30 Bedside-Tables and Washing-Stands
12 Book Cases
24 Writing desks
25 Easy Chairs.
25 Kitchen Cabinets
15 Kitchen Tables
35 Kitchen Chairs
1 Couch

4 Easy chairs were upholstered and recovered.

Report on the M- Action

The fight against Jews, Freemasons and the forces allied to them or otherwise ideologically opposed to us, has always been a most urgent task of National Socialism, especially during the War which has been forced upon us. In order to secure, within the areas occupied by Germany, all research material and the cultural effects of the groups indicated and to dispatch them to Germany, the Fuehrer at the suggestion of Reichsleiter Rosenberg was ordered that libraries, archives, lodges and other ideological and cultural institutions of all kinds be searched for appropriate material and that this be secured for the ideological instruction of the National Socialist Party. 171

The same order applies to cultural effects which were either in the possession of or were the property of Jews and were unclaimed or originated from sources not clearly ascertainable.

The Special Purpose Staff (Einsatzstab) of Reichsleiter Rosenberg was charged with the carrying out of this task. In addition to this seizure of property, at the suggestion of the Director West of the Special Purpose Staff it was proposed to the Reichsleiter that the furniture and other contents of the unguarded Jewish homes should also be secured and dispatched to the Minister for the Occupied Eastern Territories, for use in the occupied Eastern Territories. The Fuehrer agreed to Reichsleiter Rosenberg's proposal by means of the letter of the Reich Minister and Chief of the Reich Chancery dated 31.12.51.

The Special Purpose Staff of Reichsleiter Rosenberg was charged with carrying out this task in the occupied territories. The amount of work to be done in this section forced the Special Purpose Staff of Reichsleiter Rosenberg to return the mandate of 14.1.1942 to the Minister for the Occupied Eastern

Territories so that this might be executed by him, owing to personnel difficulties.

The Minister for the Occupied Eastern Territories thereupon organized the Office West on 25.3.42 in Paris with local branches in France, Belgium and Holland. The Director West of the Special Purpose Staff of Reichsleiter Rosenberg E.R.R. was appointed Chief of this Office.

At first all the confiscated furniture and goods were dispatched to administrations in the Occupied Eastern Territories. Owing to the terror attacks on Germnn cities, which then begam and in the knowledge that bombed-out people Germany ought to have preference over the Eastern people, Reich Minister and Reichsleiter Rosenberg obtained a new order from the Fuehrer according to which the furniture etc. obtained through the M.-Action was to be put at the disposal of bombed-out people within Germany.

The confiscation of Jewish homes was carried out as follows, so-called confiscation officials went from house to house when no records were available of the addresses of Jews who had departed or fled, as was the case for instance in Paris, in order to collect information as to abandoned Jewish homes. They drew up inventories of these homes and subsequently sealed them. In order to avoid complaints, especially in case Aryan premises were sealed or homes of Jews who were not affected by the Action, the premises were usually left sealed for two or three months, and their contents were not taken away until that time had expired. In Paris alone about twenty confiscation officials confiscated more than 38 000 homes. The transportation of the contents of these homes was completed with the aid of the entire car park of the Union of Parisian Removal Contractors who had to provide every day up to 150 trucks with 1200 to 1500 French labourers.

The evacuations were divided into evacuations A and B. Evacuation A meant confiscation of all kinds of goods, but not furniture; evacuation B meant confiscation of actual furniture.

The goods are dispatched first to large collecting camps from where they are processed, sorted out, and loaded for Germany.

Owing to the scarcity of personnel in the Office West, acts of sabotage committed by the French labourers could not be prevented, but rather did they increase considerably. In order to overcome this difficulty, two large collection camps were set up and the SD provided 700 Jews. These workers were at the same time interned in the various camps. Up to that time the Office had no expert workers at their disposal, neither for loading, nor for repairing damaged furniture. When organizing so-called Jew Camps, work-shops were established for cabinet-makers, watchmakers, shoemakers, electricians, radio experts, furriers, etc. All incoming goods were thoroughly sorted out and those not ready for use were repaired. Moreover special boxes were dispatched for the use of special trades (tailors', locksmiths', plumbers', sanitary, medical boxes.) Only interned Jews were used for the sorting-out of the confiscated furniture and goods on a covered conveyor belt, and for the packing and loading. As a result of the experience acquired with regard to confiscation, working systems within the camps, and transportation, the Office West was able to reorganize their entire working system and with the small staff at their disposal succeed in providing for use in Germany even things which appeared to be valueless, such as scrap paper, rags, salvage etc. Unfortunately acts of sabotage could not be prevented despite the sharpest control in the camps. Sometimes even during the transport, acts of sabotage were committed by French, Belgian and Dutch railway officials, so that loads which had been correctly packed and loaded and which had been accepted by the respective representatives of districts and towns often arrived in an extremely damaged condition. These acts would have assumed even greater dimensions had not the German State Railways, whose bombed out officials were among the people supplied by the Office West, risen to the occasion splendidly and helped the workers of the Office West with a great number of specialized personnel.

Altogether the Office West including the special purpose branches was confiscated about 71 619 Jewish homes. Moreover they took through Evacuation A:

Foreign currency and securities:	11 695 516 RM
Scrap metal, scrap paper, textiles	3 191 352 kg.

which were dispatched to the competent German authorities for further use. The goods dispatched to the Districts (Gaue) and Towns are listed in the following specification:

TRANSLATION OF DOCUMENT L-188
OFFICE OF U S CHIEF OF COUNSEL

District: (Gau)	Town:	Number of wagons: 1942/1943	1944	Together Town	District
Baden	Karlsruhe	481		481	
	Mannheim	326	82	408	
	Strassburg		50	50	939

(follows specification, cp:pp:4 & 5
p.5

altogether Wagons	18.665

Deliveries to German Camps

(follows specification, p.5)

Wagons	8.191

Deliveries to S.S. Divisions and others

	1942/43	1944	
S. S. Division and several private orders	160	417	577
German State Railways	904	672	1.576
German Postal Service		196	196
Police	65	166	231

Grand Total Wagons: 29.436

= 736 trains of 40 waggons.

The personnel of the Office West of the Minister for the Occupied Eastern Territories consisted of on an average:

82 male and
30 female officials and employees.

"DRK Oberstfuehrer"
Director of the Office West

- - - - - - - - - - - -

CERTIFICATE OF TRANSLATION
OF DOCUMENT NO. L-188

5 November 1945.

I, EVELYN GLAZIER, 37371, Petty Officer W.R.N.S., hereby certify that I am thoroughly conversant with the English and German languages, and that the above is a true and correct translation of Document No. L-188.

EVELYN GLAZIER
37371, Petty Officer
W.R.N.S.

OFFICE OF U.S. CHIEF OF COUNSEL
FOR THE PROSECUTION OF AXIS CRIMINALITY
Doc.No.145-PS APO 887 Date 29th August 1945

Source of Original ROSENBERG files

STAFF EVIDENCE ANALYSIS

DESCRIPTION OF ATTACHED DOCUMENT (under following headings)

Title and Nature: Order ROSENBERG'S appointing UTIKAL as organizer for the Einsatzstab in the Baltic States.

Date: 20 Aug. 1941; Original ( ) Copy (x); Language German

If not English, is translation attached: Yes ( ) No ( )

LOCATION OF ORIGINAL (also WITNESS if applicable) as 29 Aug.1945.

Unknown. Photostat copy bearing ROSENBERG'S signature found in ROSENBERG Files, OCC, Nuremberg.

174 PERSONS OR ORGANIZATIONS IMPLICATED: ROSENBERG, Ministry for Occupied Eastern Territories, NSDAP.

REFERENCES TO INDEX HEADING (Key to par.nos. of Summary below):

1. IDEOLOGY, NAZI - Hohe Schule
2. JEWS, PERSECUTION OF
3. NSDAP
4. SPOLIATION OF FOREIGN PROPERTY - direct seizure

NECESSARY PROCESSING TO PUT IN EVIDENTIARY FORM; LEADS UTIKAL

SUMMARY OF RELEVANT POINTS (with page references)

1. ROSENBERG orders UTIKAL to organize the Einsatzstab for the Ostland (Baltic States) in order to collect cultural objects.
2. Expenses will be paid by the Treasury of the Party.

Lt.BUCHSBAUM Doc.No.145-PS

NOTE: DO NOT MARK, UNDERLINE OR OTHERWISE DEFACE ATTACHED DOCUMENT

TRANSLATION OF DOCUMENT 145-PS
OFFICE OF U S CHIEF OF COUNSEL

The Reichs Minister for the
Occupied Eastern Territories

Nr 369/R/H

Berlin W 35, 20 Aug 1941
Rauch Street 17/18
Tel: 21 95 15 and 39 50 46
Cable address: Reichminister East

Mr
Director of the Main Office of the Reich UTIKAL
(Reichshauptstellenleiter)
B e r l i n

Subject: Safeguarding the cultural goods in the occupied Eastern Territories

I have instructed the Reichs Commissioner for the Eastland and his subordinate general and district commissioners to secure all cultural goods in the Reichs Commissariat of the East which are appropriate in general for national-socialistic research as well as research of the activities of the opponents of National-Socialism. I delegate you to carry out with an "Einsatzstab" to be formed for this purpose this work of the Reichs Commissioner, the General, Main and Regional Commissioners, for their support. During the execution of this mission you will remain directly subordinate to Main Division II of my ministry whose directors will provide you with additional instructions. The orders issued by the Fuehrer for the "Einsatzstab" in the West remain also the same for the East.

The execution of your job will be financed, as in the occupied western territories, through the Reichs treasurer of the NSDAP. A later accounting between him and the ministry for the occupied eastern territories, respectively with the Reichs Commissariats is held in reserve.

I am including a letter of mine to the Reich Commissioner of the Eastland.

Heil Hitler!

signed: ROSENBERG

1 inclosure

Statement of art objects counted and inventorized

I.	**Paintings**		
	Oil paintings	3027	
	Water-colors	766	
	Drawings	1332	
	Pastels	156	
	Ingraxings 1)	4525	
	Miniatures - portraits	442	
	Miniatures - parchments - initial letters	51	
	Persian miniatures	49	
	Glass Paintings	19	
	Porcelain - enamels - paintings	455	
	Books and manuscripts	55	
	Reproductions	13	
			10890
II.	**Plastics**		
	Bronze and other metals including statuettes	129	
	Marble and other stones	110	
	Wood	65	
	Terra-cotta, clay and porcelain	74	
	Reliefs	52	
	Medaillons and plaques	121	
	Ivory	3	
	Wax	3	
	Plaster	26	
			583
III.	**Furniture**		
	Chests of drawers	241	
	Clothes-presses	33	
	Writing tables	86	
	Secretaries	69	
	Sewing tables	11	
	Tables	255	
	Sideboards	5	
	Kitchen tables	26	
	Cupboards	155	
	Chairs and sofas	979	
	Clocks of various types	115	
	Chandeliers, etc.	277	
	Miscellaneous	143	
	Mirrors	21	
	Consoles	61	
			2477
IV.	**Textiles**		
	Gobelins	66	
	Carpets	291	
	Cloths	104	
	Coptic cloths	36	
	Embroidery, weavings (Including fragments)	86	
			583

V.	Hand-made art objects		
	Porcelain (cups, plates, vases)	335	
	Ceramics (cups, bowls)	252	
	Fayence, Majolika	324	
	Glass	140	
	Porcelain figures	92	
	Bronze and other metals	371	
	Objects of rare metals	189	
	Articles of daily use	308	
	Jewelry	243	
	Coins	844	
	Weapons	206	
	Orientaliaand exotica	388	
	Objects of rare gems	74	
	Other art works 2)	2059	
			5825
VI.	East-Asiatic		
	Plastics	48	
	Bronzes to 1500 and later	26	
	Porcelains and stone-ware before 1644	472	
	Porcelains and stone-ware after 1644	101	
	Clay-ware	19	
	Semi-precious gems and ivories	92	
	Netsuka (Japanese art objects)	68	
	Paintings	72	
	Wood-carvings	183	
	Lacquers	27	
	Folding screens	6	
	Weapons	31	
	Miscellaneous	141	
			1286
VII.	Antiquities		
	A. Greek		
	Sculptures, including reliefs	3	
	Bronzes, including statuettes	6	
	Terra-cottas and other clays	14	
	Vases, bowls, pitchers	6	
	Jewelry about	40	
	Miscellaneous	6	
	B. Roman		
	Sculptures, including portraits	15	
	Bronzes, including statuettes	19	
	Clay	1	
	Jewelry about	83	
	Miscellaneous	15	
	C. Egyptian		
	Sculptures, including reliefs	20	
	Bronzes, including statuettes	11	
	Cut stones	5	
	Miscellaneous	10	
	D. Asia-Minor		
	Reliefs	1	
	Clay	1	
	Cut Stones	3	
			259
	Total		21903

177

Remarks:

1) In enumerating engravings in portfolios, the sheets were counted individually. In bound volumes the engravings were considered as one number.

2) Among the other art works are also included antique and East-Asiatic miniatures from the KANN Collection, which up to now have received no exact classification.

178 CERTIFICATE OF TRANSLATION
OF DOCUMENT NO. 1015 GG

7 November 1945

I, FRED NIEBERGALL, 2nd Lt., Inf., 0-1335567, hereby certify that I am thoroughly conversant with the English and German Languages; and that the above is a correct and true translation of Document No. 1015 GG.

TRANSLATION OF DOCUMENT No. PS-1015-C,D,F
OFFICE OF CHIEF OF COUNSEL FOR WAR CRIMES

1015 C PS

Copy

The Reich Minister
for the Occupied Eastern Territories
No. 368/ /H

Berlin W 35, 20 August 1941
Rauchstr. 17/18
Tel.: 21 9515 and 39 5046
Telegram address: Reichsministerost

To the
Reichskommissar Ostland

Kovno

Subject: Seizing of Cultural Property in the Occupied Eastern Territories.

As you know, a staff assigned by me in my capacity as delegate of the Fuehrer for the supervision of the entire spiritual and ideological indoctrination and training of the NSDAP, has carried out the seizing of cultural property which may be valuable for future National Socialist research in the entire Western territory and recently also in the entire Balkans. As I told you orally, I will have the same assignment staff (Einsatzstab) go into action in the Occupied Eastern Territories and I herewith commission you to seize all cultural property within your Reich Kommissariat, which is suitable for exploring the activities of the adversaries of National Socialism and for National Socialist research. As hitherto, I have charged Reichshauptstellenleiter (Leader of the Reich Central Office) UTIKAL with the direction of the assignment staff; the latter is immediately subordinate to my ministry and has been given detailed instructions by me. He is at your disposal for the carrying out of this task. In the execution of the task it will be expedient to maintain the policy hitherto adopted, i. e. that the police makes the desired confiscations and that then my assignment staff sifts the material on hand. I enclose the corresponding orders for the West. Will you please expressly forbid the removal of any cultural property by any person from your Reichskommissariat without your approval. It will be subject to a later regulation, how much of the seized cultural property will remain in the Reichskommissariat Ostland and how much may possibly

1015 C PS

(page 1 of original, cont'd.)

be used for research work of the Research Institute (Hohe Schule). Please instruct the below listed general and regional commissars of this directive. State administration of museums, libraries, etc. will remain untouched by this directive notwithstanding the right of the assignment staff to inspect and make an inventory of the material on hand.

Heil Hitler !

signed: A. ROSENBERG

Certified true copy

(Langkopf), Berlin, 12 November 1941

OFFICE OF U.S. CHIEF OF COUNSEL
FOR THE PROSECUTION OF AXIS CRIMINALITY
31 August 1945

Doc. No. 158-PS

STAFF EVIDENCE ANALYSIS

DESCRIPTION OF ATTACHED DOCUMENT

Title and Nature: Order establishing Einsatzstab for Hungary

Date: 1 June 1944; Original ( ) Copy (x) ; Language: German

LOCATION OF ORIGINAL (also WITNESS if applicable) as of 1945:

Unknown. Initialled copy found in Rosenberg Files. OCC Nurnberg.

SOURCE OF ORIGINAL: Rosenberg Files

PERSONS IMPLICATED: ROSENBERG, Alfred; NSDAP

REFERENCES TO INDEX HEADINGS (key to Par. nos. of Summary below):

1. IDEOLOGY, NAZI: Hohe Schule
2. JEWS, PERSECUTION OF
3. SPOLIATION OF FOREIGN PROPERTY

NECESSARY PROCESSING TO PUT IN EVIDENTIARY FORM; LEADS: UTIKAL, Dr. ZEISS

SUMMARY OF RELEVANT POINTS (with page references):

1. Order sending a team of the Einsatzstab under Dr. Zeiss to Hungary.
2. Copy is initialled, probably by Utikal.

Analyst: Lt. Ruchsbaum aed

Doc. No. 158-PS

TRANSLATION OF DOCUMENT 158-PS
OFFICE OF U S CHIEF OF COUNSEL

Berlin W 35, 1 June 1944
Margaretenstr. 17 - 22 95 51
St - U/Sz

MESSAGE

The Einsatzstab of Reichsleiter Rosenberg for the occupied territories has dispatched a Sonderkommando under the direction of Stabseinsatzfuehrer Dr. ZEISS, who is identified by means of his Service Book Number 187, for the accomplishment of the missions of the Einsatzstab in Hungary described in the Fuehrer's Decree of 1 March 1942.

According to the Fuehrer's Decree of 1 March 1942 (transmitted to the Supreme Reichs authorities by means of a letter of the Reichs Minister and Chief of the Reichs Chancellory RK 9495 B) in connection with
182 the Army High Command Order # II 11564/42 General Army Staff (Gen d H)/ General Quartermaster-Az (Gen Qu-Az) Section K Administration (Administration) of 30 Sept 42, all offices are requested to support and help the Sonderkommando.

initial: U
(Utikal)

- - - - - - - - - -

CERTIFICATE OF TRANSLATION
OF DOCUMENT NO. 158-PS

22 September 1945

I, WILLARD EVANS SKIDMORE, Lt (jg) USNR, 391590, hereby certify that I am thoroughly conversant with the English and German languages; and that the above is a true and correct translation of Document 158-PS.

WILLARD EVANS SKIDMORE
Lt (jg) USNR
391590

OFFICE OF U.S. CHIEF OF COUNSEL
FOR THE PROSECUTION OF AXIS CRIMINALITY
Date: 11 August 1945

Doc.No. 041-PS

STAFF EVIDENCE ANALYSIS

DESCRIPTION OF ATTACHED DOCUMENT (Under following headings).

Title and Nature: Memo from Rosenberg to Hitler re seizure of Jewish property in Western occupied Europe

Date: 3 October 1942; Original ( ); Copy (X); Language German

LOCATION OF ORIGINAL (also WITNESS if applicable) as of 11 Aug 1945
OCC, Paris

SOURCE OF ORIGINAL: Rosenberg files

PERSONS IMPLICATED: HITLER, Adolf; ROSENBERG, Alfred; APA

REFERENCES TO INDEX HEADINGS (Key to Par. nos. of Summary below):

1. SPOLIATION OF FOREIGN PROPERTY
   Direct seizure
2. JEWS, PERSECUTION OF

NECESSARY PROCESSING TO PUT IN EVIDENTIARY FORM; LEADS: None

SUMMARY OF RELEVANT POINTS (with page references):

1. In his memo to Hitler Rosenberg mentions that all the measures for seizure of Jewish property in occupied territories have as their basis a special order by Hitler (p. 1).
2. At the time of the memo in October 1942, 40,000 tons of furnishings had been seized from Jews, and transported into the Reich, by ship or rail. At that time the action continued. (p.1)

Analyst: Mr. Brown
emt

Doc. No. 041-PS

TRANSLATION OF DOCUMENT 041-PS
OFFICE OF U.S. CHIEF OF COUNSEL

Memorandum for the Fuehrer

By a decision of the Fuehrer the Reichsminister for the occupied Eastern territories has received the authority to put to use for the support of government arrangements in the Eastern territories the available household goods of refugees, absent or deported Jews in the occupied Western areas. This is the so-called Action "M". For the execution of Action "M" the service office West (Dienststelle Westen) has been set up in Paris with directive authority in France, Belgium and the Netherlands. Up to the present time about 40,000 tons of household goods have been loaded on free transportation space (ship and railway) bound for the Reich.

In recognition of the fact that the requirements of bomb damaged persons in the Reich must take precedence over the demands of the East, the Reich Ministry has placed a major portion (over 19,500 tons) of the household goods at the disposal of the bomb damaged persons in the Reich. The goods have then been transported by the appropriate service office west in the occupied territory. Likewise, the Reich Ministry will place at the disposition of bomb-damaged persons the greatest portion, at least 80%, of the goods accruing from Action "N" (sic). For its own purposes only those goods which are urgently needed in the East will be reserved.

The execution of Action "M" has resulted in two categories of difficulties up to the present time:

184

a. Transportation Question.
The goods have been transported up to this point as Armed Forces (Wehrmacht) goods by means of railway cars and ships. The transportation authorities (Kommandanturen) now wish to treat the transport requirements of Action "M" as the transport of the civilian sector. This would lead to unbearable delays and among other difficulties would require the export-approval of the French State. Because of this the following decree is required: Goods which the Reich Minister for the East - Service Office West (Dienststelle Westen) Paris or their directive authorities in France, Belgium and the Netherlands, declare as goods accruing from Action "M", are to be transported as Armed Forces (Wehrmacht) goods.

b. Distribution of furniture among bombed-out persons.
The giving up of the furniture to bomb-damaged persons is being delayed in order that it may be submitted upon import into the Reich territory to handling by the customs. After time-losing determination of the value the furniture in many cases is auctioned to the bomb-damaged persons by Chief Financial Commissioners (Oberfinanzpraesidenten) to avoid these red-tape procedures the following decree is proposed:

1. Goods accruing from Action "M" are exempt from all customs handling. For such goods there are no obligations or duties to pay.

2. Bomb damaged districts announce their needs in household furnishing under the auspices of the competent Reich defense commissar to Reich Ministry for Occupied Eastern Territories- Central Section. The Reich Ministry instigates the immediate removal of the objects placed at its disposal by its service office West (Dienststelle Westen) and in accordance with the indication of the Reich defense commissar ships directly to the competent regional directorates (Gauleitungen). These give the furniture to the persons suffering the bomb damage on a loan basis. The determination of the value of the furniture and the definitive acquisition by the person suffering the bomb damage remains in abeyance till a later accounting. Up to the time of reckoning the goods are Reich property, and are subject to the evaluation right of the Reich Minister

for the occupied Eastern territory.

By these proposals a type of management would be achieved whereby persons who have suffered bomb damage would have furniture and household goods at their disposal in the shortest possible time. And thereby also a portion of their most immediate difficulties would be dissipated.

Berlin, 3 October 1942

signed: A ROSENBERG

- - - - - - - -

CERTIFICATE OF TRANSLATION
OF DOC. 041-PS

I, FRED NIEBERGALL, 2nd Lt Inf, O-1335567, hereby certify that I am thoroughly conversant with the English and German languages; and that the above is a correct and true translation of excerpts from Doc. 041-PS.

FRED NIEBERGALL
2nd Lt Inf
O-1335567

OFFICE OF U.S. CHIEF OF COUNSEL
FOR THE PROSECUTION OF AXIS CRIMINALITY
Date: 31 August 1945

Doc.No. 156-PS STAFF EVIDENCE ANALYSIS

DESCRIPTION OF ATTACHED DOCUMENT (Under following headings).

Title and Nature: Letter of Rosenberg establishing a branch at his ministry for the collection of Art Treasures.

Date: 12 Jun 1943; Original ( ); Copy (X); Language German

LOCATION OF ORIGINAL (also WITNESS if applicable) as of 31 Aug 45, OCC Nurnberg

SOURCE OF ORIGINAL: Rosenberg Files

PERSONS IMPLICATED: ROSENBERG, Alfred

REFERENCES TO INDEX HEADINGS (Key to Par. nos. of Summary below):

1. IDEOLOGY NAZI
   Hohe Schule

186

2. JEWS, PERSECUTION OF
3. SPOLIATION OF FOREIGN PROPERTY

NECESSARY PROCESSING TO PUT IN EVIDENTIARY FORM; LEADS: Utikal

SUMMARY OF RELEVANT POINTS (with page references):

1. Letter from Rosenberg to all high government offices informing them of the establishment of a central collecting agency for cultural objects with a ministry for the Occupied Eastern Territories.

2. Utikal, Chief of the Einsatzstab for the Eastern Territories is appointed head of that agency.

Analyst: Lt. Buchsbaum
emt

Doc.No. 156-PS

TRANSLATION OF DOCUMENT NO. 156 - PS
OFFICE OF U.S. CHIEF OF COUNSEL

Der Reichsminister for the occupied territories of the East.

Berlin W 35, 12 June 1943.
Rauchstrasse 17/18
No. o1172/42 (U/Sz).

To: The Supreme Reich authorities.

Subject: Establishment of a central authority for seizure and safeguarding of cultural goods in the occupied EASTERN territories.

A group of services and individuals are engaged in the safeguarding of cultural goods in the occupied EASTERN territories; they work according to different view-points and independent of each other. It is absolutely necessary for the administration of these territories that a survey be made relative to the cultural foods goods on hand. In additon, efforts must be made, as a rule, to keep these temporarily in one place. I have therefore established a central authority for seizure and safeguarding of cultural goods in the EAST as a special section within main department I of my Ministry.

I have appointed Reichsamtsleiter UTIKAL as head of the central authority. He is at the same time staff chief of the "Reichsleiter ROSENBERG's Staff for the Occupied EASTERN Territories".

187

In the annex I send you the Decree of 27 April 1942 concerning the establishment of this central authority and ask you to make it known to your subordinate services.

I should be grateful if you would support me in my efforts, by advising your subordinate servies to approach the central authority if the seizure of cultural goods is intended.

s. ROSENBERG

Certified a true document
Berlin 8 Dec 1943
s. (Dr. Zeiss)
Stabseinsatzfuehrer.

CERTIFICATE OF TRANSLATION
OF DOCUMENT NO. 156 - PS

5 September 1945

I, Fred NIEBERGALL, 2nd Lt.Inf., o-1335567, hereby certify that I am thoroughly conversant with the English and German languages and that the above is a true and correct translation of Document No. 156 - PS.

FRED NIEBERGALL
2nd Lt.Inf.
o-1335567

1595

[illegible]

(Ohne redaktionelle Verantwortung)

Eigendienst 1.August 1940 morgens Blatt 41

Doc. 7

188

G e n f, 1.August .- (DNB-Vertr.) Der französische Rundfunk gibt heute bekannt, daß sich unter den Emigranten, die unter das französische Ausbürgerungsgesetz fallen, ein großer Teil Juden befindet, darunter Mitglieder der Familie Rotschild, wie Senator Maurice Rotschild. An bekannten Persönlichkeiten werden im Rundfunk noch aufgezählt : die Deputierten Harri Meyer von der Bank Lazare und Jenaga, ein bekannter Pariser Antiquar, sowie die geflüchteten Industriellen Rosengart, Solinski und Raoul Buchard. Von hohen Beamten, die ihr Heil in London suchten, werden die bereits abgesetzten Huysman und Cuen genannt, von denen der eine Direktor der Beaux Arts und der ander Direktor der Nationalbibliothek war. Von der Liste der geflohenen Journalisten wird der Name Weißkopf alias George Gombault bekanntgegeben. Der Rundfunk teilt weiter mit, daß die meisten der Emigranten vorschützen, im Besitze einer Mission Frankreich verlassen zu haben und bemerkt dazu, daß man sich diese Mission nur durch die besondere Gunstbezeigung höchster Persönlichkeiten erklären könne. Auf jeden Fall sei es seltsam, daß die meisten in Ausführung der Mission nicht nur ihre Familienangehörigen, sondern auch ihre Haustiere nötig hatten. Der Rundfunk führt dann weiter aus, daß diese Flüchtlinge, die von Frankreich mit Ehren überhäuft wurden, gezeigt hätten, daß sie ihr egoistisches Interesse für ihre Person und ihre Rasse über das gemeinsame Schicksal der französischen Nation stellten und selbst bewiesen, daß sie mehr Jude als Franzose seien.

G e n f. 1.August .-(DNB-Vertr.) Der französische Rundfunk teilt mit, daß sich in London Zusammenstöße zwischen jungen Leuten, die für die Fortsetzung des Krieges eintraten und Arbeitern, die dagegen waren, ereigneten. Auch zwischen den Kleinbürgern und der Arbeiterschaft, die sich gegen die Selbstmordpolitik Churchills wenden macht sich in dieser Hinsicht ein immer größer werdender Riß bemerkbar

G e n f, 1.August. - (DNB-Vertr.) Der "Celatteur" vom 28.7. berichtet über folgenden Zwischenfall, der sich am letzten Mittwoch anläßlich der Generalversammlung eines Autorverbandes, der von den nationalen

83 - 26 . Frankreich

14. Reuter (franz.) aus Vichy: Familie Rothschild ausgebürgert.

Havas berichtet, dass die Regierung Pétain eine Liste derjenigen Personen aufgestellt hat, denen die französische Staatsbürgerschaft aberkannt wird. Darunter sind vor allem die drei Rothschilds, Philippe, Edouard, der Bankier und Baron Henri, Bankier, Arzt und Schriftsteller. Von anderen bekannten Persönlichkeiten sind noch zu nennen: Madame Tabouis, Kerillis von der Zeitung "Epoque", Emile Bure von der Zeitung "Ordre" und Pertinax.

D III

15. Reuter (franz.) aus Bukarest: "Universul" gegen König Carol.

Die Zeitungsverkäufer in Bukarest verteilten heute kostenlose Sonderausgaben der Zeitung "Universul", die heftige persönliche Angriffe gegen den ehemaligen König Carol enthielten. Viele Exemplare wurden sogar durch Taxis verteilt. In der Zeitung heisst es: "Die kommenden Generationen in Rumänien werden König Carol als das grösste Unglück betrachten, das jemals ihrem Lande widerfahren ist. Nach mehr als zehn Jahren haben wir inmitten der Unzufriedenheit, die durch die unvorhergesehene Rückkehr dieses Usurpators geschaffen wurde, der seinem Sohne den Thron raubte, doch noch genug Vernunft behalten."

Transocean
Berlin

D III

I-Dienst

3355

1585

28.9.40

50 Rothschilds eingemauerter Schatz

Vichy. -

Goldstücke und Kunstgegenstände im Werte von 350 Millionen Francs hatte der Finanzjude und ehemalige Senator, der Abgeordnete Maurice de Rothschild einige Tage vor dem Waffenstillstand in einem besonderen Raum auf seinem Besitztum bei Argelès-Gazost eingemauert, wie der "Petit Dauphinois" am Sonnabend meldet. Einige Tage vor dem Waffenstillstand, so heisst es in der Meldung, sei Maurice de Rothschild mit seinem Privatwagen und begleitet von mehreren Lastkraftwagen in Tarbes angekommen, um seinem in der Nähe liegenden Besitztum einen kurzen Besuch abzustatten. Die lokale Polizei habe, nachdem Eigentum und Besitz von Maurice de Rothschild unter Sequester gestellt worden waren, bei einer Haussuchung den eingemauerten Raum entdeckt und dabei eine beträchtliche Menge alter Gobelins, Kunstgegenstände aller Art sowie eine grosse Menge Goldstücke beschlagnahmen können.

190

Dr.E/Gr/Da B 1320

Eigentum des Deutschen Nachrichtenbüros (DNB)

[illegible]

[illegible] (Ohne redaktionelle Verantwortung) [illegible]

Nr. 269. abends.

E i g e n d i e n s t. 25.9.40. Blatt - 137 -

-.-

S t o c k h o l m, 25. September. (dnb-Vertreter) Die englischen Sperrballone, die mit ihrem Ballonterror als unerwünschte Gäste in Schweden erschienen und sehr viel Schaden angerichtet haben, führten nun zu eigenartigen Folgeerscheinungen. Von Privatpersonen, die einen englischen Ballon geborgen haben und ihn behalten wollen, wird jetzt ein schwedischer Einfuhrzoll verlangt, der für den Ballon etwa 15 000 Kronen beträgt. Der schwedische Staat beabsichtigt, wie die Blätter melden, seine Hand auf alle in Schweden geborgenen Ballone zu legen. Es werden zahlreiche Rechtsstreitigkeiten in diesem Zusammenhang erwartet.

G e n f , 25. September Aus Vichy wird gemeldet, die französischen Justizbehörden haben nunmehr gegen sämtliche Angehörige des Hauses Rothschild nach Aberkennung ihrer französischen Nationalität Sequester verhängt. Die Massnahmen betreffen Eduard, Philipp ,Andrée und Robert Rothschild. (V.) 191

G e n f, 25. September Aus Vichy wird gemeldet: Um 16.30 Uhr französischer Zeit wird im französischen Aussenministerium kategorisch dementiert, dass die Engländer in Dakar eingedrungen sein sollen und die Stadt sich daraufhin ergeben habe. Wie ferner verlautet, ging der Kampf um Dakar am Mittwochvormittag ununterbrochen weiter. Es liegen in Vichy jedoch bis zur Stunde keine näheren Einzelheiten über die Gefechtshandlungen vor. (V.)

G e n f, 25. September Aus Vichy wird berichtet: Entgegen der Behauptung einer amerikanischen Nachrichten-Agentur hat die französische Regierung nicht dementiert, einen Repressalienflug der französischen Luftwaffe gegen Gibraltar veranlasst zu haben, vielmehr hat die französische Regierung am Mittwochvormittag amtlich angekündigt, dass französische Flugzeuge gestern zwischen 13 und 15 Uhr Gibraltar heftig bombardiert haben und dass insgesamt 45 000 Tonnen Tonnen Explosivstoff auf das Arsenal von Gibraltar und auf die Südmole des Hafens abgeworfen wurden.

Deutsche Waffenstillstandskommission Wiesbaden

Wiesbaden, den 13. März 1942

Gruppe: Der Vertreter des Auswärtigen Amts

Abt.: Az.: VAA P 0831

Inhalt: Französischer Protest gegen die Beschlagnahme von Kunst- und Wertgegenständen aus jüdischem Besitz im besetzten französischen Gebiet.

1 Anlagenbündel
1 Berichtsdoppel

Am 1o.2.42 hat der Vorsitzende der Französischen Abordnung bei der Deutschen Waffenstillstandsdelegation für Wirtschaft, Herr de Boissanger, an Herrn Gesandten Hemmen eine Note gerichtet, in der er gegen die bekannte Tätigkeit des Einsatzstabes Rosenberg und des Devisenschutzkommandos (Beschlagnahme von Wert- und Kunstgegenständen aus jüdischem Besitz) protestiert. Die Waffenstillstandsdelegation für Wirtschaft hat die Note zuständigkeitshalber an die Deutsche Waffenstillstandskommission weitergeleitet, die ihrerseits den Militärbefehlshaber in Frankreich - Kommandostab I c - um Stellungnahme gebeten hat. Übersetzung der Note ist beigefügt.

192

Mit der gleichfalls nebst Anlage beigefügten Note vom 28.2.d.Js. ist der Vorsitzende der Französischen Abordnung auf die Angelegenheit zurückgekommen. Beide Noten stimmen inhaltlich weitgehend überein; beiden Noten ist ein gleichlautendes Verzeichnis der von den deutschen Besatzungsbehörden beschlagnahmten Gegenstände aus dem Besitz der Familie Rothschildt beigefügt.

Im einzelnen wird in den französischen Noten ausgeführt, dass zahlreiche Kunst- und Wertgegenstände wie Möbel, Gemälde, Schmucksachen, Porzellan, Bücher Goldschmiedearbeiten, Statuen u.a.m. durch Organe der deutschen Besatzungsbehörden- das Verzeichnis führt namentlich Dienststellen und Personen an- aus dem unter französischer Zwangsverwaltung stehenden Besitztum ehemaliger französischer Staatsangehöriger insbesondere der Familie Rothschildt, beschlagnahmt und abtransportiert worden wären. Diese Gegenstände würden der

An das
Auswärtige Amt
Berlin

E531172

b.w.

französischen Domänenverwaltung die sie zu Gunsten des "Secours National" verwerten solle, entzogen, und darüberhinaus würde Frankreich ohne jeden Rechtstitel wertvoller nationaler Güter beraubt. Die Französische Abordnung sei daher beauftragt, die Deutsche Waffenstillstandskommission zu bitten, darauf hinzuwirken, dass jede Weitere Wegnahme von Gütern aus dem Besitz ausgebürgeter französischer Staatsangehöriger verhindert und dass die bereits fortgeschafften Gegenstände der französischen Domänenverwaltung zurückerstattet werden.

Die von der Deutschen Waffenstillstandskommission erbetene Stellungnahme des Militärbefehlshabers in Frankreich liegt noch nicht vor.

Weiterer Bericht bleibt vorbehalten.

Die Deutsche Botschaft Paris erhält Abschrift dieses Berichts und seiner Anlagen.

In Vertretung

Welck

193

E531173

X

A b s c h r i f t zu VAA I- o831

Französische Abordnung
bei der D.W.St.K.

Nr. 33297 /AE

Der Vorsitzende
der Französischen Abordnung bei der Deutschen
Waffenstillstandskommission Armeekorps-
general B e y n e t

An den Vorsitzenden
der Deutschen Waffenstillstandskom-
mission General der Artillerie
Vogl.

Betrifft: Wegnahme von Gütern aus dem Besitz von Personen, die der franz.Staatsagngehörigkeit verlustig gegangen sind.

Herr General !

Durch sein Schreiben Nr. 144 vom 1o.Februar 1942 hat der Vorsitzende der französischen Abordnung für die Wirtschaft bei dem Herrn Vorsitzenden der Deutschen Waffenstillstandsdelegation für die Wirtschaft Einspruch erhoben gegen die seit dem Monat Juni 194o durch die deutschen Besatzungsbehörden erfolgte Wegnahme von Gütern aus dem Besitz von Personen, die der französischen Staatsangehörigkeit verlustig gegangen sind.

194

Durch Schreiben Del.W. 1o32/42 vom 16. Februar hat Herr Gesandter Hemmen, Herrn de Boisanger, geantwortet, dass für diese Frage die deutsche Waffenstillstandskommission zuständig sei, der er sein Schreiben übermittelt habe.

Unter diesen Umständen beehre ich mich, Ihre hohe Aufmerksamkeit auf die Wichtigkeit zu lenken, welche die Französische Regierung dieser Angelegenheit widmet.

E531174

Durch das Gesetz vom 5.Oktober 194o wurde die Domänenverwaltung damit beauftragt, die Güter der Personen, die in Ausführung des Gesetzes vom 23.Juli 194o wegen unregelmässigen Verlassens des Mutterlandsgebietes der französischen Staatsangehörigkeit verlustig gegangen sind, zu sichern und gegebenenfalls flüssig zu machen. Als die Agenten dieser Verwaltung versuchten, das Inventar der zu diesen Vermögen gehörenden Kunstgegenstände aufzunehmen, stellten sie fest, dass der grösste Teil derselben von dem Besatzungstruppen entweder in den Privatwohnungen oder in den Schlössern, wo sie untergebracht waren, oder in den Kassenschränken und Bankkammern, wo sie hinterlegt [illegible] worden waren.

b.w.

[illegible] 1922

Nichts scheint die von den Dienststellen der Besatzungsbehörden so getroffenen Massnahmen zu rechtfertigen, da die in Frage kommenden Werte mit keinem Recht als Kriegsbeute oder als Gegenstand einer Lieferung zum Nutzen der Besatzungstruppen angesehen werden könne.

Der Reihe nach haben die Domänenverwaltunger, der Generaldelegierte für das besetzte Gebiet, der Generalkommissar für Judenfragen und die Dienststellen der Schönen Künste bei der Besatzungsbehörden gegen diese Wegnahme Einspruch erhoben und nachdrücklich darauf bestanden, dass denselben Einhalt geboten werde. Alle diese Schritte sind bis jetzt erfolglos geblieben.

Die so entnommenen Güter, die allem Anscheine nach ausserhalb des französischen Gebiets verbracht worden sind. stellen einen beträchtlichen Wert dar, wie es sich aus dem diesem Schreiben beigefügten Verzeichnis ergibt. Dasselbe betrifft übrigens nur einen Teil dieser Güter, da es sich darin nur um die zu dem Vermögen der Familie Rothschild gehörden Güter handelt. Nach diesem Dokument handelt es sich nicht nur um Schmuckstücke, Goldschmiedearbeiten, Porzellanwaren, kostbare Bücher, alte Standuhren, sondern um Möbel, um von den berühmtesten Malern der franz.Malerei gezeichnete Gemälde, um Statuen und Monumentalbrunnen.

Diese Wegnahmen entziehen also dem "Secours National" sehr wichtige Hilfsquellen, denn das Gesetz vom 5.Okt.1940 teilt dessen Kasse den Reinertrag der Veräußerung der Güter aus dem Besitz von Personen, die der französischen Staatsangehörigkeit verlustig gegangen sind, zu, um dem gegenwärtigen Elend so vieler Franzosen zu steuern.

Diese Wegnahme berauben Frankreich sehr wertvoller Kunstschätze und fügen ausserdem seinem Besitz unersetzliche Verluste.

Aus diesen Gründen, deren Wichtigkeit Ihnen sicher nicht entgehen wird, bin ich damit beauftragt worden, Sie zu bitten, bei den zuständigen hohen deutschen Behörden Schritte zu unternehmen, damit:

1. Anweisungen gegeben werden, um jede weitere Wegnahme von Gütern aus dem Besitze von Personen, die der französischen Staatsangehörigkeit verlustig gegangen sind, zu verhindern;

2.- Die schon entnommenen Gegenstände gesucht und der französischen Domänenverwaltung zurückerstattet werde, die dem Gesetzte gemäss deren Versteigerung sichern und den Ertrag derselben dem "Secours National" zuführen wird.

Ich wäre Ihnen dahr verbunden, wenn Sie mir Mitteilung machen wollten über die Folgen, die Sie meinen Schritte gegeben haben.

Genehmigen Sie, Herr General, den Ausdruck meiner ausgezeichneten Hochachtung.

gez. B e y n e t .

0

- Verzeichnis -

der von den Okkupationsbehörden beschlagnahmten Kunstwerke in Gebäuden, die früher Eigentum von den französischen Staatsangehörigkeit verlustig gegangenen Personen.

Domäne vom Schloss Lafite (Girone) früher Eigentum von Herrn Edouard, Robert, Maurice de Rothschild.

Dezember 194o - Abnahme von in einem Zimmer des Schlosses niedergelegten Gegenständen, die nach unbekanntem Bestimmungsort befördert worden sind.

Hôtel Edouard de Rothschild: 2, Rue St.Florentine - Paris

15.Januar 1941 - Abnehme von etwa 2o Kisten mit Silbergeschirr und 2 Standuhren.

Im Oktober und November 194o wurden zahlreiche Kunstwerke abgenommen und wahrscheinlich im Museé Du Louvre und in einem Saale des Jeu de Paume in den Tuilerien niedergelegt. Das war das Schicksal des an folgenden Orten gelegenen Werke:

196

.) 367 numerierte Kisten, die sich auf dem Schloss Edouard de Rothschild in Roux (Calvados) befanden.
2.) Eine gewisse Anzahl von Kisten, die vom Schloss Henri de Rothschild, 2 Rue Andre Pascal, "Chateau de la Muette" genannt, herkamen.

Die Abnahme werden weiter fortgesetzt, nur dass keine Kiste mehr ins Louvre-Museum, und zwar ins Zimmer, worüber die deutschen Behörden verfügen, aufgenommen wird. Ja die Sammlungen werden sogar vom Nordbahnhof aus versendet. So wurden 4oo Kisten, die bis im März 1941 in Paris eingetroffen sind, nicht im Louvre niedergelegt; unter diesen Kisten, befanden sich übrigens etliche, welche Sammlungen enthielten, die Eigentum von der französischen Staatsangehörigkeit gar nicht verlustig gegangenen Juden waren.

E531176

1.) Zahlreiche Abnahmen werden immer noch gemeldet. Gegenstände aus Bergkristall, Vasen, Tischgeräte aus Sevres-Porzellan, Statuen usw., welche in drei verschlossenen Zimmern des Hotels Maurine de Rothschild, 41 Rue du Faubourg St.Honore niedergelegt worden waren, und am 24.und 25 September 194o mit Hilfe eines Lastwagens weggenommen wurden.

2) Bibliothek und zwei Gemälde, die sich im Schloss Armainvilliers befanden, umd Eigentum derselben Personen waren, wurden von Herrn Major Wendte weggenommen.

3) Kisten mit Büchern, Gemälden, usw., die zwischen d 22.August und dem 6.September 194o (an diesem Tage zog General Hanesse daselbst ein) vom Hotel Robert de Rothschild, 25 Avenue de Marigny, abgenommen wurden.

Am 11.März brachte Oberleutnant Mege vom Devisenschutzkommando 4 Reisekoffer und einen Koffer weg, die von Herrn Maurice de Rothschild bei der Banque de Paris et des Pys-Bas hintergelegt worden waren, und Schmucksachen aus Gold, in Edelsteinen gefasste, Smaragden , Perlen, Saphire, Brillianten, Miniaturen, rare Handschriften, usw.

Am 26. September 1941 lasst Herr Braumüller im Auftrag des Herrn Rosenberg, zwei mit inventarisierten Kunstwerken angefüllte, bei der Filiale Societe Generale in Arcachon hintergelegte Kisten wegbringen. Diese Kisten, waren der Zwangsverwaltung des Herrn Philippe de Rothschild, der des Verlusies der Franzeösischen Staatsangehörigkeit noch nicht enthoben war, angeschrieben.

am 6.Mai 1941 lä st Dr.Wunder von mehreren Offizieren begleitet, das Hotel Eugene de Rothschild, 3 Rue Michel Ange Paris ausräumen.

Am 18.August 1941 erhält der Direktor der Domänen im Seine-Departement zwei auf die Reichskreditkasse in Paris gezogene Schecks im Betrag von Frs. 995.64o und 233.2 als Zahlung für die 41 rue du Faubourg St.Honore im Hotel Maurice de Rothschild und bei Frau Medevil e, der Vetreterin des Herr Jonas in Bordeaux, abgenommenen Gegenstände(diese Operation wurde von Herrn Sugerer, Grünsbach und Doktor

197

E531177

Schmidt) geleitet.

Ein Sachverständiger war von den deutschen Behörden ernannt worden, hatte aber seine Schätzung nicht frei bestimmen können. Da der Preis so unbefrügend war, kassie te die Ortsdienststelle der Domänenverwaltung die Schek ein unterliess es aber das Geschäft durch die Justizbehörde gesetzlich zu machen, wie es die interministeri elle Entscheidung vom 23.November 194o verfügt.

Eine deutsche von Dr.Lose (vom Einsatz-Stab Rosenberg) Hotel Commodore, Paris) geführte- Kommission beauftragt die Firma Fusey und Beaumont-Chassier, zur späteren Ausräumung die Statuen, Fussgestellte, Becken sowie den Brunnen der Eingangshalle an der Haupt treppe des Hotel Edouard de Rothschild, rue St.Florenti Paris, niederzulegen. Der Auftrag wird am 24.September 1941 ausgeführt, und dabei wird festgestellt, dass

198 eine ganz Anzahl von gegenständen, nämlich Vasen, Porzellangefässen Stand - und Wanduhren, Armleuchter schon mit Etiketten versehen sind.

Am 2o.September sind ebenfalls Möbel mit Lastwagen weggebracht worden. Schliesslich liess am 4. Dezemb r 1941 Oberleutnant Mewes, der dabei erklarte höheren Befehlen nachzukommen, dieselben aber nicht belegte, mit Gewalt 21 Pakete wegnahmen, die von der Bank der Gebrüder Rothschild in einer verschlossenen Kammer der Societe Generale in Paris hinterlegt worden waren, und Eigentum der Frau Alexandrine de Rothschi d sowie des Sequesters von dem der französischen Staatsangehörigkeit verlustig gegangenenen Eugene de Rothschild waren. Die in der Liquidation begriffene Bank der Gebrüder Rothschild hängt selbst bis zu 29/3o von Sequestern der der franz.Staatsangehörigkeit verlustig geg ngenenen Paketen enthaltenden Gemälde und Juwelen.

E531178

Oberleutnant Mewes forderte an, dass ihm einer der beiden Schlüssel übergeben werde, welcher zum Zuaufmachen, nebst dem zur Verführung der Kreditanstalt stehenden Schlüssel, dienen soll. Er weigert sich, dem Personal der Bank Rothschild Entlastung zu erteilen.

Herr Hartmann, Chef des Devisenschutzkommandos bei dem sofort Protest eingelegt wurde, bestätigte, dass er tatsächlich höhere Befehle bekommen habe, und versprach, der Bank Rothschild eine schriftliche Anweisung und Entlassung zu reichen. Er soll die Möglichkeit prüfen, dieser Bank den Schlüssen zurückzugeben, oder aber wenn letzteres nicht möglich ist, über den ganzen Inhalt der Kammer Quittung zu erteilen.

A b s c h r i f t zu VAA Po83'

Französische Abordnung für Wirtschaft

Nr.P. 144/De 1o.2.42

Der Vorsitzende der Franz.Abordnung bei der D.W.St.K. für Wirtschaft, an den Vorsitzenden der D.W.St.Del. für Wirtschaft, Herrn Gesandten Hemmen.

Herr Gesandter !

Die Domänenverwaltung wurde laut des Gesetzes vom 5.1o.4o mit der Verwaltung und evtl. mit der Flüssigmachung der Güter betraut, die unter Zwangsverwaltung gestellt waren oder sich in einer aus allgemeinen Sicherheitsgründen auferlegten Liquidation befanden. Sie wurde aus diesem Grunde mit der Liquidation der Vermögen der Personen beauftragt, welche in Folge des Gesetzes vom 23.7. 4o wegen unregelmäßigen Verlassens des Mutterlandsgebietes der franz.Staatsangehörigkeit verlustig gegangen sind.

Die von diesen Vermögen abhängigen Güter sind nach einer sechsmonatlichen Frist, die von der Zeit der Veröffentlichung der Vergügung in dem "Journal Officiel" betr.die Zwangsverwaltung abläuft, zu verkaufen. Die Zahlung des Passives wird auch vorgenommen und der Ertrag netto der Liquidation wird laut des Art.2 desselben Gesetzes der Kasse der wohltätigen Werke des "Secours National" eingezahlt.

Die oben vorgesehene sechsmonatliche Frist ist für die meisten grossen Vermögen abgelaufen, besonders für die Vermögen der Angehörigen der Familie Rothschild, die aber der französischen Staatsangehörigkeit verlustig gegangen sind. Folglich wurde mit der Zwangsverwaltung welche dieselben betrifft, ein Ende gemacht und die Domänenverwaltung hat sofrot angefangen, die Operationen betr.die Flüssigmachung der Güter, vorzu-nehmen und dies laut der Verfügung des Vorsitzenden des zivilen Gerichts der Seine betreffend die Eröffnung des Liquidation.

Als die Agenten der Domänenverwaltung das Inventar der Kunstwerke, die zu diesen Vermögen gehören, aufnehmen wollte, wurde festgestellt, dass die meisten Werke vom Besatzungsherr weggenommen worden waren, es sei in den Hotels und Schlössern, wo sie hingestellt waren, oder in den Geldschränken und Kammern , so wie eingelgt worden waren. Was die Güter der Angehörigen von Rothschild anbelangt, ist vorliegender Note ein Register der bedeutendstens, in Beschlag genommenen Gegenstände angeschlossen.

200

E531180

Die Agenten der Domänenverwaltung habenbei den Okkupationsbehörden mit Nachdruck beantragt und zwar oft umsonst, dass Ihnen erlhubt wäre, das Invenhar aufzunehmen; sie haben ebenfalls gegen die von ihren festgestellte Wegnahme von Gegenständgen Einspranh erhoben.

Schhe Einsprüche, sowie dringliche Versuche bei dem deutschen Militärbefehlshaber in Frankreich waren resultatlos.

Schon im Dezember 194o hatte sich General de la Laurencie, damals Generaldelegierter der französ. Regierung für die besetzten Gebiete, dafür bei dem deutschen Militärbefehlshaber verwendet. Diesem Eingreifen wurde aber keine Folge gegeben! Eine Note, die im August 1941 auf Bitte des Herrn Botschafters de Brinon dem deutschen General Best durch den Generalkommissar für jüdische Fragen gereicht wurde, erhielt gleichfalls keine Antwort.

Die von den Dienststellen des Auswärtigen Amtes für schöne Künste unternommenen Schritte waren auch ergebnislos.

Unter diesen Umständen ist mir den Auftrag gegeben worden, bei Ihnen , Herr Gesandter, zu intervenieren, und Sie zu bitten, an die deutsche Regierung einen neuen Protest gelangen zu lassen gegen diese Wegnahme von Kunstwerken, deren doppelte Folge ist, dass der Secours National um sehr umfangreiche Mittel gebracht wird, und dass dem künstlerischen Erbgut Frankreichs Reichtümer entnommen sind, die ihm einwandfrei angehören.

Ich wäre Ihnen sehr verbunden, wenn Sie bei den Okkupationsbehörden vermittelnde Schritte unternehmen würden, auf dass Weisungen erteilt werden, die jede neue Wegnahme von Gegenständen untersagen. Es wäre gleichfalls erforderlich, dass Untersuchungen vorgenommen sein würden zwecks der Wiedererstattung der bis hierher beschlagnahmten Kunstwerke an die Domänenverwaltung zum besten des Secours National.

Genehmigen Sie, Herr Gesandter ,
den Ausdruck meiner vorzüglichen Hochachtunge.

gez.de Boisanger.

E531181

Abschrift

Der Militärbefehlshaber in Frankreich
Verwaltungsstab Abt.Verw.Az.VJu 864a,132,42 g Paris, den 21.5.1942

Geh.

An die
D.W.St.K. Wiesbaden

Betr: Beschlagnahme von jüdischem Kunstbesitz durch deutsche Dienststellen.
Bezug: Dortige Schreiben vom 28.2. und 2.3.42 - Gr.We I b Az.123 und 124/42; franz.Noten vom 10.2.42 - Nr.F 144/DE und vom 28.2.42 - Nr.33297/AE -.

Zu den Angaben in dem "Verzeichnis", das den beiden - inhaltlich im wesentlichen gleichen - franz.Noten vom 10. und 28.2.42 beigefügt ist, hat folgendes ermittelt werden können:

1) vom Einsatzstab Reichsleiter Rosenberg sind die folgenden Beschlagnahmungen durchgeführt worden:

am 15.1.41 bei Edouard Rothschild in Paris, rue St.Florentin 2;
im Oktober und November 1940 im Schloß Edouard Rothschild in Neux und im Schloß Henri Rothschild "Chateau de la Muette";
am 26.9.41 bei Philipp Rothschild in Arcachon (Braumüller);
am 6.5.41 bei Eugen Rothschild in Paris, rue Michel-Ange 3 (Dr.Wunder);
am 24.9.41 bei Edouard Rothschild in Paris, rue St.Florentin 2 (Dr.Lohse).

Der Einsatzstab Rosenberg hat hierbei auf Grund der ihm erteilten allgemeinen Weisungen des Führers und des Reichsmarschalls zur Sicherstellung des jüdischen Kunstbesitzes in den besetzten Westgebieten gehandelt, im Falle Eugen Rothscild vom 6.5.41 außerdem auf Grund einer besonderen Weisung des Reichsmarschalls von Anfang Mai 1941.

202

2) Das Devisenschutzkommando Frankreich hat folgende Beschlagnahmungen durchgeführt:

am 11.3.41 Eigentum des Moritz Rothschild (Zollinspektor Mewe)
am 4.12.41 Eigentum der Alexandrine Rothschild (Zollinspektor Mewe und Zollamtmann Hartmann).

Das Devisenschutzkommando hat dabei nach Mitteilung seines Leiters auf persönliche Weisung des Reichsmarschalls gehandelt.

3) Die übrigen, in dem Verzeichnis genannten Beschlagnahmungen haben nicht geklärt werden können. Bei dem im Verzeichnis genannten Herrn Gritzbach dürfte es sich um Staatsrat Dr.Gritzbach handeln; der für die Beschlagnahme in Armainvilliers genannte Major Wendte ist hier nicht bekannt. -

Die Vorstellungen franz.Regierungsstellen gegen die Beschlagnahme jüdischen Kunstbesitzes sind mit Rücksicht auf die hier bekannten Weisungen des Führers und des Reichsmarschall. für den Einsatzstab Rosenberg von hier aus stets an das AA weitergeleitet worden; - insbesondere auch die in der Note vom 10.2.42 erwähnten Noten des Generalbevollmächtigten der franz.Regierung vom 18.12.40 und des Generalkommissars für Judenfragen vom 25.7. (nicht August) 1941, sowie die in der Note vom 28.2.42 erwähnten anderen Einsprüche. Den franz.Regierungsstellen ist zu ihren Vorstellungen in neuerer Zeit regelmäßig der Zwischenbescheid erteilt worden, daß die Eingabe an die zuständige Dienststelle in Berlin zur Prüfung und Entscheidung weitergeleitet worden ist.

Da die Weisungen, auf denen die Beschlagnahme des jüdischen Kunstbesitzes im besetzten franz.Gebiet beruht, den franz.Regierungsstellen gegenüber auch weiterhin geheimzuhalten sein werden, dürfte eine sachliche Erörterung der Noten vom 10. und 28.2.42 mit franz.Stellen z.Zt.

5531182 - b.w. -

Abschrift

Anlage zu Bericht VAA Wiesbaden Nr. P 5457 vom 7. Juni 1941.

Abschrift

Französische Abordnung
bei der
Deutschen Waffenstillstandskommission

Wiesbaden, den 29. Mai 41.

Nr. 19 779/AE

Der Vorsitzende
der Französischen Abordnung bei der
Deutschen Waffenstillstandskommission
Armeekorpsgeneral Doyen

An den Vorsitzenden
der Deutschen Waffenstillstandskommission
Herrn General der Artillerie Vogl

Herr General!

Es wurde mir zur Kenntnis gebracht, dass die deutschen Behörden die Wohnung der Familie des im Jahre 1935 in Paris verstorbenen Herrn Sylvain Levy, ehemaliger Professor am Collège de France, Mitglied des Instituts de France, Direktor der Ecole des Langues Orientales, im vergangenen April während mehreren Wochen unter Siegel gelegt haben.

Bei Abnahme der Siegel wurde festgestellt, dass eine grosse Anzahl Gegenstände aus der Wohnung entwendet worden waren, insbesondere vier grosse Perserteppiche, ein chinesischer Teppich, eine Sammlung Senegaleser Bronzen und sonstige seltene asiatische Nippsachen, alsdann chinesische Stickereien, zahlreiche Bücher, Musikalien, Wäsche, Bestecke, endlich sämtliche Urkunden, mit welchen die Familie von Sylvain Levy hätte die Tatsache belegen können, dass sie zweiund/einhalb Jahrhundert auf französischen Boden gelebt hat. 203

Ich wäre Ihnen sehr zu Dank verpflichtet, wenn Sie bei den zuständigen Behörden dahin wirken wollten, dass die entwendeten Gegenstände ermittelt und ihren rechtmässigen Eigentümern zurückgegeben werden. Der Name von Herrn Sylvain Levy war in den gelehrten Kreisen universal geachtet. Sein Sohn, der sich kürzlich infolge der bezüglich der Juden getroffenen Verfügungen von der diplomatischen Laufbahn zurückziehen musste, war während mehrerer Jahre Botschaftsrat in Moskau. Der Französischen Regierung kann das Schicksal dieser Familie nicht gleichgültig sein und sie kann nicht zulassen ohne Ver-

wahrung

Verwahrung einzulegen, dass die Besatzungsbehörden der Familie das Eigentum entnehmen.

Übrigens berufe ich mich in dieser Angelegenheit abermals auf die bezüglich des Eigentums der frz. Juden unterbreiteten Ausführungen.

Ich wäre Ihnen zu Dank verpflichtet, wenn Sie mir das in dieser Angelegenheit Veranlasste zur Kenntnis bringen wollten.

Schlussformel. signé: Doyen.

Referat D XII
GR. Klingenfuss

zu D III

5619

A u f z e i c h n u n g

Bezüglich der Sicherstellung des in Frage kommenden Vermögens französischer Juden in Paris lässt sich eine " Rechtsgrundlage für den Eigentumsübergang " im Sinne der Anfrage aus den bisherigen Massnahmen und Verordnungen zur Judenpolitik nicht herleiten. Im allgemeinen erfolgte bisher bei befreundeten oder neutralen Staaten eine Sicherstellung ausländischen Judenvermögens in der Absicht die vermögensrechtliche Auseinandersetzung einem späteren Zeitpunkt vorzubehalten. Auf diesen Begriff der Sicherstellung bezieht sich offensichtlich der Hinweis der Botschaft vom 13.7., dass die Rechtsfrage noch nicht geklärt ist.

Das Reich - Reichsmarschall, beziehungsweise Einsatzstab Rosenberg - hat den Kunstbesitz aufgrund einer Führeranordnung sichergestellt. Sinngemäss dürfte gelten was Generalfeldmarschall Keitel am 17.9.1940 an den Oberbefehlshaber des Heeres für die Militärverwaltung in Frankreich bezüglich der Sicherstellung von wertvollem Material aus Bibliotheken, Archiven usw. mitgeteilt hat:

Massgebend für den Besitzerstand sind die Verhältnisse vor dem Kriege, in Frankreich vor der Kriegserklärung am 1.9.39.

Nach diesem Stichtag vollzogene Übereignungen an den französischen Staat oder dergleichen sind gegenstandslos und rechtsunwirksam (z.B. polnische und tschechoslowakische Bibliothek in Paris, Bestände des Palais Rothschild oder sonstiger herrenloser jüdischer Besitz). Vorbehalte bezüglich der Durchsuchung, Beschlagnahme und des Abtransportes nach Deutschland auf Grund solcher Einwände werden nicht anerkannt.

Reichsleiter Rosenberg, bezw. sein Vertreter, Reichshauptstellenleiter Ebert, hat hinsichtlich des Zugriffs eindeutige Weisungen vom Führer persönlich; er ist ermächtigt, die ihm wertvoll erscheinenden Kulturgüter nach Deutschland abzutransportieren und hier sicherzustellen. Über ihre Verwendung hat der Führer die Entscheidung vorbehalten.

83 26

205

- 2 -

Für das Auswärtige Amt ist meines Erachtens eine Grundlage für den Besitz der Kunstgegenstände dadurch gegeben, dass sie ihm beziehungsweise der Botschaft Paris für das Reich zur Verfügung gestellt wurden. Es sollte daher wohl die Fragestellung besser lauten:

1. Ob einzelne besonders bekannte Kunstgegenstände demonstrativ in der Botschaft Paris aufgestellt werden sollen, oder aus Gründen des Taktes, beziehungsweise der Zweckmässigkeit besser mit anderen Kunstgegenständen auszutauschen sind.

2. Ob die Frage im Hinblick auf den Begriff der Sicherstellung, der nur über die vorläufige Verwendung entscheidet nicht bis auf weiteres überhaupt zurückgestellt werden soll.

206 Hiermit

dem stellv. Leiter Abt. Deutschland
der Abteilung Pers. D., Herrn v. Hannwitz
wieder vorgelegt.

Berlin, den 21.September 1942

Einsatzstab Reichsleiter Rosenberg
für die besetzten Gebiete

Der Stabsführer

Berlin-Charlottenburg 2, 10.9.1943
Bismarckstr. 1 - Ruf: 34 00 18

Tgb. Nr. 816/43 St/U/Hi

An das

Auswärtige Amt

B e r l i n W 8
Wilhelmstr. 74/76

Betrifft: Professor S y l v a i n L e v y , Paris
9, rue Guy de la Brosse
Französische Beschwerden wegen Sicherstellung des Eigentums durch die deutschen Besatzungsbehörden

I. Nach Prüfung der Angelegenheit wird dem Auswärtigen Amt folgende Stellungnahme des Einsatzstabes übermittelt:

Der Einsatzstab hat gemäss Führererlass vom 1.3.1942, dessen Inhalt den Obersten Reichsbehörden mit Schreiben des Reichsministers und Chef der Reichskanzlei vom 5. Juli 1942, RK 9493 B bekanntgegeben wurde, u.a. den Auftrag, in den besetzten Gebieten Kulturgüter, die im Besitz oder Eigentum von Juden sind, beschlagnahmen zu lassen, wobei sich der Führer, wie ebenfalls durch den Reichsminister und Chef der Reichskanzlei allen in Frage kommenden Stellen bekanntgegeben, das Verfügungsrecht über die im Rahmen dieser Aktion erfassten Kunstgegenstände persönlich vorbehalten hat.

Was den Fall S y l v a i n L e v y betrifft, so treffen sämtliche Voraussetzungen des vorstehend bezeichneten Auftrages zu. Die jüdische Abstammung des Genannten kann in keiner Hinsicht angezweifelt oder gar bestritten werden. Sylvain Levy war eine der markantesten Persönlichkeiten des französischen Judentums und ist als langjähriger Präsident der "Alliance Israélite Universelle" (1920 - 1935) in alle

- 2 -

207

wichtigen jüdischen Nachschlagewerke aufgenommen worden (vgl. z.B. Jüdisches Lexikon, Jüdischer Verlag Berlin, 1929, Bd. III, Seite 1071, ferner Jewish Encyclopedia). Ebenso steht die Deutschfeindlichkeit des Genannten, der bei der Friedenskonferenz in Versailles als Vertreter der französischen Juden teilnahm und der sich als führendes Mitglied des Exekutivkomitees des "Comité National de secours aux victimes de l'antisemitisme en Allemagne" aktiv an der Bekämpfung des Antisemitismus beteiligte, ausser jeder Frage. Dazu kommt noch, dass zur Zeit der Besatzung Frankreichs durch die deutsche Wehrmacht im Sommer 1940 alle Angehörigen des Genannten geflüchtet waren, sodass dessen Eigentum herrenlos angetroffen wurde. Die Sicherstellung vollzog sich also durchaus ordnungsgemäss im Rahmen des vorstehend erwähnten Führerauftrages und der Einsatzstab ist von sich aus nicht in der Lage, das sichergestellte Material wieder frei zu geben.

208

Wenn die französische Regierung, der dieser Sachverhalt genau bekannt ist, durch ihre Delegation bei der Deutschen Waffenstillstandskommission in einer offiziellen Note dem Deutschen Reich gegenüber zum Ausdruck bringt, dass ihr das Schicksal dieser jüdischen Familie nicht gleichgültig sein kann, so muss dies bei der deutschfeindlichen Persönlichkeit des Juden Sylvain Levy als eine gewollt unfreundliche Handlung bezeichnet und entsprechend zurückgewiesen werden. Die französische Regierung beweist durch diese Note aber auch, dass sie keineswegs gewillt oder in der Lage ist, ernst zu nehmende oder gar wirkungsvolle Massnahmen gegen das Treiben des französischen Judentums in die Tat umzusetzen. Es erscheint nicht im Interesse des Reiches gelegen, wenn die deutschen Behörden und Dienststellen dieser Haltung der französischen Regierung entgegenkommen.

II. Die Frage des Auswärtigen Amtes, wie solche Noten gegen die Sicherstellungsmassnahmen des Einsatzstabes beantwortet werden sollen, ist eine Frage von grundsätzlicher und weittragender Bedeutung, zu welcher der Einsatzstab folgende Stellungnahme bezieht:

Der Einsatzstab vollzieht seinen Auftrag nach dem Führererlass vom 1.3.1942, der dem OKW und den nachgeordneten militärischen Stellen durch die Durchführungsbestimmungen des OKH. Gen. St.d.H/Gen. Qu. Abt. K. Verw. (Verw). Nr. II/11564/42 vom 3o.9.1942, den obersten Reichsbehörden mit Schreiben des Reichsministers und Chef der Reichskanzlei RK 9495 B vom 5.7.1942 zur Kenntnis gebracht wurde. Damit ist die Tätigkeit des Einsatzstabes gegenüber den deutschen Reichs- und Militärbehörden ausreichend legitimiert.

Nach aussen liegen diese Verhältnisse zweifellos anders, weil diese "internen" Anweisungen den offiziellen Stellen der besetzten Gebiete nicht bekanntgegeben werden dürfen, und weil sie ausserdem nicht ohne weiteres mit den noch gültigen internationalen Verträgen, wie die Haager Landkriegsordnung in Einklang zu bringen sind. Der Einsatzstab ist sich durchaus klar darüber, dass diese Rechtsfrage früher oder später einer völkerrechtlich einwandfreien Lösung bedarf. Da es sich zweifellos um eine vorwiegend aussenpolitische Frage handelt, kann deren Lösung nur durch das A.A. vorbereitet und zum entsprechenden Zeitpunkt vollzogen werden. Solange dies aber unter den gegebenen Verhältnissen nicht möglich ist, bittet der Einsatzstab, dass das Auswärtige Amt auch weiterhin die vom Einsatzstab in diesem Zusammenhang erfolgenden Angriffe vertritt. Es ist im Interesse des Ansehens des Reiches und seiner aussenpolitischen Vertretung gelegen, dass sich sowohl zivile als militärische Reichsdienststellen nicht gegenseitig ausspielen und auf diese Weise den Vertretern der besetzen Feindländer politisch wertvolle

209

Unterlagen in die Hände gaben.

Es muss also unterbleiben, dass im Falle von Beschwerden den Vertretern der Feindmächte von deutschen Dienststellen offiziell mitgeteilt wird, dass eine Sicherstellung nicht von ihr, sondern von dem Einsatzstab RR, dem Devisenschutzkommando, der Polizei oder dem SD, von der Geheimen Feldpolizei oder, wie seinerzeit im Falle der Kunstsammlungen Rothschild, von der Deutschen Botschaft in Paris vorgenommen wurde. Auf diese Weise wurden im Laufe der vergangenen Zeit wiederholt wertvolle Informationen ausser Land gegeben, wobei es bedauerlicherweise sogar zu Namensnennungen der mit den Sicherstellungsaktionen beauftragten Funktionäre gekommen ist.

Der Einsatzstab schlägt deshalb vor, dass das Auswärtige Amt
in Zusammenarbeit mit der Waffenstillstandskommission, den
Militärbefehlshabern der besetzten Gebiete, den Befehlshabern
210 der Polizei und des SD, dem Devisenschutzkommando und dem
Einsatzstab RR einen von allen in Frage kommenden Stellen
zu verwendenden Zwischenbescheid auf solche Noten, Beschwerden oder Anfragen herstellt. In welcher Weise und zu welchem Zeitpunkt diese Aktion später ihren völkerrechtlich einwandfreien Abschluss finden soll, wird unter Beteiligung der für diese Frage massgebenden obersten Reichsbehörden ebenfalls nur durch das A.A. zu klären und vorzubereiten sein.

Der Einsatzstab wäre dem A.A. dankbar, wenn er über den Stand dieser Angelegenheit am Laufenden gehalten werden würde.

Diese grundsätzliche Stellungnahme des Einsatzstabes wird in Durchschrift dem OKW, dem OKH.-Gen/Qu., der Waffenstillstandskommission in Wiesbaden, den Mil.Bef. Frankreich und Belgien/Nordfrankreich sowie der Deutschen Botschaft in Paris und dem Befehlshaber der Sicherheitspolizei und des SD beim Mil.Bef. Frankreich zur Kenntnis gebracht.

Heil Hitler!

(Utikal)

Der Reichsminister
für die besetzten Ostgebiete

Berlin W 35, den 18.September 1943
Kurfürstenstraße 134
Fernsprecher: [redacted] 31 00 20
Drahtanschrift: [redacted]

Ostministerium

Nr. Z 1 b - Abw. DW -
Es wird gebeten, dieses Geschäftszeichen und den Gegenstand bei weiteren Schreiben anzugeben.

An das
Auswärtige Amt

Berlin W 8
Wilhelmstraße 74/76

Betr.: Rechnung der Firma Schenker & Cie. vom 13. Mai 1943.
Auf Ihr an die Dienststelle Westen gerichtetes Schreiben vom 19. August 1943 Nr. Inl. II A 5769 . . .

Meine Dienststelle Westen in Paris, Avenue d'Jéna 54 ist lediglich zuständig für die Erfassung, Sicherstellung und den Abtransport von Wohnungseinrichtungen geflohener, evakuierter und noch abreisender Juden in den besetzten westlichen Gebieten. 211
Zu den Einrichtungen im Sinne dieses Auftrages gehören ausdrücklich nicht Kunstgegenstände, die aus jüdischem Besitz stammen. Für die Behandlung dieser Gegenstände im Gebiet des Militärbefehlshaber Frankreich ist vielmehr zuständig der Einsatzstab Reichsleiter Rosenberg. Ich habe deshalb den gesamten Vorgang urschriftlich dem Einsatzstab Reichsleiter Rosenberg mit der Bitte um zuständige weitere Erledigung übersandt und bitte Sie, die weiteren Verhandlungen unmittelbar mit dem Einsatzstab, Berlin-Charlottenburg 2, Bismarkstraße 1 zu führen.

Im Auftrag
gez. Degenhard

Reichsminister für die besetzten Ostgebiete

Beglaubigt
[signature]
Angestellte

Durchdruck als Konzept (R'Schrift lb.) Berlin
Auswärtiges Amt No. den 2. November 1943

Inl.II A 7555

Auf das Schreiben vom 10.9.1943
-Egb.Nr. 816/43 St/U/Hi -

Vor Abg.:
Abtl.Recht;
(Hn.Staatsanw. Bertram 10/11
LR.Haidlen)

1.) Pol XI zur Mitz. 9/11

An

den Einsatzstab Rosenberg
für die besetzten Gebiete

Berlin-Charlottenburg
Bismarckstr. 1

Dem Auswärtigen Amt sind seit mehreren Monaten Interventionen französischer Dienststellen wegen der Erfassung jüdischen Vermögens durch den Einsatzstab Rosenberg nicht mehr bekannt geworden. Im Hinblick hierauf dürfte sich eine weitere Veranlassung in dem von dort aus vorgeschlagenen Sinne zunächst erübrigen.

Im Auftrag
gez.v.Thadden
2/11

2.)

3.) Bau. z. d. A.

ab: 15. 11. 43

212

2. Vermerk.

Vorsorglich wurde die Angelegenheit am 5.11. noch mit Gesandtschaftsrat Hoffmann, Botschaft Paris, besprochen. Auch die Botschaft Paris teilt die Auffassung, daß eine Aufnahme der Angelegenheit gegenüber der Französischen Regierung, sei es auch nur durch die Form eines einheitlichen Zwischenbescheides, nicht sehr wünschenswert ist. Das zweckmässigste ist auch nach Auffassung der Botschaft, wenn deutscherseits die Angelegenheit nicht aufgegriffen wird und bei späteren französischen Interventionen ggf. auch von einer Antwort, wie bisher, abgesehen wird.

Im Auftrag
gez.v.Thadden

Kult II   403

Deutsche Botschaft
Paris

Paris, den 24. Januar 1944

Tgb.Nr. B 4007/43

Betr.: Rückgabe der von dem Juden DAVID-WEILL beschlagnahmten Kunstgegenstände.

Anlagen

Auswärtiges Amt
Eing. 16 FEB 1944

Der Direktor der französischen National-Museen war an die Botschaft herangetreten, den Kunstbesitz des Juden DAVID-WEILL, der durch den Einsatzstab Reichsleiter Rosenberg beschlagnahmt worden ist, insoweit zurückzugeben, als es sich um Schenkungen und testamentarisch den National-Museen vermachten Kunstbesitz handelte. Das Ansuchen des Direktors der französischen National-Museen war von dem Einsatzstab Reichsleiter Rosenberg abgelehnt und der Botschaft mitgeteilt worden, dass weitere Eingaben zwecklos erscheinen. Der Direktor der National-Museen wurde von der Botschaft von dieser Entscheidung in Kenntnis gesetzt.

214

Nunmehr ist der Kabinettschef im Unterrichtsministerium erneut an die Botschaft herangetreten und hat in dem beiliegenden Schreiben um eine erneute Nachprüfung der Angelegenheit gebeten. Er hat eine Reihe von Unterlagen beigefügt sowie eine Abschrift aus der testamentarischen Verfügung des Juden DAVID-WEILL vom 6. Juli 1939. Die Botschaft stellt anheim, ob noch einmal ein Schritt in der Angelegenheit bei dem Einsatzstab Reichsleiter Rosenberg unternommen werden soll. Letzterer hat als vertraulich zu behandelnde Information mitgeteilt, dass der Führer durch Befehl OKW Az. 2 F 28 J (LA)Nr. 1838/40 geheim vom 30.10.1940 als Stichtag für Übereignungen den 1.9.1939 festgesetzt hat. Zu diesem Zeitpunkt waren die reklamierten Kunstgegenstände einwandfrei noch im Besitz und Eigentum des Juden DAVID-WEILL, da der testamentarisch fest-

(handschriftlich am Rand:) Zunächst ... Kult. ... Nach Ansicht von Kult. II A ist ein neuer Schritt bei dem Einsatzstab im Hinblick auf den klaren Wortlaut des Führerbefehls nicht angezeigt, es sei denn, dass ein besonderes politisches Interesse an der Rückgabe besteht. 15/2

An das
Auswärtige Amt
Berlin

- 2 -

83-26

gelegte Wille erst mit dem Zeitpunkt des Ablebens Rechtskraft erlangt.

Abschrift des Schreibens des Einsatzstabes Reichsleiter Rosenberg wird ebenfalls beigefügt.

Es wird gebeten, die Anlagen zurückreichen zu wollen.

Im Auftrag

Gerlach

Zentralabteilung II/1
Ehrl./Rn.2

Doppel für I/1

Berlin, den 29. August 1938

Betr.: Schreiben des Gauleiters Julius S t r e i c h e r an den Reichsführer-SS.

Vorg.: RFSS Pers.Stab Tgb.Nr. AR/812/1 Pt./Fr. vom 6.8.1938.

1. Vermerk:

Gauleiter Julius S t r e i c h e r ist mit Schreiben vom 22.7.1938 an RFSS herangetreten mit der Bitte, der von ihm in die Wege geleiteten Forschung über die Judenfrage, in deren Rahmen er ein historisches Monumentalwerk über "Juden, Judenverbrechen und Judengesetze in Deutschland von der Vergangenheit bis zur Gegenwart" schaffen lässt, Einsichtnahme in das durch die Gestapo beschlagnahmte Rothschild-Privatarchiv zu gewähren.

Doc. 8

216

Gauleiter Streicher regt ausserdem an, den Generaldirektor des Staatsarchivs des Innern und der Justiz in Wien, Hofrat B o d e n s t e i n mit sofortiger Wirkung mit der Sammlung jüdischer Archive und jüdischen Schriftwechsels in der Ostmark zu beauftragen.

Hierzu wird wie folgt Stellung genommen.

Das Rothschild'sche Privatarchiv ist nach seiner Beschlagnahme in das SD-Hauptamt gebracht worden. Die vorläufige Sichtung hat ergeben, dass sein Inhalt nicht den Erwartungen entsprach. Es enthielt im wesentlichen nur Privat-Briefe an bekannte Persönlichkeiten, Schuldverschreibungen und Unterlagen für Finanz-Transaktionen, die zumeist im vergangenen Jahrhundert vorgenommen worden sind. Einer Einsichtnahme in dies Privatarchiv steht demnach nichts im Wege.

Auch gegen eine Beauftragung des Hofrats Dr. Bodenstein mit der Sammlung jüdischer Privatarchive und jüdischen Schriftwechsels stehen hiesigen Erachtens keine Bedenken entgegen.

unter Die Zustimmung zu der Beauftragung kann aber nur zu der selbstverständlichen Bedingung erfolgen, dass Hofrat Dr. Bodenstein sich in jedem einzelnen Fall zuvor mit der zuständigen Staatspolizei-Stelle in Verbindung setzt, welche die Möglichkeiten einer Durchsuchung, einer Beschlagnahme oder einer Einziehung überprüft. Erst danach kann dem Hofrat Dr. Bodenstein staatspolizeiliche Vollzugshilfe gewährt werden.

An der Durchsuchung und der Sichtung des beschlagnahmten Materials müsste ausserdem ein Sachbearbeiter des Sicherheitsdienstes teilnehmen, damit gegebenenfalls das für die staatspolizeiliche Exekutive und die sicherheitsdienstliche Auswertung wertvolle Material nicht verloren geht.

Es wird demnach vorgeschlagen, an RF wie folgt zu schreiben und vorzuschlagen, das in der Anlage beigefügte Antwortschreiben an Gauleiter Streicher zu übersenden. 217

2. Schreibe:

An den

Reichsführer

Berlin SW 11

Prinz-Albrecht-Str. 8

Betr.: Schreiben des Gauleiters Julius Streicher in der Angelegenheit Rothschild-Archiv und Judenakten vom 22. Juli 1938

Vorg.: Pers.Stab RF Tgb.Nr. AR/812/1 Pt/Fr. vom 6.8.38.

Gauleiter Streicher hat den Reichsführer mit einem Schreiben vom 22. Juli 1938 gebeten, seinem Beauftragten Einsicht in die Akten des in das SD-Hauptamt überführten Rothschild-Archivs zu geben.

Gauleiter Streicher machte ausserdem den Vorschlag, den Generaldirektor des Staatsarchivs des Innern und der Justiz in Wien, Hofrat Dr. Bodenstein, mit sofortiger Wirkung zu beauftragen, die in Österreich noch verstreuten Aktenmaterialien jüdischer Bank- und Privatarchive zu sammeln.

Dieser Bitte des Gauleiters Streicher kann entsprochen werden. Das in das SD-Hauptamt überführte private Rothschild-Archiv umfasst 5 Kisten mit folgendem Inhalt: Privatbriefe an bekannte Persönlichkeiten, Schuldverschreibungen, Unterlagen für Finanztransaktionen, vornehmlich aus dem vorigen Jahrhundert.

Die wichtigsten Unterlagen über die wirtschaftspolitischen Zusammenhänge der Familie Rothschild fehlen. Sie befinden sich vermutlich in England.

Mit Dr. Bodenstein steht der SD-Führer des
218 SS-Oberabschnitts Donau in einer guten Zusammenarbeit. Bedenken gegen seine Beauftragung mit der Sammlung jüdischer Privat- und Bankarchive bestehen hier nicht. Die staatspolizeiliche Vollzugshilfe müsste jeweils von der zuständigen Staatspolizeistelle gegeben werden, nachdem zuvor im Einzelfall die gesetzlichen Voraussetzungen für die Vornahme einer Durchsuchung und die Anordnung einer Beschlagnahme, bzw. für die Enteignung geprüft wurden.

Anliegend wird ein Briefentwurf an Gauleiter Streicher beigefügt.

3. Schreibe an:

An

Gauleiter S t r e i c h e r

N ü r n b e r g O

Schlageterplatz 3

Lieber Parteigenosse Streicher!

In Ihrem Schreiben vom 22. Juli 1938 haben

Sie mich gebeten, Ihrem Beauftragten Einsicht in das Rothschild'sche private Hausarchiv zu gewähren.

Die Akten stehen im Sicherheitshauptamt zur Einsichtnahme zur Verfügung. Der Inhalt der Akten entspricht allerdings nicht den Erwartungen. Es handelt sich bei den Akten vornehmlich um

Privatbriefe an bekannte Persönlichkeiten
Schuldverschreibungen und
Unterlagen für Finanztransaktionen, vornehmlich aus dem vorigen Jahrhundert.

Vermutlich befinden sich die wichtigsten Unterlagen über die weltpolitischen Beziehungen der Familie Rothschild in England.

Ihrem Vorschlag, Hofrat Dr. Bodenstein / Wien als Archivfachmann für die Sammlung jüdischer Bank- und Privatarchive einzusetzen, stimme ich zu. Dr. Bodenstein soll sich zur Durchführung seines Auftrages mit dem SD-Führer des SS-Oberabschnitts Donau, SS-Standarten- 219
führer Dr. Stahlecker, Wien in Verbindung zu setzen.

Heil Hitler!

Wurde von SS-Oberführer Dr. Best nach Gegenzeichnung sofort an C geleitet.
3. Sep. 1938

4. SS-Oberführer Dr. Best mit der Bitte um Kenntnisnahme und Gegenzeichnung.
5. SS-Gruppenführer Heydrich vorgelegt.
6. I/1 mit der Bitte um Kenntnisnahme.
7. W.V. II/112 z. W.V. gem. Bearbeitungsvermerk.

Bearbeitungsvermerk:

Nach Ausgang Abschrift an den SD-Führer Donau und an Stapoleitstelle Wien - Anweisung, dass ein Sachbearbeiter des SD sich an den Durchsuchungen beteiligt und das für SD und Stapo wertvolle Archivmaterial zunächst auswertet.

1938 REICHSGESETZBLATT, PART I, PAGE 1709

Order concerning the Utilization of Jewish Property of 3 December 1938

Verordnung über den Einsatz des judischen Vermögens vom 3. Dezember 1938

On the basis of Article 1 of the Second Regulation by the Administrator for the Four Year Plan based on the Decree of November 24, 1938 for the Reporting of Jewish-owned Property (RGBl. I 1668), the following is decreed in cooperation with the competent Reich Ministers:

Chapter 1

Industrial Enterprises

Article 1

The owner of a Jewish industrial enterprise (Third Regulation under the Reich Citizenship Law of 14 June 1938, RGBl I 627) may be ordered to sell or liquidate the enterprise within a definite time. Certain conditions may be stipulated in the order.

Article 2

Doc. 9

220

1) A trustee may be appointed for Jewish industrial enterprises, the owners of which have been ordered to sell or liquidate (Article 1), for the temporary continuation of the enterprise and for the completion of the sale or liquidation, especially if the owner of the enterprise has not complied with the order within the definite period and his application for an extension of time has been rejected.

2) The trustee is empowered to undertake all judicial and extra-judicial actions and legal measures, which the business of the enterprise, its liquidation or sale require. His authority replaces any legally required power of attorney.

3) The trustee must exercise the care of a responsible businessman and is subject to State control.

4) The owner of the enterprise is to pay the expenses of the trustee in connection with his work.

Article 3

1) The owner of the Jewish industrial enterprise is to be notified of the instructions specified in Articles 1 and 2.

2) In case of absence of the person affected, notification may take place through publication in the Deutsche Reichsanzeiger and Preussische Staatsanzeiger. In these cases the day of publication is to be considered the day of notification.

Article 4

As soon as the owner of the enterprise is notified of the order through which a trustee is appointed according to Article 2, he loses the right to dispose of the property for the administration of which the trustee has been appointed. He regains this right only if the appointment of the trustee expires.

Article 5

The consent for the sale according to Article 1 of the Decree based on the Decree of April 26, 1938, for the Reporting of Jewish-owned Property (RGBl I, 415) is necessary also in such cases in which the sale has been ordered; this also applies to the sale by a trustee.

14

Chapter II

Land and Forest Enterprises
Real Estate and other Property

Article 6

A Jew (Article 5 of the First Regulation under the Reich Citizenship Law of November 14, 1935)(RGBl I, 1333), may be ordered to sell wholly or partly his land or forest enterprise, his other land or forest properties, his other real estate or other properties within a definite time. Certain conditions may be stipulated in the order. The regulations of Article 2 to 4 are to be applied accordingly.

Article 7

1) Jews cannot legally acquire real estate and mortgages.

2) The regulations of Article 2, 4, 5 and 6 of the Decrees based on the Decree of 26 April 1938, for the Reporting of Jewish-owned Property (RGBl I, 415) are to be applied accordingly.

3) At the foreclosure of real estate, the court ordering such sale must reject bids if there is reason to suspect that the bidder is a Jew.

4) The rejection according to Paragraph 3 loses its force if the bidder protests against it immediately (Article 72, Paragraph 2 of the Law Regarding Foreclosure) and if he proves that he is not a Jew.

5) If, as is provided in (4) the bidder protests the rejection of an offer, the decision on the public adjudication must not be made before two weeks after the conclusion of the auction.

Article 8

1) Jews require authorization to dispose of real estate and mortgages. They require authorization to dispose of other property if the sale has been ordered according to Section 6 of this decree. This also applies in the case of a trustee disposing of said property.

2) The regulations of (1) also apply to contracts in which an obligation to sell is assumed.

3) The regulations of Article 1 (2) and Article 2 of the Regulation under the Decree of 26 April 1938 for the Reporting of Jewish-owned Property (RGBl. I, 415) are to be applied accordingly. In disposing of immovable property, the regulations of Articles 4, 5 and 6 of said Decree are also to be applied accordingly.

4) In case of foreclosure of a piece of land, the bidder requires authorization for his bid; a bid for which the necessary authorization is not proven immediately is to be rejected. Where the Reich Law regarding Foreclosure and Forced Administration is in force, in cases of Article 81, (2) of said law, public adjudication to a person other than the highest bidder is permissible only if the person can prove that consent was given for this deal.

Article 9

1) The authorization according to Article 8 replaces those authorizations required according to the Regulation regarding Traffic in Real Estate of 26 January 1937 (RGBl I, 35), the Settlements (RGBl I, 659), the First Decree for the Execution of the Law of 17 August 1937, Regarding the Protection of the Reich Frontiers and Reprisals (RGBl I, 905) as well as according to price fixing regulations.

2) At the sale of land or forest enterprises or the granting of usufruct in such enterprises, the authorization according to Article 8 replaces the authorization according to Article 1 of the decree based on the Decree of 26 April 1938 for the Reporting of Jewish-owned Property.

15

Article 10

1) If a Jew sells a piece of land which is situated within the confines of Berlin, the Reich Capital Berlin has a right of preemption for the purpose of carrying out the measures of the General Building Inspector for the rebuilding of the City.

2) Articles 12 and 13 of the Decree of 5 November 1937 Regarding the Reconstruction of the Reich Capital Berlin (RGBl I, 1162) are to be applied accordingly.

3) The right of preemption does not exist if the Reich, one of the German States, or the National Socialist Party is involved in the legal transaction as a buyer.

Chapter III

Compulsory Deposit of Securities

Article 11

1) Within a week after this decree goes into effect, Jews must deposit all their stocks, shares in mines, bonds, and similar securities at a foreign exchange bank. New securities must be deposited within a week after their acquisition. The holder of securities belonging to a Jew may not deliver them to anyone but a foreign exchange bank for the account of the Jew.

2) Insofar as securities are already deposited at a foreign exchange bank on behalf of Jews or titles registered or coupons deposited with an administrative authority for which preferred annuities will be granted, the Jews must immediately notify the said bank, the Administration of Public Loans or the administrative authority by a written declaration of the fact that they are Jews. In case of (1) Sentence 3, this declaration must be made to the said holder.

222

3) The deposits and the registered titles are to be marked as Jewish.

Article 12

The disposing of securities deposited as Jewish, as well as the release of such securities require the consent of the Reich Minister of Economics or an authority named by him.

Article 13

The provisions of Articles 11 and 12 do not apply to foreign Jews.

Chapter IV

Jewels, Gems and Objects of Art

Article 14

1) Jews are forbidden to acquire, pawn or sell objects of gold, platinum or silver as well as precious stones and pearls. Such objects, except in the case of existence of attachments on behalf of a non-Jewish creditor at the time when this decree goes into effect may only be acquired by public purchasing offices, established by the Reich. The same applies to other jewels and objects of art insofar as the price of the individual objects exceeds one thousand Reichsmarks.

2) The provisions of (1) does not apply to foreign Jews.

Chapter V

General Regulations

Article 15

1) The authorization for the sale of Jewish enterprises, Jewish real estate, or other Jewish property can be given under conditions that may consist in the payment of money by the buyer on behalf of the Reich. 16

2) Authorizations of the kind mentioned in Paragraph 1 may also be granted with the proviso that the Jewish seller is to receive obligations of the German Reich or registered titles against the German Reich instead of the total or partial consideration as provided for in the sales contract.

Article 16

The regulations specified for Jews in Article II also apply to industrial enterprises as well as organizations, foundations, institutions, and other enterprises which are not industrial, insofar as they are to be considered Jewish according to the Third Regulation under the Reich Citizenship Law of 14 June 1938 (RGBl I, 627).

Article 17

1) The higher administrative authorities are qualified to issue instructions based on the regulations of Artible I and II insofar as the special provisions of Paragraphs 3 and 4 (Note of translator: "and 4" lined out in original) are not to be applied. The higher administrative authorities are also to supervise the appointed trustees.

2) Section 6 of the Decree of 26 April 1938 determines which authorities are higher administrative authorities within the meaning of this Decree Regarding the Registration of Jewish Property (Reichsgesetzblatt I, p. 414) with the proviso that the following authorities are qualified:

In Anhalt - the Anhalt State Ministry, Department of Economics;

In Baden - the Baden Minister of Finance and Economics;

In Wuerttemberg - the Wuerttemberg Minister of Economics;

In Austria - the Reich Commissar for the Reunion of Austria with the German Reich or the authorities named by him;

In the Sudeten German territories - the Government Presidents.

3) Insofar as it is a question of agricultural property, the Oberpraesident in Prussia (Agricultural Department) and the Higher Settlement Authorities in the non-Prussian States take the place of the higher administrative authorities. Insofar as it is a question of forest property, the Higher Forest Authorities take the place of the higher administrative authorities.

/ Articles 18 to 23 are not necessary for understanding of law /

Article 24

This decree goes into effect on the day of publication.

Berlin, 3 December 1938

Reich Minister of Economic Affairs
Walther Funk
Reich Minister of Interior
Frick

- - - - - - - -

CERTIFICATE OF TRANSLATION
OF DOCUMENT NO 1409-PS

1 October 1945

I, FRED NIEBERGALL, 2nd Lt Inf, O-1335567, hereby certify that I am thoroughly conversant with the English and German languages; and that the above is a true and correct translation of Document 1409-PS.

FRED NIEBERGALL
2nd Lt Inf
O-1335567

17

(NOTE: Memorandum by FLICK re: Breakdown of Petschek brown coal property.)

Fl/Kl. 19th January 1938.

First of all, a few words as to the significance of German lignite in general and

2. about the importance of the Petschek groups in German lignite circles (see enclosure I).

In the enclosure II and III there are recapitulated

a) capital of the companies concerned;

b) the estimated proportion of the Petschek groups in the ca ital and thus the presumable nominal value of the shares to be acquired;

c) The latest quotations for the shares;

d) the estimated purchase-price;
the latter so calculated that 20% is added to the stock exchange rates.

Doc. 10

224

The result is that for an immediate acquisition of the Petscheck holding in lignite the purchase would be:

out of Group Ignatz P.	nom. RM	77,5 Mio.
" " " Julius P.	" "	30,0 "
Shares to a nominal value of	RM	107,5 Mio.

Calculated at Stock Exchange prices, including 20% increase, there would be required

an outlay of money amounting to about RM 192 Mio; calculated at nom. RM 107,5 Mio. nominal value that would mean an average Buying Share-rate of 180%.

(Page 2 of original)

I have been informed that on the basis of the decisions you have made:

a) the problem is to be dealt with centrally from a homogenous point of view;

b) that no compensation for the purchase in foreign currency is to be considered;

c) a constructive plan for further procedure is to be worked out by a committee.

The position as regards the two groups Ignatz and Julius in question is now as follows:

Old Ignatz died a few years ago; he has 4 sons, two of whom live in Berlin. One of the four sons is said to be a Britisher. Of the two, the Ignatz group is as regards their German property by far the most important; it also exerts more influence, which became apparent in the syndicate-negotiations. (For instance, take the Viag-Ilse: It was only in 1934 that the Viag (the German Reich) was conceded a seat on the Board) Many Jews have wondered how it was that, in view of the influence and property owned by this group, no change has been made.

As a result of approaches that have already been made (of an official and private kind) it might be said that the Ignatz group is not prepared to abandon its property and its influence. It obviously feels itself very powerful and there is no doubt that it has so drawn up the legal organization of its property

(Page 3 of original)

that if a serious position arose a considerable number of Britishers and Americans would appear as parties interested in the concern. They have no doubt, a long while ago, taken their precautions against a feared aggression by Germany and made corresponding arrangements abroad, particularly in Great Britain and America. I personally do not believe that these British and American "precautions" are based to any great extent on actual ownership. But it might be difficult to prove these facts. I can imagine that they may have actually granted Britishers and Americans an interest in the concern, with a deferred-payment for the purchase, but above all with a return-option to Czechs, i.e. the possibility of regaining at any time possession of what they had ceded. 225

Whatever the position is, they are apparently not prepared to do anything of their own free will and have made very thorough arrangements in anticipation of war being unavoidable. It should not be forgotten that should we begin to confiscate the property legally or by decree, a thing like that would not be so easy to do and the consequences, from an international point of view, cannot be overlooked. But I feel that possibly they may have to be taken seriously into consideration when negotiating. I should like to make a proviso that I can refer to the matter of the Ignatz group later.

(Page 4 of original)

The case is different, however, where the so-called "Prager Petscheks" the "Group Julius Petschek" is concerned. This group's share of German lignite is - as has been mentioned before - considerably smaller than that of the "Ignatz Co." which is located in Aussig/Bohemia. The "Group Julius Petschek" controls the majority of Anhaltische Kohlenwerke and Werschen-Weissenfels. These are 2 companies, which together hold 40 Million RM share-capital. - "Group Julius" was formerly represented in Germany by one person, named Paul PETSCHECK. Paul PETSCHEK left Germany in 1932/33. The Petscheks, though not represented in the Company's administration board, exercise nevertheless far-reaching influence through intermediate persons

"Group Julius Petschek" agreed, in principle, to sell

2

TRANSLATION OF DOCUMENT NO. NI-784
Cont'd

their property. Their motives are, I think, fear of an imminent catastrophe, war or similar events with uncertain results which make them deem advisable to quit voluntarily but - and I must lay special emphasis on this - under certain conditions and suppositions. They hold the view that their advances must be met by the German side, and that their situation and so-called justified point of view must be taken into account. Their principle is to sell only against foreign currency; they would make concessions for foreign currency if calculated at the normal rate of exchange.-

In view of our situation, however, the payment in foreign currency is out of the question, and I understand the point of view

(Page 5 of original)

that for the acquisition of German land and German coal no foreign currency can be spared. Without abandoning this point of view, the question might arise whether a comprehensive attitude would be advisable for the settlement of a real Dollar-claims by the Ame ican parent-company against the German Petscheck Companies. If that would be done I think it possible to come to a voluntary agreement with these people. It would indeed be extremely important to come to an understanding with the smaller group, which - as mentioned before - is ready in principle, to sell. This would strengthen the tactical position against the important Ignaz Company. Tactically, the German position would be stronger still, if one of them had sold voluntarily. But - as I mentioned already - it will be necessary to make certain concessions to "Group Julius" since they have formally pointed out their views and added that "their share of German lignite represents only a small fraction of their fortune and they would prefer to have their hand forced if they could not get relatively acceptable conditions".

226

The Julius Petschek Group made contact with me through an intermediary. It has come to my knowledge that the heads of the Petschek Family as well as the main English and American Lignite-mine representatives will come to Berlin in the next few days and that they are prepared to enter into negotiations with us.

(Page 6 of original)

I would recommend that you empower me to conduct these preliminary and non-binding negotiations. In this conversation the air could be sufficiently cleared to judge whether the matter will be concluded voluntarily or not. I would then report to you at the earliest moment and be at your disposal to submit a report to the committee you have appointed, and then if necessary submit concrete proposals.

I could in the ordinary course, without any particular authorization, start private negotiations for a private purchase of shares in the Petschek group. But a number of persons might also do that at the same time and it is to be feared that a whole row of parties interested might crop up as potential buyers. That would automatically bring about a mutual bidding-up of the price. And finally the State officials would have no insight into the actual situation. (And that is the reason why I should be empowered to negotiate alone for the time being).

What I should consider important is that, for the time being, my office should act because otherwise there will be confusion and the Czechs may get the feeling that it is a case of amateurish attempts.

There are two alternatives: 1) to inform the P. group officially that they must sell, if they have not already done so; 2) to authorize a person to conduct the negotiations for the German side. It need not be ...... but it must be only one person.

Further information about the Petschek group.

a) Coal deliveries and briquettes made in recent years (Encl.IV)
b) Comparative figures from balance-sheets (Enc. V)
c) Profits in AKW and WW (Enc. VI).

Enclosure I

Importance of the P. groups in German lignite circles

According to statistics of the Geological Institute, the German reserves of lignite amount to roughly 56,75 milliard tons; of this abt. 18 Mia. t = 35 % in open-working country
abt. 39 " . " = 65 % " deep-working country.

In the enclosed Map 1 the principal lignite districts are shown, according to the rough size of them. 227

According to that, there are 4 large lignite areas which include some 90% of the total German reserves, and numerous smaller districts. The 4 large areas are:

a) the Lower Rhine district: Total contents 17.8 Mia.t (= 31.5% of which only 2.3 Mia.t = abt. 15% open-working)

b) the Thuringia-Saxony district:
Halle, Bitterfeld, Leipzig) Total contents 9.5 Mia.t = 16.8% of which 3/4 - 7 Mia.t open working;

c) the Lausitz district: Total contents 16.4 Mia.t = 28.8% of which half open-work and half deep-working;

d) the East German district:
(Fuerstenwalde, Frankurt O/., Schwiebus) Total contents 8.5Mia.t = 14.7% which is almost all deep-working.

The remainder covers the Brunswick, Magdeburg and Silesian districts, with a few scattered deposits.

(Page 2 of original enclosure)

As the map shows, roughly 65% of the total reserves are massed in central Germany, viz. within

Y

TRANSLATION OF DOCUMENT NO. NI-784
Cont'd

the Central German Lignite Syndicate	abt.	20%
" Eastern " " "	"	45%

In 1937 the estimated Raw Coal extracted in Germany amounted to 183.200.000 t = 100 %, of which:

Lower Rhine area supplied	55.300.000 t = 30%
Central German Lignite Syndicate supplied	78.500.000 t = 43%
Eastern German Lignite Syndicate supplied	46.600.000 t = 25%
Sundry "	2.800.000 t = 2%

The output of Briquettes in 1937 amounted to: 41.961.000 t and was spread over the various districts as follows:

Lower Rhine area	11.787.000 t = 28.-%
Central German area	18.415.000 t = 43.9%
Eastern Elbe "	11.605.000 t = 27.7%
Sundry "	154.000 t = 0.4%

In the foregoing case the conditions are particularly interesting in the Central and Eastern Germany Lignite Syndicate

228

The P. groups, which came from Bohemia, made their influence felt many years ago upon the Central and East German lignite and they strengthened this influence as the years went by Both groups control together out of the:

Raw coal supplied in Central and East Germany	33.144.000 t = 30.-%
Briquettes produced	10.410.000 t = 40.1%.

(Page 3 of original enclosure).

As the home-consumption of chemical works, electro-works, steelworks etc. is not included according to syndicates, the raw coal production - Map 2 - does not give a proper picture of the predominating influence of the P. groups upon the German Lignite trade. For this purpose one should use the production of briquettes or more correctly: briquette sales, as is seen on Map 3.

The concerns controlled by the P's are interested in:

the Central German Lignite Syndicate to the extent of

" Eastern Elbe " " " " " " 59.14%.

For a time the P. groups made good use of this extraordinary influence through their power without consideration. They managed to get it agreed that they should have the right to name a business manager to specially look after the P. interests.

Through their influence and the nomination for running the business they are able to practically run things in the Eastern Elbe Syndicate. The comprehensive property of both groups can be expressed in figures as follows:

Output in 1936/37:		corresponding to a share in the total German output
Raw coal	33.144.000 t	18.09%
Briquettes	10.410.000 t	24.81%.

As regards the supplies of coal, the P. groups are easily at the top of the list in Germany. There is no precise record of that. It is believable that they control one-third of the German lignite supplies.

(Page 4 of original enclosure)

The organization of the P. groups can be summed up in a few figures:

The Julius P. group includes the following Works:

Werschen-Weissenfels,

Anhaltische Kohlen-Werke,

having an

Output of coal of 7.715.000 t

" " briquettes 2.372.000 t.

Their interests amount to:

in the Werschen-Weissenfels abt. 90%

" " Anhalt Kohlen-Werke " 65%.

But as regards management both companies are run as one unit and should be regarded as one concern.

The W.W. own high-bitumate coal, which forced them at an early date to use it for high-temperature purposes for the manufacture of chemicals, candles etc. The reserves of this group alone are estimated to be 2 milliard tons. Part of the property lies in the Niederlausitz (Greifenhain), where a large open-working plant is being opened with all modern improvements.

The Ignaz P. group includes the following Works

Ilse,
Eintracht,
Niederlausitzer Kohlen-Werke } situated in Lausitz,

as well as:

Phoenix,
Leonhardt,
Borna,
Bleichert Kohlen-Werke } in Central Germany.

229

TRANSLATION OF DOCUMENT NO. NI-784
Cont'd

The total output of this group is:

raw coal	25.429.000 t
briquettes	8.078.000 t.

(Page 5 of original enclosure)

Viag is interested in the Ilse to the extent of a little more than a quarter. In spite of that the Reich has not succeeded in exerting any influence at all in the management.

The considerable expansion of the P. groups in the principal area, the Niederlausitz, is seen in a birdseye manner from the enclosed Map 4. It will be seen from that how intertwined the property of the two brothers is, who for years carried on a feud. After they were both dead peace again reigned in the family, and thus they may be rightly regarded as an economic unit. Everything that is marked in yellow on the map belongs either to the Ignatius P. or the Julius P. group. As the Lausitz and East German area possesses 43.5% of the German lignite deposits, it is not saying too much if we presume that the P. groups together control approaching 1/3 of German lignite deposits.

230

CERTIFICATE OF TRANSLATION

I, ERNA E. UIBERALL, AGO No. D-150095, hereby certify that I am thoroughly conversant with the English and German languages; and that the above is a true and correct translation of Document No. NI-784.

ERNA E. UIBERALL
U. S. Civilian
AGO No. D-150095

First question, what financial possibilities does a sale of MH entail. When making this transfer, one must take into consideration that the security required for a loan would necessitate a mortage on HB (?). If MH is sold, the loan either in its entirely or in part, would have to be transferred to MB (?).

The following items would be missing from our existing budget:

1) The Allianz loan	10.--	10
2) DD. Credit	3.--	6
(hitherto estimated at 3,-)		
	13.--	16.--

MH proceeds, estimated at (on the assumption that the loan to the amount of 10.--remains with Bayern)	30.--
plus working capital	5.--
	35.--

As opposed to this the following items would be lost:

Allianz	10.--	
Profit two years after re-equipment of Bayern	8.--	
	18.--	
and DD financing possibilities estimated at	4.--	
	22.--	22.--
Difference		13.--

– 2 –

For financial reasons the capital realized by the sale of MH would not be sufficiently large to make up for the

19

the unpleasantness which such a sale would entail.
A different question is whether we have to do it so that the V., or the D.A. respectively, become sufficiently interested in our plan and/or consider us to such an extent.

Present capital of N. and E.		48.--
Possible future preferred stock		16.--
and common stock		32.--
P. holds 80% of 48 =		38.8
Continuation of Page 2 of original		
minus V. shares		16.--
		22.8 for cash
	and	2
		44.--
minus company's quick assets		16.--
		28.--
At the rate of exchange (?)	13.--	
as known		
Allianz	10.--	
(Partial) Profit 1937-1938	5.--	28.--

If one adds to this 6.75 for the procurement of dollars, then this amount would have to be amortized from current profits.

\- 3 -

Mittelstahl would participate in the future common stock of N. and E. as follows:

Total original share capital 32.-- of which
Mittelstahl would hold 22.-- 22:32 = 70%

232

J.

Settlement of the Erica account with 9.25 common stock, plus 5 redeemed shares (Genusschein) and 1/4 of the credit to the amount of 5.-- and, furthermore, an annual influx of 500,000.-- 1,000,000.--

---

Common stock		37	
	minus	9.25	
			27.75
of this to E converted			9.--
	Future common stock		18.75
	plus preferred stock		9.--
			27.75
Redeemed shares 31 minus 5			26.--

Liquid assets 20 minus 5 VIAG = 15.--

Mittelstahls' participation a) on voting shares taken over from P 19 minus 9 preferred shares = 100? 18.75=5?

00

9375

625

In terms of actual capital, 10 from 18.75 plus 26 redeemed shares = 44.75

100 : 44.75 = 20%

- 4 -

If the liquid assets to the amount of 15.-- were used to amortize the redeemed shares (including 2.-- from current returns with 17.--) then the redeemed shares could be reduced by 10 million.

21

233

Capital 18.75
and preferred stocks 9.--
and redeemed shares 16.--

The capital participation of will be as against
10.-- of 18.75 plus 16.-- 34.75

100 : 34.75 = 28%

The amortization of the redeemed shares would be practical if the amount of capital, and redeemed shares is too high.
A loan of 20.-- would then have to be negotiated.
Question whether at this figure Mittelstahl (53%) could conclude I.G. contract. Mittelstahl would have to acquire 3 million more stocks on the open market or directly from P., reducing the number of preferred shares.

13 of 18.75 = almost 70% of the voting shares.

234

- 5 -

Amount of money for J.

10 P at 200%	20
3 P at 200	6.--
(either from P or otherwise)	26.--
Loan possibility	20.--
Balance	6.--

The N. and E. project was started with I O.
(after using our liquid assets to the amount of 28.--)
Allianz Railroad Car Factory 3.-- plus

10	3.--	3	
and profits		5.--	together
old loan		7.--	28.-

Still to added for $	6.75
and deficit from J. transaction	6.-
	12.75

22

and there was at disposal

The balance of profits 5.-- 5.--

bears a deficit 7.--

J. after using profits to the amount of 10 and DD Bank credit to the amount of 3.--.

If DD bank is made use of to the amount of 6, this would place at disposal 3.--

Deficit 4.--

\- 6 -

If a loan to the amount of 19 were to be negotiated with N. and E., we would only need to use 3.-- of the DD Bank credit and only 5.-- of our profits.

P. participation in Ilse 19 minus 9 redeemed shares 10.-- a 2(2 235

P. participation in N. and E. 38.--
minus stocks 16 22.-- a 200%
B.
44.--
and 20.-- 64 in c

of total of 19.--
plus 38.--
57 shares

Converted into preferred shares 9 and 16 = 27
and 37 shares for cash.

Verification:

Our own capital	28.--	
Ilse loan	20.--	
Liquid assets N. and E.	16.--	64
And in addition 3 J. a 200 =	6	i.e. I 0
for dollars	6.75	12.75
No N. and E. loan		

\- 7 -

Still to be considered the possibility of selling H (?) 1/2 MH, probably no great financial gains, although, in this case 10.-- for allianz could be retained in it (?).

Perhaps a middle course to get a free hand and keep influence on B, also in view of the outside would. Existing coal supply must be calculated.

236

27

Most likely calculating like that won't bring as much. The other side will also bring assets to the joint enterprise and, quite naturally, will of course evaluate that. Moreover, he might be asked to contribute with regard to the (new enterprises in Franconia). If we intend to keep our 50% interest in the expanded enterprises in Southern Germany including Amberg and coking plant, then we would not get a big cash balance considering that all other financial sources could thus not be counted on in this case (Allianz and DD Bk.)

(Page 8 of original)

Existing projects D Viage settled by Grube. (unintelligible abbreviations) but now we have assumed the task to satisfy the claims of the S-Group from this property.

Thus Ilse and N and E to 1) D.R.
2) Mittelstahl
3) S.

It is intended to have S payed off by E. One goes out from the idea that E has only little scarce supplies and that they will be supplemented by Ilse (2) which probably is much closer. It is of considerable importance for Mittelstahl that both I.G. and N. are enterprises with large liquid funds.

One can assume that funds are required for N and E after using up the liquid funds which are supposedly 16 and no loan issued.

Required funds		28.--		
N itself	Capital stock	24.--		
in the future	Common stock		16.--	
	shares		8.--	= 24.--

Assumed holdings of P 80% of 24.--	19.--		
Shares thereof	8.--		
	11.-- at 200	200	
		22 Mill	
Liquid funds of the company		16. --	
Required		6.--	
And J Project offer loan		6.--	
Amortisation of profit shares		12.--	
plus		6.75	18.75

The following points speak in favor of this project:

1) That, from financial considerations this project is practicable without affecting MH.
2) That it could be carried out easier considering its effect to the public
(2 P. enterprises instead of 3, giving us, together with Lauchh. almost 50% of Ostelbien)
3) It would be much more easier to satisfy the other parties interested.

Result: Influence on 3/4 of Ilse with approx. 9 Mill. tons of coal, in addition 1/4 of Er influence on N,

estimated at 6. - 7

approx. 15 to 16 coal

Should, however, J not work out as assumed above, because D.R. lays hands on it, then we would have to be satisfied with N and E.

In that case the financial expense might be larger than in the case of J II. (including loan) plus N. However, it might be possible to reduce these requirements by a loan of N and E.

238

24

Probably we will have to find some inducement to persuade D.R. or Viag to agree to the project J.II.

- 10 -

From the financial point of view the acquisition of the P. enterprises cannot be considered more favorable in regard to liquid funds, or, if the acquisition is based on a balance then it would not be more unfavourable than S.

70% of 44	=	30 Mill S. at 170	=	51.--
less liquid funds				41.--
				10.--

If liquid funds are available, then the balance of 10.-- has only theoretical significance.

1) No funds will be left
2) 70% cannot be expected
3) There is no basis for a closer relations of the Konzern with us.

I./S. Should K. be interested, this would be a good investment of his liquid funds.

- 11 -

Among the reasons, which might induce the Mittelstahl Group to make special claims are:

1) Oldest enterprise of the Lausitz
2) Largest potash enterprise of Middle Germany, of particular importance for armament.
3) only raw material brown coal.
3) only brown coal enterprise of Ostelbien syndicate producing to a large extent for its own use (for steel works and an extensive production of electricity) (electric power is supplied to many communities).

239

2[illegible]

As result of Jewish intrigues (Friedlaender) it has lost its natural brown coal basis.
(Moeller perhaps may have more detailed information)
It is only a matter of course that this condition must be remedied in case Jewish holdings will be liquidated.

Since a committee has been appointed in which Sauckel is represented who is well acquainted with Goetz the question arises whether FD alone should be enthrusted with the financial leadership.
(previously promised to Ki., before a committee was established).

– 12 –

<u>Program for execution</u>

Important schemes should be carried out one after the
240 other without undue interruptions. Delay in the execution of a plan increases the already existing difficulties to a degree, thereby jeopardizing the final success.

The P. Group must not be allowed too much time, they will make only more difficulties the more time they have, government etc.

The whole plan must be executed in a simple uncomplicated manner, that means that only a restricted number of firms should be allowed to participate, only firms whose interest, from a National-Socialistic point of view, is well founded. (see supplement).

On principle, an expropriation should be avoided and should be considered only as a measure in extreme emergency in case of an absolute refusal on their part.

Since we have to expect with some certainty such refusal from at least one group it will be necessary for work out a draft for a law with all possible speed which, at first, could be used to put pressure on them.

The importance of the transactions involved a payment in foreign exchange can, on principle, not be taken in consideration.

Page 13 is missing.

Page 14

Besides, Bubiag owns enormous reserves in fields not only in Central Germany. Their underground mines, bordering to the left bank of the Rhein (mining corporation Freier Rhein) has more reserves in coal (figured in billions) than the entire Rhein mining industry proper.

From the view point of national economy the Michel Group is of no interest. 241

"Firms to be admitted": one has to add "to be considered is to their present supply from fields in their possession."

The importance of the other P. property outside the Lausitz must be ascertained at first. Borna etc. These holdings could also be put at the disposal of the I.G. or S.

If D.R. agrees to Project J II, it could be summed up as follows.

Mittelstahl: J II and N. Lausitz (or Eintracht)

S : Eintracht (or N.L.)

I.G. and Wintershall: All the rest A..W. and WW and Borna e

It will be difficult to give more shares to S and to leave Bubiag out, unless S would be prepared to build a benzine refinery after the model of Wintershall. Bubiag

29

has presumably not the funds to acquire shares in a benzine refinery or to build one.

If Pl. intends to get something from MH under any circumstances, then the delivery of NB (?) for the sum of 20 - 25 Mill. should be considered, 20 000 tons of steel times 12 - 240 000 is more then ½ of the steel production of the H.G. works of the first category. His interest, however, will not be as great as it is in the case of Bavaria. Nevertheless, his holdings -- viewed from the production and net profit side of the question, would be considerably strengthened, he would be enabled also to supply coke from Salzgitter.

In this event we would not touch the holdings of the MH. Also in this case an option of 50 % of Doehlen.

This matter must if possible, be decided in January.

242

He should keep his mandate in this matter even after his resignation.

Should we have to give up South Germany, -- if no other possibilities exists -- then the entire IP holdings in the Lausitz should be left to our discretion. "S" should then receive Borna (etc).

CERTIFICATE OF TRANSLATION.

We,

Evelyn J. Gray D 024204
Clarisse Kohn

hereby certify, that we are thoroughly conversant with the English and German languages, and that the above is a true and correct translation of Document No. NI-3675.

6 May 1947	Evelyn J. Gray D 024204	Clarisse Kohn
	(1 - 7)	(7 - 15)

END

TRANSLATION OF DOCUMENT NO. NI - 3646
OFFICE OF CHIEF OF COUNSEL FOR WAR CRIMES

St/Ko.

21/1/1938

Note:

Re: Julius P.
Conversation between Dr. Wetzel, von Richthofen, Steinbrinck
on 20 January 1938

On 19th Mr. Wetzel was in Prague with the two Messrs. Paul P. and Walter P. Mr. Leverkuehn, as well as Hans Arnholt who has negotiated at times with the P.'s were also present. The following is to be retained from the conference:

1) Messrs. P., as well as the representative from England and America, Colonel Fielding, a lord from London and President Murnan from America, will arrive at Berlin- Esplanade on Saturday the 22nd. It has been confirmed that Mr. Murnan came over because of the conference with Wetzel at the end of December. Mr. Hollitscher submitted at that time to the American the wish to negotiate. - It is important, also, that P. too was informed by Leverkuehn of the creation of a committee by General Goering. Since Mr. Fl. is the only economist in this committee, the gentlemen naturally wish to contact him.

2) Mr. Wetzel spoke openly with Messrs. Fl. and was authorized by them to start negotiations with Mr. P. and to represent, in doing so, the interests of the share- holders, Wetzel considered this friendly gesture a success, although the financial part (see under3) is still unsatisfactory. This information contradicts the statemente made by F. Arnholt to v. R.

Page 2 of original

They are solved however in that the P's apparently decline intervention by A., since they contacted Fl. direct through V.

3) <u>The price question</u>. The P's gave the following figures: they estimate their total investments in loans and expenditures for

44

the purchase of shares at a total of $ 18 million made up as follows:

a) Loan I....		$ 3,8 million
this has been paid back partly already in blocked marks		
b) Loan II	the well known	$ 7,- million
c) Foreign Currency expenditures for the purchase of securities		$ 7,- million
total approx.		$ 18,- million

Concerning these figures W. declared that according to his information it is not to be expected that foreign currency be given for German real estate. He also declared that there is a possibility to effect the payment of the purchase price:

a) with shares of their own plants (they think that they can keep their participation with a minority)

b) in Reichsmarks or other securities

c) in part with foreign currency on payment of the dollar loan.

W. declared at the same time that the shares of the companies
244 which they are to keep will pay a fixed dividend or a preferential dividend. This plan seemed to satisfy the gentlemen. The P's then gave other figures establishing the value of their shares at RM 130 million

Page 3 of original

The priciple of the German Browncoal Industry Association was taken as basis for the estimate of the AKW/W.W. in these figures.

4) It was then considered how the purchase price could be dealt with otherwise, that is in approximately the following manner:

Wetzel's proposal:

He assumes that an agreement is possible on the basis of $ 12 million.

In this case:

$ 3,5 million are to be paid in registered marks when paying the loan concerned,

$ 2,5 million are to be paid out of export transactions in the course of the years

$ 6,- million are to be paid by giving preferential shares and other securities.

45

The following figures were also drawn up:

The purchase price for the shares is alledgadly

40 million Gold Marks

and is to be invested as follows:

by giving shares without votes to the amount of 10 million V.A.

by paying $ 6 million of foreign currency in registered marks with	RM 15 million
and through good securities	RM 15 million

Mr. Flick being of the opinion that, after the $ 3,5 million which are to be taken out of the registered marks, in new foreign currency can be made available, the following figures were drawn up:

The 30 million nom. shares have a rate of exchange of approx. RM 34 million. This amount should if possible, be paid, in gold currency as follows:

Page 4 of original

with $ 3,5 million in registered marks	=	9 million gold RM	
through RM 10 million nom shares VA	=	10 " " "	
with German securities	=	15 " " "	245

5) Mr. W. was then informed of the coming conference with the General. In this conference Mr. Flick will try to work out an order. It was arranged that W. be hereafter informed by us as soon as possible. According to the result of the negotiations with the General, the P Group itself is to be contacted as soon as possible, maybe on Monday.

6) For information on the situation in the W.W./AKW Mr. W. submitted
   a) the maps showing the location of the field, requested by us
   b) a survey of the production requirements for the next few years and of the way in which they can be met.
   c) various documents explaining the figures given by the P Group.

signed (Signature illegible)

End

46

CERTIFICATE OF TRANSLATION

I, E.J. Hinchliffe, No. 026 034, hereby certify that I am thoroughly conversant with the English and German languages and that the above is a true and correct translation of Document No. NI - 3248.

10 February 1947

E.J. Hinchliffe
No. 026 034.

246

49

TRANSLATION OF DOCUMENT No. NI-3245
OFFICE OF CHIEF OF COUNSEL FOR WAR CRIMES

St/Ga. 28 January 1938

File Note

Subject: Julius P. PROBLEM
Result of the discussion with Mr. Murnane at 5 o'clock on the afternoon of 26 January, at Bellevuestrasse.

Present: MURNANE, WEISSMANN,
FLICK, STEINBRINCK,

- - - - - - - - - -

MURNANE's introductory remarks:

PETSCHEKS have, indeed, their own property but are on the point of withdrawing their influence from the management. He had heard rumours of intentions to sell; he understood the German problem, namely the Armament question and the Jewish question. For this reason he also appreciated the existence of tendencies to transfer the property to German hands. In principle, he is also prepared to sell, but only if he receives credits which his company can also make use of in other countries even if, in that case, a longer period would be involved. As it can be expected that the negotiations will take some time he would like to create a peaceable atmosphere. He had considered putting Americans into the Vorstand and Aufsichtsrat in order to make clear, in this way that the P's had withdrawn their influence. He would, moreover, like to delegate as his permanent deputy here, the representative of Sullivan & Cromwell in Paris. The transfer of the present powers of the P Groups to the American group would take some time. He would only execute such a measure not because he was dissatisfied with P's , but only in order to conform to German conditions.

Doc. 13

48

(Page 2 of the original)

Furthermore Murnane stated that he possessed powers of attorney to negotiate for the whole P.-Group. He was also acquainted with the fact that Mr. FLICK alone was delegated to conduct negotiations for the Government. He, personally, would not like to see the power of attorney in order not to allow himself to be influenced in the negotiations by other parties. Negotiations had been conducted with a third party before he came to Germany. This other group was for "natural reasons, particularly interested." Having convinced himself that the powers were vested in FLICK alone, he did not wish to complicate the negotiations, nor, under any circumstances, to negotiate with several parties. He emphasised that, in future, he would like to deal only with FLICK. The Americans had been quite satisfied with the present holdings. He was however realist enough to be convinced of necessity of a separation, as compen-
248 sation, however, other German assets which would not ensure any influence for him could not be considered. He was quite willing to discuss with Mr. FLICK how it would be possible to effect the transfer to German hands, provided that an adequate credit was placed at the disposal of the Americans in currency. In previous negotiations, the estate had been valued at RM 180 millions. Moreover, coal deposits representing only 20 % of the total estate had been sold recently at a price equivalent to the book value of all the coal deposits. Investments of the Group in the past few years, including credits, amounted to approximately $ 16 millions. Accordingly, he had to quote $ 15 - 16 millions as selling price.

Finally, Murnane emphasized in his introductory remarks that he did not wish to bring either WETZEL or HINNINGER or any other gentlemen into the matter in order to avoid giving offence to any one.

(page 3 of the original)

In his reply, Mr. FLICK first handed over his Power of Attorney and stated, by order of the Colonel-General that he could never consider the stockholdings as genuinely American, but had to consider them as being purely Petschek property. He made more detailed statements on this point, emphasizing that he alone was authorized to conduct the negotiations. Here, M. put in that he was convinced of this Power of Attorney and accordingly, would deal only with Fl. in future. If he kept in touch with other parties it was only for the purpose of facilitating Mr. Fl's negotiations. Mr. Flick again emphasized that any other partner was out of the question, because by order from Top-Quarters he was the sole competent authority. It was, indeed, a government order, but he wished to negotiate on a private business basis. Fl., then, emphasized that only a simple, uncomplicated and quick solution could be arrived at and again vigorously rejected Mr. MURNANE's assertion that he was representing purely American interests. Mr. FLICK refers to previous experiences (holdings, dummies, interlacements), 249

M. nods; this chapter is closed after both parties state that M. may be acting in good faith if he believes himself to represent American interests.

Murnane then shortly summarizes his attitude as follows:

a) It is his aim to eliminate at once the influence of the P's and to make every effort to remove the present difficulties with the German authorities. He knows that he cannot achieve this aim completely . He also knows

(page 4 of the original)

that he will not convince the German authorities of the fact that the Americans now have the influence. Nor can he deny that the P's possess a large proportion of the shares, even though they have withdrawn their influence.

b) He does not wish to sell for RM's or for any other German securities which have no influence. Shares without influence were not in keeping with the principles of his company. Here, Mr. FLICK objects, calling it illogical, if on the one hand the P.-Group foregoes its influence on the soft coal works, and on the other hand does not wish to accept as equivalent, other German securities which, however, do not ensure any influence on the companies in question. He again stressed his endeavour to solve the problem by private enterprise negotiations (I am a capitalist myself) and would do all
250 he could to preserve for the P.'s their property in Germany, while eliminating their influence once and for all, Mr. FLICK emphasized the necessity for this by indicating the fact that the P's held 56 % of the Oberschlesische Kohlensyndikat. Murnane confirmed quite amicably that he was prepared to sell but was by no means panicky and refused to take any over-hasty steps.

Mr. FLICK, on his part, stressed the necessity for quick action. He rejected a valuation of the company at RM 180 million, referring to the Taxen-Brassert in Eastern Upper-Silesia and to the considerable reconstructional shareholdings to the approximate value of RM 4 -5 billions, which the V.St. had although the market value of their shares was perhaps only 500 millions. He emphasizes that he sees no possibility of procuring foreign exchange and again he suggests that one should make the best of

Page 5 of Original

the conversion of the property into other good German securities which, however, would not permit of any influence on the management of the company. Murnane: Without doubt there is a possibility of a compromise between his demand for the $16 millions and Flick's suggestion to pay only in German securities. Also, it might be possible to effect an exchange with some foreign property. On closer questioning by Fl., M. replied that he had no definite idea yet, but would consider the matter seriously in order to find, in conjunction with Fl., a practicable way out. He had given some consideration to the matter and wished first of all to report to these people.

Finally, it was stated that M. had to leave for America on 5 February at latest. Here, Mr. Flick points out that either a solution will have to be found by that date or the negotiations will have failed. Discussions with other gentlemen after Murnane's departure would be pointless for Mr. Flick. 251

The result has been again summed up shortly in the enclosed note.

Berlin-Friedenau
20 June 1938

Dr. Hugo Dietrich
Attorney admitted to the Kammergericht
and Notary Public

Initialled: Kaletsch; Flick

To
Director Steinbrinck
Mitteldeutsche Stahlwerke A.G.
Berlin W.9
Bellevuestr. 12a

Dear Mr. Steinbrinck:

With reference to our conversation of Saturday regarding the Ignatz Petschek problem, I am enclosing the exposé we discussed, along with two carbon copies,

Doc. 14

252

for possible transmittal to Ministerialdirektor Wohltat.

With best regards and
Heil Hitler
Yours very respectfully,
Signed: Dietrich.

3 enclosures.

3

P r o b l e m

Ignaz Petschek

As reported by Staatsrat Reinhard, the GROUP IGNAZ PETSCHEK is not willing to take into account the changed conditions and to transfer its property into German hands.

According to article 1, section 3 of the third decree to the Reich Citizenship Law (Reichsbürgergesetz) of June 15, 1938, Reichsgesetzblatt I, page 627, the business enterprise of a person is to be considered Jewish:

a) if one or several of the legally appointed representatives of the firm, or one or several members of the Board of Directors, are Jews:

b) if Jews participate decisively by capital or vote. A decisive participation by capital is given if more than one-fourth of the capital belongs to Jews; a decisive participation by vote is given if the Jewish votes exceed half of the total votes.

According to article 3 of this decree a business must also be considered Jewish if it is actually under the dominating influence of Jews.

Thus all enterprises belonging to the I.P. GROUP must be considered as Jewish. The interest of those enterprises as such, of their employees and of the shareholders not belonging to the I.P. GROUP, particularly, however, the national economics interests to be protected by all of them make imperative the transfer of the Jewish participation to aryans, if necessary against the will of their present propriaters.

The material which I could gather as to the laws existing in foreign countries for the nationalization of 4 the laws governing companies, acquisition of real estate and exploitation of ores may be taken from my letters to Director Steinbrinck dated March 17, 1938, and March 28, 1938, attached as enclosures 1 and 2. Enclosure 3 contains the tabular excerpt from my letters of March 17 and March 28, 1938, made upon his request like any survey of this kind it presents only the outline of the foreign laws concerned. These enclosures were sent to Amtsgerichsrat Harbig of the Reich Ministry of Justice on March 31-- enclosure 3 on May 4, 1938 -- with the reference that pp. 24 ff.* of the attached letter of March 17, 1938, also contain my proposals for the creation of a German law aiming at the nationalization of the land or of the exploitation of it.

* following pages

According to German law there is as yet no legal
254 provision which permits the sale of an enterprise or participation which is in Jewish hands, against the will of the Jewish owner, not even in the case of the most essential enterprises. However, according to article 7 of the decree, section b, the Plenipotentiary General for the Four Year Plan has been authorized to take all measures necessary to guarantee the utilization of (Jewish) property subject to registration in accordance with the requirements of German economy. In this connection one should, according to the publication of the "V.B." of April 28, 1938, referring to the purpose of the decree, keep in mind the fact that "the Jews must be prevented from harvesting the fruit of the National Socialist construction work" which has been accomplished in spite of strongest opposition at home and abroad.

By virtue of the authorization of the Plenipotentiary General of the Four Year Plan (article 7 of the decree sec. b) it might, for instance be possible to appoint a trustee in order to carry through the necessary tasks for the Four Year Plan in plants owned or controlled by Jews. The economis profit of this measure would, however, be to the advantage of the Jewish owners of the works or participants'. This situation could neither be changed against the will of the Jewish owners by placing the trustee on equal basis with a member of the managing board or by making use of the corporation-law regarding authorized capital, preferred stock and obligations for even the member of the Aufsichtsrat who has sole signatory rights cannot dispose of the shares of the Jewish partners, and the issue of preferred stock, authorized capital or obligations requires the resolution of the qualified majority of the general assembly (section Articles 169, 174 of the corporation-law, minimum three-fourths majority), thus the approval of the Jewish shareholders. 255

Only if, in pursuance of article 7 of the decree section b by virtue of a legal provision still to be made for property subject to registration a trustee can be appointed who is authorized to dispose of this property, if German economy so requires, in favor of or against the Jewish enterprises and shares would also be possible against the will of their owners.

An additional decree would therefore be required which might have the following wording and which would sufficiently guarantee the interests of the Jewish owners of the property:

By virtue of the decree of October 18, 1936 to carry out the Four Year Plan (Reichgesetzblatt I, page 887) and in pursuance of article 7 of the decree referring to the registration of Jewish property dated

6

April 28, 1938, the following is being decreed:

Article 1.

The Plenipotentiary General for the Four Year Plan can appoint a trustee for any property which, according to the decree of 26 April 1938 on registration of Jewish property is subject to registration. The authorities of the trustee are laid down by the Plenipotentiary General for the Four Year Plan in the document of appointment. Particularly the trustee can be authorized to dispose of the property in favor and against the owner of the property for an adequate compensation.

Article 2

The owners of the property concerned are entitled to have the adequacy of the compensation
256 assessed in administration proceedings (Spruchverfahren). The legality of the dispositions made by the trustee within the framework of his privileges is not affected thereby.

The provisions of articles 10, 11, 15, 16, 17, section 1, sentence 1, sections 2 and 3, article 18, section 2, first half sentence, sections 3-5 of the third decree to carry out the law on conversion of joint stock companies dated December 2, 1936 (Reichsgesetzblatt I, page 1003) are to be applied to the administrative proceedings accordingly. The application is to refer to those persons who have acquired the property or respective shares thereof by virtue of dispositions of the trustee.

As to article 2, section 2, last sentence, may I add: In place of the above proposals it could be considered that the application is to be directed 7 against the trustee. To be sure this would sometimes slightly simplify the process administrative proceedings. However, such a regulation would neither be in keeping with the position of the trustee nor be practical, as the debtor of a higher compensation possibly allotted by the administrative board (Spruchstelle) is not the trustee but the acquirer of the property or part of it under whose name the instrument of indebtedness must be made out. To file the application against the trustee would besides be burdensome and impractical in all cases in which only one or some of the many dispositions of the trustee are disputed as to the adequacy of the compensation.

According to the statements made by Mr. Carl Petschek, in a recent discussion his father has sold his property 257
in Germany to various people, given shares to trustees, holding companies and prominent private persons, and he only appears as representative of these groups.

In order to reach such cases, in which the factual owner is subject to registration while formally a third person appears as owner etc. of the property, who up to the present is not subject to registration, it will be necessary to issue a supplementary decree by which the obligation to register is extended to those persons who are trustees or by virtue of a trustee like relationship for the account of persons who are subject to registration. Such supplementary decree could have the following working:

By virtue of the decree to carry out the Four Year Plan (Reichsgesetzblatt I, page 887) dated October 18, 1936, and of article 7 of the decree of 26 April 1938 ruling the registration of property of Jews (Reichsgesetzblatt I, page 414) the following is decreed:

8

The obligation to register and assess refers also to all those persons who for account of or by virtue of a trusteeship agreement or a similar legal status possess or manage property which by reason of the decree of 26 April 1938 ruling the registration of property of Jews is to be registered.

Such a decree in its ratio would be in accordance to the above-mentioned article 3 of the Decree to the Reich Citizenship Law (Reichsbürgergesetz) dated June 14, 1938, Reichsgesetzblatt, pp. 627(ff.) following pages.

Berlin, June 20, 1938

Signed: Dietrich

Lawyer and Notary

CERTIFICATE OF TRANSLATION

258 I, Louise Stubing, U.S. Civilian, AGO X-18162, hereby certify that I am thoroughly conversant with the English and German languages and that the above is a true and correct translation of Document NO. NI- 898.

Louise Stubing.
AGO X-18162.

End

[illegible] No. NI-[illegible]
OFFICE OF CHIEF OF COUNSEL FOR
WAR CRIMES

Prime Minister Field Marshal GOERING Deputy for the Four-Year Plan	Berlin, W 8, 19 Dec. 1938 Leipziger, Str. 8 Telephone 126341, 127071
Ministerial Director for Special Commitment WOHLTAT	Stamp: Received 21 December 1938 No. 11405.

W/

To

1. State Secretary KOERNER

2. State Secretary NEUMANN

3. the Reich Ministry of Economics
   attention State Secretary BRINKMANN

4. the Reich Ministry of Finance
   attention Ministerial Councillor BYLERS

5. the Management of the Reichsbank
   attention Mr. WILHELM, Director of the Reichsbank

6. Dr. FLICK.

- each separately -

Enclosed I send you the final report, signed by Field Marshal GOERING, concerning the return of the lignite property of the Julius PETSCHEK Group into German hands. Please take notice.

signed: WOHLTAT

Doc. 15

259

C O P Y

Prime Minister Field Marshal GOERING, Deputy for the Four-Year Plan	Berlin W8, 18 Dec. 1938 Leipziger Str. 3 Telephone 126341, 7071

St.M.Dev. W XII/264

Final Report
on the return of the lignite property of the Julius PETSCHEK Group into German hands.

- - - -

For political and military reasons it was necessary to eliminate the overwhelming influence of the foreign group Julius PETSCHEK in the lignite area of Middle and Eastern Germany. The Deputy for the Four-Year Plan, Prime Minister Field Marshal GOERING, therefore empowered Dr. FLICK by authorizations dated 21 January and 1 March 1938, to transfer the lignite interests of the Julius PETSCHEK group to German hands, with the

98

provision that the coal-fields be divided among eligible German industrial firms.

According to this order, on 21 May 1938 a contract was drawn up between the MITTELDEUTSCHE STAHLWERKE and the UNITED CONTINENTAL CORPORATION (UCC) concerning the sale of the lignite interests, which was approved by Prime Minister Field Marshal GOERING with his letter of 25 May 1938, and the Reich Minister of Economics with his letter of 8 June 1938.

Meanwhile this contract has come into force and gives cause to the following observations:

(page 2 of original)

1. Concerning Foreign Currency.

With the approval of the Reich Ministry of Economics the following amounts of foreign currency were made available:

by the Potash Syndicate a foreign currency amount of:	$ 5,000,000.-
by the I.G.Farben Industry a foreign currency amount of:	$ 3,000,000.-
by the Mitteldeutsche Stahlwerke A.G. a foreign currency amount, procured via the Reichsbank, of:	$ 1,600,000.-
total	$ 9,600,000.-
In the course of procuring the last item the Reichsbank gained in the interest of her foreign currency fund a further amount of	$ 1,400,000.-
so that in connection with this transaction altogethor...........	$ 11,000,000.-

were procured.

260

From these amounts of foreign currency the shares of the "Anhaltische Kohlenwerke" and "Werschen-Weissenfelder Braunkohlen A.G." were purchased, out of foreign property; furthermore, amortization was effected of real foreign currency liabilities to foreign countries amounting to approx. USA $ 7,300,000.-, while a total amount of USA $ 4,100,000.- has effectively been placed at the free disposal of the Reichsbank and the Four-Year Plan.

We state herewith that the transaction with regard to the procurement and use of the foreign currency was carried out in a regular manner.

(page 3 of original)

2. Distribution of the Lignite Coal Fields Property.

With regard to the fact that the return of the lignite

property into German hands was ordered not for the sake of private economy, but for general state and economic reasons, this order was given under the proviso that the coal basis of the economically and militarily important enterprises of the groups I.G. FARBEN Industry, WINTERSHALL, and SALZDETFURTH be enlarged, by allocation of additional coal fields from the Geisel valley.

Accordingly, in agreement with the Reich Ministry of Economics:

I.G. Farben will receive	the field marked in red on the attached map, with coal deposits of approximately ... 130 million tons
Wintershall " "	the field marked green on the attached map, with coal deposits of approximately .. 120 million tons
Salzdetfurth " "	the field marked yellow on the attached map, with coal deposits of approximately ... 30 million tons as well as certain deposits in Lusatia (Lausitz) and a certain sum for the purpose of affiliation of a lignite enterprise.

We state herewith that the distribution has been carried out according to orders. 261

signed: GOERING
Field Marshall

Stamp: Prussian Ministry of State,
Chancery

Certified:
signed: STRAUCHMANN
Executive Secretary
(Verwaltungssekretaer)

CERTIFICATE OF TRANSLATION

I, Wolfgang HILDESHEIMER, No. 20087, hereby certify that I am thoroughly conversant with the English and German languages and that the above is a true and correct translation of the Document No. NI-3306.

WOLFGANG HILDESHEIMER
No. 20087

R/Lr.

Berlin 18 November 1937

Note for Mr. Flick

(Copies for Messrs. Steinbrinck and Kaletsch)

Concerning: Rawack & Gruenfeld A. G.

1. Conference with Herrn E. von Schmidt auf Altenstadt representing the firm Wm. H. Mueller & Co. N. V. Rotterdam

Today I had a conference with Mr. von Schmidt, the Berlin representative of Mueller, Rotterdam at which Mr. Kaletsch, too, was present part of the time. I first asked Mr. Schmidt whether Mueller's, Rotterdam had had any further developments in the Rawack & Gruenfeld matter since our last conference at the beginning of October 1937. Herr von Schmidt told me approximately the following:

The management of R. & G. A. G. had at one time approached Mueller's with a view to their acquiring Rawack and Gruenfeld shares, and R. & G. shares amounting to a nominal value of RM 380,000 had been bought up in accordance with permission granted by the Reich Office for foreign exchange control. The permission had been made out for a nominal amount of RM 500,000; the negotiations at that time had also applied to the R. & G. shares in the possession of Mittelstahl amounting to a nominal value of RM 122,500, which the firm Mueller, however, had then been unable to acquire in view of their discussion with us at that time. The management of R. & G. A.G. and Warburg had then also drawn Mueller's attention to the R. & G. shares amounting to a nominal value of RM 500,000 which had been pledged to the Enskilda bank. The General Director of Mueller's Rotterdam, Mr. Lotheisen, known from his Enskilda transactions - had then, in conjunction with him (von Schmidt) got in touch with the competent German agencies (Mr. Oldewage of the Four Years Plan and Reichsbahnoberrat Schmidt of Department II of the RWM) in order to inquire whether the German agencies would approve of Mueller's Rotterdam acquiring the shares of R. & G., in which case Mueller's would then completely aryanize

(page 2 of original)

the management of R. & G. Both representatives of the German official agencies had had no objections to the plan. Then, however, in view of our conversations at the beginning of October, no further steps had been taken for the time being; also Mr. Lotheisen had fallen sick in the meantime and was now in a hospital in the Netherlands.

Doc. 16

262

16

I then explained to Mr. von Schmidt the aims of the Mittelstahl group and of the official agencies, respectively, and asked Herr von Schmidt whether Mueller's Rotterdam would be willing to sell Mittelstahl the R. & G. shares to the nominal value of RM 380,000, which were now in their possession. Mr. von Schmidt believes that Mueller's Rotterdam would be willing to do this if a cooperation between Mueller's Rotterdam and Rawack & Gruenfeld Charlottenburg were ensured. I told Herr von Schmidt that such a cooperation could be discussed. Herr von Schmidt is now going to contact the Vorstand of Mueller's, particularly Mr. Lotheisen, forthwith and inform us as soon as possible. Mr. von Schmidt also promised that Mueller's Rotterdam would undertake nothing in connection with the Enskilda bank.

On this occasion Mr. von Schmidt also said the following:

He was under the impression that the management of Rawack & Gruenfeld were playing them a false game, and particularly that Dr. Neu who was indubitably very clever, was trying to be too clever in this case. Because he (von Schmidt) had learned that the management of R. & G. Charlottenburg had sold, within the past fourteen days, their holdings in the Rawack & Gruenfeld Ertshandel My, Rotterdam to various Dutch firms, subject to the approval of the German agencies concerned. Mr. von Schmidt will give me the names of the Dutch firms concerned within the next few days. Mr. von Schmidt shared our opinion that the management of R. & G. undoubtedly intends: 263

1.) To transfer the majority of the share of the Rawack & Gruenfeld A.G. Charlottenburg to foreign parties, and

2.) To sell the Rotterdam Ertshandel Maatschappij to foreigners as well, in order to turn the Rotterdam branch into the head office and the present Charlottenburg head office into an annex of Rotterdam.

(page 3 of original)

Following up this conversation with Mr. von Schmidt I immediately rang up Regierungsrat Dr. Mueller and asked him to do the following:

1.) To ask Messrs. Oldewage and Reichsbahnoberrat Schmidt to say nothing to Mueller's Rotterdam of the possible particpation of Possehls, Luebeck,

2.) To ascertain at once whether R. & G. Charlottenburg had applied to any agency for permission to sell the Rotterdam holdings.

Then in the afternoon I called on Regierungsrat Mueller at the RWM. Dr. Mueller had not yet been able to talk to Reichsbahnoberrat Schmidt and Oldewage. The general inquiry he had instituted at the Reich agency, applying to Regierungsrat Kuehne in particular, had shown that Rawack & Gruenfeld had made no application in

14

connection with the sale of their holdings in Rawach & Gruenfeld Ertshandel My, Rotterdam. I then asked Dr. Mueller to make immediate inquiries at the Reichsbank as well, since it was not impossible that the management of Rawack & Gruenfeld Charlottenburg were negotiating with the Reichsbank direct, because in such cases it is to the Reichsbank's interest that foreign holdings should be sold against foreign exchange. Dr. Mueller will institute detailed inquiries at the Reichsbank right away, tomorrow.

With the regards to the application "Netter" Dr. Mueller told me that the application had been approved by the Reichsbank, and had been submitted to Director Puhl for his signature; he was hoping to get the files back tomorrow. In order to ensure that the Swiss banks learned nothing of a transfer to Dr. Netter, Dr. Mueller asks that the amount should be transferred to a Dutch bank for the credit of Dr. Netter.

Regarding the R. & G. shares to the value of RM 500,000 pledged to the Enskilda bank Dr. Mueller advises us to take up negotiations with the Enskilda bank soon, so that there should be no surprises from that quarter. Without com-
264
mitting himself, Dr. Mueller told me that he personally, as well as the Four Year Plan and Department II of the RWM

(page 4 of original)

(Reichsbahnoberrat Schmidt) agreed to the Enskilda bank transaction, the Reichsbank (Herr von Wedel) would probably make great difficulties. Nevertheless, he would urgently advise us to take up negotiations with the Enskilda bank immediately, without, however committing ourselves.

I, myself, also consider that necessary, as we can expect the permission regarding Netter within the next few days, and then we shall probably have to put our cards on the table as far as Dr. Netter is concerned. In my opinion the acquisition of Netter's shares is only then of interest to Mittelstahl, if the situation regarding Enskilda bank and Mueller's Rotterdam is cleared up.

Marginal Note:
Flick's handwritten note "Right"

3. After my visit to Dr. Mueller I again called Mr. Benjamin and repeatedly told him that in spite of his letter of 17 November we would under no circumstances make any contribution towards a possible payment of taxes resulting from his de-

18

valuation of profits. Mr. Benjamin then stated he will forego such a contribution, and that he would now give the undertaking, as agreed with Dr. Stresse and Dr. Kempner, according to which he will transfer to Mittelstahl by 15 January 1938, his R. & G. shares to the nominal value of RM 500,000.

To his question when he could expect payment of the amount he had asked for (balance of account for shares from Benjamin's private holdings at a stock exchange rate of 130%), I said to Mr. Benjamin that this point would be settled if he would by tomorrow noon hand us his undertaking regarding the R. & G. shares to the nominal value of RM 500,000. Mr. Benjamin promised to do that.

(Signature): Rohde

265

CERTIFICATE OF TRANSLATION

I, Julia Kerr, Civ. 20185, hereby certify that I am thoroughly conversant with the English and German languages and that the above is a true and correct translation of document No. NI-1875.

Julia Kerr,
Civ. 20185

- END -

TRANSLATION OF DOCUMENT NO. NI-4408
OFFICE OF CHIEF OF COUNSEL FOR WAR CRIMES

Zs/Fr

Berlin, 22 November 1937

MEMORANDUM

Position of Rawack & Gruenfeld on 22 November 1937

I According to our information, the share capital of Rawack & Gruenfeld is at present distributed approximately as follows:

a) Foreign Countries:

Orkla - Grube	nom. RM 564,500	
Soc. Anon. Dewiane & Bouilliant Paris	nom. RM 162,500	
Soc. Commerciale d'Affretements et de Commission, Paris	nom. RM 324,000	
Stockholms Enskildabank (mortgaged by Herr Benjamin, vote ceded to Enskilda-Bank)	nom. RM 500,000	
Dr. Netter, Zurich	nom. RM 452,500	
Dr. Mueller & Co., Rotterdam	nom. RM 380,000 x)	
total		nom. RM 2,383,500

b) Germany:

Mittelstahl	nom. RM 122,500	
Deutsche Bank	nom. RM 188,500	
Dresdner Bank	nom. RM 186,500	
Mendelsohn & Co.	nom. RM 188,500	
Warburg & Co.	nom. RM 189,500	
Dr. Ellstaedter approximately	nom. RM 125,000	
total		nom. RM 2,383,500

c) Various scattered holdings in Germany: approximately 114,000

nom. RM 3,500,000

x) Previously we had assumed that Mueller & Co., Rotterdam possessed shares to the nominal value of RM 300,000.

(page 2 of original)

II In order to acquire the majority it would be necessary to purchase R. & G. shares to the nominal value of RM 1,783,000 (= 51%)

nom. RM 1,785,000.-

Doc. 17

266

. transfer		1,785,000.-

Of this Mittelstahl possesses at present the amount of
nom. RM 122,500

and is about to acquire from Dr. Netter, Zurich -

subject to foreign exchange permit being granted
nom. RM 452,500 | 575,000.-

(Dr. Netter gave Mittelstahl an option to buy these shares, at first up to 20 November 1937, this term was extended to 5 December 1937)

This would leave nom. RM. 1,210.000

Still to be acquired in order to obtain the majority of 51%.
From German banks the following amounts could probably be acquired:

Deutsche Bank	nom. RM 188,500		
Dresdner Bank	nom. RM 188,500		
Mendelsohn	nom. RM 188,500	nom. RM	565,500

so that an amount of nom. RM 644,500

would still be required in order to obtain the majority.

In order to fill this gap it would be necessary to negotiate in the first instance with the following agencies regarding the acquisition of further shares, whereby attention is drawn to the subsequent remarks referring to each individual point.

1. Stockholm - Enskilda - Bank with respect to: nom. RM 500,000
(Mortgaged by Herr Benjamin)
2. Wm. H. Mueller & Co., Rotterdam with respect to: nom. RM 320,000
3. Warburg & Co. " " " nom. RM 189,500
4. Dr. Ellstaedter " " " nom. RM 125,000

Ad point 1 Stockholm-Enskilda Bank

The shares to the nominal value of RM 500,000 mentioned under Point 1 were pledged by Herr Felix Benjamin to the Stockholm-Enskilda-Bank to cover a loan received from the Enskilda Bank several years ago. Of this loan approximately
(page 3 of original)
sKr.400-450,000 including interest is still outstanding. The shares are deposited with a Danish Agency; the Enskilda Bank exercises the vote.

On 15 November 1937 Possehl & Co., submitted an application to the Reich Office for Foreign Exchange Control for a permit to use foreign exchange profits resulting from the firm Possehl's transit business, up to the amount of sKr. 400 - 450,000.

267

5

The intention is to start negotiations with the Enskilda Bank within the next few days. Rechtsanwalt Dr. Kempner, possibly in conjunction with Herr S. Rohde, is to conduct these preliminary negotiations on behlaf of Herrn Felix Benjamin, and the program will be approximately as follows:

a. It will be proposed to the Enskilda Bank that the loan made to Herr Benjamin should be repaid against a suitable discount.

b. Of the new loan to be agreed, sKr. 100,000 will be repaid in December 1937. The rest during the year 1938 - in accordance with the application submitted by the firm Possehl & Co. to the Reichs Office for Foreign Exchange Control.

c. It must be attempted to get hold of the entire mortgaged R.& G. shares immediately. Should the Enskilda Bank only be willing to release shares in proportion to the sKr. 100,000 to be paid in December 1937, it should nevertheless be attempted to induce them to release the remaining shares as well possibly against a deposit of other German shares.

Ad Point 2 Wm. H. Mueller & Co., Rotterdam

268 The Berlin representative of Mueller & Co., Rotterdam, Herr von Schmidt auf Altenstadt, Berlin Halensee, Paulsbornerstr. 80/81, Tel. 974147 - has meanwhile been approached with a view to acquiring for Mittelstahl the shares to the nominal value of RM 380,000.

Herr von Schmidt thinks it possible that Mueller and Co., Rotterdam, will be prepared to sell us the shares under the condition that later on an agreement in relation to common interests be concluded between Mueller & Co., Rotterdam, and Rawack & Gruenfeld. Herr von Schmidt promised

(page 4 of original)

to contact immediately his Vorstand in Rotterdam -- Herr Lotheisen. However, since we can not see quite clearly what attitude the firm Wm. Mueller & Co., Rotterdam, will actually adopt, it would serve a good purpose if an official authority were to explain to Mueller's representative that it was considered of the greatest importance that Muellers, Rotterdam, should sell their R & G shares to the nominal value of RM 380,000 to the Mittelstahl group.

Immediate steps in this direction would be particularly welcome as we have been informed that efforts are being made to sell the shares pledged to the Enskilda Bank to Muellers, Rotterdam.

The present owner of these shares Herr Felix Benjamin has meanwhile given the Mittelstahl Group an option to buy this lot of R & G shares to the nominal value of RM 500,000 up to 15 January 1938. Herr Benjamin informed us confidentially that parties connected with the management of Rawack & Gruenfeld had asked him some time ago to release these shares against compensation.

Ad Point 3 Warburg & Co. Negotiations have been conducted with Dr. Spiegelberg, (Berlin W 35, Graf-Spoerstr./12 Tel. 251765) a partner of the Banking House Warburg & Co. As before Herr Spiegelberg declines to make a clear statement. It is common knowledge that Herr Spiegelberg has tried to form a pool with all other R & G shareholders. The German banks have meanwhile refused to join this pool. Herr Spiegelberg, however, feels himself bound by an obligation to the foreign parties concerned. We have repeatedly explained to Herr Spiegelberg that this was not a question of Mittelstahl only, but that also official authorities concerned attached the greatest possible importance to finally getting the majority of Rawack & Gruenfeld into good German hands. Up to the present this doesn't seem to have made the desired impression on Herr Spiegelberg.

269

It would therefore be highly desirable if official authorities informed him accordingly. On the 20th of this month, Herr Spiegelberg made an allusion to the effect that we should tell him on what terms it was intended to acquire his lot

(page 5 of original)

as well as the lots in foreign hands, so that he might get in touch with the foreign parties concerned. Naturally we did not consider this suggestion, as it would obviously be quite beside the point to spend foreign exchange except in the case of Enskilda Bank and Netter.

Ad Point 4 Dr. Ellstaedter.

Up to the present we had intended to postpone negotiations with Dr. Ellstaedter until such time as some progress had been made with the Enskilda Bank and Mueller, Rotterdam. But in our opinion it should nevertheless be considered whether Dr. Ellstaedter should not be approached very soon.

For practical reasons the parties mentioned under 1-4 - Stockholms - Enskilda - Bank, Wm. H. Mueller, Rotterdam, Warburg & Co., Dr. Ellstaedter - must under no circumstances be told anything about Possehl's participation, at least for the time being.

CERTIFICATE OF TRANSLATION

I, Julia Kerr, Civ. No. 20185, hereby certify that I am thoroughly conversant with the English and German languages and that the above is a true and correct translation of document No. NI-4408.

Julia Kerr
Civ. No. 20185

270

- END -

TRANSLATION OF DOCUMENT No. NI – 2[illegible]
OFFICE OF CHIEF OF COUNSEL FOR WAR CRIMES

Copy Fr. Berlin, 13 April 1938

T r a n s c r i p t

M e m o r a n d u m

Of discussion of 13 April, 1938, concerning Rawack & Gruenfeld A.G., Berlin, held in the offices of Mitteldeutsche Stahlwerke.

The following Gentlemen were present;

F r i t z n e r	)	
v o n M a s t r i g h t	)	for the foreign Group
v o n S c h m i d t auf Altenstadt	)	
G. E i s n e r	)	for Rawack & Gruenfeld A.G
K a l e t s c h	)	for Mittelstahl
A. R o h d e	)	

Notice was given at the outset that Mittelstahl had acquired shares of Rawack & Gruenfeld to the amount of face – value RM 1,046,250, formerly owned by L. Possehl & Co. m.b.H. Luebeck, so that the Mittelstahl group presently controls over 60% of the capital of Rawack & Gruenfeld A.G.

The discussion was based on three spheres of interest, viz.,

1.) Participation in Hochofenwerk Luebeck A.G.

2.) Pure ore trading business

3.) The eventual development of an export-business in connectio with the Rotterdam branch of Rawack & Gruenfeld.

Re; 1.)

The foreign group stated that they had no fundamental interest in a participation in Luebeck. Accordingly, the foreign group agrees in principle to the transfer of the Lubeck shares out of Rawack & Gruenfeld A.G. subject to an agreement with respect to the trading-business (see explanations under point 2)

Doc. 18

271

32

To carry this out, Mittelstahl proposes the establishment of a G.m.b.H. (Holding-company for Luebeck participation), in which the present stockholders would retain their former relationship, i.e.,

the foreign group would have 40%

and Mittelstahl would have 60%

Re: 2.)

It was settled, that Mittelstahl is not interested, as a matter of principle, <u>in the ore- trading business as such.</u>

The representatives of the foreign Group developed, with reference to the pure ore-trading business surviving after the trasfer of the Luebeck shares, the following plans:

Subject to the approval of official agencies which may come into the picture, the following proposals are made by the foreign group:

<u>Plan A:</u>

272 Through the execution of the plan of transferring the Luebeck shares, the foreign group acquires from Mittelstahl shares of Rawack & Gruenfeld owned by the latter (ore-trading company) in exchange for the participation of foreign group in the Participation G.m.b.H. (Holding-company for Luebeck participations; see 1.). The foreign group would be ready to deposit all newly-acquired Rawack & Gruenfeld shares (ore-trading company) with the Reichskredit-Gesellschaft, in a blocked account, and to enter into a Syndicate-agreement, in accordance with which the voting right accruing to these shares would be assigned to the Reichskredit-Gesellschaft as trustee, with the condition that it be exercised not only in agreement with the share-holders, but at the same time in full agreement with the competent German authorities, who likewise, (if deemed necessary by them), may be represented on the Aufsichtsrat. Through this measure the standard German influence over the ore-trading business would be assured.

(Page 3 of Original)

Should Plan A prove to be impracticable, the foreign group offers the following solution:

Plan B.:

a.) Distribution of the shares of the ore-trading company on the followi[ng] basis:

50% to Mittelstahl
40% to Foreign Group
30% to Reichskredit-Gesellschaft as trustee for both.

As a result a German majority would likewise be guaranteed.

b.) The foreign group proposes, in addition, the following with respect to the situation sketched in a.):

The share-holders execute a Syndicate-Agreement on the following basis:

1.) Changes in ownership require mutual approval.

2.) The stock-holders will have proportionate representation on the Aufsichtsrat.

3.) The foreign group will be represented on the Vorstand of the trading-company by a German national.

Mittelstahl reserves the right to take a position with respect to the above proposals; Mittelstahl declares itself presently ready to proceed on the basis of the execution of Plan B. toward cooperating in the fulfillment of the proposals made under b) 2 and 3.

It is contemplated that an agreement will be reached concerning a mutual Option and Offering Right with respect to the shares of the ore-trading company as well as with reference to the shares of the G.m.b.H. (Holding-Company for Luebeck participations). The mutual Option and Offering Right will be united eventually with a mutual right of sale. The rights enumerated in this paragraph shall not apply to the 40%

273

74

(Page 4 of Original)

ownership of the foreign group in the trading-company and the 60% ownership of Mittelstahl in the G.m.bH. (Holding-company for Luebeck participation).

Re: 3.) The fact that Mittelstahl, as was mentioned under Point 2). is not interested in a pure ore-trading company, does not mean that Mittelstahl has no interest in the Rotterdam branch of Rawack & Gruenfeld. Mittelstahl has the intention of examining to what extent this company can be useful in respect to its/export plans. Likewise, in the event of a separation from the pure ore-trading business, Mittelstahl wishes to reser itself the possibility of a special rearrangement with respect to the Rotterdam company.

Mittelstahl and the foreign group are aware of the possibility of a division also being made in Rotterdam between the pure ore-trading company together with the participations connected with it, and the export interests of Mittelstahl. To accomplish this purpose, one would separate
274 the Rotterdam ore business from the Rawack & Gruenfeld Erzhandel Mj. (Maatschappij or Gesellschaft) and bring it into a new company which would take over the name of the old one.

This new company would be then the subsidiary of the Berlin Ore-trading Company, while the old firm would become available for the export-business needs of Mittelstahl. The 51% participation in the old Rotterdam business would be brought into the G.m.b.H. (Holding-company for the Luebeck participation).

The foreign group explains that the points set forth in this memorandum are to be considered as collectively constituting an overall program.

Postscript: The term "Mittelstahl" is intended also to embrace the other presently- existing enterprises of the Flick Concern.

Signed A. Fritzner Valatsch Rohde
Von Mestricht Steinbrinck
Von Schmidt auf Altenstadt

(Page of Original)

This supplement is blank, except for a note in the center of the page as follows:

Herr Steinbrinck:

In the event that you desire, you can also have a photostatic copy.

Fr. 14 April

CERTIFICATE OF TRANSLATION

I, Ralph S. Goodman U.S. Civilian AGO Nr. A - 445977, hereby certify that I am thoroughly conversant with the English and German languages and that the foregoing is a true and correct translation of document No.NI - 2634 (F).

Ralph S. Goodman
A - 445977

(end)

275

Nr. 1257

VOLUNTARY REPORT

RECEIVED
DEPARTMENT OF STATE

1939 MAR 27 PM 3 12

DIVISION OF
COMMUNICATIONS
AND RECORDS

MAR 30 1939

LEGAL ADVISER
APR 13 1939
DEPARTMENT OF STATE

DEPARTMENT OF STATE
A-M/C
MAR 29 1939
ASSISTANT SECRETARY
OF STATE

ADVISER ON POLITICAL RELATIONS
MR. DUNN
APR 5 1939
DEPARTMENT OF STATE

DIVISION OF
EUROPEAN AFFAIRS
MAR 31 1939
DEPARTMENT OF STATE

OFFICE OF THE ADVISER ON
INTERNATIONAL ECONOMIC AFFAIRS
APR 12 1939
DEPARTMENT OF STATE

A-M/C
RECORDING DESK
FILE - C

Doc. 19

276

862.4016/2038

EXECUTORY REGULATIONS FOR THE REMOVAL OF JEWS

FROM WHOLESALE TRADE AND INDUSTRY

From Consul ....
Joel C. Hudson

Consulate General,

Berlin, Germany.

Date of Completion: March 7, 1939

Date of Mailing: March 13, 1939

Approved:

Raymond H. Geist
American Consul

TABLE OF CONTENTS

277

NOTE: Mr. Eric M. Albrecht, of the staff of the Consulate General, collaborated in the preparation of this report.

INTRODUCTION.

The process of taking away property from Jewish residents of the Reich and stateless Jews became chaotic immediately after the November riots but is now gradually becoming codified. The initial step in this direction was described in a report, No. 1236, from this office dated January 30, 1939, entitled ARYANIZATION OF JEWISH PROPERTIES CONTINUES IN GERMANY.

In a ministerial order of February 15, 1939, the Reich Minister of Economy issued executory regulations for the "aryanization" of Jewish property.

STATE AND PARTY TO SUPERVISE ARYANIZATION

In the new order it is declared that the higher administrative authorities must supervise the aryanization of Jewish property. The term "higher administrat-
278 ive authorities" is not definitely defined and can include a large local self-government unit, such as a municipality, or State authorities such as a country district (Kreis), or a governmental district (Regierungsbezirk). The appropriate administrative authority handling the expropriation will very likely depend upon the size and the value of the property and the interest affected.

It is quite well understood in National Socialist Germany that the advice of the Party offices must be obtained prior to an "aryanization" taking place. In accordance with an agreement arrived at between the Reich Minister of Economy and Vice Leader Hess, the

District

District Party Leader (Gauleiter) assisted by the District Party Economic Counsel (Gauwirtschaftsberater) must give their opinion in an "aryanization" procedure.

AGRICULTURAL ENTERPRISES EXEMPTED FROM EXPROPRIATION

It will be remembered that the decree of December 3, 1938, described in the above mentioned report of January 30, 1939, provided for a compulsory expropriation of Jewish property. The new executory order specifies that when property situated in agricultural regions is owned by a Jew it is to be expropriated only if it is of an industrial nature. That part of such property which is actually used for agricultural purposes is not to be expropriated.

However, the new order leaves the decree of December 3, 1938, unchanged in so far as all industrial and wholesale [1] commercial enterprises must be compulsorily expropriated with the aid of the competent administrative authorities. The new executory order will have as a result the curious anomaly that the Jews will lose their rights in commercial and industrial enterprises but will keep those undertakings that are used for the actual cultivation of crops, forests, or the raising of livestock, i.e. just that property which is "holy" to the National Socialist ideology of "blood and soil".

EXPROPRIATION

---

1 The retail undertakings have already been expropriated by the legislative act of November 12, 1938, entitled "Decree for the Elimination of Jews from German Economic Life" (Verordnung zur Ausschaltung der Juden aus dem deutschen Wirtschaftsleben, Reichsgesetzblatt Part I, page 1580).

EXPROPRIATION OF MINORITY CAPITAL PARTICIPATION TEMPORARILY POSTPONED

For the time being no attempt will be made to enforce the compulsory expropriation of Jewish minority participations in industrial and commercial undertakings and of small holdings of industrial stock. It may be mentioned, however, in connection therewith that the expropriation of small individual holdings is already being effected on a large scale by a totally different procedure. The so-called fine which was imposed on the Jews after the assassination of Herr vom Rath has been levied in such a form that in order to pay it most Jews must sell an important part, if not all, of their holdings. Furthermore, Jews who desire to emigrate invari-
280 ably lose practically the whole of their investment in securities through the payment of capital flight tax and other levies incidental to emigration.

EXPROPRIATION OF REAL ESTATE POSTPONED

The order of February 15, 1939 furthermore prescribes that for the time being real estate belonging to Jews should not be taken away from them. The inclusion of this stipulation in the new executory order is based on a special desire of the Commissioner for the Four Year Plan. One must in this connection distinguish between real estate and industrial or commercial enterprises. It is theoretically possible that an industrial enterprise situated on property which is privately owned by a Jew could be expropriated without the real estate bein af-

fected

fected. It is stated in the order that this question will be centrally regulated for the whole territory of the Reich as soon as the expropriation of industrial and commercial enterprises has been completed. In exceptional cases, however, such real property may be expropriated at the present time if the property is required in order to satisfy the building needs of Government authorities or bureaus of the Party.

In order to determine what enterprises are to be considered as Jewish the existing register of Jewish commercial and industrial enterprises is to be completed as quickly as possible.

UNDERTAKINGS FOR THE RELIEF AND EMIGRATION OF JEWS NOT TO BE ARYANIZED

It appears that such Jewish enterprises serving
relief and welfare purposes and enterprises promoting the emigration of Jews are to be exempted from expropriation. In this connection nothing is said about the many still existing large Jewish forwarding agents who might or might not be considered as enterprises promoting emigration. The authorities are cautioned that in all cases where the Jewish proprietor of an industrial or commercial enterprise or of real property intends to emigrate in the immediate future, the expropriation procedure must be expedited.

ARYAN PURCHASERS MUST MAKE PAYMENT TO A REICH EQUALIZATION FUND

With regard to the procedure of expropriation the Ministerial order repeats the provisions established by

the

the decree of December 3rd, amplifying them by certain explanatory remarks. As heretofore the formal expropriation of Jewish enterprises is to be effected by means of an agreement between the Jewish owner and the Aryan buyer which is submitted to the competent administrative authorities for approval. The administrative authorities may make such approval dependent upon certain impositions which may consist of an equalization payment of the buyer in favor of the Reich.

The practice to date has been that the Aryan buyers have paid amounts far below the actual value of the Jewish enterprises. A typical case is that of a large Berlin store. This store was acquired in the following manner. An official of a Government agency bought a building belonging to a Jew. This building was sold at about 300 percent profit to the military authorities. Thereupon this gentleman with his newly earned profits bought the building in which this large store was situated. Together with the building he took over the inventory, goodwill and everything else. No recompensation was paid for the enterprise but only for the real estate and building. In the meantime the Aryan buyer had resigned from his official position and had become a simple business man.

282

CONFIDENTIAL

Under the new regulations it is possible for the Government to demand that the difference between the true value of the enterprise and the price actually paid be delivered to the Government. However, it is not stated whether this provision is retroactive and at the present moment many recent aquirers of Jewish property

are

are in anxiety about their position. It is, however, provided that in case the Government demands equalization payment, the prospective buyer can withdraw his application for taking over the property or file a complaint against the additional payment.

SPECIAL TRUSTEES TO CARRY OUT COMPULSORY EXPROPRIATION

Should a Jewish proprietor refuse to sell his property or not be satisfied with the terms, the authorities are empowered to demand a sale and to prescribe the terms, the Jewish owner having no right to oppose such compulsory procedure. If, however, the German authorities are of the belief that no economic purpose is served by the continuation of enterprises to be expropriated, they can forbid the sale and demand the liquidation of the enterprises.

With regard to foreign Jews[1] the new order refers to the stipulations of the decree of December 3, 1938, in which it was stated that all compulsory measures against foreign Jews must have the approval of the Reich Minister of Economy.

The exact procedure in case of a refusal to sell by the Jewish proprietor is outlined in the new order. The authorities appoint a trustee who acts as manager of the

enterprise

1 CONFIDENTIAL:
In this connection it may be stated that foreign Jews are treated according to a certain scale. The citizens of certain smqll nations receive decidedly less favorable treatment than those of certain large Western powers.
END OF CONFIDENTIAL

enterprise. In fact this trustee-manager may be appointed prior to an actual refusal and he may take over simultaneously with the issueing of an order by the authorities ordering the Jew to sell.

TRUSTEES MUST BE QUALIFIED FOR OFFICE

The trustee-manager is to be a person acquainted with the trade and, if possible, some person already holding a responsible executive position in the enterprise. A second trustee is entrusted with the sale or liquidation of the property and must have no connection with the enterprise in question. In theory his personality must, to a certain extent, guarantee that both the interests of the enterprise and the interests of the
284 German economic system are safeguarded by the form and method of the expropriation. The trustees arranging the transfer of large enterprises are supposed to be chartered accountants or other persons having special knowledge of budget matters and bookkeeping whenever possible. The prospective buyer of the Jewish enterprise may in no case be appointed as trustee. Prior to assuming his office as trustee he is sworn in by the Government authority supervising the transaction. The order to the Jewish proprietor that he must sell his enterprise may also include certain impositions under which the sale must be effected. For example, the Jewish owner can be ordered to sell only to a specified person. Special care should be taken that patents and trade mark rights belonging to the Jewish firm are transferred to Aryan holders.[1]

JEWISH

[1] Footnote see next page.

JEWISH PROPRIETORS OF REAL ESTATE TO RECEIVE SMALL CASH COMPENSATION

With regard to the sale of Jewish real estate holdings, the new order reiterates the conditions of the decree of December 3, 1938, which provide that Jews may not acquire real estate mortgages or other real estate rights; furthermore that Jews cannot dispose of their property without a special permit. Such permits are in future to be granted only under the condition that the purchaser does not make an unjustified profit and that the Jewish property does not become entirely worthless. The Jewish proprietor should retain certain amounts of cash with which he can later on finance his emigration. In this connection it may be mentioned that the new decree contains no definition of what is meant by "unjustified profit".

DETERMINATION

1 Footnote from page 9

This provision is of special importance as Jewish patent holders have in innumerable instances been able to take their patent rights with them abroad although the transfer of such rights is subject to a foreign exchange permit. In one case alone the loss has been more than twelve million reichsmarks to the advantage of an English firm. In another case the Jewish immigrant was able to prove before a foreign court that the expropriation had been brought about by duress and the court decided that the German expropriation was invalid in so far as the jurisdiction of their country was concerned.

CONFIDENTIAL

DETERMINATION OF THE VALUE OF JEWISH-OWNED REAL PROPERTY

The purchase price of Jewish real estate should not deviate materially from the value of such property on the open market, and should not be below the unit tax assessment value. Exceptions, however, can be made with regard to empty lots suited for building. If the price of a piece of property appears to be far below the market value, the authorities who must give their approval to the sale may demand an equalization payment which may not exceed the difference between the sales value and a moderate market value. The payment is to be made in favor of the Reich. The receipts of the Jewish proprietor for the sale of his real estate are to be devoted first of all to the payment of taxes and fiscal levies for which the Jew is liable and for the living expenses of Jews who would otherwise be public charges.

286

Care should be taken that undesirable speculators do not profit from the sale of Jewish real estate. The rights of mortgagees and other persons whose rights are secured by liens on the real property of the Jew should be given due consideration. Government bureaus and Party offices have under the new order discretionary powers with regard to the transfer of real property which, in practice, differ but little from a right of preemption.

EQUALIZATION PAYMENT TO REICH FIXED AT 70 PERCENT OF BUYER'S EXCESS PROFIT

As the value of Jewish industrial and commercial enterprises has quite naturally diminished during the

last

last years, the price for Jewish property is at the present moment very low. However, according to the new order of February 15th, there is no reason why the Jewish owner should get more for his property than the present value. When determining the real price of property which is to be expropriated as compared with the proceeds the Jewish owner will receive the authorities should take into consideration that the transfer usually is accompanied by an automatic increase in value immediately after the Aryan takes over, but it must on the other hand be taken into consideration that the transfer of Jewish property into Aryan hands involves certain difficulties and certain expenditures which the new owner must bear. All these factors should be considered when determining the equalization payment which the purchaser must make to the Reich. However, as a general principle it can be said that whenever there is a marked difference between the market value and the purchase price, an equalization payment should be demanded. The equalization payment should not be more than 70 percent of the difference between the estimated market value and the purchase price. The margin of 30 percent is to serve as an incentive to purchasers and as a guarantee to the purchaser against any losses which the value of the enterprise may sustain in the course of the transfer procedure. Furthermore, the margin of 30 percent is to protect the purchaser against the possibility of an over-estimation of the market price of the enterprise.

It

It is not quite clear whether the Reich will demand cash payment of the equalization levy or whether it will in certain cases be satisfied with a mortgage on real property being entered in its favor. However, as the Reich is in immediate need of funds and as this equalization payment will prove to be an important source of revenue, it is believed that a cash payment will be demanded.

To the Department in quintuplicate.
Copy to the Embassy.

288

850
ICH/ie

SOURCES OF INFORMATION

Frankfurter Zeitung, February 16, 1939;
Previous reports;
Experiences in Consulate General.